# 体育专业
# 开放性运动技能教程


主　编　周建新　张　磊　李雪飞　张　飞

副主编　吕恒莱　赵一峰　俞伟敏　郑　淳
张云超　贾清泉　刘　洋　张景帅
邹　可　徐若瑄　袁　博



北京理工大学出版社
BEIJING INSTITUTE OF TECHNOLOGY PRESS

## 内容简介

本书是浙江省“四新”课程配套教材，是杭州师范大学体育学院相关专业教师结合多年的实践教学经验，以及国家义务教育体育与健康课程改革需求，专门针对篮球、排球、足球、极限飞盘四项运动而编写的教材。在教材编写体例上，实现了大中小学一体化，体现了高校对基础教育的引领作用。在内容选择上，“摒弃大而全的竞技化知识，转向符合师范教育与基础教育的实用性知识”，打通师范教育与基础教育在教学内容上的壁垒，体现了“四新”教材建设中关于知识体系的要求，即编写应依据教材建设规划及学科专业或课程教学标准，服务高等教育教学改革和人才培养。在相关技术学练方法上，体现了浙江省体育与健康教学指导纲要的“教材三个一”要求，在课程教材和课堂教学中体现了重视新“德育”要求的特点。

本书内容由浅入深，循序渐进，难易适中，重点突出，可读性强，既可作为各级高校篮球、排球、足球、极限飞盘项目的专项体育教材，也可作为体育师范生和一线体育教师的体育教学用书。



**图书在版编目（CIP）数据**

体育专业开放性运动技能教程 / 周建新等主编.
北京：北京理工大学出版社，2025. 1.
ISBN 978-7-5763-4836-1

Ⅰ. G8

中国国家版本馆 CIP 数据核字第 2025WT8078 号

**责任编辑**：王晓莉　　**文案编辑**：王晓莉
**责任校对**：刘亚男　　**责任印制**：李志强

出版发行 / 北京理工大学出版社有限责任公司
社　　址 / 北京市丰台区四合庄路 6 号
邮　　编 / 100070
电　　话 / (010) 68914026（教材售后服务热线）
(010) 63726648（课件资源服务热线）
网　　址 / http://www.bitpress.com.cn

版 印 次 / 2025 年 1 月第 1 版第 1 次印刷
印　　刷 / 涿州市新华印刷有限公司
开　　本 / 787 mm×1092 mm　1/16
印　　张 / 20. 25
字　　数 / 476 千字
定　　价 / 108. 00 元

教材之于课程，抑或是之于教育的重要性自不必说，其作为教师教学与学生学习的重要载体，是课程知识的主要承载者与课程知识体系的集中反映者。教材一方面是教师教学的主要依据——教师从相应教材中选择一定的内容进行教授，另一方面又是学生自主学习的主要依据，更是教育目标、功能得以实现的重要媒介。教材随着课程的产生、发展而发展，课程的发展成熟又以教材内容的不断完善为支撑。体育专业术科课程教材的建设随着我国体育教师教育的发展而不断成熟，但长期存在着竞技化倾向严重、时代性不足、教师教育类身份不明、教材专业导引欠缺等问题，这已成为不争的事实。新时代，立德树人成为我国教育的根本任务，基础教育改革走入了“核心素养”时代，体育专业术科课程教材的改革迫在眉睫。

2022 年 6 月，为深入贯彻习近平总书记关于教育的重要论述和全国教育大会精神，全面落实教育部“四新”（新工科、新医科、新农科、新文科）建设及《浙江省高等教育“十四五”发展规划》有关要求，推动新时代高等教育创新发展，提高新时代高等教育人才培养质量，浙江省开启了“四新重点教材”建设项目的申报，明确提出：教材建设必须体现党和国家意志，坚持立德树人的根本任务，体现党和国家对教育的基本要求；教材内容要求知识性和价值性相统一，把课程思政内容融入教材编写中，编写应依据教材建设规划以及学科专业或课程教学标准，服务高等教育教学改革和人才培养；教材知识体系必须体现科学性、权威性、前沿性。值此契机，我们开启了体育专业开放性运动技能教材的改革。

本教材由篮球、排球、足球、极限飞盘等内容组成，试图从编写思路、内容选择、编写体例、应用指向上加以突破，坚持问题导向与目标导向，遵循系统思维与创新思维，回应新时代要求，努力在以下方面体现“四新”教材的特色。

（1）编写思路上“突破运动项目竞技化思维，突出运动项目的教育学身份”。以往篮球、排球、足球、飞盘等术科课程教材，在教材体系上以项目发展历史、基本技战术分析、训练、竞赛规则与裁判法等内容为主，表现出明显的竞技化思维，仍然坚持着竞技化体系与思考方式。而本教材舍弃以往教材中对技战术知识的过多阐述，转而更加关注“如何教”的教学法知识，以期更加适应新时代体育教育专业术科课程教材对专业认证、人才培养等方面的新诉求与新要求。

（2）内容选择上“摒弃大而全的竞技化知识，转向符合师范教育与基础教育的实用性知识"，打通师范教育与基础教育在教学内容上的"壁垒"。以往术科课程在教材上追求大而全的学科知识体系，由于学时有限常常出现"嚼不烂，消化不良"的情况。本教材结合多年的教学实践经验，以及国家义务教育体育与健康课程改革，遴选出"学生用得着、吃得饱、消化得了"的知识作为教材内容，体现师范院校与基础教育在教学内容领域的有机衔接。

(3) 编写体例上"转变坚持学科化知识体系的故步自封思维，积极回应浙江省基础教育改革需要与国家教育改革诉求"。如前所述，以往术科课程教材过多地关注自身学科知识体系，对"如何教""如何育人"等内容关注不够，导致教材的内容更新速度与基础教育改革和国家教育改革步伐不一致。本教材在编写体例上积极引入浙江省体育与健康教学指导纲要的"教材三个一"（即一个单一技术、一个组合技术、一个游戏或比赛）要求，回应浙江省基础教育改革需要与国家教育改革诉求。

(4) 应用指向上"打破大学教材大学生使用的固化思维，突出大中小学一体化的应用广泛性"。以往术科课程教材的使用范围或对象基本停留于体育教育专业本科生，中小学体育老师借鉴度不够。由于本教材引入了浙江省体育与健康教学指导纲要的"教材三个一"内容，以及课程思政等德育内容，这些内容对于体育师范生、专业教师、中小学体育教师都有一定的借鉴价值，在应用指向上极大地提高了教材的应用广泛性与适用性。

本教材由周建新、张磊、李雪飞、张飞担任主编，吕恒莱、赵一峰、俞伟敏、郑淳、张云超、贾清泉、刘洋、张景帅、邬可、徐若瑄、袁博担任副主编，周建新教授主持本书的体例编写与最终统稿、审稿工作。具体分工如下：篮球部分由张飞、俞伟敏、张景帅负责编写；排球部分由周建新、吕恒莱、张云超、贾清泉、刘洋负责编写；足球部分由张磊、赵一峰、邬可、徐若瑄负责编写；极限飞盘部分由李雪飞、郑淳、袁博负责编写。

期待大中小学体育教师和同学们使用之后有一定的收获。由于编者水平有限，加之时间较为仓促，书中难免存在不足或错误之处，恳请各位专家、学者和广大读者批评指正。

编　者

## 第一部分　篮球

## 第二部分　排球



## 第三部分　足球

## 第四部分 极限飞盘

# 第一部分

# 篮　球

# 第一章 概 述

## 第一节 新时代校园篮球

在党的二十大报告中，习近平总书记强调，要加快建设体育强国。“三大球”（足球、篮球、排球）振兴发展是全面建设体育强国的重要攻坚内容。习近平总书记曾指出：“‘三大球’要搞上去，这是一个体育强国的标志。”作为“三大球”之一的篮球运动，在我国拥有广泛的受众群体。2021 年年底中国篮协发布报告，指出我国篮球运动的认可度居“三大球”之首，拥有 1.25 亿一般篮球人口，7 610 万核心篮球运动人口。

校园篮球的开展最早可追溯到 19 世纪末期。篮球运动在传入我国之后，最初在天津市的一些教会学校中传播，之后逐渐扩散到天津所在的华北地区。20 世纪 60 年代，我国正式将球类项目纳入教学大纲，同时在中学的体育教学大纲中也加入了篮球项目；篮球项目正式被确立为学校体育教育的内容体系之一①。随着改革开放进程的不断深入和发展，1997 年，我国成立了篮球运动管理中心，在设置各项管理机构的情况下，也相继出台了一系列的规章制度。1998 年，我国大学生体育协会组织了首届中国大学生篮球联赛，赛事举办的目的在于进一步发展高校篮球，培养篮球后备人才，这一时期成为校园篮球发展的创新期。

2016 年，为贯彻落实《国务院办公厅关于强化学校体育促进学生身心健康全面发展的意见》（以下简称《意见》）精神，全面推进学校体育综合改革，大力提升青少年校园篮球体育教学、课外活动及师资培养、培训等方面的质量与水平，推动足球、篮球、排球等集体项目的改革和发展，同时根据美国职业篮球联盟与教育部签署的中美人文交流框架协议下关于推广青少年篮球的合作备忘录精神，我国决定从 2016 年起开展校园篮球推进的试点工作，提出了以下内容：到 2020 年，校园篮球项目得到大力推进，学生体育锻炼习惯基本养成，运动技能和体质健康水平明显提升，规则意识、合作精神和意志品质显著增强；学生熟练掌握一至两项运动技能，逐步形成“一校一品”“一校多品”教学

---

① 王家宏，陈新，于振峰，等．新中国学校篮球运动的发展历程［J］．体育学刊，2004，11（1）：113-116.

模式，努力提高体育教学质量。

2017 年，为贯彻落实《国务院办公厅关于强化学校体育促进学生身心健康全面发展的意见》（国办发〔2016〕27 号）精神，推进学校体育综合改革，大力提升校园篮球的教学、训练和竞赛水平，推动校园篮球项目改革和发展，决定在前期校园篮球试点工作的基础上组织开展 2017 年青少年校园篮球特色学校（以下简称特色学校）遴选工作。通过特色学校的遴选，进一步推动校园篮球运动普及，形成一批校园篮球教育教学工作引领示范典型学校；引导各地不断完善特色学校布局，形成中小学搭配合理的特色学校格局；带动学校进一步强化体育课和课外锻炼，切实提高学生体质健康水平，满足学生篮球学习的需求。这标志着校园篮球进入高速发展时期。

## 第二节　篮球运动的整体教学

在传统大、中、小学篮球课程的教学过程中，普遍存在两个问题：第一，重点关注单个篮球技术的教学，忽略组合技术练习；第二，在教学过程中，关注技术的学习，较少注重学生智力、非智力（情感）方面的发展，篮球的德育价值被忽略。随着立德树人、课程思政等教育理念的提出，以及指向体育学科核心素养的《义务教育体育与健康课程标准（2022 年版）》的颁布实施，单维度的篮球教学设计已无法适应当前的教育发展需求，篮球课程需要进行整体教学设计，一方面，加强篮球运动技能之间的内在联系，建立结构化的内容体系；另一方面，注重大单元教学，深入考虑篮球运动技术之间的前后衔接问题，注重结构化的篮球理论知识与实践。

### 篮球技能教学内容参考标准

“内容标准，即规定了核心学科领域（如数学、阅读、科学等）学生应知应会的知识与技能，提供了学生在每一个学科当中需要学习的学科内容。基于核心素养的课程体系要求内容标准，以促进学生该学科核心素养的形成为导向，设计时需要结合本学科本学段学生需要形成哪些核心素养来安排学科知识。”① 由此可以看出，与传统以学科内容为主的教学内容相比，内容标准是以实现相应学科核心素养为目标的学科内容，而“基于核心素养的课程体系建构……要求课程设计者在设计课程内容时必须结合本学科的特点以及学生身心发展水平的特点来设计哪些核心素养是该阶段学生应该掌握的，从而结合这些考量来设计每一门学科的教学内容”②。2022 年教育部正式颁布的《义务教育课程方案（2022 年版）》明确提出要“加强课程内容的内在联系，突出课程内容的结构化”③。实际上，追求课程教学内容的结构化对大、中、小学篮球课程教学内容体系的建设都具有指导意义。

① 辛涛，姜宇，王烨辉．基于学生核心素养的课程体系建构［J］．北京师范大学学报（社会科学版），2014（1）：5-11.

② 贺华．核心素养视域下我国基础教育课程体系的重构［J］．教学与管理，2017（5）：8-10.

③ 中华人民共和国教育部．义务教育课程方案（2022 年版）［Z］．北京：北京师范大学出版社，2022：11.

不同阶段的篮球运动技能教学的内容标准如表 1-1 所示。

**表 1-1 不同阶段的篮球运动技能教学的内容标准**

| 阶段 | 学段 | 篮球课程应知应会的知识 | | 建议整合的知识 |
|---|---|---|---|---|
| 高师院校体育专业 | 专业必修课（普修） | 技术 | 【初步掌握】各种脚步、体前变向运球、行进间低手上篮、原地单手肩上投篮、双手胸前传接球、双手击地传球、持球顺步突破、持球交叉步突破、抢篮板球等 | 专项准备活动；课后专项拉伸；篮球伤病预防；课程思政 |
| | | 战术 | 【初步掌握】快攻；挡拆；传切等 | |
| | | 规则 | 【初步掌握】比赛规则；裁判员基本手势 | |
| | 专业选修课（专修） | 技术 | 【熟练掌握】各种脚步、体前变向运球、转身运球、背后运球、胯下运球、行进间低手上篮、原地单手肩上投篮、运球急停跳投、双手胸前传接球、双手击地传球、单手肩上传球、持球顺步突破、持球交叉步突破、抢篮板球等 | 运动性疾病预防与处理、运动损伤防治、保健康复等知识；课程思政 |
| | | 战术 | 【熟练掌握】快攻、挡拆、防挡拆、传切、策应、人盯人防守、全场区域紧逼防守、半场区域防守等 | |
| | | 规则 | 【熟练掌握】比赛编排、比赛准备、比赛规则、裁判员临场执裁等 | |
| 高中 | 模块一 | 技术 | 各种跑（前进、后退、侧身）、滑步、双手胸前传球、击地传球、双手胸前投篮（女子）、原地单手肩上投篮、高低运球、快慢运球等 | 运动与饮食、环境与健康、安全运动、预防常见运动损伤和突发事故、消除运动疲劳、情绪调控、社会适应；体育品德 |
| | | 战术 | 传切配合、挡拆配合、防守挡拆配合等 | |
| | | 规则 | 犯规、违例与不正当行为等篮球比赛的规则 | |
| | 模块二 | 技术 | 侧身跑、滑步、双手胸前传球、击地传球、单手传球、双手胸前投篮（女子）、原地单手肩上投篮、高低运球、快慢运球、持球顺步突破、持球交叉步突破等 | |
| | | 战术 | 快攻二打一配合、快攻三打二配合、补防配合等 | |
| | | 规则 | 比赛人数和服装要求、比赛时间、比赛开始和重新开始、比赛进行及停止、计胜方法等篮球比赛的基本规则 | |
| | 模块三 | 技术 | 各种脚步（侧身跑、滑步）、传接球（双手胸前、击地、头上等）、运球（高低、快慢、变向）、投篮（双手胸前、单手肩上）等基本动作技术，以及运球投篮、接球投篮等组合动作技术 | |
| | | 战术 | 2-3 区域联防、进攻 2-3 区域联防、人盯人防守战术、进攻人盯人防守战术 | |
| | | 规则 | 【初步掌握】比赛规则；看懂裁判员基本手势 | |

续表

| 阶段 | 学段 | 篮球课程应知应会的知识 | | 建议整合的知识 |
| --- | --- | --- | --- | --- |
| 初中 | 水平四 | 技术 | 学练变向/变速运球、接球、发球、跳投、防守、抢篮板球等基本动作技术，突破上篮、行进间运球上篮、接球上篮等组合动作技术 | 运动与肥胖、运动与体温、脉搏自我测评、运动与大脑健康、情绪调控、运动损伤防治、运动与环境；体育品德 |
| | | 战术 | 快攻、传切配合、掩护、协防等攻防战术 | |
| | | 规则 | 理解篮球运动的比赛规则和裁判方法，并在比赛中运用，能承担班级内比赛的裁判工作 | |
| 小学 | 水平三 | 技术 | 学练传接球（双手胸前、击地、头上等）、运球（高低、快慢）、投篮（双手胸前、单手肩上）等基本动作技术，以及运球投篮、接球投篮等组合动作技术 | 运动与营养、运动与体重、情绪调控、骨折与心肺复苏处理方法；体育品德 |
| | | 战术 | 侧掩护、传切配合、“关门”等简单战术配合 | |
| | | 规则 | 了解篮球比赛的基本规则及判罚动作，并能承担班级内比赛的部分裁判工作 | |
| | 水平二 | 技术 | 传球、接球、运球、投篮等篮球游戏中学习和体验基本动作与简单组合动作 | 运动与健康饮食、运动与睡眠、情绪调控、运动损伤防治；体育品德 |
| | | 战术 | 简单组合动作，如一手运球一手与同伴手拉手拔河、运球突破投篮等 | |
| | | 规则 | 知道篮球游戏的基本规则和要求 | |

注：1. 以上技术包括单一与组合技术；2. 以上相关内容来自《普通高中体育与健康课程标准（2017年版）》和《义务教育体育与健康课程标准（2022年版）》，略有删减。

# 第二章　不同篮球技术的教学

## 第一节　移动技术

### 一、学科知识

#### （一）学科价值

移动是篮球运动中队员为了改变位置、方向、速度和争取高度、空间所采用的各种脚步动作方法的总称。移动技术是完成各项技术动作的基础，也是实现篮球战术目的的重要因素。

#### （二）关键问题

（1）初学阶段关键问题：合理的准备姿势。队员在场上需要有一个既稳定又机动的准备姿势，用来保持身体平衡和较大的应变性，以迅速、协调地在移动中完成各种动作。

（2）提高阶段关键问题：身体协调用力。各种脚步动作虽然主要是下肢踝、膝、髋关节肌肉合理的动作过程，但也离不开身体其他部位的协调配合。同时，上肢的协同动作，能更好地保证各种脚步动作的协调性、快速性、实效性，有利于维持身体的平衡。

（3）应用阶段关键问题：不同移动技术的节奏变换。篮球比赛中行动距离短，动作间变化的频率快，方向莫测。在比赛中攻守矛盾会相互转化，攻守双方运动员的行为受到这对矛盾的制约，必须随着攻守节奏的变化而变化，在短暂的时间内迅速做出反应。

#### （三）易犯错误与纠正方法

*1. 初学阶段易犯错误与纠正方法*

易犯错误：启动前身体重心偏高，两膝弯曲不够，不便于迅速蹬地。

纠正方法：加强腿部肌肉力量练习。在一定的高度下做移动练习，强迫屈膝降低重心。

*2. 提高阶段易犯错误与纠正方法*

易犯错误：侧身跑时上体转体不够，动作不协调，转身时腰胯用力不够。急停时，身体松散造成停不稳，重心前移，没有制动和身体自然调整重心的动作。转身时，中枢脚未用前脚掌做轴旋转，身体上下起伏，重心不稳。滑步时，两脚并步，身体重心上下起伏。

纠正方法：加强髋关节的灵活性练习。教师用正确的示范动作引导学生练习，在练习中经常用语言提醒。

#### 3. 应用阶段易犯错误与纠正方法

易犯错误：在全场移动技术综合练习中，进行各种技术的自由切换时，容易发生混乱，且完成质量较低。

纠正方法：为了使学生规范地掌握动作，在教学方法上可以采用技术分解进行练习。练习时由慢至快，由简入繁。

## 二、教学法知识

### （一）教学方法运用

#### 1. 方法一：以教为主的教学方法示例

通过移动技术新内容的学习，丰富学生篮球基础技能与知识库。

教师活动：①呈现并组织练习不同移动技术动作；②巡回纠错，提示动作要领。

学生活动：注意观察，发现同学错误动作并提示，积极参与练习。

教学内容：徒手模仿练习+启动和跑+急停+转身+跳+防守步法。

#### 2. 方法二：以学为主的教学方法示例

小组合作讨论创新练习方式并展示，提高创新意识。

教师活动：①布置任务与说明要求；②巡回给每组提出建议。

实习教师活动：①组织各小组学生积极讨论移动技术练习创新的方式；②根据讨论结果组织练习，检验效果；③各小组展示。

学生活动：以小组为单位，根据布置的练习任务积极发言，讨论创新性练习方式，并进行相应的练习。

课堂组织形式：小组自行组织。

### （二）教学内容结构化：教材三个一设计

#### 1. 单一技术练习方法设计与示例

以转身练习为例。

（1）保持基本站立姿势，分别以左脚、右脚为轴，做前、后转身 90°、180°、270°的练习。（无球练习）

（2）在慢跑中急停，做前、后转身 90°、180°启动快跑。（无球练习）

（3）原地持球，分别以左脚、右脚为轴，做前、后转身练习。（有球练习）

（4）跳起接球后，做前、后转身传球、运球或投篮练习。（有球练习）

（5）在一对一攻守中，做前、后转身护球练习。（有球练习）

#### 2. 组合技术练习方法设计与示例

以由攻转守综合性脚步练习为例，如图 2-1 所示。

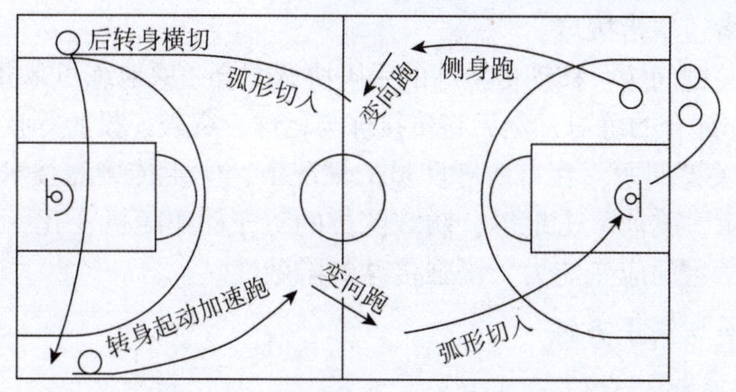


图 2-1　由攻转守综合性脚步练习

3. 游戏或比赛方法设计与示例

以全场综合性移动练习比赛为例，如图 2-2 所示，详见视频 2-1-1。

比赛方法：将所有人员分成两个小组，每组人员均等，按图 2-2 中所要求的移动技术动作进行比赛，每名人员完成一次后回到起点，下一名人员才能出发，在小组最后一名人员完成后，比赛结束，最先结束的小组获胜；若两组人员人数不均等时，可采用计算小组人均用时的方式决出胜负。

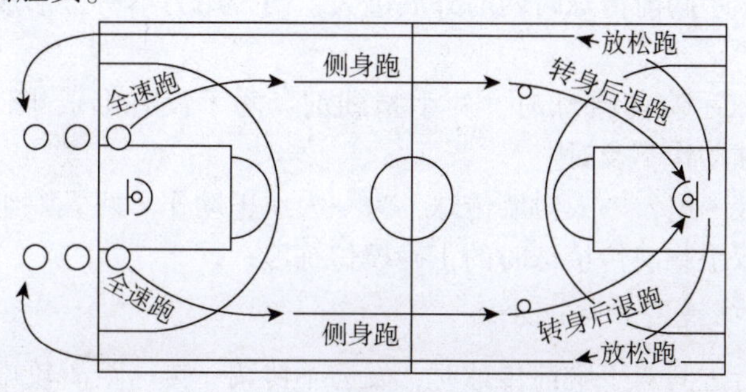


图 2-2　全场综合性移动练习比赛

视频 2-1-1

## 第二节　传接球技术

### 一、学科知识

#### （一）学科价值

传接球技术是篮球运动中的主要技术之一，是指在篮球比赛中进攻队员之间有目的地支配球、转移球的方法。它是进攻队员在场上相互联系和组织进攻战术的纽带，也是实现战术配合的具体手段。传接球质量的好坏，直接影响战术执行质量的高低以及实施攻击的成功率，甚至可以左右比赛的胜负。

#### （二）关键问题

（1）初学阶段关键问题：传球技术的基本动作。具体包括：第一，持球方法；第二，传球用力方法；第三，球的飞行路线；第四，球的落点。在传球时，要求持球手法正确，全身协调发力，食指、中指拨球。

（2）提高阶段关键问题：移动传接球的手脚协调配合。原地练习掌握正确的传接球动作后，加强与脚步动作配合的练习，然后将传接球与运球、突破、投篮等技术结合进行练习。

（3）应用阶段关键问题：在有防守队员的情况下，学生传接球技术的应变能力。传球技术包括双手、单手、胸前、击地等，防守队员的防守动作随机变化，给传接球队员增加了压力，需要加强学生的应变能力，增强传球的隐蔽性。

### （三）易犯错误与纠正方法

#### 1. 初学阶段易犯错误与纠正方法

易犯错误一：双手胸前传球时，全手掌触球，手心没有空出，两拇指距离过大或过小，持球动作不正确。

易犯错误二：双手胸前接球时，两手指朝前，两手没有形成半圆，伸臂迎球时臂、腕、手指紧张，引球动作不及时。

纠正方法：重复讲解双手传接球的动作要点。

#### 2. 提高阶段易犯错误与纠正方法

易犯错误一：双手胸前传球时两肘外展过大，两臂用力不一，形成挤球，出手后两手上下交叉。

易犯错误二：双手胸前接球时，两手指朝前，两手没有形成半圆，伸臂迎球时臂、腕、手指紧张，引球动作不及时。

纠正方法：两人一组，一人对墙传球，另一人纠正动作。两人一组，面对面站立，一人握球，另一人做双手胸前传接球时的正确模仿练习。

#### 3. 应用阶段易犯错误与纠正方法

易犯错误一：行进间双手胸前传球时，发力不协调，传球距离较短。

易犯错误二：行进间双手胸前传球时，对于落点的判断不准确，接不住球。

纠正方法：多做行进间自抛自接球练习，养成张手、伸臂、迎球和及时屈肘引臂的习惯。

## 二、教学法知识

### （一）教学方法运用

#### 1. 方法一：以教为主的教学方法示例

传接球技术新内容的学习，丰富学生篮球基本传接球技能与知识库。

教师活动：①呈现并组织练习不同传接球技术动作；②巡回纠错，提示动作要领。

学生活动：注意观察，发现同学错误动作并提示，积极参与练习。

教学内容：徒手模仿传接球技术练习、双手胸前传球、双手击地传球、单手肩上传球、单手击地传球、双手接球等。

#### 2. 方法二：以学为主的教学方法示例

小组合作讨论创新练习方式并展示，提高创新意识。

教师活动：①布置任务与说明要求；②巡回给每组提出建议。

实习教师活动：①组织各小组学生积极讨论传接球技术练习的创新方式；②根据讨论结果组织练习，检验效果；③各小组展示。

学生活动：以小组为单位，根据布置的练习任务积极发言，讨论创新性练习方式，并进行相应的练习。

课堂组织形式：小组自行组织。

### （二）教学内容结构化：教材三个一设计

#### 1. 单一技术练习方法设计与示例

以原地两人传接球练习为例。

方法：如图 2-3 所示，两人面对面站立，相距 3 米，根据教学内容，组织练习各种传接球动作。可根据学生掌握动作的熟练程度，逐渐加大传球距离。

要求：传球动作正确，根据教学内容可以传直线、弧线、折线，传球时协调用力，体会伸臂—翻腕—拨球动作过程，接球时要主动迎球，接到球后要有缓冲保护球的动作。

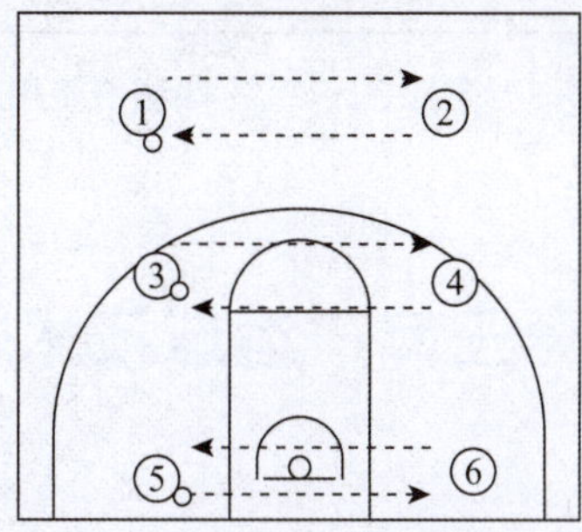

图 2-3　原地两人传接球练习

#### 2. 组合技术练习方法设计与示例

以半场四角移动传球为例。

方法：如图 2-4 所示，将队员分为 4 组，分别站在半场的 4 个角上，④持球传给②后启动接②的回传球，④接到传球并给对角的⑥后跑到队尾，②紧跟接⑥的传球后传给⑦，并跑到⑦的队尾，⑥启动接⑦的传球后再传给③，并跑到队尾。如此循环练习。

要求：明确跑动和传球顺序，等熟练后也可以进行逆时针、多数目的传球，以及结合上篮练习。

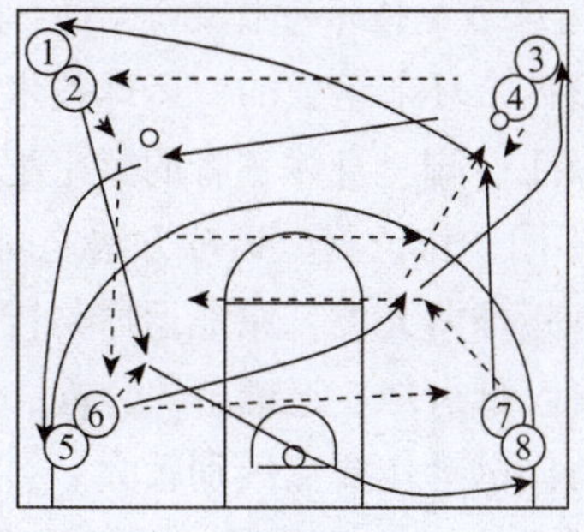

图 2-4　半场四角移动传球

3. 游戏或比赛方法设计与示例

游戏：全场3人“8”字围绕传接球，详见视频2-2-1。

方法：如图2-5所示，3人一组，从底线出发，中间②队员传球给①队员后，从队员①的身后快速跑过，①接球后传给③，①从③的背后绕前加速接②的传球，3人依次跑动，直至跑到对面的底线。

要求：传球后要加速跑，接球队员插中后要主动接球。

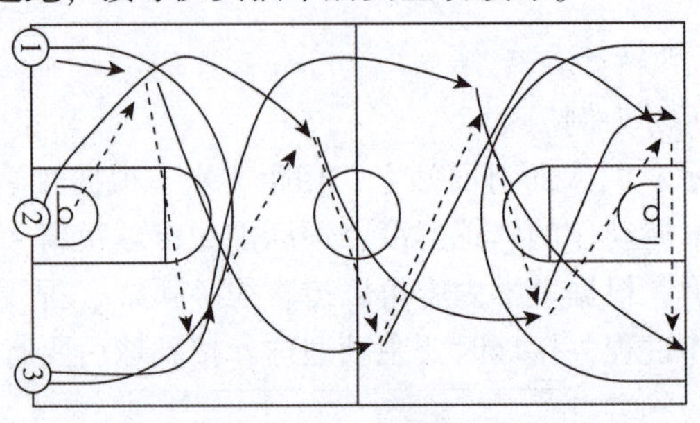

视频2-2-1

图2-5 全场3人“8”字围绕传接球

# 第三节 运球技术

## 一、学科知识

### （一）学科价值

运球技术是持球队员在原地或移动中用单手连续拍球推进的一种动作技术。运球技术是篮球运动中重要的进攻技术。运球是队员在比赛中携带球移动的唯一方法，它不仅是个人摆脱防守，创造传球、突破、投篮得分的重要进攻手段，也是进攻队员发动快攻、组织全队战术配合的纽带。

### （二）关键问题

（1）初学阶段关键问题：运球基本技术动作方法。运球的动作过程都是由身体姿势、手臂动作、球的落点和手脚配合四个环节组成的。运球技术的关键是手对球的控制支配能力，脚步移动的熟练程度，以及手、脚、身体三者的紧密配合。

（2）提高阶段关键问题：不同动作位置、运球方法之间的随意变化。运球按动作位置变化可以分为原地运球和行进间运球两大类，原地运球与行进间运球需要加强手脚之间的协调性练习；运球的方法分为高、低运球，运球急停急起，行进间体前变向运球，背后运球，运球转身，不同运球方法之间的动作要点区别较大。

（3）应用阶段关键问题：在攻守对抗情况下，提高运球技术能力。在消极对抗的情况下，提高运球选择的运用时机和运用能力；在积极对抗的情况下，提高在对手堵截、抢断、干扰情况下的运球能力。

### （三）易犯错误与纠正方法

#### 1. 初学阶段易犯错误与纠正方法

易犯错误一：运球时掌心触球或单靠手指拨球。

易犯错误二：运球时用手打球，不是用手腕、手指按拍运球，球在手上停留的时间过长。

纠正方法：进行运球练习。

#### 2. 提高阶段易犯错误与纠正方法

易犯错误：运球时低头，不观察场上情况。

纠正方法：看教师手势运球，反复模仿正确技术。

#### 3. 应用阶段易犯错误与纠正方法

易犯错误：行进间运球时，手、脚、躯干配合不协调。

纠正方法：听信号练习各种运球动作；设置障碍架进行变向运球练习。

## 二、教学法知识

### （一）教学方法运用

#### 1. 方法一：以教为主的教学方法示例

通过运球技术新内容的学习，丰富学生篮球基本运球技能与知识库。

教师活动：①呈现并组织练习不同运球技术动作；②巡回纠错，提示动作要领。

学生活动：注意观察，发现同学错误动作并提示，积极参与练习。

教学内容：原地高运球练习，原地低运球练习，原地体前变向运球练习，行进间运球、行进间运球急停急起、行进间体前变向运球练习等。

#### 2. 方法二：以学为主的教学方法示例

小组合作讨论创新练习方式并展示，提高创新意识。

教师活动：①布置任务与说明要求；②巡回给每组提出建议。

实习教师活动：①组织各小组学生积极讨论运球技术练习的创新方式；②根据讨论结果组织练习，检验效果；③各小组展示。

学生活动：以小组为单位，根据布置的练习任务积极发言，讨论创新性练习方式，并进行相应的练习。

课堂组织形式：小组自行组织。

### （二）教学内容结构化：教材三个一设计

#### 1. 单一技术练习方法设计与示例

（1）原地高、低运球练习。

方法：原地快速低运球。

要求：保持低重心，抬头，眼睛不看球，以最快速度按拍球，运球高度不超过膝关节。左、右手均衡发展。

(2) 双手双球运球练习。

方法：双手各持一球，做原地高运球或低运球练习，两球可同上同下，也可一上一下。

衍生练习：双手双球高、低转换运球练习。

要求：保持低重心，抬头，眼睛不看球，以最快速度按拍球，双手保持恰当的运球节奏。

### 2. 组合技术练习方法设计与示例

以运球与传接球、投（上）篮组合练习为例。

方法：如图 2-6 所示，在场地中间图示的位置站两名传接球者，队员从底线靠近边线的位置运球向前场推进，至三分线附近传球给第一个接球人后，向前徒手跑并接回传球，如此过中线并与第二个接球人传接球后，运球急停投篮（上篮）。

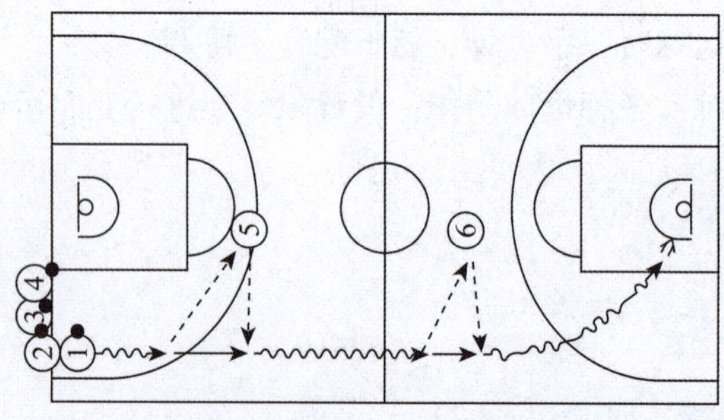


图 2-6　运球与传接球、投（上）篮组合练习

要求：运球与传接球之间尽量流畅衔接；传接球动作不影响移动。

### 3. 游戏或比赛方法设计与示例

比赛：全场变向运球上篮练习。

方法：如图 2-7 所示，将队员分为两组。在场内摆放 8 个标志物，队员从底角右手运球开始，按图示路线运球到标志物处做变向，然后向下一个标志物做变向运球，通过最后一个标志物之后运球上篮或投篮，球未进篮时要补投进去，进球后同组下一名队员出发。在小组最后一名队员进篮时停表，用时少的队伍获胜。变向方式可采用体前变向运球、胯下运球、背后运球、运球后转身，以及这些变向方式的组合，详见视频 2-3-1。

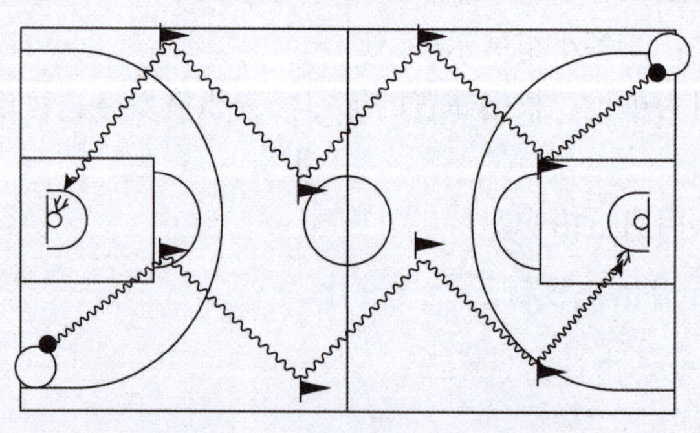

视频 2-3-1

图 2-7　全场变向运球上篮练习

要求：不能走步，如果运球过程中把球运丢，可以捡回至丢球处继续开始。

# 第四节　投篮技术

## 一、学科知识

### （一）学科价值

投篮是进攻队员将球投入对方球篮而采用的各种专门动作方法的总称，是篮球运动的主要进攻技术，是篮球比赛中得分的唯一手段，是一切篮球技术、战术运用的最终目的和全部攻守矛盾的焦点，是整个篮球技术体系的核心。

### （二）关键问题

（1）初学阶段关键问题：建立完整的投篮技术动作表现和动作概念，形成正确的投篮技术动力定型。

（2）提高阶段关键问题：掌握投篮技术与其他动作技术的组合，学会组合技术的初步运用。

（3）应用阶段关键问题：在攻守对抗的情况下，提高运用投篮技术的能力及投篮命中率。

### （三）易犯错误与纠正方法

#### 1. 初学阶段易犯错误与纠正方法

易犯错误一：持球手法不正确，五指没有自然分开，用手心托球。

易犯错误二：肘关节外展，致使上肢各关节运动方向不一致。

易犯错误三：投篮时抬肘伸臂不够，导致手臂前推，形成的抛物线偏低。

易犯错误四：球投出的距离较短，不能到达目标。

纠正方法：重复讲解和示范投篮的动作要点，使学生了解投篮动作的基本结构，建立明确概念；多做徒手练习，使学生体会协调用力和掌握动作节奏。

#### 2. 提高阶段易犯错误与纠正方法

易犯错误一：运动员掌握了投篮技术，但投篮时总是偏离目标。

易犯错误二：右手投篮者投出的球总是偏向篮筐的两侧。

易犯错误三：运动员投出的球弧线较平或经常碰到篮筐的前沿。

纠正方法：强调瞄准篮筐的重要性，不要仅看球的飞行轨迹；运动员的非投篮手不要参与投篮用力，确保投篮手的肘关节内收，处在球的下方，运用合理的跟随动作；强调在投篮时运动员的肘关节要向上伸展而不要向前伸展，投篮手要向篮筐的前上方用力，不要正对着篮筐出手。

### 3. 应用阶段易犯错误与纠正方法

易犯错误一：运球急停时身体重心不稳，造成投篮时上下肢配合不协调，导致动作衔接不连贯。

易犯错误二：行进间急停时第一步过小，第二步又未能缓冲，造成身体前冲，控球能力差。

易犯错误三：跳起投篮时身体前冲，投篮出手时间过早或过晚，上下肢配合不协调。

纠正方法：借助外部条件限制、信号刺激等手段；在平时训练中嵌入比赛情景。

## 二、教学法知识

### （一）教学方法运用

### 1. 方法一：以教为主的教学方法示例

通过单手肩上投篮新内容的学习，丰富学生篮球技能与知识库。

教师活动：①呈现并组织练习原地单手肩上投篮练习方式；②巡回纠错，提示动作要领。

学生活动：注意观察，发现同学错误动作并提示，积极参与练习。

教学内容：徒手模仿练习+有球投篮练习，具体如表 2-1 所示。

**表 2-1　投篮练习**

| 类型 | 组合形式 | 练习方法（组织形式） | 练习时间 |
| --- | --- | --- | --- |
| 徒手模仿 | 两人徒手模仿练习 | 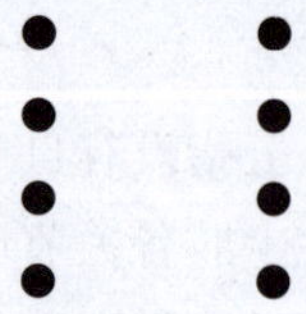 【●学生】<br>（1）分解练习原地单手肩上投篮技术<br>（2）全班集体模仿练习 20 次<br>（3）两人一组，面对面站立，相距 3 米左右，以对方头顶为假想篮圈做徒手动作练习，共做 20 次（一名同学做动作时，另一名同学仔细观察，并提出对方动作的问题） | 5 分钟 |
| 有球投篮 | 学生互投 | 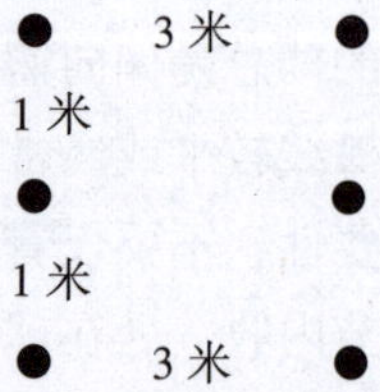 3 米　1 米　1 米　3 米<br>【●学生】<br>两人一球相距 3 米左右，以对方头顶为假想篮圈做投篮练习，投给对方（每人 20 次，交换练习） | 5~8 分钟 |

续表

| 类型 | 组合形式 | 练习方法（组织形式） | 练习时间 |
|---|---|---|---|
| 有球投篮 | 分组投篮 | 3 米<br>1 米<br>1 米<br>3 米<br>【●学生】<br>完整动作练习：每一组按次序在距篮筐 3 米处进行投篮练习（每人 20 次） | 10~16 分钟 |

2. 方法二：以学为主的教学方法示例

小组合作讨论创新练习方式并展示，提高创新意识（10~15 分钟）。

教师活动：①布置任务与说明要求；②巡回给每组提出建议。

实习教师活动：①组织各小组学生积极讨论原地单手肩上投篮练习的创新方式（5 分钟）；②根据讨论结果组织练习，检验效果（5 分钟）；③各小组展示（5 分钟）。

学生活动：以小组为单位，根据布置的练习任务积极发言，讨论创新性练习方式，并进行相应的练习。

课堂组织形式：小组自行组织。

## （二）教学内容结构化：教材三个一设计

### 1. 单一技术练习方法设计与示例

练习一：徒手练习。

做原地投篮动作，重点体会投篮的手法和用力过程。

练习二：持球练习。

学生两人一组，互投，体会原地投篮和跳起投篮的手法及身体各环节的协调配合，如图 2-8 所示。

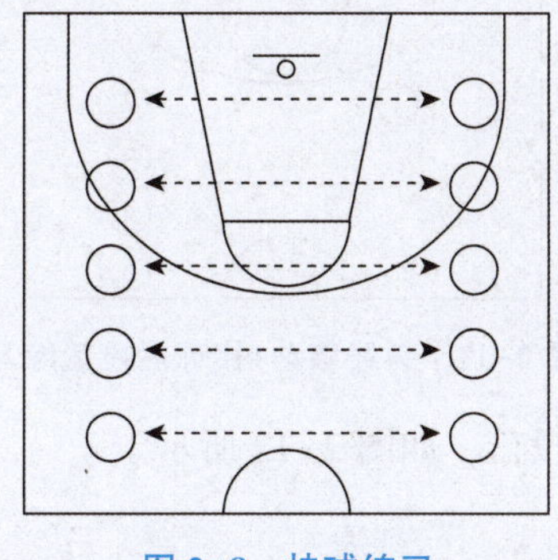

图 2-8　持球练习

练习三：罚球线正面原地投篮。

学生每人 1 球，自投自抢，依次练习，如图 2-9 所示。

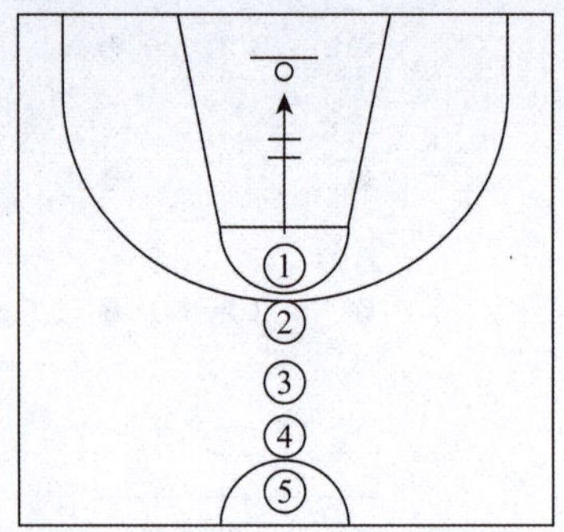

图 2-9　罚球线正面原地投篮练习

练习四：不同角度投篮。

学生分别站于投篮点，每人 1 球，排头自投自抢，并按顺时针方向换位至下一队队尾，依次连续练习，如图 2-10 所示。

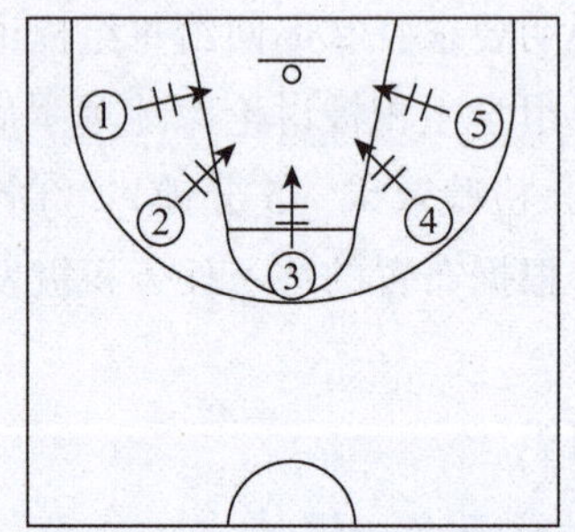

图 2-10　不同角度投篮练习

### 2. 组合技术练习方法设计与示例

练习一：斜线移动+接球后投篮，如图 2-11 所示。

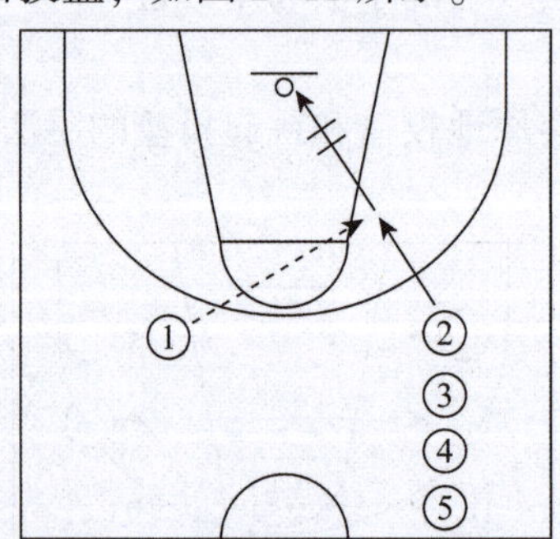

图 2-11　斜线移动+接球后投篮练习

练习二：直线移动接球后投篮，如图 2-12 所示。

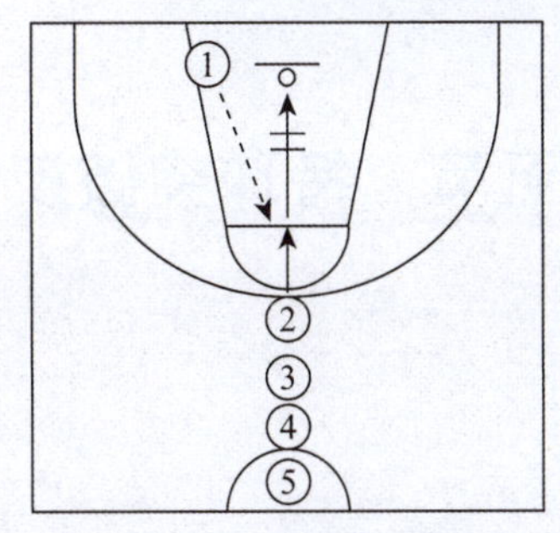


图 2-12　直线移动接球后投篮练习

练习三：全场运球、传球、接球投篮。

学生分两组在两端线落位，中圈○为固定传球队员，练习开始后，两边学生④、①同时运球接近中线时分别传给中圈○，而后向前加速跑，中圈○迅速回传给④、①，接球后运球投篮。自抢篮板球至另一队队尾，依次练习。全场运球、传球、接球投篮练习如图 2-13 所示，详见视频 2-4-1。

视频 2-4-1

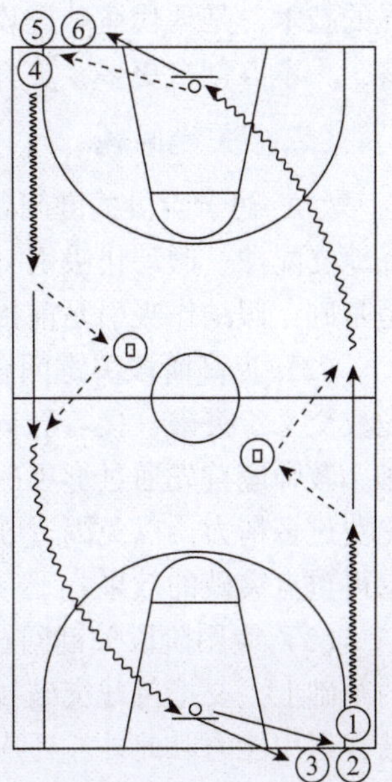


图 2-13　全场运球、传球、接球投篮练习

### 3. 游戏或比赛方法设计与示例

比赛一：罚球线投篮比赛。

练习目的：加强学生在投篮技术初学阶段的稳定性。

练习方法：将全体学生分为 4 组，每组 5 人，每组 1 个半场，每组 1 个篮球，其中 4 名学生成一列纵队站在罚球线后，1 名学生站在篮下，每组第一名学生拿球投篮后，篮下学生捡球传给第二名学生，篮下学生传完球后，排到队尾，投完篮的学生，到篮下捡球，以此类推，每组投 20 次，记命中次数。

注意事项：不强调学生投篮的出手速度。

比赛二：抢 20 分投篮比赛。

练习目的：第一，提高运动员竞争意识，有效培养运动员的集体主义精神；第二，使运动员在压力下准确投篮。

练习方法：5 名学生一组，将学生分为 4 组，每两组学生分别在罚球线两侧站立。教师在场地上画好线，学生投篮时不能踩线。教师发出信号后，两组的排头队员开始投篮，投中计 2 分；没投中时，可在球落地前抢篮板球再投，投中计 1 分；如果第一次投篮没中且球落地，则不计分。排头学生投篮后，给第二名学生传球，按同样的方法投篮，依次练习，先得 20 分的一组为优胜组。

注意事项：第一，如果投篮出手前脚踩线，则按犯规处理。第二，两组队员每次投中得分，集体报累计分数，并让另一组学生听到。

# 第五节 持球突破技术

## 一、学科知识

### （一）学科价值

持球突破是持球队员将脚步动作和运球技术等相结合，快速超越对手的一项攻击性很强的技术，是现代篮球进攻技战术发展的一个重要标志。持球突破可以打乱对方的防守部署，为本方创造更多、更好的攻击机会。

### （二）关键问题

（1）初学阶段关键问题：了解持球突破技术的动作方法。持球突破技术动作主要由熟练地支配球、假动作吸引、脚步动作、转体探肩、推放球加速等环节组成。熟练地支配球是基础，假动作吸引是前提。

（2）提高阶段关键问题：持球突破技术练习的循序渐进。在持球突破技术练习中，应先教交叉步突破，接着教同侧步突破，最后教前转身突破和后转身突破等难度较大的动作。教师应首先通过形象的讲解、正确的示范使学生建立正确的动作概念，不要在细节上花费过多精力，以免因过强或过弱的刺激引起泛化现象，应强调掌握动作的主要环节，以取得重点突破的效果。

（3）应用阶段关键问题：持球突破技术与其他技术之间的融合。在掌握持球突破技术的基础上，要把持球突破技术与其他技术进行组合训练，提高突破与投篮、突破与传球的结合运用能力。此外，还应加强有防守情况下的持球突破技术练习。

### （三）易犯错误与纠正方法

#### 1. 初学阶段易犯错误与纠正方法

易犯错误一：在交叉步持球突破时，由于跨步脚尖方向不对，造成转体过大。

易犯错误二：持球突破时侧身、探肩不够，身体重心高，后蹬无力，加速不快。

纠正方法：反复示范正确动作，讲清动作关键，明确中枢脚概念，剖析造成错误动作的原因，建立正确动作的表象。

#### 2. 提高阶段易犯错误与纠正方法

易犯错误：在运球突破时，球的落点靠后，没有放在脚的侧前方。

纠正方法：多做徒手模仿练习，体会正确动作的要领，再在慢速中做持球突破练习，逐步提高持球突破的速度。

#### 3. 应用阶段易犯错误与纠正方法

易犯错误一：中枢脚离地面过早或中枢脚不以前脚掌做轴，突破瞬间未提踵，造成走步违例。

易犯错误二：运球突破时与其他技术（传球、投篮等）结合运用能力较差。

纠正方法：借助障碍架（或由他人用两手平举站立代替）进行练习，并提醒转身探肩和降低重心，强调加快速度和蹬地力量；多进行组合训练，提高持球突破与投篮、持球突破与传球的结合运用能力。

## 二、教学法知识

### （一）教学方法运用

1. 方法一：以教为主的教学方法示例

通过持球突破技术新内容的学习，丰富学生持球突破技能与知识库。

教师活动：①呈现并组织练习不同持球突破技术动作；②巡回纠错，提示动作要领。

学生活动：注意观察，发现同学错误动作并提示，积极参与练习。

教学内容：徒手模仿持球突破技术练习、交叉步持球突破技术、同侧步持球突破技术。

2. 方法二：以学为主的教学方法示例

小组合作讨论创新练习方式并展示，提高创新意识。

教师活动：①布置任务与说明要求；②巡回给每组提出建议。

实习教师活动：①组织各小组学生积极讨论持球突破技术练习的创新方式；②根据讨论结果组织练习，检验效果；③各小组展示。

学生活动：以小组为单位，根据布置的练习任务积极发言，讨论创新性练习方式，并进行相应的练习。

课堂组织形式：小组自行组织。

### （二）教学内容结构化：教材三个一设计

1. 单一技术练习方法设计与示例

（1）原地蹬地、转体、探肩、迈步的徒手练习。

方法：如图 2-14 所示，学生排成两列体操队形，根据教师信号做交叉步及同侧步的蹬地、转体、探肩、迈步的徒手动作。

要求：跨出的第一步要大，要有转探动作。

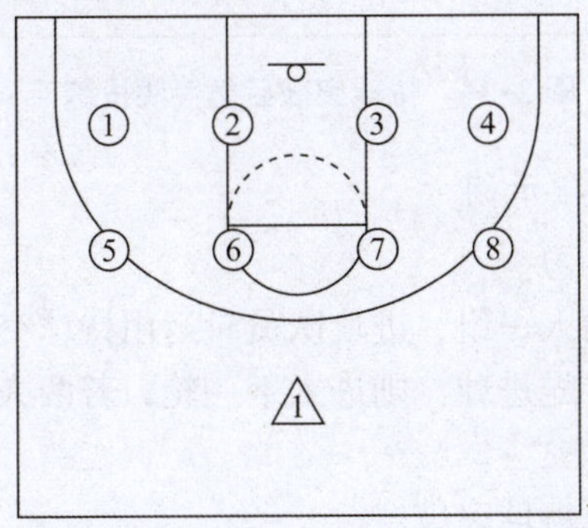


图 2-14　原地蹬地、转体、探肩、迈步的徒手练习

（2）完整动作练习。

方法：如图 2-15 所示，学生分两列站立，每人 1 球。学生根据教师信号做持球交叉

步和同侧步的蹬地、转体、探肩、拍球，运球前进二、三步后停球，再向另一侧做突破动作的练习。

要求：蹬地、转体、探肩、迈步、运球各动作正确连贯协调，轴脚不要移动。

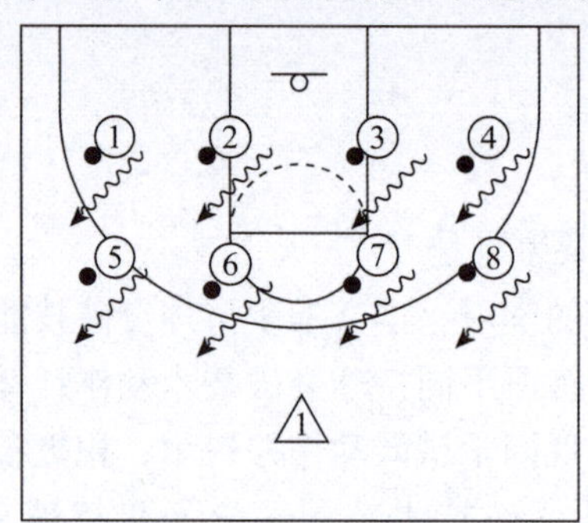


图 2-15　完整动作练习

### 2. 组合技术练习方法设计与示例

练习：持球突破后急停跳投练习。

方法：如图 2-16 所示，④持球交叉步（或顺步）突破时，防守队员⚠后撤，④迅速急停跳投，防守⚠抢篮板球后排到⑦的后面，④变为防守方。按队列顺序依次进行练习，详见视频 2-5-1。

要求：突破与急停跳投衔接要快速。

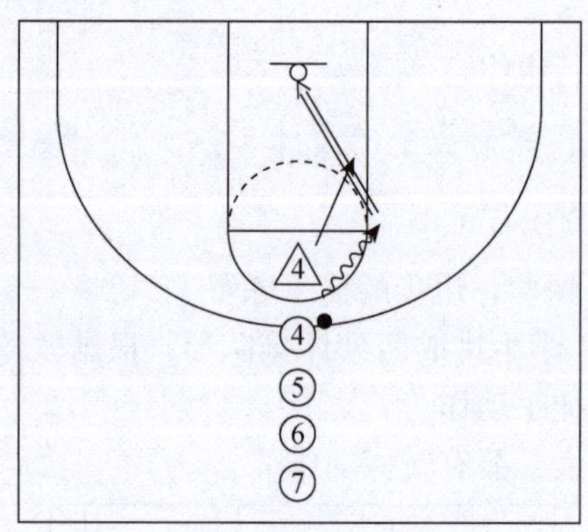


图 2-16　持球突破后急停跳投练习

视频 2-5-1

### 3. 游戏或比赛方法设计与示例

比赛：半场一对一攻守练习。

方法：将所有队员分为两人一组，进攻队员只运用持球突破上篮或持球突破投篮技术进攻，两名队员攻守互换，谁先进球，则进入下一轮，若两人第一次攻守均进球，则通过罚篮决定胜负。

要求：进攻队员要大胆地持球突破。

# 第六节　防守技术

## 一、学科知识

### （一）学科价值

防守技术是队员在防守时为了阻挠和破坏对手的进攻，达到夺球反攻目的所采取的各种专门动作方法的总称。篮球运动是攻守矛盾的对立统一，攻守对抗推动了篮球运动向更高水平发展。防守作为进攻的对立面而存在，是篮球运动存在、发展的必备条件。防守技术是篮球运动发展的基础。人们在学习防守和防守技术时，会经历一个由表及里、由点到面、由浅入深的认识过程。

### （二）关键问题

（1）初学阶段关键问题：①防守有球队员技术方法。防守有球队员由防守的位置与距离、防守姿势、移动步法和抢打球等环节组成。②防守无球队员技术方法。防守无球队员由防守的位置与距离、防守姿势、移动步法、断球等环节组成。

（2）提高阶段关键问题：防守有球队员和防守无球队员不同技术动作的练习。防守有球队员包括防投篮、防突破等，防守无球队员包括防摆脱、防切入等。练习时应按照由简到繁、由易到难的原则，增加防守内容，设定不同区域，限定相关条件，逐步增加练习难度。

（3）应用阶段关键问题：防守有球队员和防守无球队员不同防守技术的选择。学生应明确不同防守技术在整个篮球比赛中运用的时机，加强从防无球到防有球、从防有球到防无球，从防强侧到防弱侧、从防弱侧到防强侧的转化练习，增强应变意识和反应能力。

### （三）易犯错误与纠正方法

#### 1. 初学阶段易犯错误与纠正方法

易犯错误：防守时的位置与距离调整意识较差，防守姿势不准确，防守重心较高，移动步法乱。

纠正方法：反复示范正确动作，讲清动作关键，明确防守的要求，剖析造成错误动作的原因，建立正确动作的表象。

#### 2. 提高阶段易犯错误与纠正方法

易犯错误一：防守时脚步移动慢，当对手由无球到有球时，防守不能及时到位，或上步前冲过猛，或对持球者不敢逼近。

易犯错误二：对手投篮时不举手干扰封盖，或者封盖时挥臂幅度过大，造成犯规。

易犯错误三：防突破时，身体重心不稳，手脚配合不协调，易受对手假动作迷惑。当对手突破时，脚步移动慢，轻易放弃防守或造成犯规。

易犯错误四：防运球时脚步移动慢，不敢贴近对手，用手臂拦截而脚步不移动，盲目掏打球。

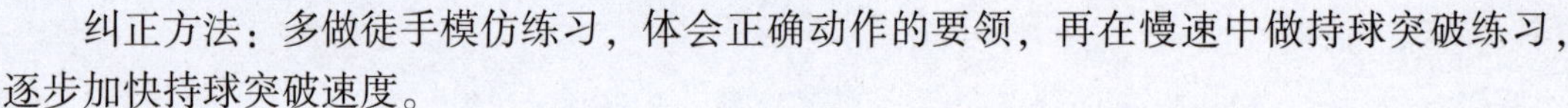

纠正方法：多做徒手模仿练习，体会正确动作的要领，再在慢速中做持球突破练习，逐步加快持球突破速度。

### 3. 应用阶段易犯错误与纠正方法

易犯错误一：中枢脚离地面过早或中枢脚不以前脚掌为轴，突破瞬间未提踵，造成走步违例。

易犯错误二：运球突破时与其他技术（传球、投篮等）结合运用能力较差。

纠正方法：借助障碍架（或由他人用两手平举站立代替）进行练习，并提醒转身探肩和降低重心，强调加快速度和蹬地力量；多进行组合训练，提高突破与投篮、突破与传球的结合运用能力。

## 二、教学法知识

### （一）教学方法运用

#### 1. 方法一：以教为主的教学方法示例

通过防守技术新内容的学习，丰富学生篮球基本防守技能与知识库。

教师活动：①呈现并组织练习不同防守技术动作的练习方式；②巡回纠错，提示动作要领。

学生活动：注意观察，发现同学错误动作并提示，积极参与练习。

教学内容：防守有球队员（防运球、防传球等）、防守无球队员（防切入、防接球等）。

#### 2. 方法二：以学为主的教学方法示例

小组合作讨论创新练习方式并展示，提高创新意识。

教师活动：①布置任务与说明要求；②巡回给每组提出建议。

实习教师活动：①组织各小组学生积极讨论防守技术练习的创新方式；②根据讨论结果组织练习，检验效果；③各小组展示。

学生活动：以小组为单位，根据布置的练习任务积极发言，讨论创新性练习方式，并进行相应的练习。

课堂组织形式：小组自行组织。

### （二）教学内容结构化：教材三个一设计

#### 1. 单一技术练习方法设计与示例

练习：防横切接球。

如图 2-17 所示，②持球，①横切要球时，❶上右脚，合理运用身体堵截，同时伸左臂封锁接球，不让其从自己身前横切要球。这时如果①变向沿底线横切，❶应面向球，迫使其向场角移动。当①直接从底线横切时，❶开始面向球滑步移动，卡堵对手，以身体某部位接触对手，跟随其移动，同时伸右臂封锁接球。待对手移过纵轴线进入强侧时，❶迅速上左脚，运用前转身贴近对手，伸左臂封锁接球，将对手逼向场角。

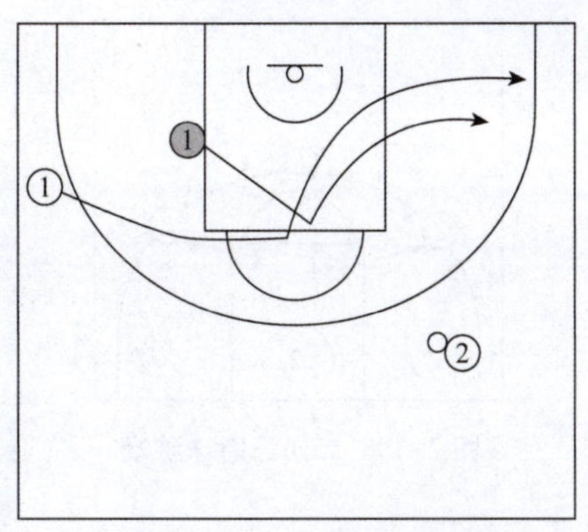


图 2-17　防横切接球练习

2. 组合技术练习方法设计与示例

练习：抢、打行进间运球。

方法：如图 2-18 所示，两人一组一个球，从篮的两侧同时向对侧进行练习，一人运球，另一人防守。防守者抢、打球的时机有：进攻学生在身前运球时，防守学生突然抢、打球；进攻学生在体侧运球时，防守学生突然绕步抢、打球；进攻学生运球变向过人时，防守学生后撤步抢、打球。

要求：防守者抢、打球的时机要判断好，动作要突然、快速。

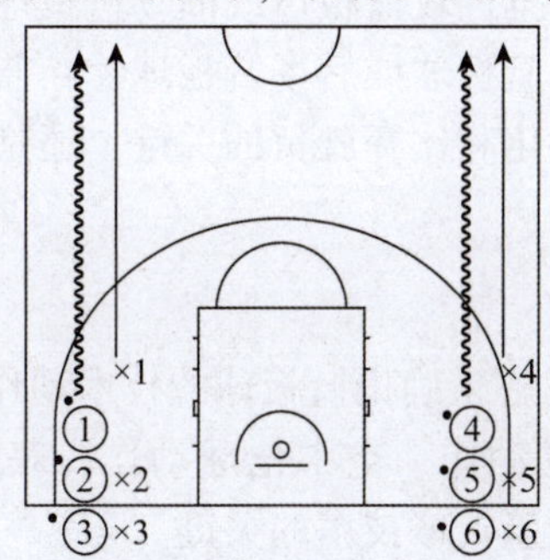


图 2-18　抢、打行进间运球练习

3. 游戏或比赛方法设计与示例

游戏：二防三断球游戏。

方法：如图 2-19 所示，5 人一组，进攻的 3 人站成三角形（原地，不能走步），互相传球，防守的两人站在三角形内练习断球。一名防守学生紧逼持球人，另一名防守学生站在另外两名进攻学生中间，准备断球。球在手中停留不得超过 2 秒，否则违例。防守者触摸到球，则获胜，触摸到球的防守者与传球队员互换位置。

要求：防守学生要积极移动，判断准确。

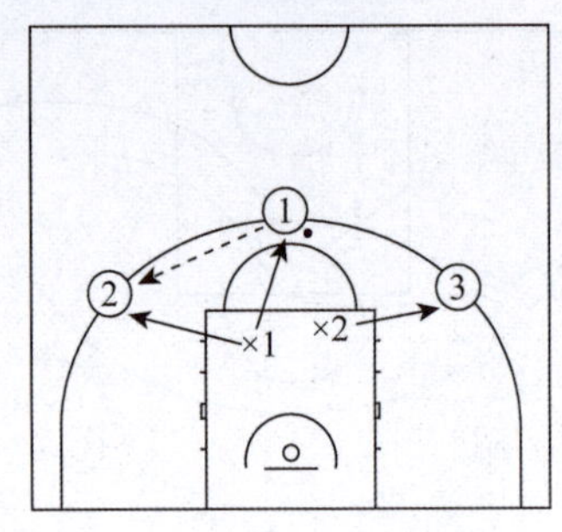


图 2-19　二防三断球游戏

# 第七节　抢篮板球技术

## 一、学科知识

### （一）学科价值

比赛中双方队员在空中争抢投篮未中的球称为抢篮板球。当进攻队投篮未中，自己或本方队员争抢在空中的球，称为抢进攻篮板球或前场篮板球。对方队员投篮未中，防守队员争抢在空中的球，称为抢防守篮板球或后场篮板球。在篮球比赛中，抢得篮板球是获得控球权的重要手段，也是攻守转化和比赛胜负的关键，还是衡量运动员个人和全队整体实力的标志。

### （二）关键问题

（1）初学阶段关键问题：了解正确抢篮板球的技术动作方法。抢篮板球技术是一项较复杂的技术，由抢占位置、起跳动作、空中抢球动作、获球后动作等环节组成。正确判断，快速起动抢占有利位置是抢篮板球技术的关键。

（2）提高阶段关键问题：练习抢篮板球技术时应循序渐进。采用分解练习，逐步完成原地起跳、抢球，再练习移动抢位、挡人，练习起跳抢篮板球的完整技术动作，并逐渐加大难度，最后在对抗的条件下或在比赛中进行抢篮板球练习。

（3）应用阶段关键问题：强化抢篮板球技术与其他技战术的结合训练。注意把抢篮板球技术与补篮、投篮、快攻、突破和二次进攻技术结合起来进行练习，此外还要加强与攻守战术的结合训练。

### （三）易犯错误与纠正方法

#### 1. 初学阶段易犯错误与纠正方法

易犯错误一：对球反弹方向与落点判断不准。

易犯错误二：起跳时机掌握不好。

纠正方法：可多做投篮后向球的方向快速移动到位接球的练习，提高学生的预判能力和快速移动的能力。多做自抛自抢的空中练习，体会起跳时机，提高判断的准确性。练习时可用语言进行提示，帮助学生体会动作要领。

### 2. 提高阶段易犯错误与纠正方法

易犯错误：不会抢占有利位置。空中抢球不伸展，动作迟钝不果断或动作过猛造成犯规。

纠正方法：采用两人一组练习，一攻一守，做抢位和选位练习。强调正面技术的重要性。在训练中鼓励学生抢位抢球，对抢篮板球不积极的学生可用惩罚的方式来提高其积极性，对动作过猛的学生也可以采用惩罚的方式来促使其提高动作的准确性，同时加强心理素质的培养。

### 3. 应用阶段易犯错误与纠正方法

易犯错误：抢篮板球时只顾球不挡人或只顾挡人抢位而不顾球。抢到球后，保护意识差，易被人打掉或抢走。

纠正方法：向学生讲明挡人抢位与抢球是相辅相成的，缺一不可。在学生练习时教师可用语言提醒学生注意挡人或抬头看球。强调保护好球的重要性和抢篮板球的最终目的。进行保护技术和保护能力的训练。

## 二、教学法知识

### （一）教学方法运用

#### 1. 方法一：以教为主的教学方法示例

通过抢篮板球技术新内容的学习，丰富学生抢篮板球技能与知识库。

教师活动：①呈现并组织练习不同抢篮板球技术动作的练习方式；②巡回纠错，提示动作要领。

学生活动：注意观察，发现同学错误动作并提示，积极参与练习。

教学内容：双手抢篮板球、单手抢篮板球、点拨球。

#### 2. 方法二：以学为主的教学方法示例

小组合作讨论创新练习方式并展示，提高创新意识。

教师活动：①布置任务与说明要求；②巡回给每组提出建议。

实习教师活动：①组织各小组学生积极讨论抢篮板球技术练习的创新方式；②根据讨论结果组织练习，检验效果；③各小组展示。

学生活动：以小组为单位，根据布置的练习任务积极发言，讨论创新性练习方式，并进行相应的练习。

课堂组织形式：小组自行组织。

### （二）教学内容结构化：教材三个一设计

#### 1. 单一技术练习方法设计与示例

练习：起跳空中抢球。

（1）原地跳起空中抢球练习。

方法：队员每人 1 球，成体操队形站开，队员自己向空中抛球（高度约 3 米），然后原地双脚起跳用单手或双手抢球，落地后保持身体平衡。

要求：双脚起跳有力，身体充分伸展，抢球动作正确。

（2）上步起跳空中抢球练习。

方法：两人一组1球，持球者向前上方抛球（高度约3米），另一名队员上步起跳用单手或双手抢球，落地后保持身体平衡。两人交换练习。

要求：上步迅速，起跳及时，抢球动作迅速有力。

（3）空中抢球动作练习。

方法：如图2-20所示，队员分两组分别站在篮板两侧，④拿球，其余队员不拿球。练习开始时，④抛球打板，使球反弹到另一侧，对侧⑤立即起跳做空中抢篮板球的动作，落地后再抛球碰篮板，使球反弹到对侧，如此轮流练习。两侧队员练习完后交换位置。

要求：打板队员要掌握好碰板力度和反弹方向，抢球队员要在空中拿住球。

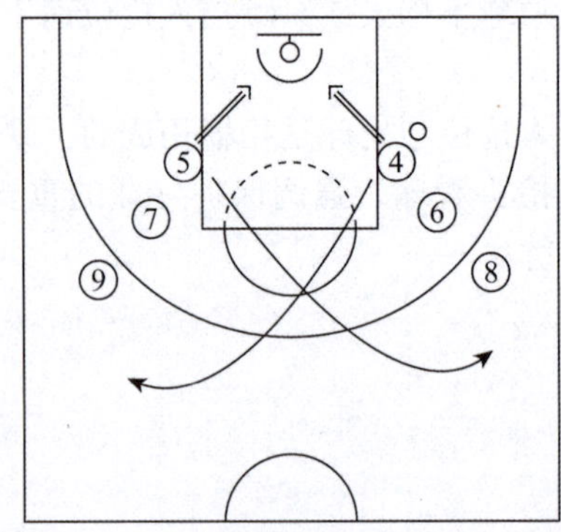

图2-20　空中抢球动作练习

2. 组合技术练习方法设计与示例

练习：抢篮板球结合补篮。

（1）投篮后抢篮板球补篮练习。

方法：如图2-21所示，队员每人1球站在端线，④不拿球，站在罚球线上，练习开始时，⑤传球给④后，即刻上前防守④的投篮，④投篮出手后冲抢篮板球补篮，然后拿球排到队尾。⑤防守完后到④原来的位置，接⑥的传球继续练习，按队列顺序依次进行。

要求：拿到篮板球后可直接补篮，也可运一次球再投篮。

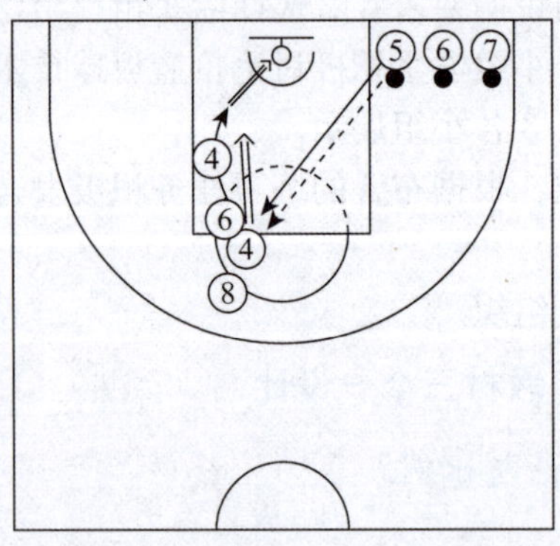

图2-21　投篮后抢篮板球补篮练习

（2）二防二抢篮板球篮下补篮练习。

方法：如图2-22所示，队员每人1球，成两列纵队站于罚球线两侧，练习开始时④和⑤不拿球，⑥和⑦分别将球掷向篮板，此时④和⑤迅速找人，后背紧贴⑥和⑦，将

⑥和⑦挡在身后抢篮板球。两人抢到篮板球后，各自在篮下做一次假动作，然后打板投篮。④和⑤练习完后排到队尾，⑥和⑦、⑧和⑨继续练习。按队列顺序依次进行。

要求：积极挡人，投篮假动作要逼真。

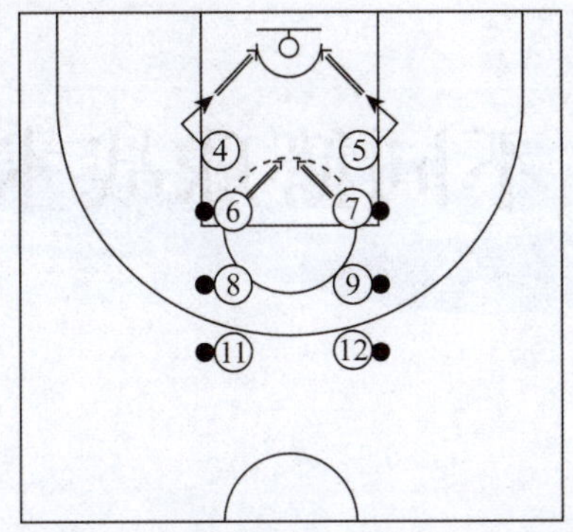

图 2-22　二防二抢篮板球篮下补篮练习

### 3. 游戏或比赛方法设计与示例

游戏：挡人抢位抢球游戏。

规则：如图 2-23 所示，Ⓒ投篮出手后⊗4、⊗5 要根据④、⑤抢球的移动路线，采取相应的移动步法阻挡进攻队员冲抢篮板球的路线，转身面向篮，背贴靠进攻队员进行抢篮板球，获球后传球给Ⓒ，⊗4、⊗5 排到⑧、⑨队尾。④、⑤变为防守队员，⑥、⑦进场为进攻队员，按队列顺序依次练习。

要求：防守队员要在Ⓒ投篮出手后，先观察和判断进攻队员的移动路线和动机，及时阻挡其冲抢篮板球的路线，再去抢球。

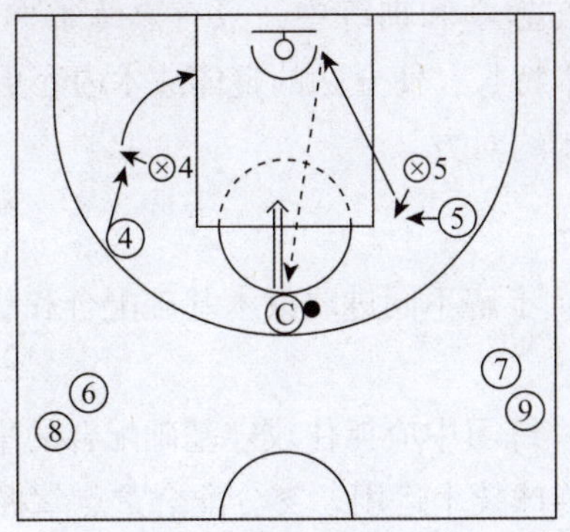

图 2-23　挡人抢位抢球游戏

# 第三章 不同篮球战术的教学

## 第一节 攻守战术基础配合

### 一、学科知识

#### （一）学科价值

攻守战术基础配合是指两三人之间有目的、有组织的攻守合作行动的配合方法，它是组成全队攻守战术的基础。在教学和训练中，只有熟练掌握和灵活运用攻守战术基础配合，才能更好地发挥个人技术特长，使全队的整体战术内容更加丰富，提高整体战术运用的质量与水平，最大限度地制约对方。

#### （二）关键问题

（1）初学阶段关键问题：了解不同进攻战术基础配合和防守战术基础配合的方法，掌握其基本要求。

（2）提高阶段关键问题：练习中应抓住攻守基础配合的重点部分，以点带面。传切配合重点强调如何摆脱对手及传球技术运用。突分配合重点掌握突破分球的时机、传球方法及切入队员的路线。掩护配合重点强调掩护动作、距离、位置、角度，以及掩护后的转身和移动方向。策应配合重点强调策应技术动作的运用、绕切的路线及传球的方法。防守基础配合应以挤过为重点，掌握基本配合方法。

（3）应用阶段关键问题：在掌握基本的配合方法之后，增加对抗性练习，以巩固提高配合质量，掌握配合变化规律。

#### （三）易犯错误与纠正方法

1. 初学阶段易犯错误与纠正方法

易犯错误：机械学习，未理解战术配合方法、作用、运用时机和特点等。

纠正方法：结合实战比赛，讲解不同攻守基础配合在篮球比赛中的作用。

2. 提高阶段易犯错误与纠正方法

易犯错误：队友间的默契度不高，在有防守的情况下失误率较高。

纠正方法：加强队友之间的沟通，在练习时通过声音加强呼应；增加对抗性练习，以巩固、提高配合质量。

3. 应用阶段易犯错误与纠正方法

易犯错误：在实战或比赛中，队友间的战术基础配合执行力比较差，对场上距离、位置、角度的把控不合理。

纠正方法：现场讲解，现学现用；通过观看视频录像回放，持续加深印象。

## 二、教学法知识

### （一）教学方法运用

1. 方法一：以教为主的教学方法示例

通过攻守基础配合新内容的学习，丰富学生篮球攻守基础配合技能与知识库。

教师活动：①呈现并组织练习不同攻守基础配合战术；②巡回纠错，提示动作要领。

学生活动：注意观察，发现同学错误动作并提示，积极参与练习。

教学内容：传切、突分、掩护、策应、挤过等配合。

2. 方法二：以学为主的教学方法示例

小组合作讨论创新练习方式并展示，提高创新意识。

教师活动：①布置任务与说明要求；②巡回给每组提出建议。

实习教师活动：①组织各小组学生积极讨论攻守基础配合练习的创新方式；②根据讨论结果组织练习，检验效果；③各小组展示。

学生活动：以小组为单位，根据布置的练习任务积极发言，讨论创新性练习方式，并进行相应的练习。

课堂组织形式：小组自行组织。

### （二）教学内容结构化：教材三个一设计

1. 单一基础配合练习方法设计与示例

1）传切配合的练习方法

（1）切入动作练习。

方法：如图 3-1 所示，②为教练员（或者球员），专门负责传球的辅助训练；①传球给②，随后向右侧跑动，进行压缩摆脱，再纵切至球篮下，接②的回传球上篮或者投篮等，详见视频 3-1-1。

视频 3-1-1

要求：在接球时①要伸内侧手示意②传球的角度与时机，并大喊“球、给球”。

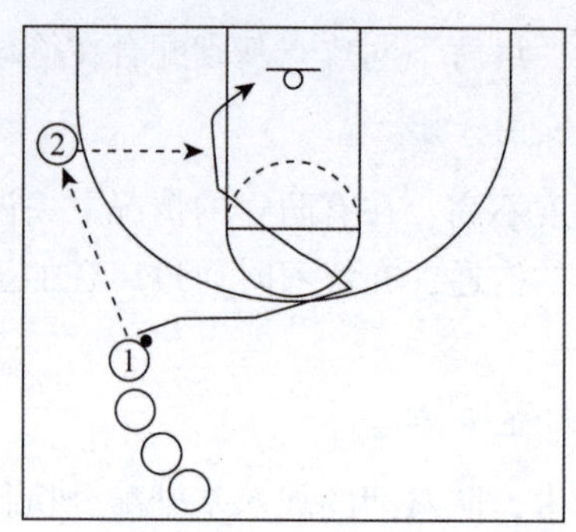


图 3-1　切入动作练习

（2）两人传切上篮练习。

方法：如图 3-2 所示，1 上步防守，④传球给 5。1 站在原地，同时④防守后做一个身前切入，5 回传球给④接球上篮。如图 3-3 所示，⑤传球给 1，在篮下等待的 2 上前迎防，⑤防守向篮筐做身前切入，1 回传球给⑤，⑤接球上篮。重复以上练习过程。

要求：切入队员切入前要做假动作，传球队员传球要及时，做到人到球到。

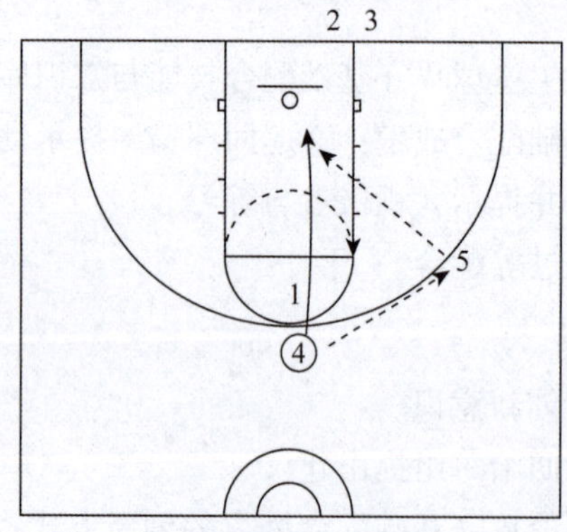


图 3-2　两人传切上篮练习（1）

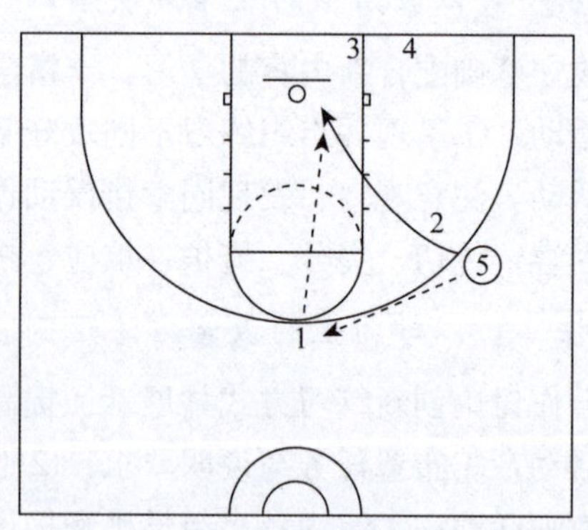


图 3-3　两人传切上篮练习（2）

2）突分配合的练习方法

（1）突破和分球技术动作练习。

方法：如图 3-4 所示，①持球在三分线外，练习无防守突破技术，5（可以为球员、教练员或者其他辅助训练人员）根据①的突破适时移动，接①的突破后分球。

要求：突破队员要注意观察，及时分球；接球队员要积极移动，找空接球。

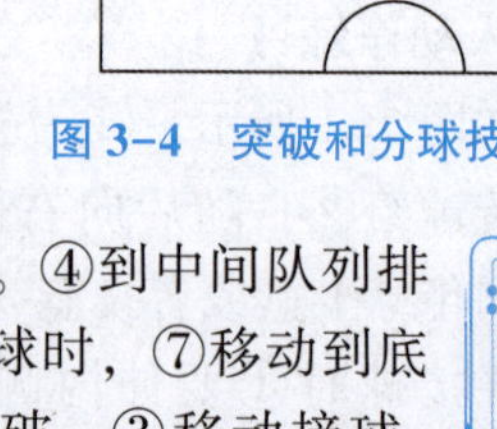


图 3-4　突破和分球技术动作练习

（2）循环突分练习。

方法：如图 3-5 所示，队员排成三列，①在中间持球突破，此时④移动到底角接球，①从场外到右侧队列排队。随后，④突破，②移动到球场左侧，接到④传球。④到中间队列排队。此时，②接球并做投篮假动作，随后突破，当②运球时，⑦移动到底角接②的传球。②从场外到左侧队列排队。随后⑦突破，③移动接球，⑦到中路队列排队，以此形式循环练习，详见视频 3-1-2。

视频 3-1-2

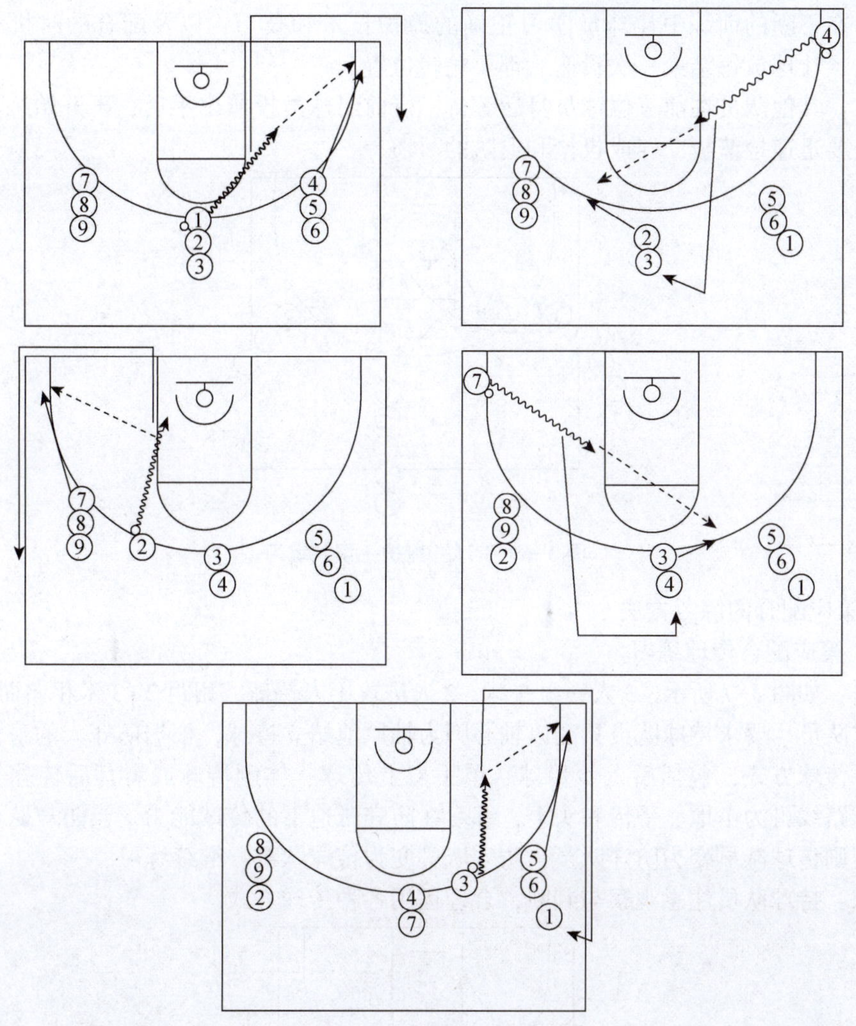

图 3-5　循环突分练习

要求：①突破前必须做假动作，突破时运球次数不能超过两次；②充分运用左、右手进行突破，可以使用交叉步或者同侧步突破，接球人要仔细观察突破人的动作，适时移动到接球点，在接球前就做好篮球准备姿势，做到接球后立刻就能投篮或者突破。

3）掩护配合的练习方法

（1）掩护动作练习。

方法：球员向障碍物跑去，随后在障碍物前做掩护动作，屈膝降重心，双脚开立与肩同宽，重心放在两腿之间，双手抱拳置于下腹部或者胸前，两肘夹紧，做好防冲击姿势。掩护前可举拳示意要进行掩护。掩护动作完成后，转身顶人，下顺，完成练习。

要求：①掩护动作要标准，以防在实战中形成错误动作导致进攻犯规；②掩护后一定要养成转身顶人、下顺的好习惯。

（2）传球—掩护—切入练习。

方法：如图 3-6 所示，①传球给②，随后①去给③掩护，随后③切入，当③切入后，①转身要位向篮下顺，此时②有两个传球机会，以根据不同的训练内容进行设置，传球给

③或①。在不断的训练中让球员学习正确的掩护技术和技巧，以及配合的时机和默契程度。最后，让球员每结束一次投篮后都要轮转位置。

要求：其他队员在前三位球员身后等待，待前组球员投篮出手后，再开始练习，同时前组球员要迅速抢篮板，养成投抢和退防的习惯。

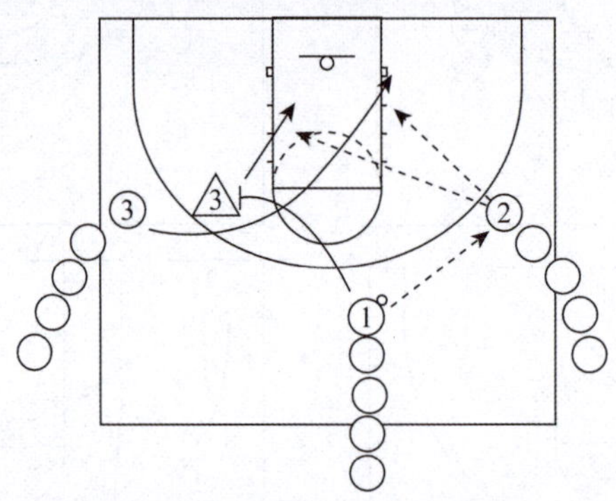


图 3-6　传球—掩护—切入练习

4）策应配合的练习方法

（1）策应配合传球练习。

方法：如图 3-7 所示，3 人一组一球，2 人进攻 1 人持球，相距 2~3 米相向而站，1 人防守持球队员。要求持球队员只能以轴心脚为轴原地站立持球，根据防守人的身体和手部位置选择传球方式，包括后上步传球、单手肩上传球、体侧传球或者背后传球等传球方式，传球路线可为击地、平传和头上，练习在防守压迫下的传球能力。当防守队员干扰到传球时，则传球队员变为防守队员，防守队员变为传球队员，继续练习。

要求：持球队员注意观察与判断，合理运用各种传球方式。

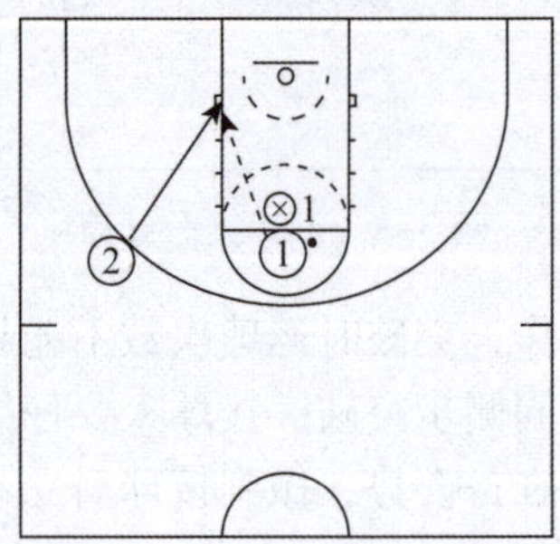


图 3-7　策应配合传球练习

（2）高位策应练习。

方法：如图 3-8 所示，策应队员⑤从低位移动到高位接弧顶球员①的传球，①传球后与底角的外线球员③两人交叉绕高位策应球员切入，策应球员⑤可传球给①或③上篮，也可选择自己中、远距离跳投。

要求：投篮后，切入球员抢篮板球，两人回到起始位置连续练习。

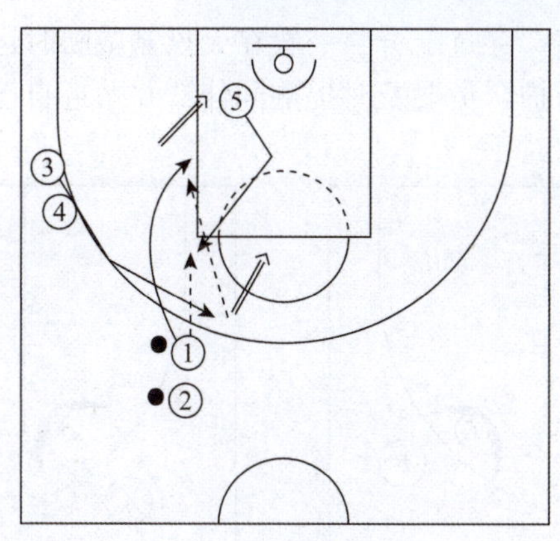


图 3-8　高位策应练习

（3）低位策应与三分投篮练习。

方法：如图 3-9 所示，由 1 名内线策应球员与 3 名外线球员组成，其他球员排队等待训练，内线球员⑤摆脱、抢位后由面对外线球员③传球给他，⑤获球后，3 名外线球员移动、摆脱，做好接球准备，内线策应球员⑤可向任一外线球员传球，由其投三分篮。3 名外线球员可进行位置轮转，连续练习。

要求：3 名外线球员要移动、摆脱、接球，接球后调整好步伐投篮。

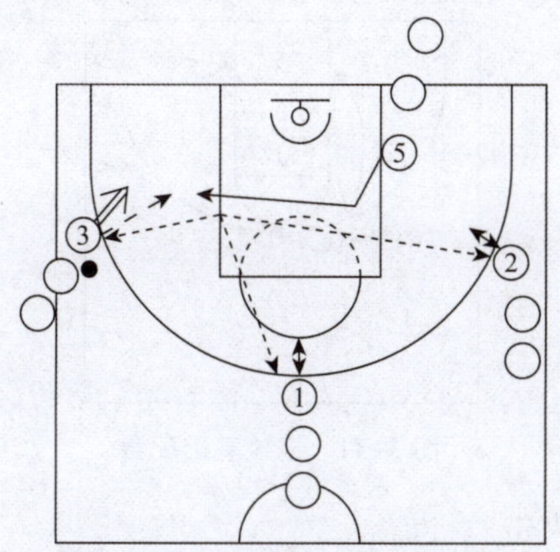


图 3-9　低位策应与三分投篮练习

5）挤过、绕过、穿过、交换防守配合练习

该练习主要是三对三徒手练习。三对三徒手练习的方法与要求如下。

方法：根据教师要求，学生练习挤过、穿过、绕过和交换防守配合。如图 3-10 所示，④给⑤做掩护，当④接近❺时，⑤移动的瞬间，❺要及时向前抢跨一步贴近⑤，并从⑤与④之间侧身挤过继续防守⑤。当⑤给⑥做掩护时，❺后撤一步，让❻从⑤与❺之间穿过。依此方法进行挤过、穿过、绕过、假换防和交换防守的练习。

要求：

①挤过配合的要求：挤过时，要贴近进攻者，上前侧抢步的动作要及时、突然、有力。发现对方掩护，一定要提醒同伴。要选择利于协防的位置，密切注意两名进攻者的行动，并及时补防。

②穿过配合的要求：防守掩护的队员及时提醒同伴并主动让路，穿过队员要迅速穿

过，并调整防守位置和距离。穿过配合，一般在无投篮威胁时运用。

③绕过配合的要求：防护队员要及时提醒同伴，并贴近自己的对手，绕过队员要及时调整位置和距离，继续防住对手。

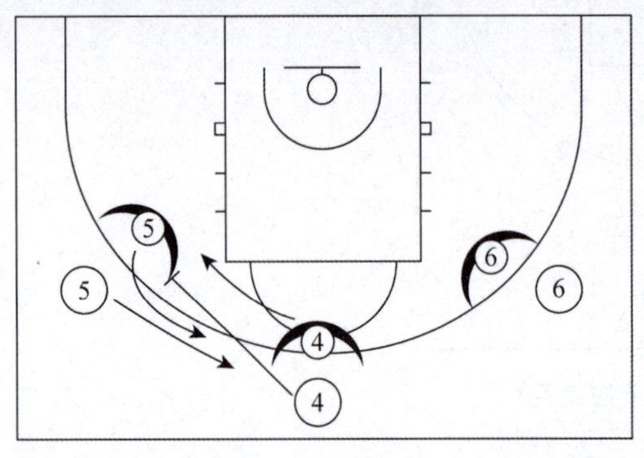

图 3-10　三对三徒手练习

## 2. 组合基础配合练习方法设计与示例

进攻基础配合：强侧持球突破+强侧 45 度挡拆+弱侧底角切入。

如图 3-11 所示，1 左侧运球突破，⑤上提至 45 度挡拆，1 借助⑤的挡拆突破至罚球线，⑤在 1 挡拆后，瞬间往篮下切入，1 传球给切入的③，③上篮得分。

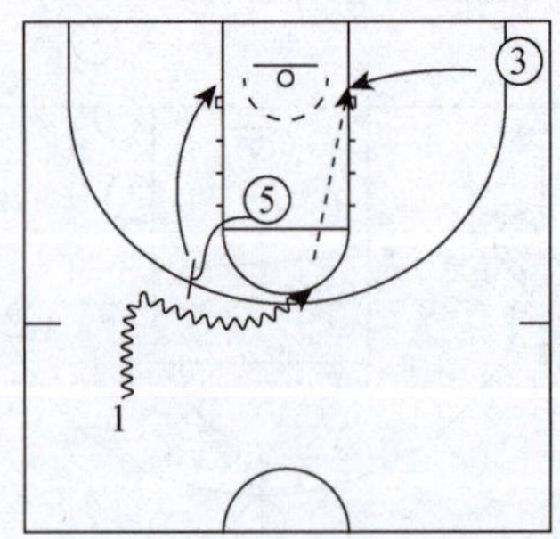

图 3-11　进攻基础配合

防守基础配合：挤过+夹击。

如图 3-12、图 3-13 所示，进攻两名球员①、⑤，防守两名球员 X1、X5，①和⑤在左侧 45 度挡拆，X1 挤过，X5 正常防⑤，①继续运球至右侧 45 度，①和⑤在右侧 45 度挡拆，X1 和 X5 夹击运球队员①，详见视频 3-1-3。

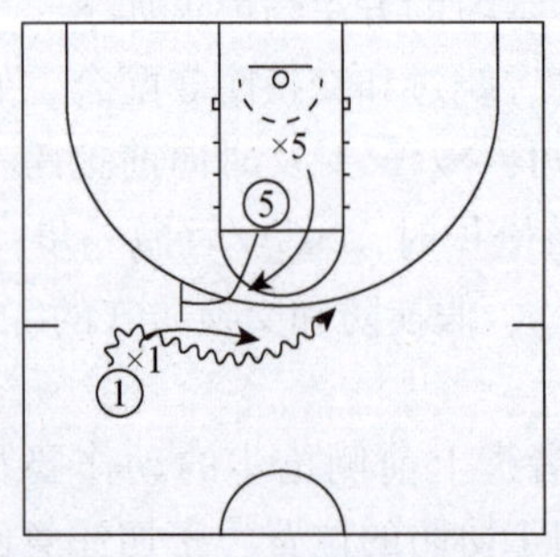

图 3-12　防守基础配合：挤过

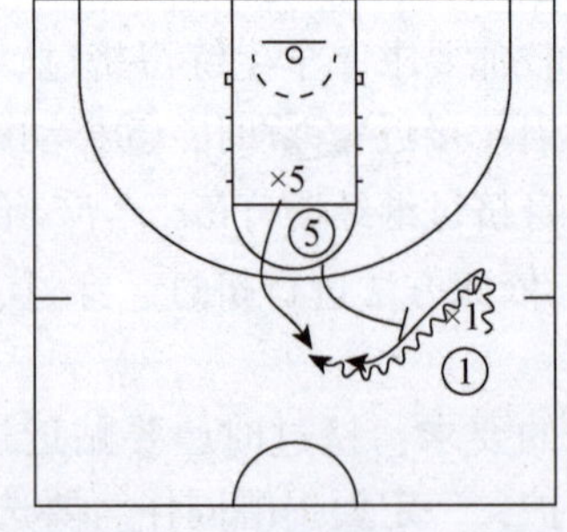

图 3-13　防守基础配合：夹击

视频 3-1-3

3. 游戏或比赛方法设计与示例

比赛：3V3 半场比赛。

要求：进攻方每回合必须采用挡拆；防守方只能采用挤过和夹击；先得 11 分的队伍获胜。

## 第二节　快攻与防守快攻

### 一、学科知识

#### （一）学科价值

快攻是指防守队获球后由守转攻时力争在对手布阵未稳之际，抓住战机以最快的速度、最短的时间，果断而合理地发动攻击的一种速决性战术配合。防守快攻是防守战术的重要组成部分，是在由攻转守的瞬间组织起来阻止和破坏对方快攻的防守战术。

快攻与防守快攻是现代篮球运动重要的攻防战术组织形式，各个水平层次的球队都会把快攻与防守快攻作为全队基本战术内容加以运用来快速增加本队得分，或抑制对手得分。

#### （二）关键问题

（1）初学阶段关键问题：了解快攻的时机、快攻战术的形式及防守快攻的方法。发动快攻的时机，即当获得后场篮板球，抢、断、打球和跳球时，以及对方投中后掷端线界外球时，都应抓住时机发动快攻。其中抢篮板球后发动快攻的比例最高，抢断球后发动快攻的成功率最高。快攻战术形式有长传快攻、传球与运球结合的快攻和个人突破快攻。防守快攻的方法有封、夹、断等。

（2）提高阶段关键问题：先学长传快攻，再学短传和与运球相结合的快攻；先学快攻的发动与接应，再学快攻的结束，最后学快攻推进与全队配合。先在固定形式下练习快攻的基本方法，逐步过渡到机动情况下的练习，先学无防守快攻，再过渡到消极防守快攻，直至在积极防守情况下的快攻练习。要注意培养学生的快攻意识，以“快”为中心，接应快、队形分散快、分球快，把身体素质、心理素质和作风培养等有机结合起来。防守快攻要与快攻结合起来训练，以提高攻守质量。

（3）应用阶段关键问题：在掌握快攻的配合方法之后，增加对抗性的练习，提高快攻意识，强化运用各种配合的能力，巩固提高配合质量，掌握配合变化规律。

#### （三）易犯错误与纠正方法

1. 初学阶段易犯错误与纠正方法

易犯错误：机械学习，未理解快攻战术和防守快攻配合方法、作用、运用时机和特点等。

纠正方法：通过现场演示，并结合实战比赛，讲解快攻战术和防守快攻配合方法在篮球比赛中的作用。

2. 提高阶段易犯错误与纠正方法

易犯错误：队友间的默契度不够，快攻过程中传球不准确、位置不准确等，在有防守的情况下失误率较高；防守间缺乏配合和呼应。

纠正方法：加强队友之间的沟通，练习时通过声音加强呼应；增加对抗性练习，以巩固提高配合质量。

3. 应用阶段易犯错误与纠正方法

易犯错误：在实战或比赛中，对快攻战术和防守快攻配合的时机把握不准，对场上距离、位置、角度的把控不合理。

纠正方法：现场讲解，现学现用；通过观看视频录像回放，持续加深印象。

## 二、教学法知识

### （一）教学方法运用

1. 方法一：以教为主的教学方法示例

通过快攻战术和防守快攻战术新内容的学习，丰富学生篮球快攻战术和防守快攻战术技能与知识库。

教师活动：①呈现并组织练习不同快攻战术和防守快攻战术配合；②巡回纠错，提示动作要领。

学生活动：注意观察，发现同学错误动作并提示，积极参与练习。

教学内容：长传快攻、传球与运球结合的快攻，个人突破快攻；运用封、夹、断等防守快攻。

2. 方法二：以学为主的教学方法示例

小组合作讨论创新练习方式并展示，提高创新意识。

教师活动：①布置任务与说明要求；②巡回给每组提出建议。

实习教师活动：①组织各小组学生积极讨论快攻战术和防守快攻战术练习的创新方式；②根据讨论结果组织练习，检验效果；③各小组展示。

学生活动：以小组为单位，根据布置的练习任务积极发言，讨论创新性练习方式，并进行相应的练习。

课堂组织形式：小组自行组织。

### （二）教学内容结构化：教材三个一设计

1. 单一基础配合练习方法设计与示例

1）长传快攻的练习

方法一：如图 3-14 所示，全队分成四组，②和④先全场运球上篮，上篮结束后，②排在⑦队伍的后边，④排在⑤队伍后边，③和①分别拼抢②和④的篮板球后，③将球通过长传的方式传给沿边路快下的⑧，然后排在出发前⑧队伍的后边；同理，①将球通过长传的方式传给沿边路快下的⑥，然后排在出发前⑥队伍的后边，以同样的方法依次进行练习，详见视频 3-2-1。

要求：长传球要及时到位，做到以球领人，快下的队员侧身跑，并随时注意接球投篮。

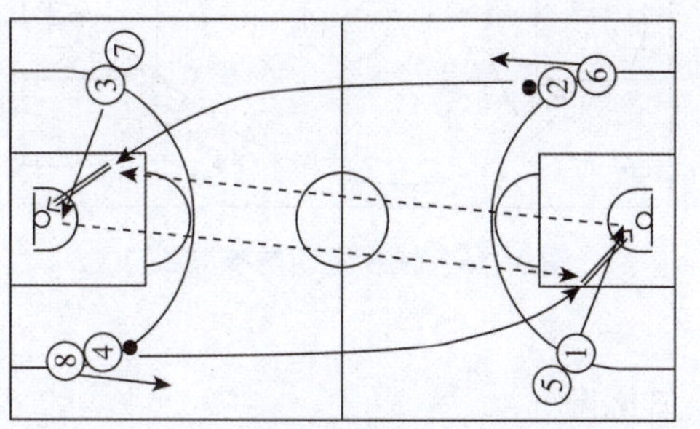

视频 3-2-1

图 3-14　长传快攻的练习（方法一）

方法二：如图 3-15 所示，两边篮下各安排三组，②和⑥先分别全场运球上篮，③和④分别拼抢⑥和②的篮板球后，③将球传给迅速插上接应的①，①再将球传给沿边路快下的⑧；同理，④将球传给迅速插上接应的⑤，⑤再将球传给沿边路快下的⑦；②上篮结束后排在出发前⑤队伍的后边，⑤到④的位置，④排在出发前⑦队伍的后边，⑥排⑨后边，①到③的位置，③到出发前⑧的位置，按队伍顺序依次进行练习。

要求：抢到篮板球后不准运球，迅速传出第一传，接应队员要及时插上，并根据快下队员的速度及时准确地传球，快下的队员应随时准备接球投篮。

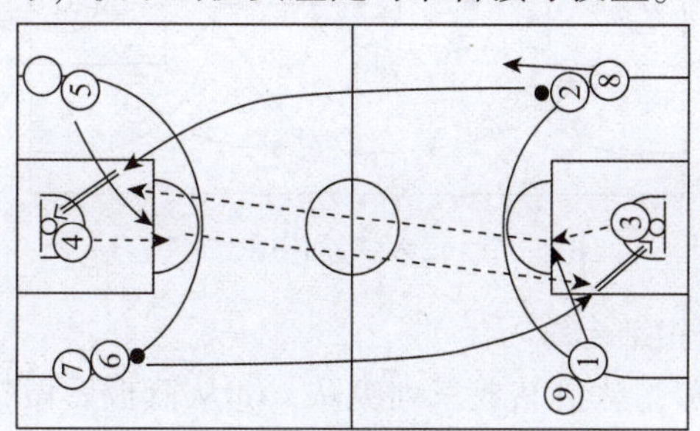

图 3-15　长传快攻的练习（方法二）

2）快攻发动与接应练习

方法：如图 3-16 所示，三人一组，每组一个球，教练将球抛向篮板，②队员自抢篮板球，①想办法摆脱接应②的传球，这个过程中⚠防守，⚠可以直接在传球路线上进行防守，也可以直接对接应队员①或抢到篮板球的②进行贴身盯防。②传完球后迅速沿边路快下，然后接①的回传球上篮，①接到球后中路推进，此时⚠就不再防守，跟随过去就可以了，①抢篮板球。②投篮后返回到另一侧做接应，①把球传给⚠，⚠再自抛自抢篮板球，①进行防守，从另一侧返回。三人依次轮转换位练习。

要求：抢篮板球落地的同时，快速寻找接应队员，传球要快速准确、不失误，快下队员沿边线边跑边看球，随时接传球快速上篮，传球队员传球要到位，传球后快速跟进。

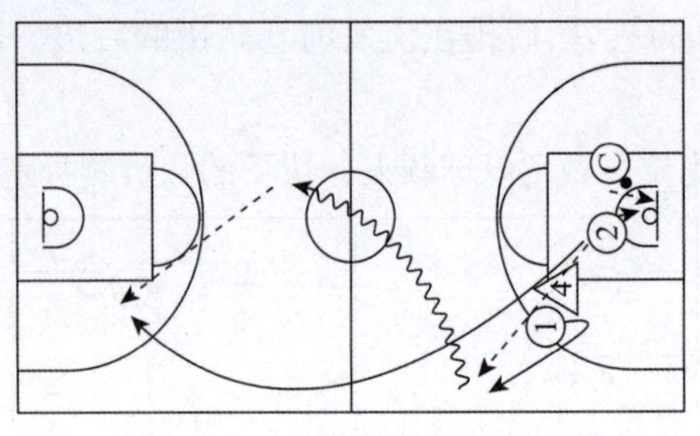


图 3-16　快攻发动与接应练习

3）快攻推进练习

（1）三人快速传球上篮练习。

方法：如图 3-17 所示，三人一组，③自投自抢，抢到篮板球后迅速传给中路插上接应的①，①及时传给另一侧跟进的②，然后②又回传给①，①运用恰当时机合理传给迅速快下的③上篮。②和①跟进抢篮板球，详见视频 3-2-2。

要求：①接应及时，③路线选择合理、迅速快下，②注意与插上队员之间的空间距离。

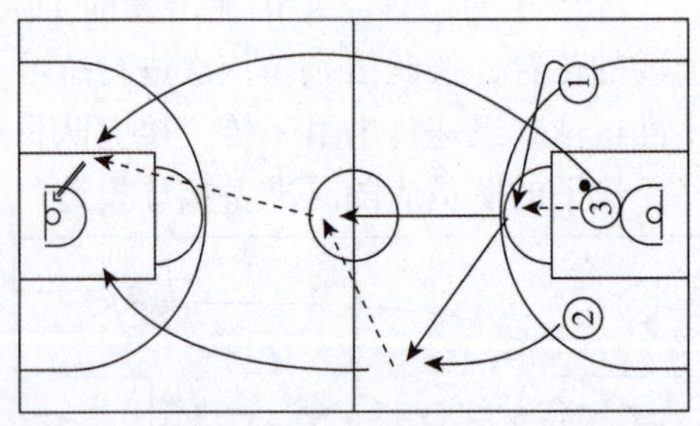


视频 3-2-2

图 3-17　三人快速传球上篮练习

（2）三人传球和运球相结合练习。

方法：如图 3-18 所示，队员站成三列纵队，③从篮板后做打篮板抢球，①看到③抢到球后，迅速移动，在远端进行接应，③快速将球传给远端接应的①，传完球的③和另一侧锋线队员②迅速快下，快下的时候尽可能地靠近边线；接到球的①快速运球从中路向前推进，①选择合理的时机传给②或③上篮，锋线上跑动队员可以自己决定在罚球线的延长线切入或者在三人彼此保持适当距离的前提下，运用传切、突破分球等其他进攻战术的配合练习。

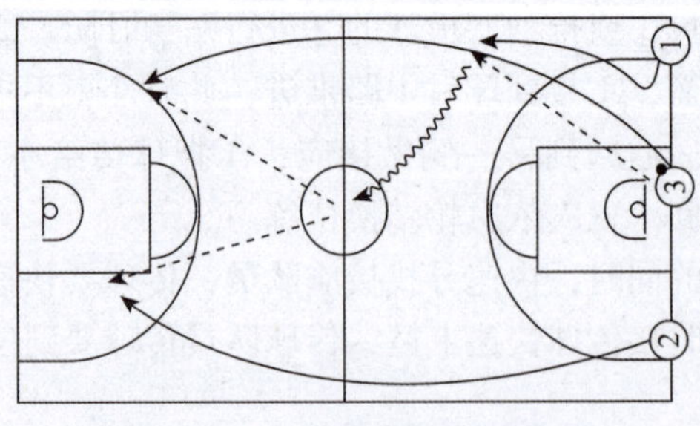


图 3-18　三人传球和运球相结合练习

要求：①接应及时，传球时机合理、准确，②、③跑动路线选择合理，迅速快下，同时三名队员保持合理的空间和距离。

2. 组合基础配合练习方法设计与示例

1）全场二攻一练习

方法：如图 3-19 所示，两人一组，分别站在两边篮下位置，由①和②开始全场二攻一练习，对方⚠进行防守，然后由⚠和⚠接着向对面篮筐进行二攻一练习，依次往返练习。

要求：进攻发动要迅速，推进快，处理球果断，同时防守过程要从消极到积极。

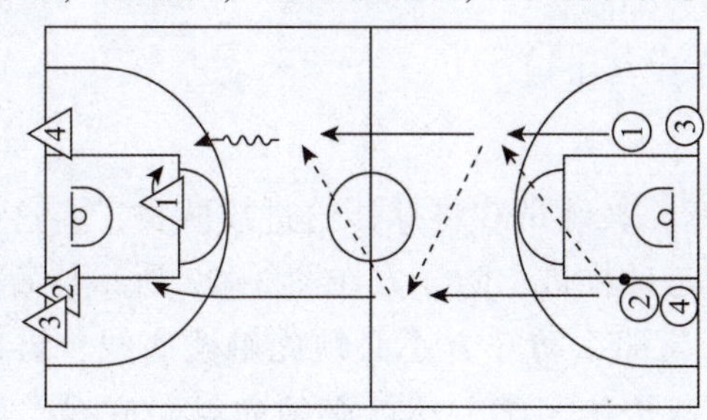

图 3-19　全场二攻一练习

2）全场三攻二练习

方法：将全队分成三人一组的若干小组，如图 3-20 所示，①号插中接应，三线快下。①运球推进吸引防守⚠时，立即将球传给快下的③，⚠移动协防③时，③将球立即传给快下无人防守的②投篮。三攻二结束后，由⚠、⚠、⚠接着向对面方向进攻，另一小组再出两名队员防守，依次往返练习。

要求：进攻队员掌握好节奏，保持纵深队形，减少失误。

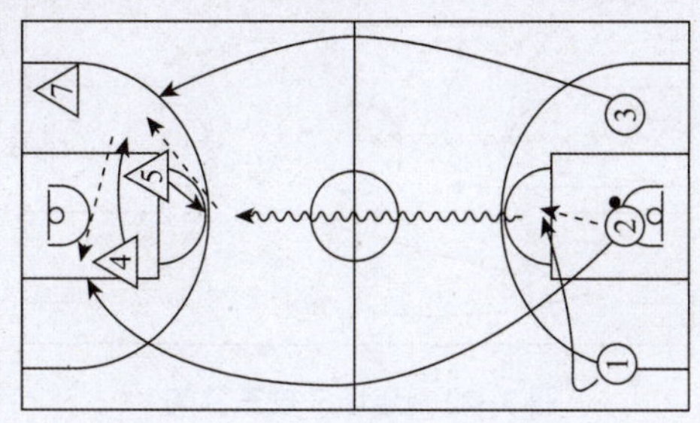

图 3-20　全场三攻二练习

3）全场三攻二衔接二攻一练习

方法：如图 3-21 所示，队员①、②、③三线快攻，⚠和⚠防守；进攻一次投篮后，不管球进还是不进，①、②、③中的投篮队员都必须快速退回防守⚠和⚠向对侧的推进快攻。如果①、②、③队员的快攻出现失误，防守队员⚠和⚠成功抢断就迅速反攻，进攻方①、②、③距离后场篮筐最近的队员快速退守，形成二攻一的快攻练习；二攻一快攻结束后，三名球员（⚠、⚠和其中一名退防队员）排在练习队伍后边。而三线快攻练习中未退回防守的两名队员留下防守下一组三线快攻的队员，依次往返练习。

要求：进攻方推进要快，减少失误，只有一次进攻机会，防守时要快速退防。

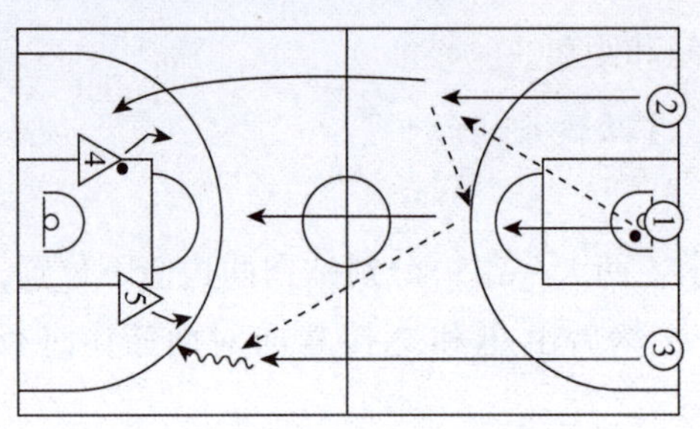

图 3-21　全场三攻二衔接二攻一练习

### 3. 游戏或比赛方法设计与示例

1）全场三攻三练习

方法：如图 3-22 所示，教练员Ⓒ将球传给进攻队员①，这个传球是队员开始三线快攻的信号，①开始迅速运球推进，防守方在图 3-22 所示位置一一对应进行防守。由于教练员Ⓒ将球传给了①，那么防守方△1必须先触碰底线，再冲刺回防帮助队友防守（以此类推，如果教练把球传给了②，△2就必须先触碰底线，再冲刺回防帮助队友防守。）此时△2和△3朝他们的篮下边退边防，尽力延缓进攻方三线快攻，直到△1回来形成三对三防守。如果防守方抢断进攻方的传球或者抢下投篮不中的篮板球，只要他们有人数上的优势，就进行快攻反击，①、②、③快速退回，取代△1、△2、△3之前的位置进行练习。

要求：进攻方推进要快，减少失误，进攻果断，只有一次进攻机会，防守队员要快速冲刺奔跑回防。

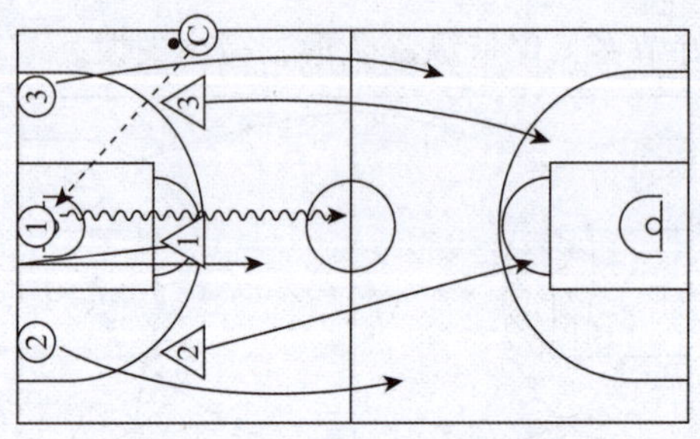

图 3-22　全场三攻三练习

2）全场四攻三练习

方法：如图 3-23 所示，教练员Ⓒ或⑤抛接篮板球后，一传快速传给插中接应的①，这时②已经提前快下至前场，接①的传球上篮，如果②被对方阻拦，④接①的传球上篮，如果④也没机会上篮，②快速过底线，到对面底角也有一个上篮机会，③接①的传球上篮。全场五攻四的练习也是和全场四攻三练习一样的道理，更多出现在衔接段进攻中。

要求：①插中接应输送球要快速合理，②为第一上篮机会，④为第二上篮机会，③为第三上篮机会。训练时先从②的上篮机会开始。

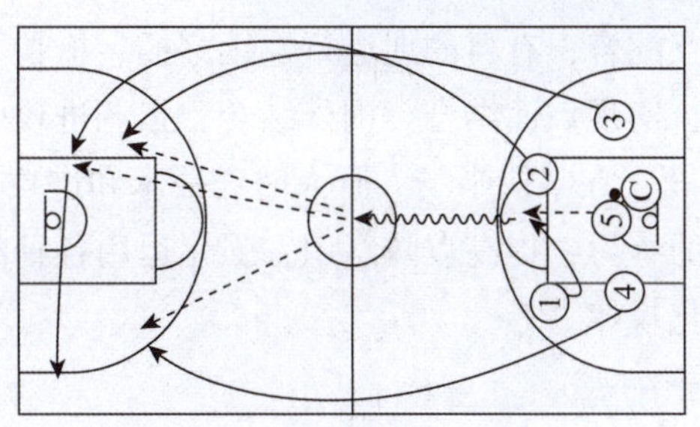

图 3-23　全场四攻三练习

# 第三节　人盯人防守战术与进攻人盯人防守战术

## 一、学科知识

### （一）学科价值

半场人盯人防守战术是指由攻转守时，全队有组织地迅速退回后场，在半场范围内，每个防守队员负责盯住一个进攻队员，控制其行动，并协助同伴完成全队防守任务的整体防守战术。它有分工明确、责任到位、针对性强、便于掌握等特点。在对抗日趋激烈的现代篮球比赛中，运用半场人盯人防守战术能有效地破坏对方进攻时的习惯打法，充分发挥个人的防守能力，调动个人防守的积极性。

进攻半场人盯人防守战术，是根据半场人盯人防守战术的特点，合理地组织进攻阵型，运用个人战术行动和进攻基础配合所组成的全队进攻战术。它要求队员既要有良好的战术意识、个人进攻能力，又要有集体协作精神，避免蛮干。应当依靠队员间的互相配合，攻破对方的防线。

### （二）关键问题

（1）初学阶段关键问题：了解半场人盯人防守战术和进攻半场人盯人防守战术的作用和运用时机、种类、基本要求。半场人盯人防守战术可分为半场缩小人盯人防守战术和半场扩大人盯人防守战术；根据落位阵型，进攻半场人盯人防守战术包括“2-3”阵型、“2-1-2”阵型及“1-2-2”阵型等。

（2）提高阶段关键问题：

在防守时，应首先加强个人脚步动作、防守技术运用及防守战术基础配合训练，在此基础上学习半场人盯人防守战术配合。对持球队员必须采用平步贴身紧逼防守姿势，扩大防守面积，并积极拼抢，不给对方轻易投篮、突破和传球的机会，一旦被对手突破，必须追防。对无球队员要错位防守，做到人、球、区兼顾，敢于对抗堵截其向球移动和空切篮下的路线。

在进攻时，应充分发挥本队进攻特点和个人的技术特长，利用基础配合组成全队的进攻战术。做到在移动中相互配合，有目的地进行连续穿插、掩护、换位配合。配合中注重主要的攻击区域和攻击点，实现点面结合，内外结合，强调进攻中的灵活性和机动性。

(3) 应用阶段关键问题：在掌握半场人盯人防守战术和进攻半场人盯人防守战术的配合方法之后，增加对抗性的练习，提高攻防意识，强化运用各种战术配合的能力，巩固提高战术质量，掌握战术变化规律。

### （三）易犯错误与纠正方法

#### 1. 初学阶段易犯错误与纠正方法

易犯错误：机械学习，未理解半场人盯人防守战术和进攻半场人盯人防守战术的配合方法、作用、运用时机和特点等。

纠正方法：现场演示和结合实战比赛，讲解半场人盯人防守战术和进攻半场人盯人防守战术配合方法在篮球比赛中的作用。

#### 2. 提高阶段易犯错误与纠正方法

易犯错误：队友间的默契度较差，防守过程中选位不准确，防守间缺乏配合和呼应等；进攻过程中落位阵型不准确，进攻时机、移动路线、主要攻击点不明确。

纠正方法：在防守过程中加强队友之间的沟通，练习时通过声音加强呼应；进攻过程中，明确主攻点，增加空跑战术次数，增加对抗性练习，以巩固提高战术质量。

#### 3. 应用阶段易犯错误与纠正方法

易犯错误：在实战或比赛中，对半场人盯人防守战术和进攻半场人盯人防守战术的配合时机把握不准，对场上距离、位置、角度的把控不合理。

纠正方法：现场讲解，现学现用；视频录像回放，持续加深印象。

## 二、教学法知识

### （一）教学方法运用

#### 1. 方法一：以教为主的教学方法示例

通过半场人盯人防守战术和进攻半场人盯人防守战术新内容的学习，丰富学生篮球半场人盯人防守战术和进攻半场人盯人防守战术技能与知识库。

教师活动：①呈现并组织练习不同半场人盯人防守战术和进攻半场人盯人防守战术配合的练习方式；②巡回纠错，提示动作要领。

学生活动：注意观察，发现同学错误动作并提示，积极参与练习。

教学内容：半场人盯人防守战术包括半场缩小人盯人防守战术和半场扩大人盯人防守战术；进攻半场人盯人防守战术包括“2-3”阵型、“2-1-2”阵型及“1-2-2”阵型等。

#### 2. 方法二：以学为主的教学方法示例

小组合作讨论创新练习方式并展示，提高创新意识。

教师活动：①布置任务与说明要求；②巡回给每组提出建议。

实习教师活动：①组织各小组学生积极讨论半场人盯人防守战术和进攻半场人盯人防守战术练习的创新方式；②根据讨论结果组织练习，检验效果；③各小组展示。

学生活动：以小组为单位，根据布置的练习任务积极发言，讨论创新性练习方式，并进行相应的练习。

课堂组织形式：小组自行组织。

### （二）教学内容结构化：教材三个一设计

#### 1. 单一基础配合练习方法设计与示例

1）脚步动作练习

练习一：如图 3-24 所示，防守球员按照限制区米字路线依次进行急起急停、变向等练习，主要锻炼球员在多方向上突然变向的脚步速度。

练习二：如图 3-25 所示，防守球员按照半场米字路线依次进行急起急停、变向等练习，主要锻炼球员在多方向上突然变向的脚步速度。

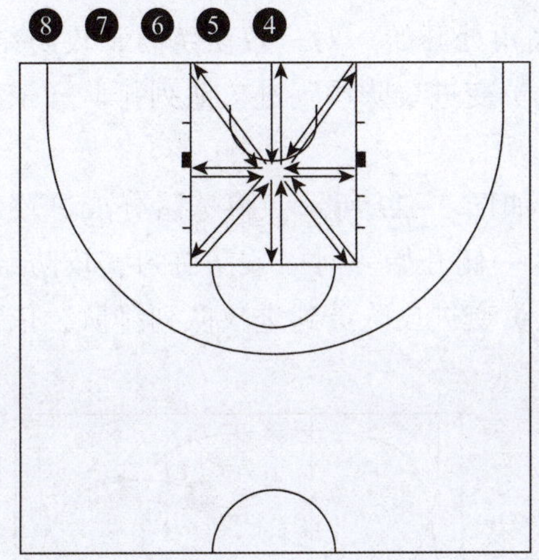

图 3-24　脚步动作练习一

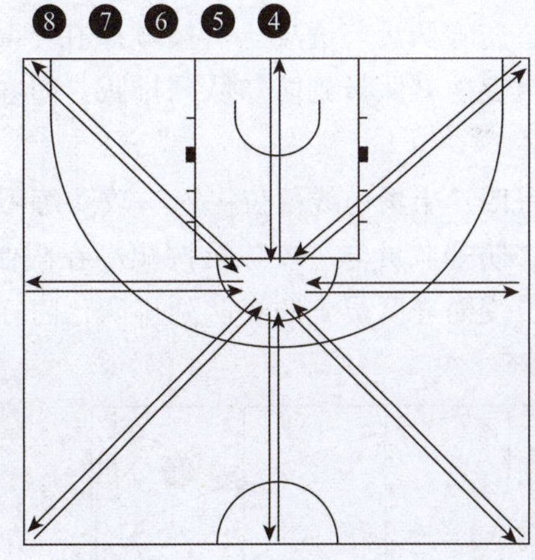

图 3-25　脚步动作练习二

练习要求：

第一，球员在同一方向启动时要尽全力加速，到中心点时要尽全力减速制动，变向前后的减速和加速衔接要熟练和顺畅。

第二，注意动作的合理性和经济性，球员应结合自己的身体运动能力找到在不同方向移动防守时最适合自己的步法。

2）一对一防守能力练习

练习一：半场三分线顶弧落位一对一攻防练习。如图 3-26 所示，将球队分成进攻和防守两个组，防守队员与进攻队员按顺序在三分线顶弧处开始一对一攻防练习，攻防结束后，进攻队员变防守队员到防守队列排队，防守队员变进攻队员到进攻队列排队，依次循环练习。

练习二：半场三分线 45°落位一对一攻防练习。如图 3-27 所示，将球队分成进攻和防守两个组，防守队员与进攻队员按顺序在三分线 45°落位开始一对一攻防练习，攻防结束后，进攻队员变防守队员到防守队列排队，防守队员变进攻队员到进攻队列排队，依次循环练习。

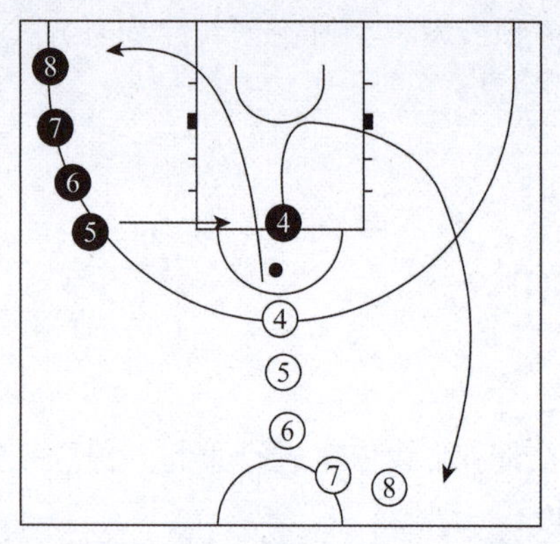


图 3-26 半场三分线顶弧落位一对一攻防练习

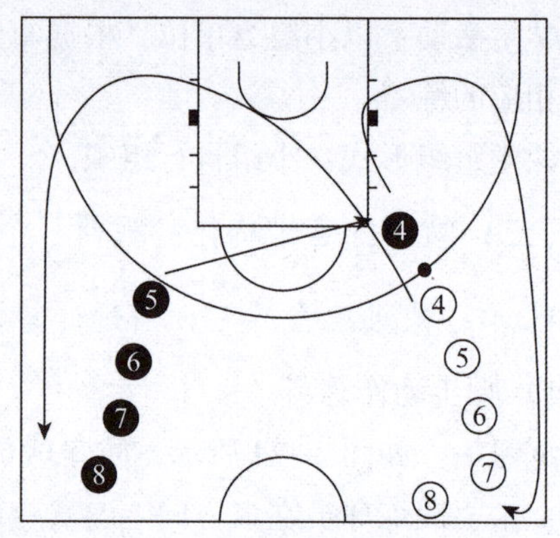


图 3-27 半场三分线 45°落位一对一攻防练习

练习三：半场底角落位一对一攻防练习。如图 3-28 所示，将球队分成进攻和防守两个组，防守队员与进攻队员按顺序在半场底角处开始一对一攻防练习，攻防结束后，进攻队员变防守队员到防守队列排队，防守队员变进攻队员到进攻队列排队，依次循环练习。

练习四：半场内线落位一对一攻防练习。如图 3-29 所示，将球队分成进攻和防守两个组，防守队员与进攻队员按顺序在限制区一侧开始一对一攻防练习，攻防结束后，进攻队员变防守队员到防守队列排队，防守队员变进攻队员到进攻队列排队，依次循环练习。

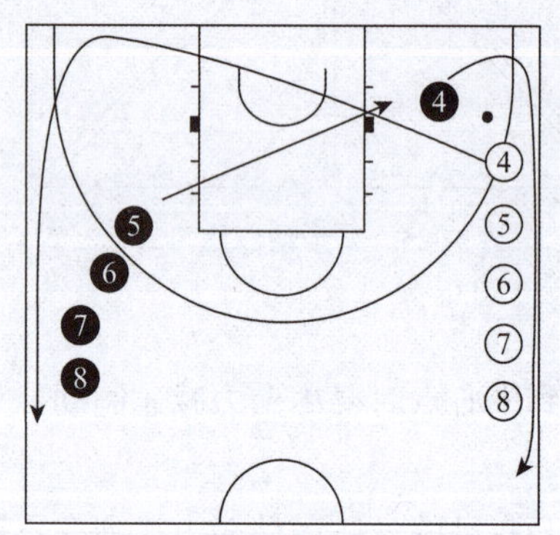


图 3-28 半场底角落位一对一攻防练习

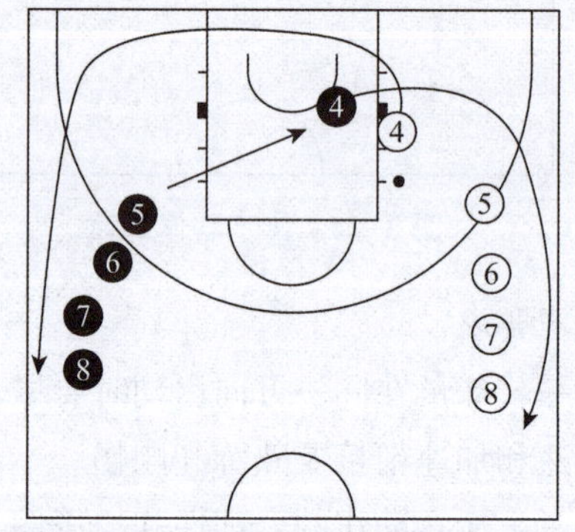


图 3-29 半场内线落位一对一攻防练习

练习要求：

第一，一对一防守时，注意个人防守脚步和身体移动对抗动作的合理性和规范性，避免不合理的脚步动作技术影响移动速度，不合理的上肢动作造成犯规。

第二，本练习是一个防守球员面对不同位置球员的防守练习，因此要积极思考进攻队员的特点，从而采取合理的防守技术，比如针对高中锋，尽可能采取紧逼干扰其运球，使其远离篮筐；针对速度快但中远距离投篮能力差的队员，则尽可能与其保持一定距离，防突破，放长投等。

第三，注意每次完成攻防后的反思与总结，对防守成功与失败之处进行分析，逐渐培养针对不同特长球员的合理防守习惯。

3）个人进攻技术练习方法

练习一：多方向运球摆脱能力练习。

方法 1：如图 3-30 所示，进攻球员按照限制区米字路线依次进行急起急停、变向等运球练习，主要锻炼球员在多方向上突然变向的运球速度和能力。

方法 2：如图 3-31 所示，进攻球员按照半场米字路线依次进行急起急停、变向等运球练习，主要锻炼球员在多方向上突然变向的运球速度和能力。在每一条路线的中段要有一个急停制动加转身运球的假动作，再次加速，这样可以有效养成球员通过运球摆脱防守的节奏。

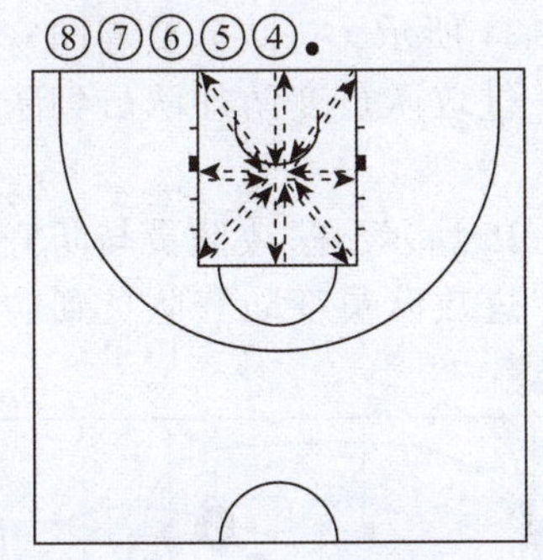


**图 3-30　多方向运球摆脱能力练习（方法 1）**

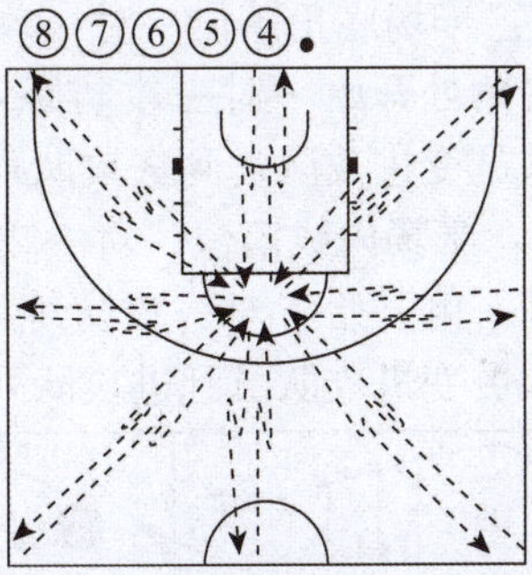

**图 3-31　多方向运球摆脱能力练习（方法 2）**

练习二：多方向无球摆脱能力练习。

可以采取图 3-30（限制区内米字急起急停、变向移动）和图 3-31（半场区域内米字急起急停、变向移动）所示的无球球员急起急停、变向移动的训练方式，提高球员无球移动摆脱防守的能力。

练习要求：

第一，球员运球重心要低，运球时不要低头，要抬头观察场上情况，扩大视野；在同一方向启动时要尽全力加速，到中心点时要尽全力减速制动，变向的减速和加速衔接要熟练和顺畅。

第二，注意动作的合理性和经济性，球员应结合自己的身体运动能力找到在不同方向运球移动摆脱防守时最适合自己的步法和运球方式。

练习三：有球队员半场一对一运球摆脱对手能力练习。

方法 1：半场三分线顶弧落位一对一攻防练习。如图 3-32 所示，进攻队员与防守队员按顺序在三分线顶弧处开始一对一攻防练习，攻防结束后，进攻队员变防守队员到防守队列排队，防守队员变进攻队员到进攻队列排队，依次循环练习。

方法 2：半场三分线 45°落位一对一攻防练习。如图 3-33 所示，进攻队员与防守队员按顺序在三分线 45°落位开始一对一攻防练习，攻防结束后，进攻队员变防守队员到防守队列排队，防守队员变进攻队员到进攻队列排队，依次循环练习。

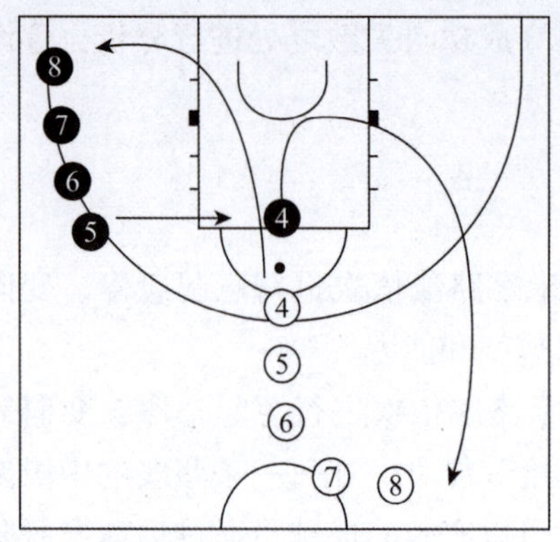
图 3-32　半场三分线顶弧落位一对一攻防练习

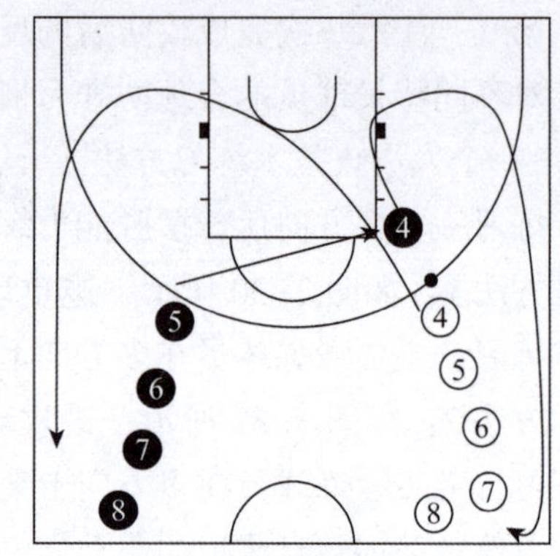
图 3-33　半场三分线 45°落位一对一攻防练习

方法 3：半场底角落位一对一攻防练习。如图 3-34 所示，进攻队员与防守队员按顺序在半场底角处开始一对一攻防练习，攻防结束后，进攻队员变防守队员到防守队列排队，防守队员变进攻队员到进攻队列排队，依次循环。

方法 4：半场内线落位一对一攻防练习。如图 3-35 所示，进攻队员与防守队员按顺序在限制区一侧开始一对一攻防练习，攻防结束后，进攻队员变防守队员到防守队列排队，防守队员变进攻队员到进攻队列排队，依次循环。

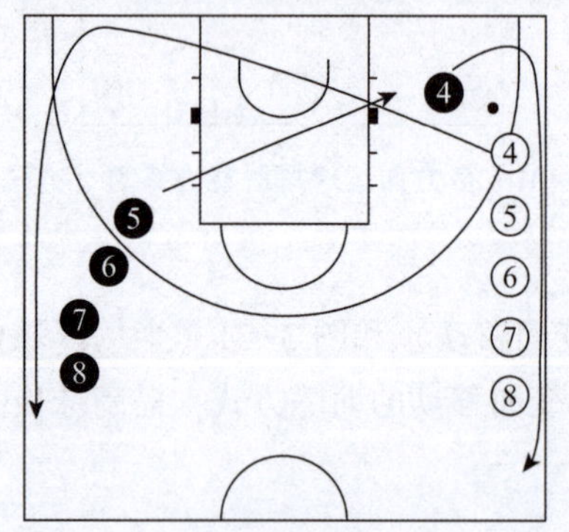
图 3-34　半场底角落位一对一攻防练习

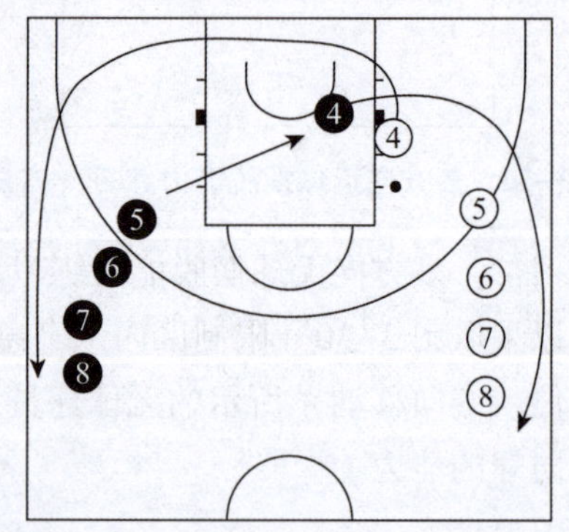
图 3-35　半场内线落位一对一攻防练习

练习要求：

第一，半场一对一进攻时，注意个人进攻脚步、运球方式，以及身体移动对抗动作的合理性和规范性，避免不合理的动作技术影响移动速度和摆脱效果，应注重运球过程中真、假、快、慢等节奏的运用。

第二，本练习中，进攻球员面对不同位置球员（后卫、前锋、中锋）的防守时，要积极观察防守队员的弱点来采取合理的进攻技术，如针对高中锋时，尽可能拉开空间，利用速度进行摆脱；针对速度快的后卫队员时，则尽可能利用假动作使其身体重心偏移之后，再加速摆脱。

第三，每次完成攻防后要进行反思与总结，在进攻成功与失败之处进行总结，逐渐培养针对不同特长球员的合理进攻习惯。

### 2. 组合基础配合练习方法设计与示例

1）球动人不动条件下，防守队员移动选位练习

方法 1：如图 3-36 所示，后卫④持球时，❹上前紧逼；❺对⑤采取错位防守，干扰

⑤接④传球的线路；❻对⑥采取错位防守，干扰⑥接④传球的线路；❽对⑧采取错位防守，干扰⑧接④传球的线路；❼适度回收限制区，准备协防。

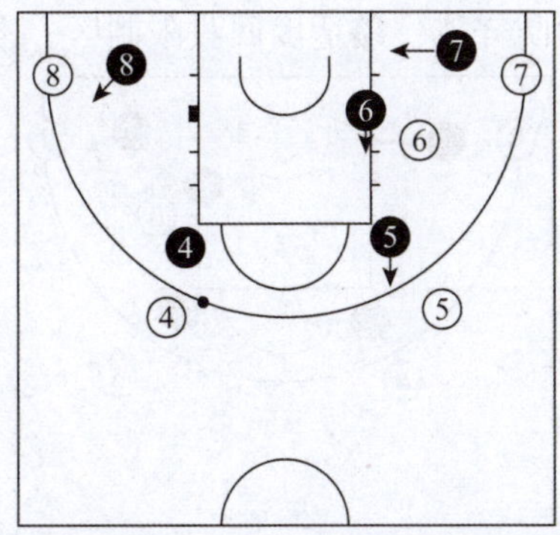

图 3-36　球动人不动条件下，防守队员移动选位练习（方法 1）

方法 2：如图 3-37 所示，后卫④将球传给⑧时，❽上前紧逼；❹对④采取错位防守，干扰④接⑧传球的线路；❻适度回收限制区，准备协防，并兼顾防守⑥；❺适度回收限制区，准备协防，并兼顾防守⑤；❼适度回收限制区，准备协防，并兼顾防守⑦。

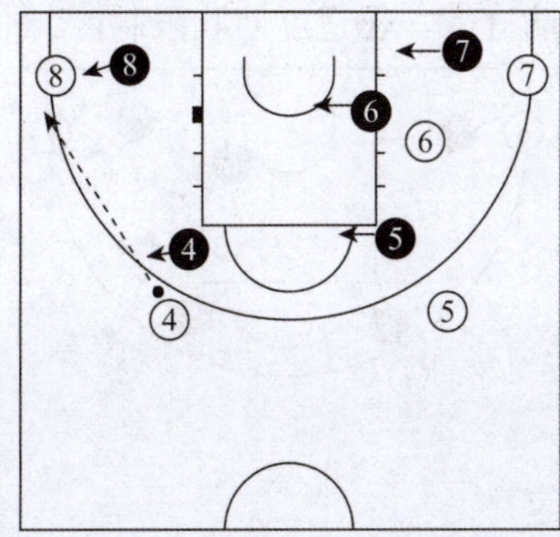

图 3-37　球动人不动条件下，防守队员移动选位练习（方法 2）

方法 3：如图 3-38 所示，后卫④将球传给⑤时，❺上前紧逼；❹对④采取错位防守，干扰④接⑤传球的线路；❻对⑥采取错位防守，干扰⑥接⑤传球的线路；❼对⑦采取错位防守，干扰⑦接⑤传球的线路；❽适度回收限制区，准备协防。

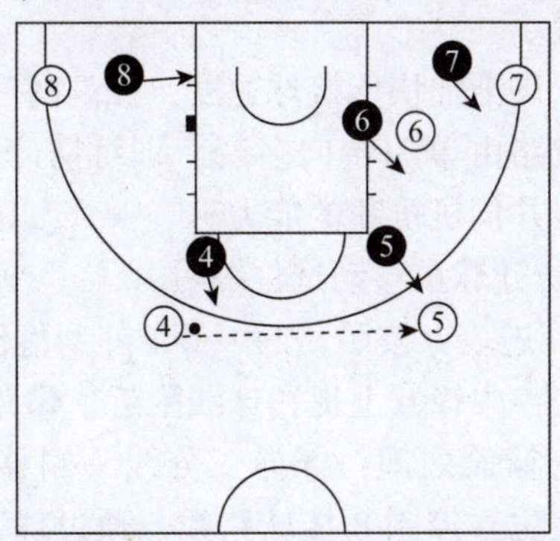

图 3-38　球动人不动条件下，防守队员移动选位练习（方法 3）

方法 4：如图 3-39 所示，后卫⑤将球传给前锋⑦时，❼上前紧逼；❻对⑥采取错位防守，干扰⑥接⑦传球的线路；❺对⑤采取错位防守，干扰⑤接⑦传球的线路；❹适度回收限制区，准备协防，并兼顾防守④；❽适度回收限制区，准备协防，并兼顾防守⑧。

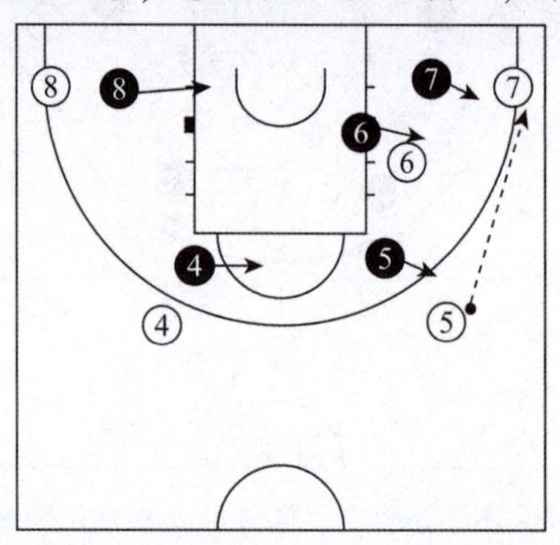

图 3-39　球动人不动条件下，防守队员移动选位练习（方法 4）

方法 5：如图 3-40 所示，后卫⑤将球传给中锋⑥时，❻上前紧逼；❼对⑦采取错位防守，干扰⑦接⑥传球的线路；❺对⑤采取错位防守，干扰⑤接⑥传球的线路；❹适度回收限制区，准备协防，并兼顾防守④；❽适度回收限制区，准备协防，并兼顾防守⑧。

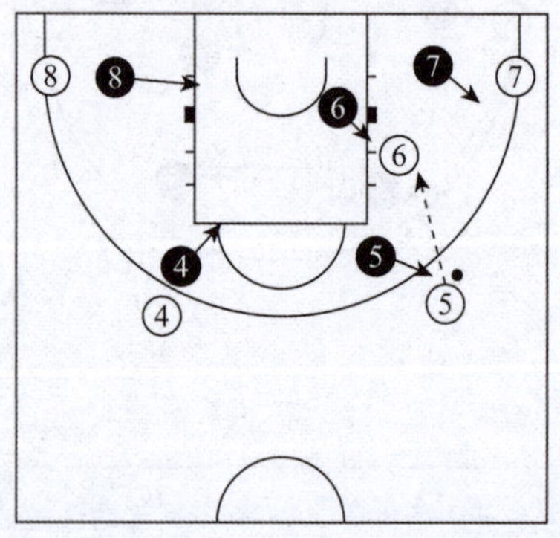

图 3-40　球动人不动条件下，防守队员移动选位练习（方法 5）

练习要求：

第一，起初进攻队员每次传球后，接球队员做各种投篮和假突破动作，使防守球员逐步熟练和明确自己的防守位置。

第二，在熟练的基础上，逐渐加快传接球速度，提高防守队员选位能力和移动速度。

第三，进一步要求传球线路由单一转向多变，训练防守队员合理地使用各种防守步法，积极控制对手的传接球，并伺机抢断的能力。

2）球不动人动条件下，防守球员移动选位练习

方法 1：如图 3-41 所示，进攻方按照“2-1-2”阵型落位，后卫④持球不动，这时候其他球员不断变换阵型，首先，中锋⑥上提罚球线附近，❻跟进并控制⑥接球路线；⑦下压限制区底角，❼回收至⑦与篮筐之间；⑤向三分线一侧移动，❺跟防并控制⑤接球路线；⑧上提三分线一侧，❽跟防并控制⑧接球路线。通过球不动，无球进攻球员的移动，从进攻的“2-1-2”阵型转换为“1-3-1”阵型，来为防守球员的选位创造反复训练的机会。

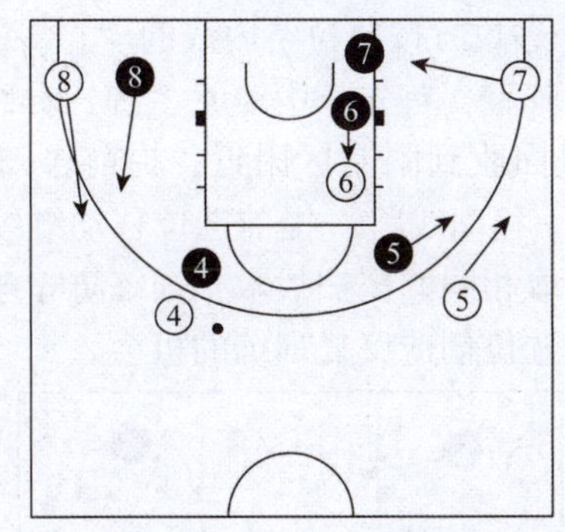

图 3-41　球不动人动条件下，防守球员移动选位练习（方法 1）

方法 2：如图 3-42 所示，进攻方按照“1-3-1”阵型落位，后卫④持球不动，这时候其他球员不断变换阵型，首先，中锋⑥上提三分线 45°，❻跟进并控制⑥接球路线；⑧下压半场底角一侧，❽跟防并控制⑧接球路线；❺选位⑤有球侧控制其接球路线。通过球不动，无球进攻球员的移动，从进攻的“1-3-1”阵型转换为拉空内线的“1-2-2”阵型，来为防守球员的选位创造反复训练的机会。

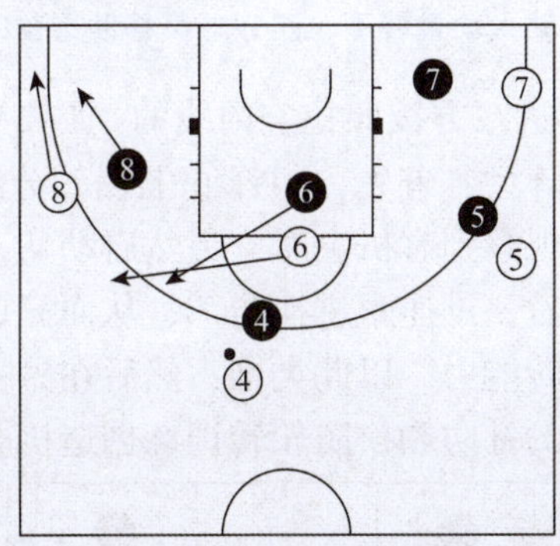

图 3-42　球不动人动条件下，防守球员移动选位练习（方法 2）

方法 3：如图 3-43 所示，进攻方按照“1-2-2”阵型落位，后卫④持球不动，这时候其他球员不断变换阵型，首先，中锋⑥上提三分线 45°，❻跟进并控制⑥接球路线；⑧下压限制区底角一侧，❽跟防并控制⑧接球路线；⑦下压限制区底角一侧，❼跟防并控制⑦接球路线。通过球不动，无球进攻球员的移动，从拉空内线的“1-2-2”阵型转换为内线攻击的“1-2-2”阵型，来为防守球员的选位创造反复训练的机会。

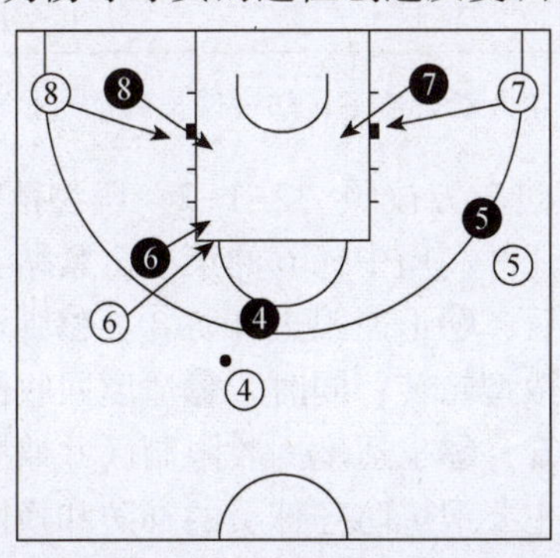

图 3-43　球不动人动条件下，防守球员移动选位练习（方法 3）

方法4：如图3-44所示，进攻方按照拉空内线的“1-2-2”阵型落位，后卫④持球不动，这时候其他球员不断变换阵型，首先，中锋⑥上提三分线45°，❻跟进并控制⑥接球路线；⑤给⑦做掩护，❺跟进回收到限制区附近，提前告知❼通过挤过（a移动线路）、穿过（b移动线路）或绕过（c移动线路）提前选位移动继续防守⑦；❽适度回收限制区附近；然后在另一侧⑥和⑧采取相同的掩护战术，训练防守球员的挤过、穿过、绕过等能力。以此类推，为防守球员的选位创造反复训练的机会。

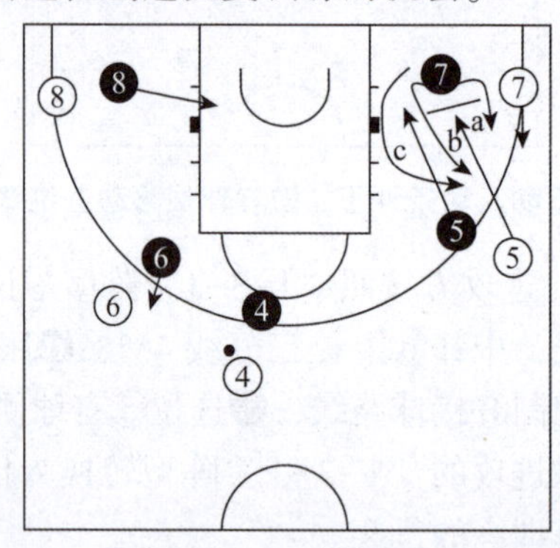


图3-44　球不动人动条件下，防守球员移动选位练习（方法4）

方法5：如图3-45所示，进攻方按照拉空内线的“1-2-2”阵型落位，后卫④持球不动，这时候其他球员不断变换阵型，首先，中锋⑥上提三分线45°，❻跟进并控制⑥接球路线；⑤给④做假掩护，⑤在观察到有机会时，突然启动切入篮下，❼及时上前补防，而❺在失位后观察到❼进行补防后，迅速跟进换防⑦，从而完成一个微型轮换。此方法主要锻炼防守球员的补防和换防轮转能力。以此类推，然后在另一侧⑥和④之间也采取相同的假掩护切入战术，为防守球员的补防和换防轮转训练创造机会。

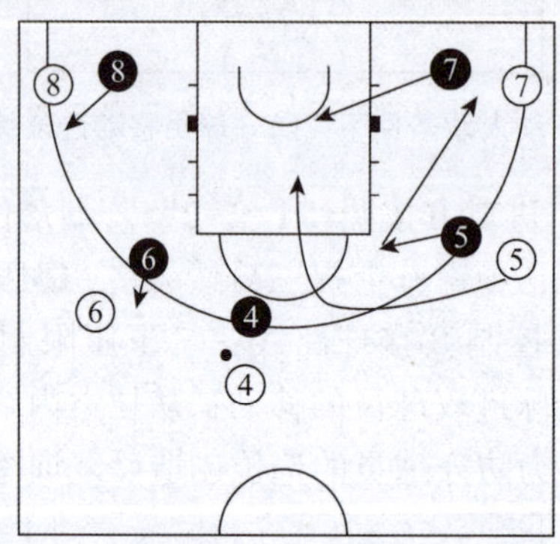


图3-45　球不动人动条件下，防守球员移动选位练习（方法5）

方法6：如图3-46所示，进攻方按照“2-1-2”阵型落位，中锋⑥持球不动，这时候其他球员不断变换阵型，首先，⑧利用中锋⑥的策应，紧贴⑥移动至限制区，接⑥的传球准备进攻，❽被⑥掩护阻拦之后，❻迅速跟进补防⑧，❽则迅速后撤一步卡住⑥的下插线路，形成一次两人之间的防守微型轮转；同时，❺适度回收限制区并兼顾对⑤的防守，如果⑥传球给⑤，则❺及时回防⑤，❼也适度回收限制区并兼顾对⑦的防守，如果⑥传球给⑦，则❼及时回防⑦。此方法主要锻炼防守球员的补防和换防轮转能力。

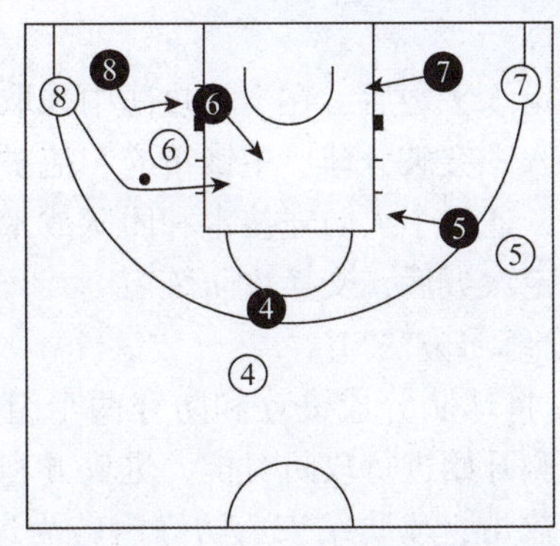

图 3-46　球不动人动条件下，防守球员移动选位练习（方法 6）

方法 7：如图 3-47 所示，进攻方按照“2-1-2”阵型落位，中锋⑥持球不动，这时候其他球员不断变换阵型，首先，⑤利用中锋⑥的策应，突然斜插限制区，接⑥的传球准备进攻，❻及时上前补防，而❺在失位后观察到❻进行补防后，迅速跟进换防⑥，从而完成一个微型轮换；同时，❽适度回收限制区并兼顾对⑧的防守，如果⑤传球给⑧，则❽及时回防⑧，❼也适度回收限制区并兼顾对⑦的防守，如果⑥传球给⑦，则❼及时回防⑦。此方法主要锻炼防守球员对进攻方无球切入的补防和换防轮转能力。

方法 8：如图 3-48 所示，进攻方按照“2-1-2”阵型落位，中锋⑥持球不动，这时候其他球员不断变换阵型，首先，⑤为⑦做掩护后，⑦横切限制区接中锋⑥的策应传球准备进攻，❺及时上前补防，❼则迅速后撤一步卡住⑤的下插线路，形成一次两人之间的防守微型轮转。此方法主要锻炼针对底角掩护战术的防守球员补防和换防轮转能力。

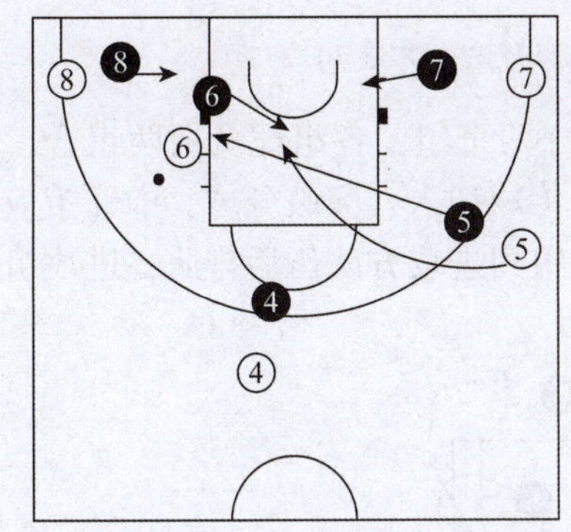

图 3-47　球不动人动条件下，防守球员移动选位练习（方法 7）

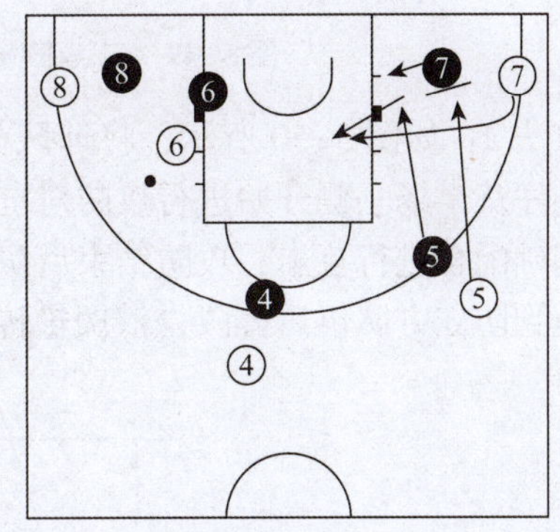

图 3-48　球不动人动条件下，防守球员移动选位练习（方法 8）

练习要求：

第一，半场攻防落位后，持球球员不动，无球球员进行移动，带动防守球员进行选位移动。

第二，起初进攻球员的移动速度要慢，等防守球员熟练之后，再由慢到快，移动线路由单一到多变。防守球员要根据进攻球员的移动线路，利用合理的防守步法或球员协作，积极堵截对手的进攻线路。

第三，等战术演练熟练到一定程度后，进攻球员可以通过随意的传接球和跑位（但不能投篮），带动防守球员合理地进行选位和防守。防守球员积极堵截对手的进攻移动线路，随时调整好防守位置，伺机断球。

第四，在以上训练达到一定水平之后，在半场攻防中采取规定的进攻战术来练习防守配合，让进攻球队采取传球切入、突破分球、中锋策应、掩护等不同的进攻配合，使防守球队在单一的反复进攻战术中，通过个人防守技术和团队战术的不断运用，逐步提高防守配合的默契度，在防守成功一定次数后，交换攻防练习。

3）二、三人进攻基础配合练习方法

方法 1：如图 3-49 所示，将球队分成进攻和防守两个组，各组球员两两组合，分别按照顺序从半场三分线弧顶两侧开始进行攻防对抗，进攻方利用传球切入、突破分球、中锋策应、掩护等基础配合进行攻击，攻防结束后防守组转为进攻组到进攻方队伍后排队，进攻组转为防守组到防守方队伍后排队，依次轮转。

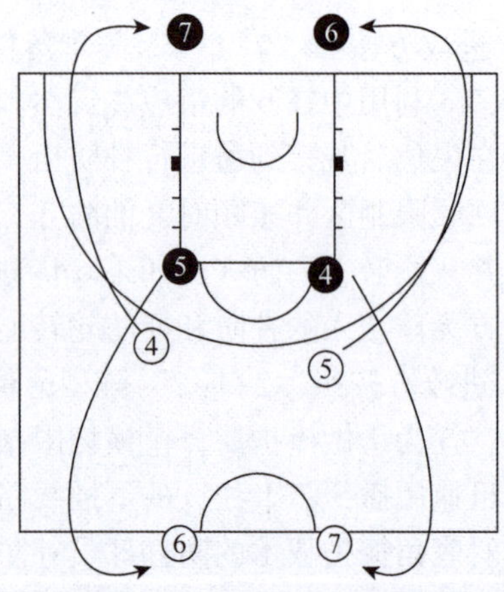

图 3-49　二、三人进攻基础配合练习方法（方法 1）

方法 2：如图 3-50 所示，将球队分成进攻和防守两个组，各组球员两两组合，分别按照顺序从半场一侧开始进行攻防对抗，进攻方利用传球切入、突破分球、中锋策应、掩护等基础配合进行攻击，攻防结束后防守组转为进攻组到进攻方队伍后排队，进攻组转为防守组到防守方队伍后排队，依次轮转。

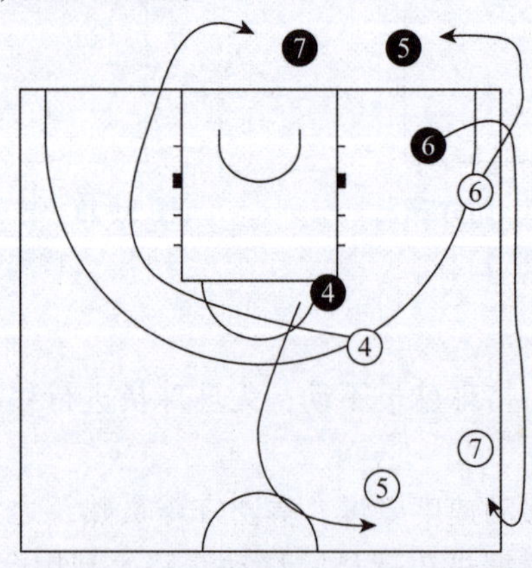

图 3-50　二、三人进攻基础配合练习方法（方法 2）

方法 3：如图 3-51 所示，将球队分成进攻和防守两个队，各队球员三人一组，分别按照顺序从三分线弧顶两侧开始进行攻防对抗，进攻方利用传球切入、突破分球、中锋策应、掩护等基础配合进行战术演练，攻防结束后防守组转为进攻组到进攻方队伍后排队，进攻组转为防守组到防守方队伍后排队，依次轮转。

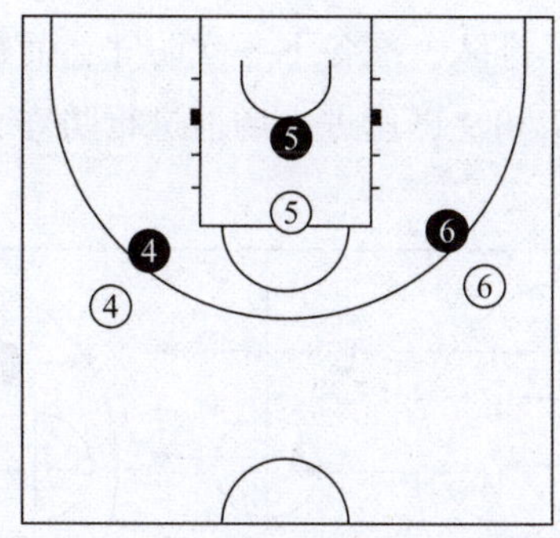

图 3-51　二、三人进攻基础配合练习方法（方法 3）

方法 4：如图 3-52 所示，将球队分成进攻和防守两个队，各队球员三人一组，分别按照顺序从半场一侧开始进行攻防对抗，进攻方利用传球切入、突破分球、中锋策应、掩护等基础配合进行战术演练，攻防结束后防守组转为进攻组到进攻方队伍后排队，进攻组转为防守组到防守方队伍后排队，依次轮转。

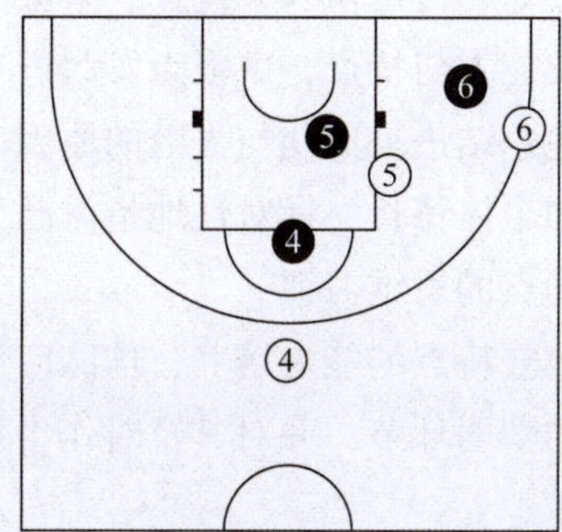

图 3-52　二、三人进攻基础配合练习方法（方法 4）

4）全场空间进行二、三人进攻基础配合练习

方法 1：如图 3-53 所示，将队员分为两队，在球场两侧端线两两组合，④和⑤从后场通过传接球后进入前场，防守方❹和❺迅速进入半场进行防守，④和⑤完成进攻后直接到就近端线外排队，准备下一次防守；而❹和❺变为进攻方通过传接球进入对面半场，这时⑥和⑦迅速进入场地进行防守，以此类推，轮转进行二对二攻防演练。

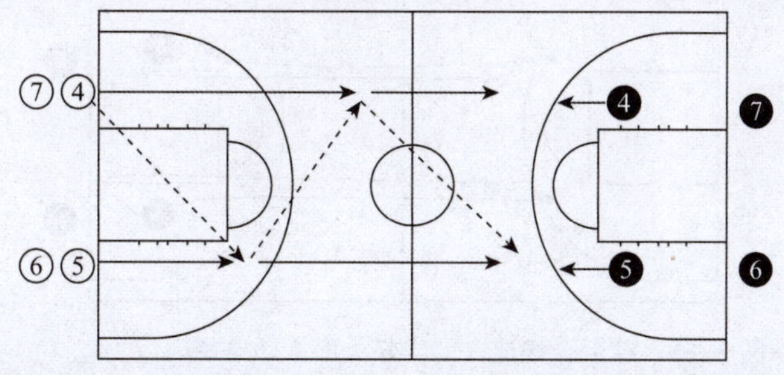

图 3-53　全场空间进行二、三人进攻基础配合练习（方法 1）

方法2：如图3-54所示，将队员分为两队，在球场两侧端线三人一组，④、⑤和⑧从后场通过传接球后进入前场，防守方❹、❺和❽迅速进入半场进行防守，④、⑤和⑧完成进攻后直接到就近端线外排队，准备下一次防守；而❹、❺和❽变为进攻方通过传接球进入对面半场，这时⑥、⑦和⑨迅速进入场地进行防守，以此类推，轮转进行三对三攻防演练。

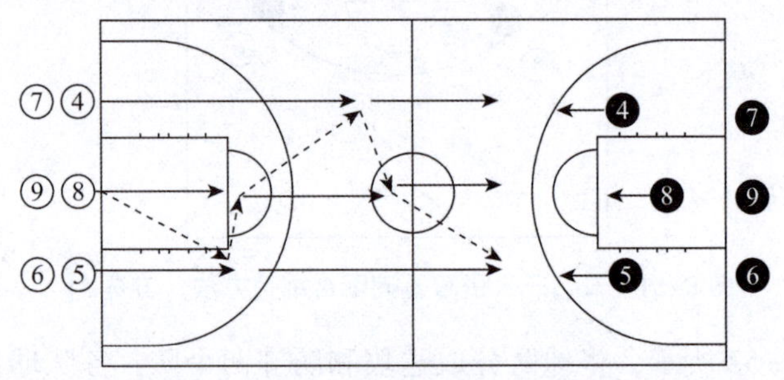

图3-54　全场空间进行二、三人进攻基础配合练习（方法2）

练习要求：

第一，进攻球员采取突破分球、传球切入、掩护、策应等各种配合时，注意队友之间的沟通交流，根据己方球员进攻能力与特点，由强点发起进攻，相互达成统一的进攻基础配合思想，在贯彻执行中不断地总结进攻成功与失败的原因。

第二，强调观察防守球员的个体特长，针对性地指派己方球员进行进攻，逐步养成观察和判断对手个体进攻能力与弱点的思维习惯。

第三，强调观察防守球队防守特点的能力培养，球队应快速、准确地判断防守球队采取的防守方式，以及防守球队的薄弱环节，并对其及时作出有针对性的统一战术部署。

### 3. 游戏或比赛方法设计与示例

1）结合全场退守的半场人盯人防守练习

方法1：如图3-55所示，二对二的全场退守防守，④和⑤通过传接球至前场后，❹和❺及时上前防守；一旦❹和❺抢到后场篮板球或拿到对手投中球，不需要掷界外球而直接发动进攻；④和⑤完成投篮后，立刻回防自己后场；以此类推，每组完成两次防守后换下一组。

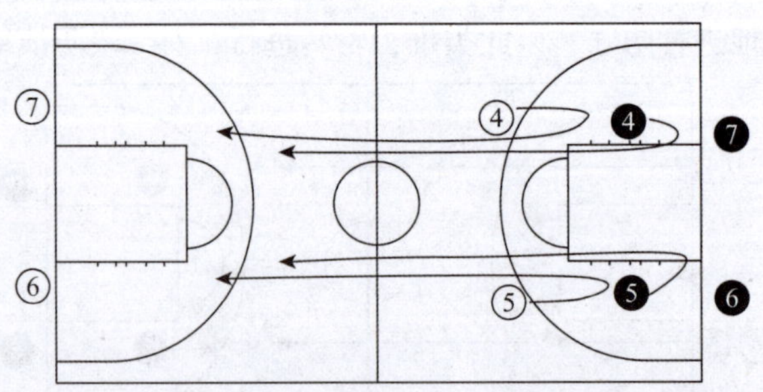

图3-55　结合全场退守的半场人盯人防守练习（方法1）

方法2：如图3-56所示，三对三的全场退守防守，④、⑤和⑦通过传接球至前场后，

❹、❺和❼及时上前防守；一旦❹、❺和❼抢到后场篮板球或拿到对手投中球，不需要掷界外球而直接发动进攻；④、⑤和⑦完成投篮后，立刻回防自己后场；以此类推，每组完成两次防守后换下一组。

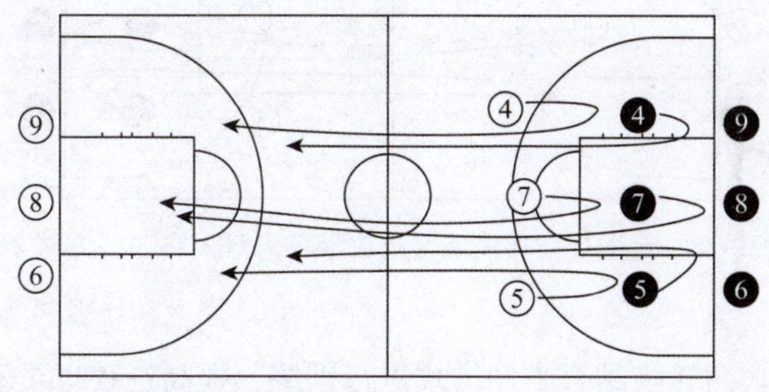


图 3-56　结合全场退守的半场人盯人防守练习（方法 2）

练习要求：

第一，将全场的攻防转换结合半场攻防进行训练，提高防守球员和球队实战能力。半场开始进攻，一旦进攻球权转换，进攻方由攻转守，球员应迅速找到自己的防守对手，控制对手并逐步退回后场，完成人盯人落位防守。

第二，注意攻防转换时，训练转换节奏应由慢到快，使球员逐渐适应节奏并选择正确的回防技战术。

第三，训练由最初的“二对二”逐渐过渡到“三对三”“四对四”，最终完成“五对五”的攻防练习。

2）全场攻防转换练习进攻半场人盯人防守

方法 1：如图 3-57 所示，二对二的全场攻防转换训练，④和⑤通过传接球至前场后，❹和❺及时上前防守；一旦❹和❺抢到后场篮板球或拿到对手投中球，不需要掷界外球而直接发动进攻；④和⑤完成投篮后，立刻回防自己后场；以此类推，每组完成两次进攻后换下一组。

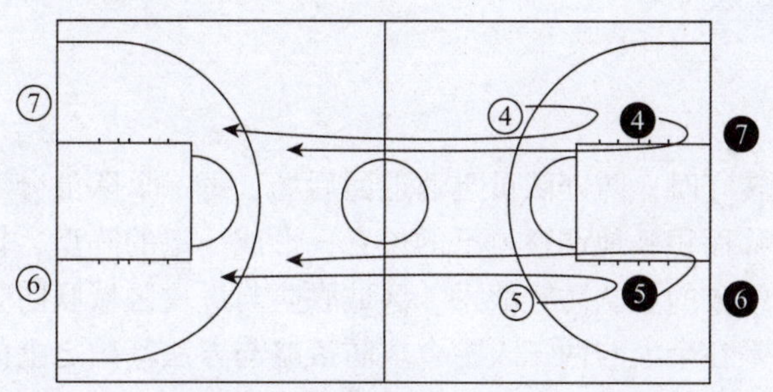


图 3-57　全场攻防转换练习进攻半场人盯人防守（方法 1）

方法 2：如图 3-58 所示，三对三的全场攻防转换训练，④、⑤和⑦通过传接球至前场后，❹、❺和❼及时上前防守；一旦❹、❺和❼抢到后场篮板球或拿到对手投中球，不需要掷界外球而直接发动进攻；④、⑤和⑦完成投篮后，立刻回防自己后场；以此类推，每组完成两次进攻后换下一组。

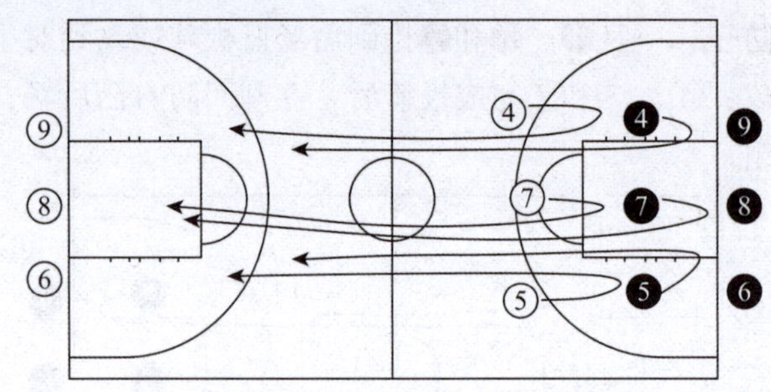


图 3-58　全场攻防转换练习进攻半场人盯人防守（方法 2）

练习要求：

第一，将全场的攻防转换结合半场进攻进行训练，提高进攻球员和球队在攻防转换过程中的实战能力。半场开始进攻，一旦进攻球权转换，防守方由守转攻，则球员应迅速通过无球穿插结合传接球或快速运球等方式进入前场落位，并在落位过程中统一战术思想，一旦落位立刻启动进攻。

第二，注意攻防转换时，训练转换节奏应由慢到快，使球员逐渐适应节奏并选择正确的进攻技战术。

第三，训练由最初的“二对二”逐渐过渡到“三对三”“四对四”，最终完成“五对五”的攻防练习。

第四，在“二对二”“三对三”“四对四”“五对五”攻防战术不断熟练的基础上，开始组织教学训练比赛来提高集体进攻质量。在教学比赛的每次攻防中，都要有具体的战术要求，如统一用内线启动战术，或以外围进攻为主等。

# 第四节　区域联防与进攻区域联防

## 一、学科知识

### （一）学科价值

区域联防是由攻转守时，防守队员迅速退回后场，每一个队员分工负责协同防守一定的区域，随着球的转移而积极地调整自己的位置，形成一定的阵型，把每一个防区的同伴有机地结合在一起所组成的全队防守战术。区域联防与进攻区域联防是篮球实战攻防战术体系的另一大系统，是在个人与两三人配合攻防策略与方法基础之上的更为高级与强悍的全队攻防战术，其中蕴含着丰富的理论与实践内容。

（1）初学阶段关键问题：了解区域联防与进攻区域联防战术的站位阵型、战术特点、运用时机、基本要求。区域联防战术可分为“2-3”阵型、“3-2”阵型、“2-1-2”阵型、“1-2-2”阵型、“1-3-1”阵型等；根据落位阵型，进攻区域联防战术包括“3-2”阵型、“2-1-2”阵型、“1-2-2”阵型、“1-3-1”阵型等。

（2）提高阶段关键问题：

防守时：根据区域联防的特点和队员的身体、技术特长，合理地分配防区。

进攻时：从分位练习着手，让队员明确各个位置上的进攻配合方法，然后进行全队的完整配合练习。首先在无防守或消极防守条件下练习，然后在积极防守对抗条件下练习。

（3）应用阶段关键问题：在掌握区域联防与进攻区域联防战术的配合方法之后，增加对抗性的练习，提高攻防意识，强化运用各种联防战术和攻联防配合的能力，巩固提高战术质量，掌握战术变化规律。

### （二）易犯错误与纠正方法

#### 1. 初学阶段易犯错误与纠正方法

易犯错误：机械学习，未理解区域联防与进攻区域联防战术的站位阵型、战术特点、运用时机、基本要求等。

纠正方法：现场演示和结合实战比赛，讲解区域联防与进攻区域联防战术配合方法在篮球比赛中的作用。

#### 2. 提高阶段易犯错误与纠正方法

易犯错误：队友间的默契度不够，防守过程中选位不准确、防守间缺乏配合和呼应等；进攻过程中落位阵型不准确，进攻时机、移动路线、主要攻击点未明确。

纠正方法：防守过程中应加强队友之间的沟通，练习时通过声音加强呼应；进攻过程中，明确主攻点，增加空跑战术次数、对抗性练习，以巩固提高战术质量。

#### 3. 应用阶段易犯错误与纠正方法

易犯错误：在实战或比赛中，区域联防与进攻区域联防战术配合时机把握不准，对场上距离、位置、角度的把控不合理。

纠正方法：现场讲解，现学现用；通过观看视频录像回放，持续加深印象。

## 二、教学法知识

### （一）教学方法运用

#### 1. 方法一：以教为主的教学方法示例

通过区域联防与进攻区域联防战术新内容的学习，丰富学生篮球比赛中区域联防与进攻区域联防战术技能与知识库。

教师活动：①呈现并组织练习不同区域联防与进攻区域联防战术配合；②巡回纠错，提示动作要领。

学生活动：注意观察，发现同学错误动作并提示，积极参与练习。

教学内容：区域联防战术为“2-3”阵型、“3-2”阵型等；进攻区域联防战术包括“3-2”阵型、“1-3-1”阵型等。

#### 2. 方法二：以学为主的教学方法示例

小组合作讨论创新练习方式并展示，提高创新意识。

教师活动：①布置任务与说明要求；②巡回给每组提出建议。

实习教师活动：①组织各小组学生积极讨论创新的区域联防与进攻区域联防战术练习方式；②根据讨论结果组织练习，检验效果；③各小组展示。

学生活动：以小组为单位，根据布置的练习任务积极发言，讨论创新性练习方式，并进行相应的练习。

课堂组织形式：小组自行组织。

## （二）教学内容结构化：教材三个一设计

### 1. 单一练习方法设计与示例

1）个人防守技术练习

（1）碎步急停练习。

方法：如图 3-59 所示，△1△2△3在离④⑤⑥约 4.5 米的地方把球滚给④⑤⑥。然后，△1△2△3冲出 3 米左右，确定其防守姿势，并使用小碎步靠近④⑤⑥的位置，以抢断并影响④⑤⑥的突破，同时阻止任何潜在的投篮。这种方式可以练习碎步急停技术。身体应保持重心降低，一只手伸出以封堵投篮，另一只手保持在较低的位置以抢断。

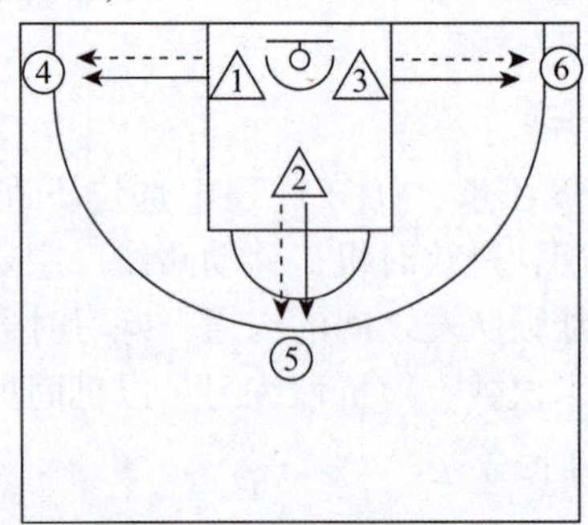


图 3-59　碎步急停练习

练习要求：当进攻方在外线持球时，防守球员要上前防守并避免被轻松过掉，只要不失位，对方一突破，在内线就会形成包夹。所以，在进攻球员外线持球时，应该把手张开，在接近持球球员时应使用小碎步来靠近，这是训练的要点，尤其是外线球员，要提高自己脚步的灵活度，如果被一步过掉，那队友在防守的轮转上，就会处于被动地位。

（2）滑步练习。

方法一：如图 3-60 所示，进攻方运球前进，防守球员则滑步防守，在进攻球员变向时，防守球员要保持他的视线在球上。

方法二：如图 3-61 所示，通过外线的②和③相互传球，防守球员△1通过滑步左右移动去防有球球员，②和③传球时速度不要太快，可以在接球后结合瞄篮和突破动作，使防守球员△1移动到位。

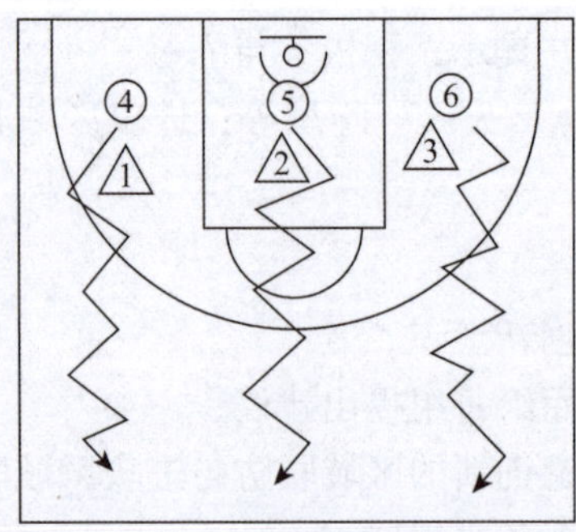


图 3-60　滑步练习（方法一）

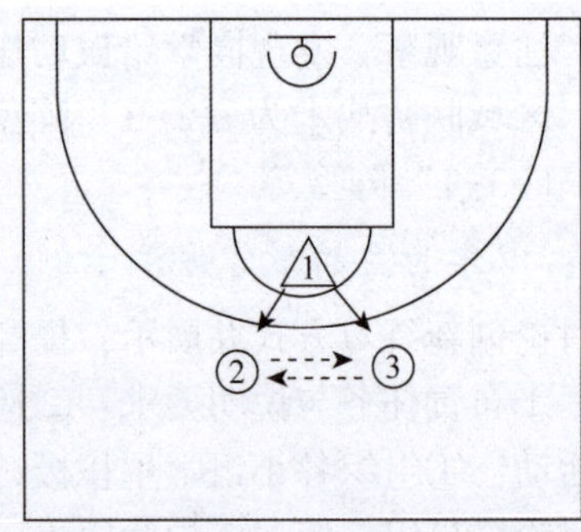


图 3-61　滑步练习（方法二）

练习要求：向左侧滑步，后脚前掌内侧蹬地，左脚向左跨出落地，同时后脚紧随左脚滑动，向右滑步时则相反。移动时，两臂张开，保持屈膝屈髋低重心。移动中，身体重心平稳，不要起伏。

(3) 碎步急停结合滑步练习。

方法：如图3-62所示，①和②在三分线45°位置做碎步急停，再通过滑步移动到合理冲撞区圆弧的中间位置，随后向另一侧三分线45°位置做碎步急停。

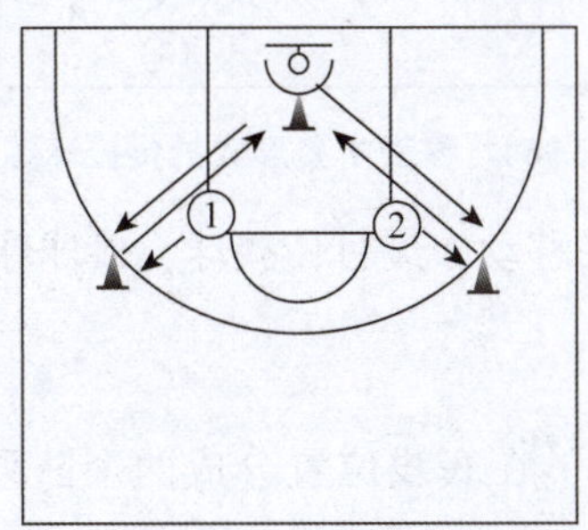


图3-62 碎步急停结合滑步练习

练习要求：碎步急停要用3~4步碎步停住，此时应距离防守球员1~1.5臂，身体应保持重心降低，一只手伸出以封堵投篮，另一只手保持在较低的位置以抢断。滑步移动时，两臂张开，保持屈膝屈髋低重心。

2) 个人进攻技术练习

(1) 双人传接球练习。

方法：如图3-63所示，球员分成4列站在底线后，每个队列最内侧的球员持球，运球传给外侧球员，外侧球员接球后运球传回给内侧球员，依次进行。

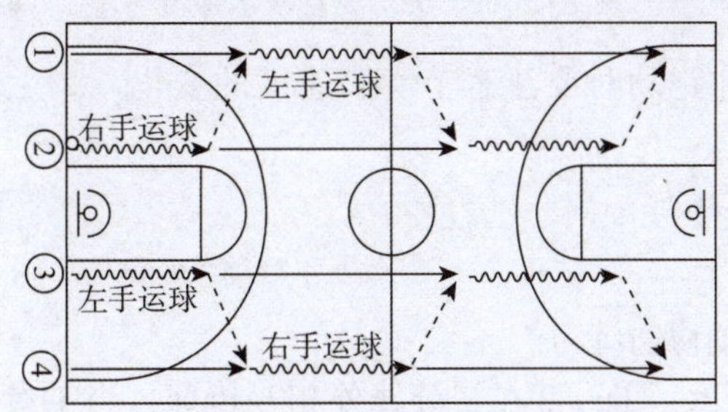


图3-63 双人传接球练习

练习要求：在右侧使用右手运球的球员迈步并使用左手传球。在左侧的球员则应该使用右脚迈步并使用右手传球。

(2) 移动中多形式的传接球练习。

方法：如图3-64所示，球员分为两人一组，接球人可通过V切、反跑等方式要球，传球人可以在运球移动中传球，训练形式多变。

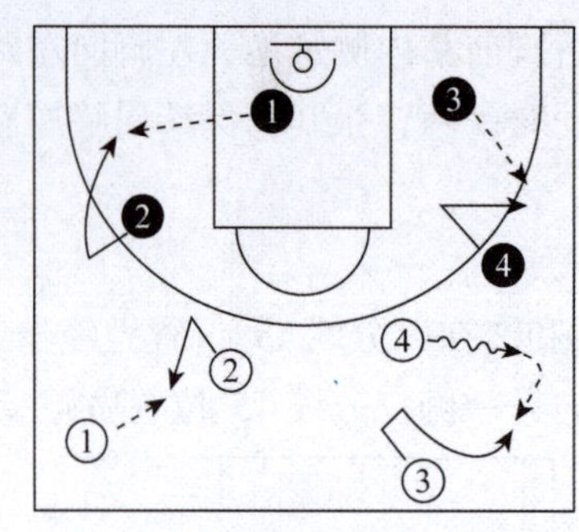

图 3-64　移动中多形式的传接球练习

练习要求：两名球员必须在移动中进行传接球，接球球员可通过 V 切、反跑等方式要球，传接球时要注意沟通。

（3）无球跑动技术练习。

方法：如图 3-65 所示，球员在底线位置分成两个队列。每个队列依次做无球跑动，想象球就位于场地的中央。

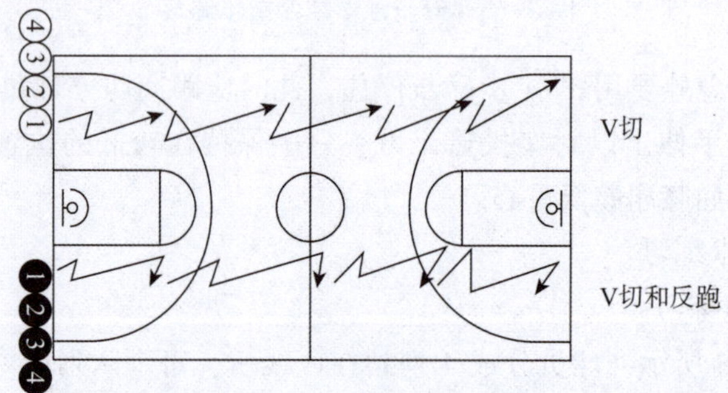


图 3-65　无球跑动技术练习

练习要求：①做无球跑动时要注意节奏、速度的变化。②无球跑动过程中重心不要过高。

## 2. 组合练习方法设计与示例

1）团队防守技术练习

（1）局部二对二移动协防练习。

方法：如图 3-66 所示，①、②在三分线外相互传球，当①有球时，⚠上前防守，△2向强侧协防，当②有球时，△2上前防守，⚠向强侧协防。

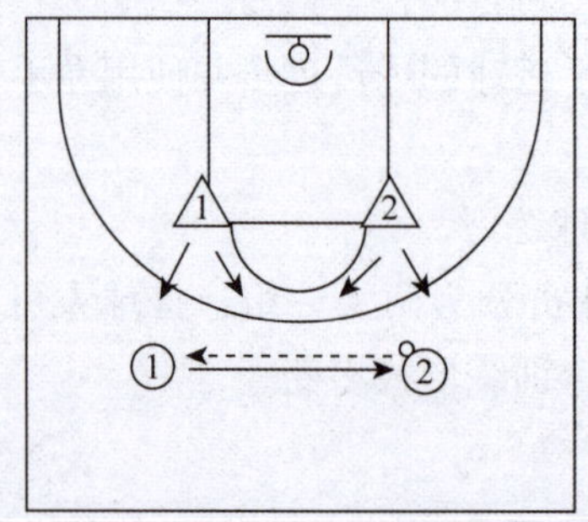

图 3-66　局部二对二移动协防练习

练习要求：随着球的转移，防守有球球员应使用碎步急停快速上前防守，屈臂屈肘对球施压，同时防无球球员应快速站好协防位。

（2）局部二对三移动练习。

方法：如图 3-67 所示，①、②、③在三分线外传接球，△1、△2进行移动补位防守，当①有球时，△1上前防守①，△2向中间移动，防守②和③，当③有球时，△2上前防守③，△1向中间移动，防守①和②。

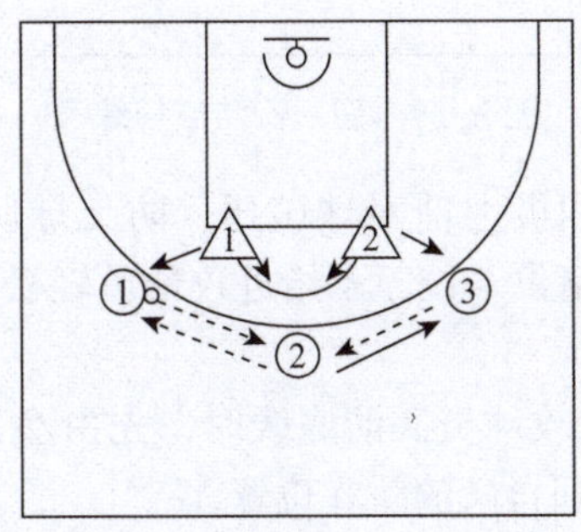

图 3-67　局部二对三移动练习

练习要求：随着球的转移，防守有球球员应使用碎步急停快速上前防守，屈臂屈肘对球施压，同时弱侧防无球球员缩到中轴线附近站好协防位，防守两名无球球员。

（3）三对三围守中锋练习。

方法：如图 3-68 所示，当①持球时，△3上前防守，当①传球给②时，△1上前防守②，△2立即移向③的右侧防守，△3收缩准备协防，当②传球给③时，△1、△2、△3后撤围守中锋，不给③轻易攻框的机会。

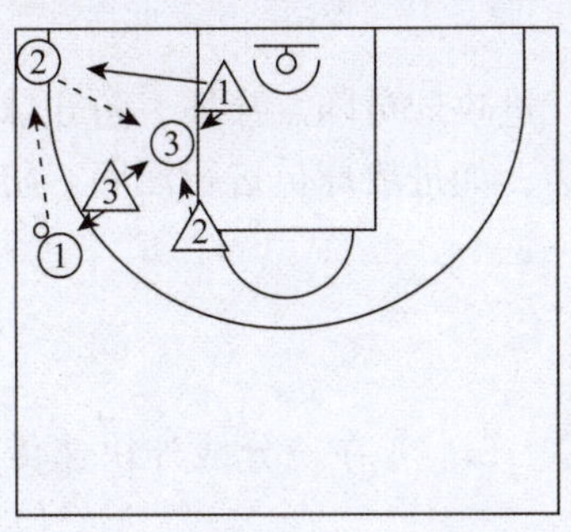

图 3-68　三对三围守中锋练习

练习要求：防守有球球员要积极对球施压，其余防守球员应积极移动进行协防或补防，当中锋接球时，应立即对其进行包夹。

（4）四对四防空切练习。

方法：如图 3-69 所示，①、②、③、④相互传球，当②有球时，③和④可向篮下摆脱和底线移动，当④有球时，①、②、③可向篮下摆脱，另一侧相同。防守球员对持球球员上前防守，其他球员协防，并根据进攻球员移动方向堵卡。

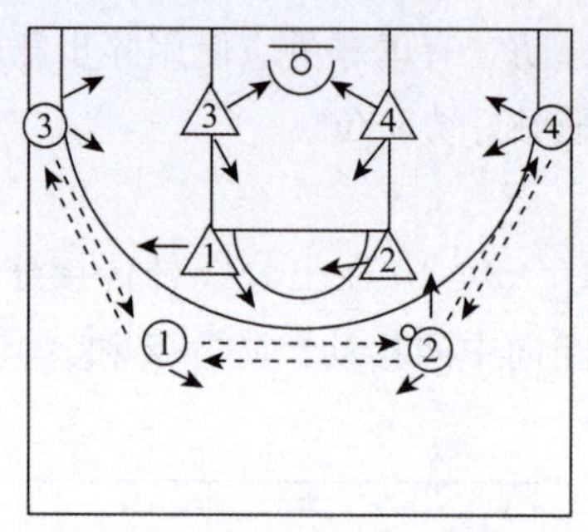

图 3-69　四对四防空切练习

练习要求：防有球球员要积极上前对球施压，防无球队员要积极移动进行协防或补防，并根据进攻球员移动方向堵位卡位，不给进攻球员轻松空切篮下的机会。

（5）四对四防溜底练习。

方法：如图 3-70 所示，进攻球员②溜底线时，先由△2跟到篮下，到篮下另一侧时交给△1继续防守，△1跟上后△2回到自己的防守位置。

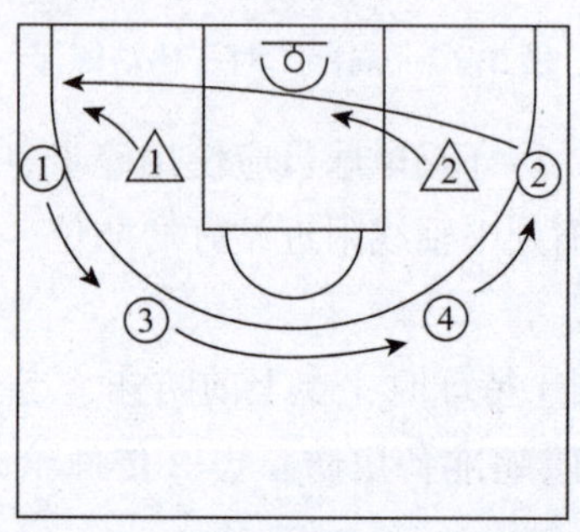

图 3-70　四对四防溜底练习

练习要求：防守球员不能让进攻球员随意穿插，防守球员应该合理地利用身体和脚步来阻止对方向篮下或对角的斜插，如进攻球员进行溜底，防守球员应及时堵位或换防，换防时要与队友及时沟通。

2）团队进攻技术练习

（1）三对二正面传球练习。

方法：如图 3-71 所示，①、②、③在三分线外快速传球调动防守球员，以获得投篮和突破的机会。

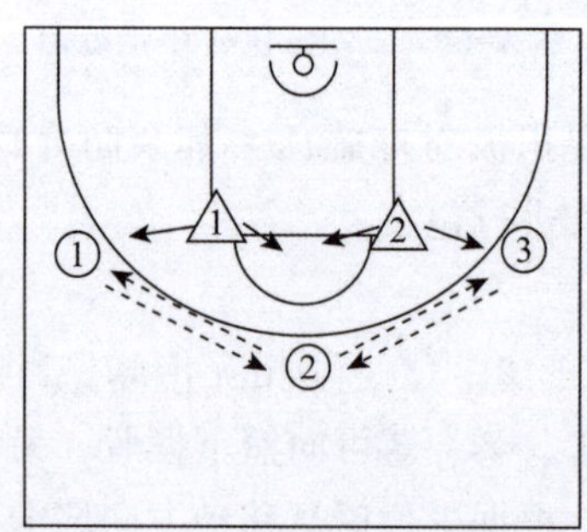

图 3-71　三对二正面传球练习

练习要求：进攻球员应根据防守球员的位置快速传球调动防守球员，如防守球员协防不及时，可以选择投篮或突破。

（2）四对三中区策应练习。

方法：基本站位如图 3-72 所示，①、②、③在三分线外，中锋④在罚球线位置策应，①、②、③通过④的策应进行里外、左右的传接球，在防守球员的干扰下，掌握策应传接球配合。

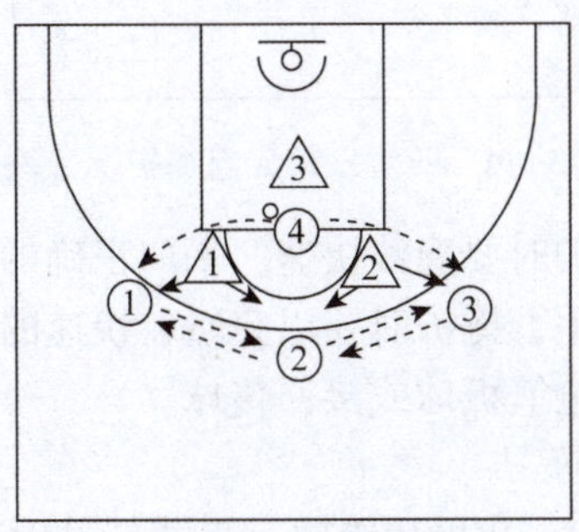

图 3-72　四对三中区策应练习

练习要求：中锋要及时到罚球线位置进行策应，拿到球第一时间要有进攻威胁，在策应过程中要用转身、跨步及时调整策应的方向和位置，以协助队友摆脱防守，增加策应的变化、增强策应的威胁。

（3）四对三溜底线、插角的配合练习。

方法：如图 3-73 所示，①、②在三分线外相互传球吸引防守，④接球进行策应，同时③溜底线，②插向底角，④根据⚠的防守情况将球传给②或③投篮。

练习要求：进攻球员溜底线，插角要注意把握时机与空间，要根据防守球员的位置有目的地移动，策应球员要及时准确地传球。

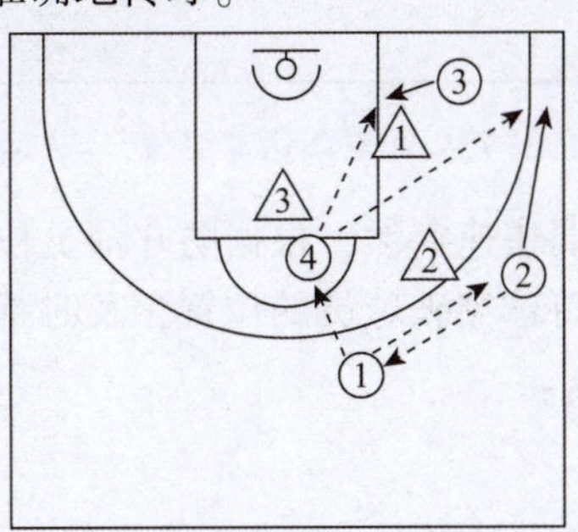

图 3-73　四对三溜底线、插角的配合练习

（4）四对三策应与掩护配合练习。

方法：如图 3-74 所示，①传球给在中区策应的②，②做投篮假动作吸引防守，④给③做无球掩护，同时③向底线移动，接到②的传球，③观察防守球员⚠的情况，如⚠被④挡住，③进行投篮，如⚠挤过④，③传球给掩护后下顺的④投篮。

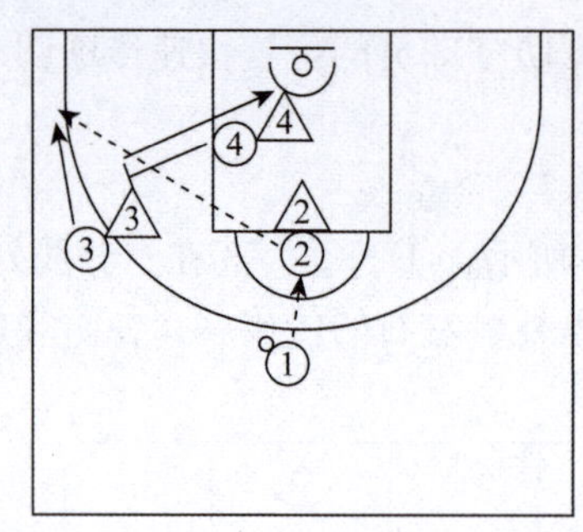

图 3-74　四对三策应与掩护配合练习

练习要求：掩护球员在掩护时要隐蔽快速，采取正确的姿势并保持适当距离，被掩护球员要注意使用假动作吸引对手，掩护时要以突然、快速的动作摆脱防守球员。掩护球员掩护后要及时转身跟进，准备抢篮板球或接回传球。

（5）四对四运球突破分球练习。

方法：如图 3-75 所示，①、②相互传球，当②持球时，△4上前防守②，②从底角运球突破，△1协防，同时④向中部移动到禁区，③切向底线，②根据△1的防守情况，选择自己投篮，或者分球给③或④投篮。

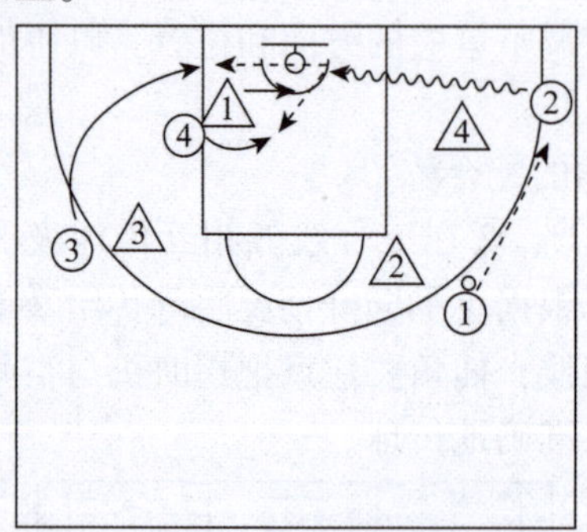

图 3-75　四对四运球突破分球练习

练习要求：突破球员动作要快速突然，根据防守球员位置，既要做好投篮准备，也要随时准备分球。无球球员注意持球突破球员的位置，及时跑到有利的位置接球。

### 3. 游戏或比赛方法设计与示例

1）2-3 区域联防

2-3 区域联防是最常用的区域防守。它的优势是保护内线、三秒区，并保证“大个子”在里面。它的弱点是不容易防守外线投射能力强的球队，在侧翼、弧顶和高位有开阔的投射区域。

（1）2-3 区域联防的配合方法。

示例一：如图 3-76 所示，2-3 区域联防的基本站位为，△1、△2站在肘区和三分线中间的位置，△3、△4站在短角处，△5站在合理冲撞区。

示例二：如图 3-77 所示，若球传到一侧，防守对应区域的防守球员△2上前防守②，同时△1、△3、△5向强侧进行收缩防守。

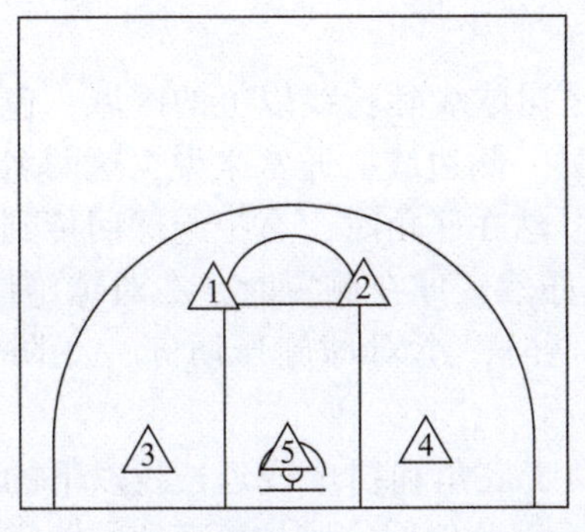


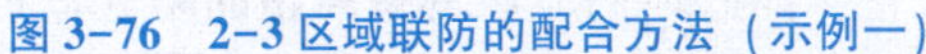

图 3-76　2-3 区域联防的配合方法（示例一）

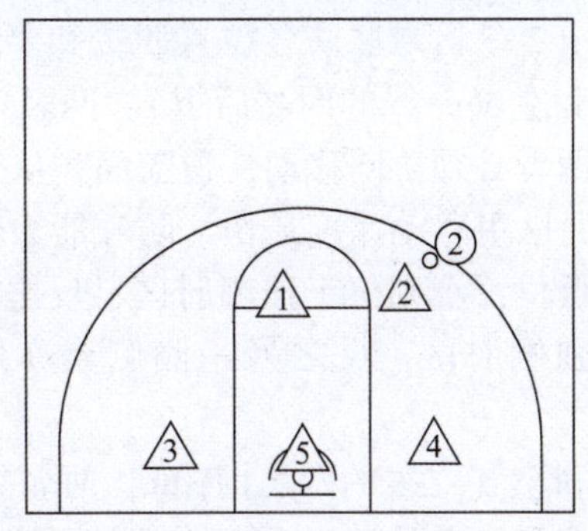


图 3-77　2-3 区域联防的配合方法（示例二）

示例三：如图 3-78 所示，②持球吸引防守后也可以传给在底角的④，④持球时，防守人△4要进行对位防守，因为④处在底角位置，也可以对④实施包夹，△4、△2上前包夹，△1补△2的位置阻断④回传球路线，△3向罚球线方向移动，△5向强侧移动，阻断④传球给内线队员的路线。

示例四：如图 3-79 所示，④持球时有两种可能，一是传给弧顶的①，二是传给弱侧 45°的③，防守这两个区域的△1和△3，要时刻防守到位并做好有机会进行抢断的判断。

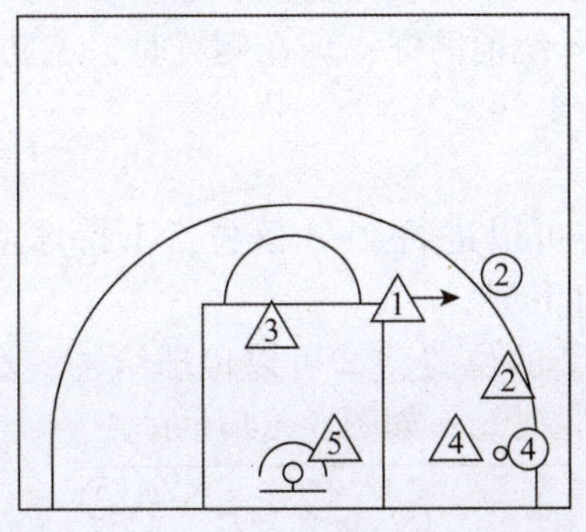


图 3-78　2-3 区域联防的配合方法（示例三）

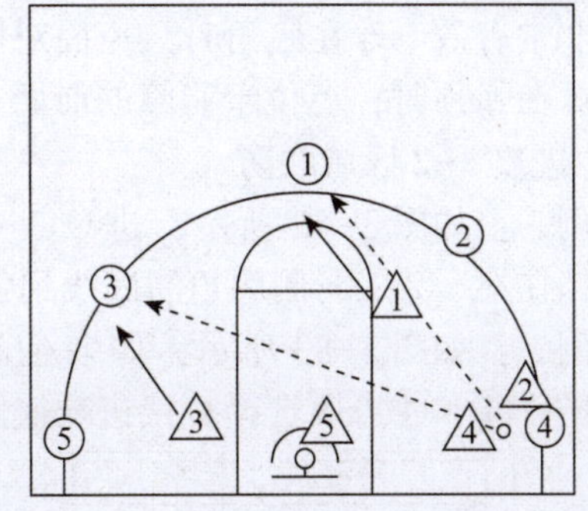


图 3-79　2-3 区域联防的配合方法（示例四）

示例五：如图 3-80 所示，当进攻方选择把球传到罚球线去创造进攻机会时，①弧顶持球，传给在罚球线的④，△2进行干扰，△5上前补防守住三秒区，②想空切时，△3进行收缩。

示例六：如图 3-81 所示，若进攻方选择“1-3-1”落位去破 2-3 区域联防，防守者应对传球路线进行判断，在自己的防守区域内进行滑动，对持球人形成压迫，同时保护篮下区域。②传球给①或③时，△1要去防对应的持球球员，△2、△3、△5也要向球的方向移动。

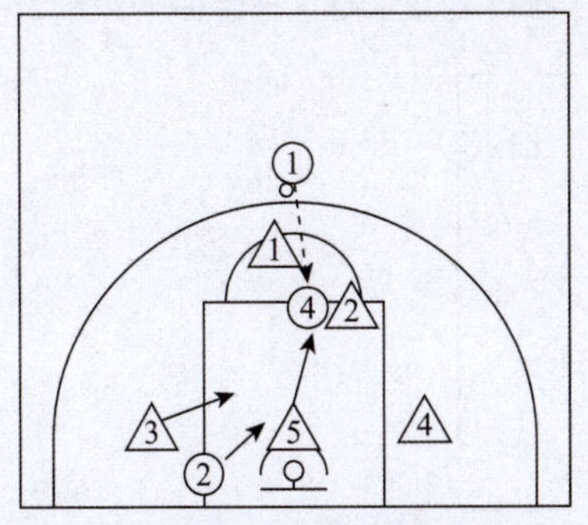


图 3-80　2-3 区域联防的配合方法（示例五）

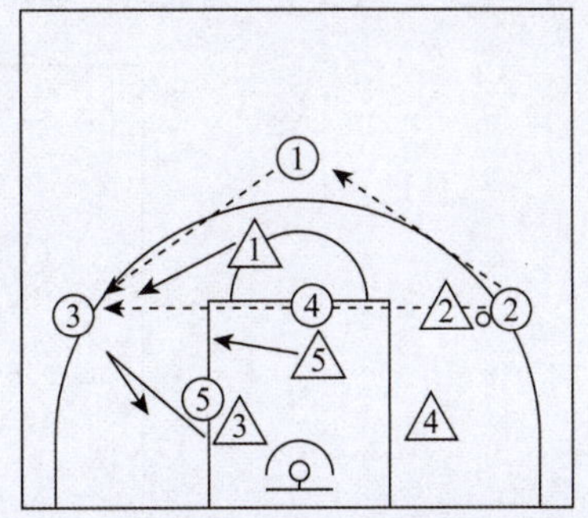


图 3-81　2-3 区域联防的配合方法（示例六）

（2）2-3 区域联防各位置职责和要求。

△1和△2（一线的两名后卫）：两名球员防守的是罚球线延长线以上的区域，包括高位区域。两者必须协同移动，覆盖面积从一侧边线到另一侧边线，通常来说，这两名一线防守后卫是队里移动速度最快、防守能力较强的球员。球在底角时，△2拒绝球回传到侧翼或下沉到低位，△1则位于强侧肘区，反之另一侧底角亦然。球在侧翼时，△2对球施压防守，△1防守强侧肘区，反之另一侧侧翼亦然。球在弧顶时，△1对球施压防守，△2防守高位区域。

△3和△4（二线的两名前锋）：两名二线的球员负责底角和罚球线延长线以下的区域和球员。△3和△4总是有一个人处于弱侧篮板球的位置，因此他们应该具备高超的防守篮板球技术。同时兼顾弱侧对方长传球时空中拦截的任务，因此要具备良好的预判能力。球在底角时，△4扑出对球防守，△3位于弱侧篮板球位置，反之另一侧底角亦然。球在侧翼时，△4防守强侧低位区域，如果△1和△2来不及覆盖到侧翼，两人需要帮助协防，△3处于弱侧篮板位置，反之另一侧侧翼亦然。球在弧顶时，△3和△4处于三秒区外的低位区域，时刻做好扑出侧翼和底角的准备。

△5（二线内线球员）：这个内线球员的责任是防守低位区域，防守位置保持在球和篮筐之间。这个角色通常由队里体型最大的球员胜任。一个有侵略性的、运动能力强的球员有时会非常有效。球在底角时，△5面对底线采取 3/4 绕前防守；球在侧翼时，△5防守内线区域；球在弧顶时，△5位于篮筐的前面。

2）进攻 3-2 区域联防

示例一：如图 3-82 所示，进攻 3-2 区域联防可以进行 2-3 落位，①持球△2防守，④可以挡住△4，②从弱侧底角溜底线到强侧底角接①传球。

示例二：如图 3-83 所示，如果△4及时补位到②的位置，②可以传球给④；△5、△3、△1收缩防守④，④可以选择直接进攻篮筐或传球给③或⑤，如图 3-84 所示。

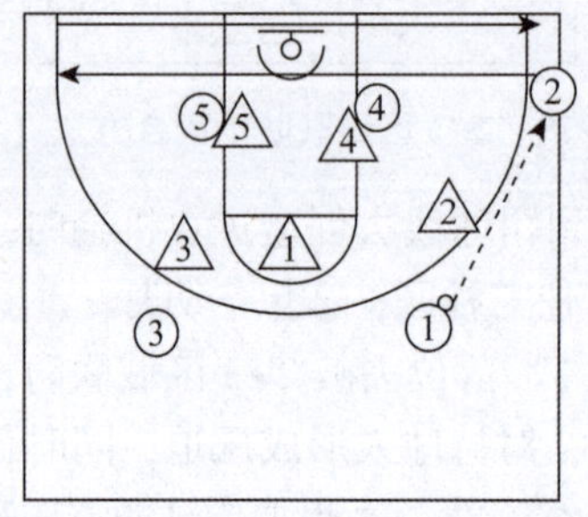

图 3-82　进攻 3-2 区域联防（示例一）

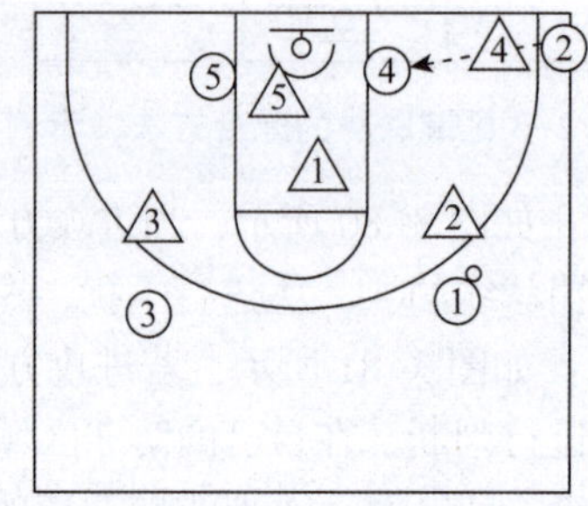

图 3-83　进攻 3-2 区域联防（示例二）

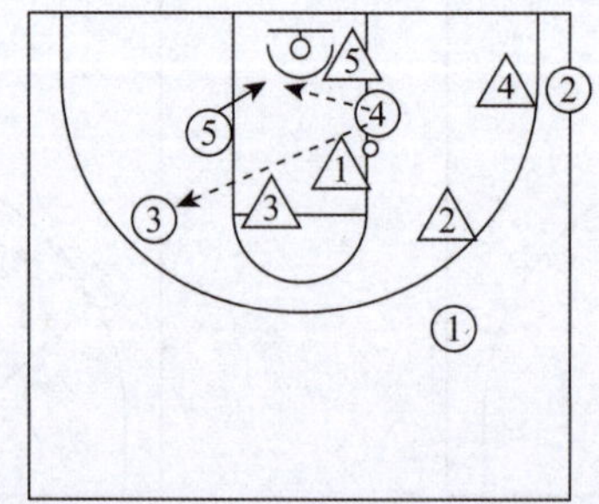

图 3-84　进攻 3-2 区域联防（示例二，④的选择）

示例三：如图 3-85 所示。进攻 3-2 区域联防，也可以用掩护的方式获得进攻机会。④做一个背掩护，为⑤获取接球机会，同时①传球给②吸引△4上前防守，⑤接到球的第一机会可以直接攻篮。

示例四：如果△5及时补防可以传球给下顺的④，④直接攻击篮筐，如图 3-86 所示；若④下顺后，△3及时补防到位，在底角的②可以传给弱侧的空位③，获得空位投篮的机会，如图 3-87 所示。

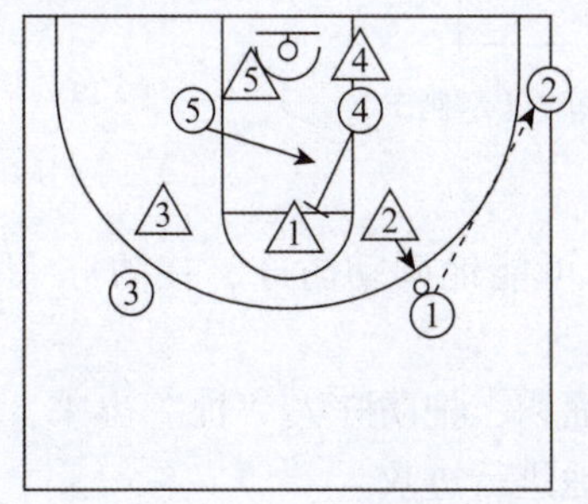

图 3-85　进攻 3-2 区域联防（示例三）

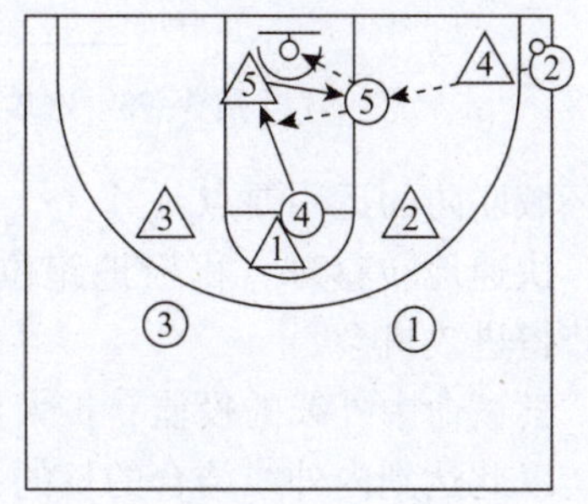

图 3-86　进攻 3-2 区域联防（示例四）

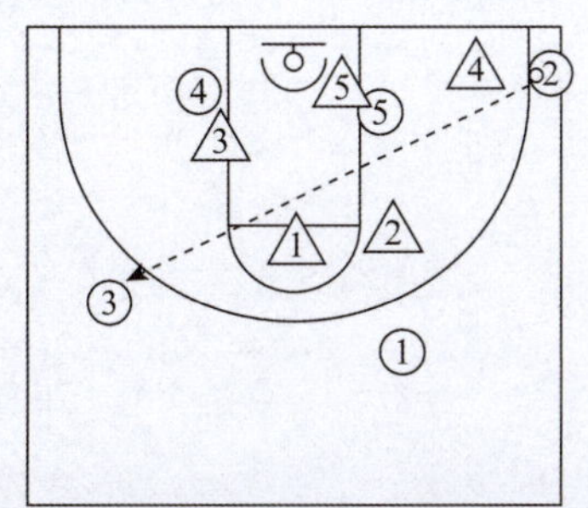

图 3-87　进攻 3-2 区域联防（示例四，传给③）

3）进攻 1-3-1 区域联防

示例一：如图 3-88、图 3-89 所示，使用两个后卫的前场进攻 1-3-1 区域联防，机会最容易出现在两个底角。把②（最好是射手）放在强侧底角。①运球到侧翼传给底角的②，②回传后借助④、⑤的掩护溜底线到弱侧，①传球给弱侧的③，③传给借掩护跑出空位的②，获得空位投篮机会。

示例二：如图 3-90 所示，如果△5及时补防到②，③可以直接传给⑤，获得错位单打机会或直接攻击篮筐。

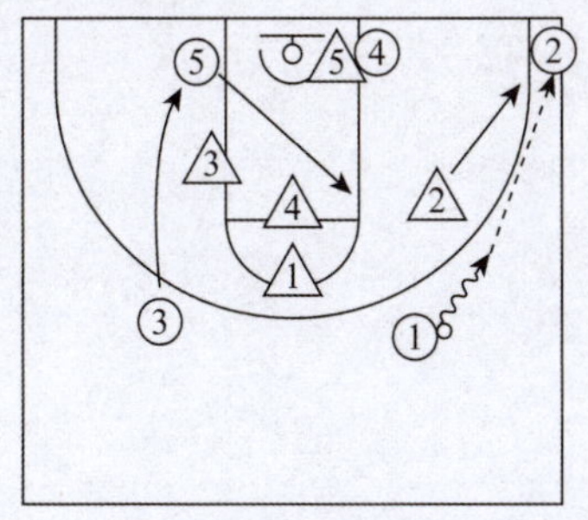

图 3-88　进攻 1-3-1 区域联防（示例一，①传给②）

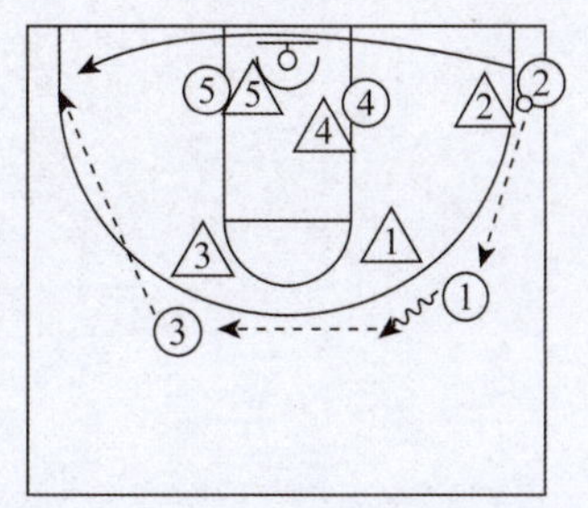

图 3-89　进攻 1-3-1 区域联防（示例一，②获得空位投篮机会）

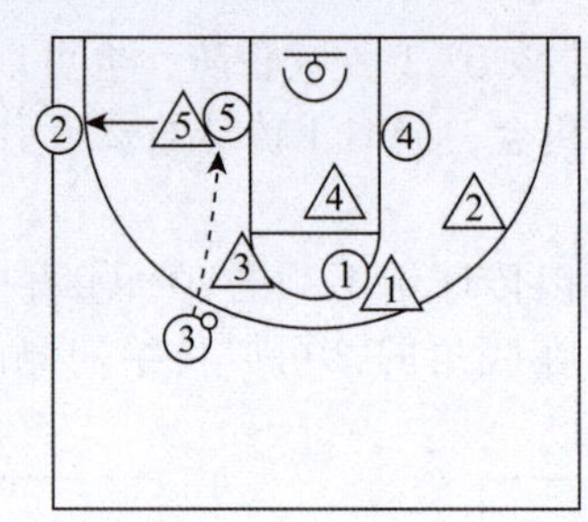


图 3-90　进攻 1-3-1 区域联防（示例二）

进攻区域联防的运用要点：

第一，快速地转移球，积极地跑位、穿插，尽可能地调动防守，让防守人不停地移动，以此获得进攻机会。

第二，尝试命中外线的投篮，扩大对方的防守面积，把防守人“扯”出来，有助于内线的进攻，以此达到内外线结合的目的，从而更好地进行进攻。

# 第四章　篮球课程与思政元素

## 第一节　篮球课程思政元素

### 一、篮球课程思政教育概述

篮球思政教育主要是通过篮球体能、技能、比赛等教学组织形式，对学生思想品德教育的渗透，在培养学生篮球运动技能的同时，提高学生的体育核心素养与品德修养。篮球课程思政要立足于育人先育德的目标，以篮球课程目标、内容、教学方法、教学评价等方面为切入点，把思想认识、国家意识、文化素养、人格塑造等思政教育与课程固有的知识、技能传授有机融合，实现显性与隐性教育的有机结合，促进学生自由全面的发展，发挥篮球运动教书育人的作用。

**案例呈现**

在中国男子篮球职业联赛（CBA）中，上海某男篮队与南京某男篮队之间的一场比赛，意外地发生了一场暴力事件。比赛即将结束阶段，上海队的任某在一次看似普通的防守中，对南京队的小将魏某实施了肘击。这一违规动作不仅导致魏某痛苦倒地，更在赛场外引发了激烈的讨论。通过比赛慢镜头回放确认，任某的行为确实过激。裁判果断判罚将其逐出赛场。然而任某离场时竟毫无悔意，反而以鼓掌庆祝的方式表达不满。同时，魏某因受到重击，经过紧急医疗诊断，被确诊为脑震荡。这一赛场暴力行为不仅破坏了篮球比赛的公正性，也对运动员的身心健康造成了严重影响，在社会层面也引发了对篮球思政教育的强烈反响。

篮球作为一项高强度高对抗性运动，其激烈程度和观赏性让场内外观众为之欢呼。然而，此次肘击事件却是对运动精神的一次公然挑战。赛场上的竞争应该是技巧和团队协作的比拼，而非肉体对抗的较量，更不应该是对篮球规则的漠视及对体育精神的忽视。事件突出反映了个别运动员在高压竞争环境中可能出现的心理失衡，在体育精神、体育道德上的缺失，在情绪管理与自我控制上的失控，对篮球运动规则意识与纪律观念上的漠视。

篮球运动作为一种文化和教育载体的运动项目，应当传递正确的价值观和行为规范。

因此，学校体育教育应加强对学生的道德教育和心理指导，以促进其全面发展，防止不良行为的发生。体育运动的核心价值不仅仅在于胜利，更在于通过体育活动培养团队精神、公平竞争、自我挑战和尊重对手等价值观。体育精神的真谛不在于单纯的胜负追求，而在于在参与体育运动的过程中个人品格、道德修养和心理素质的锤炼。

思政教育融入中小学体育课堂教学是“双新”（新课程、新教材）标准下体育课堂教学改革的一个重要方向。习近平总书记在《思政课是落实立德树人根本任务的关键课程》的文章中强调，青少年阶段是人生的“拔节孕穗期”，这一时期心智逐渐健全，思维进入最活跃状态，最需要精心引导和栽培。因此，思政教育是落实“立德树人”根本任务的关键内容，其作用是无法替代的。

## 二、篮球课程思政元素梳理

### （一）培养团结协作，增强爱国主义情怀

篮球运动作为团体运动项目之一，团结协作精神是其重要内容。从技术层面分析，两人、三人传球上篮，行进间攻守练习，场上的跑位和呼应等，都需要队员间的默契配合才能完成；从战术层面分析，掩护配合、传切配合、突分配合等，需要通过彼此交流、相互磨合来提高整队的默契度，增进队友间感情，提升整个队伍的信任度和凝聚力。学生通过在各级各类比赛中，感受集体荣誉感。通过观看比赛，感受运动员为集体努力竞争的意志，将个人与对集体的情感倾泄到赛场上，投射到拼搏的运动员身上，形成情感共鸣。观看国家队的比赛，体验其中的升国旗、奏唱国歌环节，让学生增强爱国意识，为身为一名中国人而感到自豪，从中获得强烈的民族自豪感和身份认同感，诠释爱国主义和民族精神。

在“双新”体育教学中，体育教师要注重对篮球课堂教学的有效设计，通过“学、练、赛”的形式，让学生在每堂体育课上都能感受到比赛的乐趣。“赛”的形式多种多样，通过个人与个人、组与组、班与班之间的比赛，培养学生团结协作、共同竞争的精神，强化学生的集体意识，强调团队的智慧与力量，让每位学生主动地融入班组的集体中去，时时处处关心集体、热爱集体，强化学生的集体主义荣誉感。

### （二）培养规则意识，增强组织纪律性

篮球比赛中，所有参赛者都必须遵守竞赛规则，规范有序地开展比赛活动，否则就会遭受相应的处罚。例如，在篮球比赛中，参赛者拉人、背后推人等行为都有可能对其他参赛者造成伤害，这些行为都是违规行为。又如，在篮球比赛中，一些不尊重对手、具有侮辱性的行为也是被禁止的，在出现这些行为时，裁判员可直接进行处罚。只有在篮球竞赛规则的规范之下，比赛才能在公平、公正的环境中有序开展。在学校篮球课程教学实践中，教师对学生进行竞赛规则教育，能让学生树立起尊重规则、遵守规则的意识，同时提高学生的组织纪律。

教师要经常向学生强调在课堂教学、游戏、竞赛中的各种常规问题，这样有利于培养学生的纪律性。在篮球课堂教学和竞赛中，都有一定的竞赛规程、规则及其他规定等，这让篮球活动能够在裁判或教师的直接监督下，有组织、有秩序地进行。这要求学生自觉遵守公共秩序，讲道德、讲文明，养成遵守纪律的好习惯。

### （三）培养竞争意识，增强永不言弃品质

篮球是一项综合跑跳投、对抗性强、团队配合要求高、负荷强度大的运动，要高质量地

完成该项运动，必须强化意志品质。例如，在篮球训练过程中，会受伤、会感到枯燥、会失败，需要老师去调动学生训练的积极性，并鼓励他们坚持不懈、永不放弃；又如，在比赛过程中，在比分相对落后的情况下，队员的心理素质如何调整，或者在比赛最后几分钟或几秒，比分胶着的情况下，战术的运用，暂停的使用，换人的技巧等，都需要通过教练的排兵布阵，以及队员在场上的临场发挥，改变比赛结果。在日常的训练和比赛中，教师要运用各种方法，让学生感受到没有人能随便成功，唯有顽强拼搏、永不言弃，方能成功。

教师在篮球课堂教学与训练中可定期组织分组比赛，让学生在实战中体验篮球运动的竞争压力，激发其求胜欲，提高其团队合作能力，促进个人竞争意识；教师可设计具有挑战性的个人或团队目标，如投篮命中率竞赛、折返跑接力等，激励学生超越自我，面对困难不轻言放弃；可通过讲述篮球明星或身边同学克服困难、坚持不懈的典型案例，树立榜样，激励效仿，内化为学生永不言弃的精神。此外，教师要不断地正面肯定和激励学生，通过观察与反思，调整课堂教学策略，确保教学的针对性与有效性。

#### （四）培养顽强意志，增强勇于拼搏精神

意志是自觉地确定目标，克服困难，从而实现预定目标的心理活动。一个意志坚强的人，能战胜任何内外困难，能在逆境中成长，在厄运中创造奇迹。体育教师要教育学生：若要实现远大的理想，从小就要养成“一不怕苦，二不怕累”的精神；勇于克服内心矛盾；从现在做起，加强意志锻炼，学好科学文化知识，将来为建设伟大祖国贡献自己的力量。

在篮球课教学比赛中，场上队员来回跑动，体能消耗大，这就对个人耐力和毅力有着较高的要求，对队员的耐力也有极大挑战。运动员需要通过有氧运动训练作为整体的耐力基础，才能在高强度比赛中保持自身运动能力。而无氧耐力的提高，更是需要运动员通过多次的训练并坚持下去才能完成的。因此，篮球训练对运动员顽强的意志和拼搏的精神起到了促进作用。这和课程思政教学目标是一致的。总之，学生在不断坚持与突破自身耐力和毅力极限的过程中，自然而然地促进了坚持不懈、不言放弃等拼搏精神与顽强意志品质的形成。

## 第二节　篮球课程思政渗透策略与案例

篮球课程是大中小学体育的重要组成部分，它不仅仅是一项体育运动，更是一种教育方式和教育载体。校园篮球在培养学生爱国主义、团队精神、规则意识、竞争意识及顽强拼搏的精神等方面发挥着积极作用。

### 一、篮球课程德育渗透原则

#### （一）整体性原则

篮球属于实践类课程，其主要目标在于提高学生篮球运动技能，培养学生参与比赛的能力，进而提高身体素质，提升终身参与篮球运动的可能性，因此在教学中，更多的是以篮球运动技术、战术、比赛等教学手段为主，但教学作为一个整体，德育教育必不可少，这也是教学追求的价值最大化和整体性。由此，在篮球课程教学中的技能、身体素质、德育教育方面，需要在课程设计中从整体性出发，将认知、技能、情感、德育等目标进行统一。

### （二）层次性原则

篮球思政教育设定在特定的情境或实践体验过程中，其发展便会更为自然、顺畅。当然，思政教育也是一个循序渐进、辩证的过程，不同学段，由于学生的理解能力不同、情感体验不同，教育的侧重点也会有所差异，即使在同一学段，不同教材内容对应的思政教育侧重点也会有所差异。例如，在小学，篮球思政教育的重点可能是规则、诚实、团结等，到了大学，其重点可能会更多地与学生今后的职业道德相关。此外，教师还应从学生实际出发，结合学生的身体素质、对篮球的兴趣及学习需求等方面将学生分成若干层次，结合学生的实际情况开展针对性、分层次的篮球教学，促使学生整体运动水平和德育品质的提升。

### （三）学科性原则

不同的课程在思政教育方面，既有相似点，也有差异。例如，所有体育项目都会有规则意识的培养，但篮球课程相较于田径课程，因其团队性更强，更加强调整体，因此无论是在教学中，还是在训练比赛中，更应强调团队的重要性。此外，篮球教学会更加强调集体荣誉感，以及个体服从整体利益的重要性。因此，在篮球课堂教学中的思政教育方面，教师除了进行与其他运动项目相似的思政教育外，还需要根据篮球课程特征，注重篮球课程特有思政元素的梳理与渗透。

## 二、篮球课程思政元素案例与分析

### （一）篮球运球急停急起教学案例分析

以篮球运球急停急起为例，将思政教育融入教学设计，本教学案例将从教学目标、教学内容、教学方法、教学评价四个方面进行思政教育的融入。

#### 1. 教学目标

以高中体育与健康课程标准为依据，结合学生全面发展的要求，从体育学科核心素养的三个方面融入篮球思政元素，确定本次课的教学目标。

（1）能够说出运球急停急起的动作要领、运用价值及两种以上的练习方法。

【课程思政切入点】理论联系实践，能够将课堂所学的知识技能运用到日常生活中，锻炼学生思维方式，提高学生专业素养，健全人格，促进学生终身发展。

（2）在学练和比赛中做出运球急停急起的技术动作，同时发展灵敏、协调、速度等专项体能。

【课程思政切入点】通过技能的学练，培养学生观察力、思维力、判断力及执行力等专业能力和人文素养。

（3）在学练以及比赛中表现出团结协作、积极进取的精神，培养探究意识和自主学习能力。

【课程思政切入点】在比赛和学练中，培养学生的体育精神，对疑难问题能够不断探究与实践。同时，厚植爱国主义教育以及弘扬集体主义精神，不断激发学生团结互助、尊重他人的品质，以及家国情怀、规则意识等。

#### 2. 教学内容

教学内容如表 4-1 所示。

表 4-1　教学内容

| 教学环节 | 教师活动 | 学生活动 | 设计意图 |
|---|---|---|---|
| 准备部分：<br>1. 课堂常规<br>2. 课堂导入 | 1. 教师提前到达场地安排好器材<br>2. 接受体育委员报告，向学生问好<br>3. 通过 2022 年女子篮球世界杯中，中国女篮团结一心、顽强拼搏、勇夺亚军的集锦视频，引出该技术动作在篮球比赛中的重要性，并通过言语引导进一步升华至爱国主义和政治认同教育。然后宣布本节课内容、教学目标及要求，安排见习生<br>4. 安全教育 | 1. 体委整理队伍，全体学生到达指定位置<br>2. 按要求快速整队，师生问好，遵守课堂纪律<br>3. 明确本节课的教学内容及注意事项 | 提高课堂教学质量，保证体育课顺利进行。通过导入视频，引导学生积极思考，培养学生的科学精神。教师归纳总结、升华思想，激发学生的学习兴趣<br>【课程思政切入点】培养学生遵守纪律和服从规则的意识。渗透家国情怀和人文素养 |
| 准备活动：<br>1.1 分组绕场运球<br>1.2 球操<br>指尖拨球、头部绕环、持球伸展、腰部绕环、持球腿部拉伸 | 1. 组织学生整齐慢跑热身<br>2. 带领学生做球操练习 | 1. 运球慢跑三圈，注意根据教师口令做出相应动作<br>2. 球操练习，增强球感，激活肌肉，逐渐进入运动状态<br>3. 强调安全问题 | 集中学生的注意力，激活身体肌肉，预防运动损伤的发生。此外，还可以复习行进间运球，体会重心高低的变换<br>【课程思政切入点】渗透健康教育和规则意识，提高科学锻炼的意识 |
| 基本部分：<br>1. 单一练习<br>1.1 讲解示范运球急停急起技术动作<br>1.2 跨步急停脚步练习<br>1.3 运球跨步急停练习<br>1.4 行进间运球急停急起<br>方法：创设红灯停、绿灯行的交通信号灯情境，8 人一组，根据老师手中举起旗帜的颜色（红色急停，绿色急起）作出相应的急停急起技术动作 | 1. 出示挂图，调整队形（前两排蹲下），完整示范运球急停急起技术动作，并对动作进行讲解示范，讲清练习的注意点<br>2. 调整队形，组织学生进行原地的脚步练习和运球跨步急停练习<br>3. 教师讲解练习方法，组织学生进行练习，并在练习过程中对学生进行动作指导，纠正错误 | 1. 认真听口令，注意力集中<br>2. 思考并回答教师提出的问题，了解运球急停急起技术的重难点<br>3. 认真听教师安排的练习及动作要求<br>4. 在各项练习中积极参与，同伴间互帮互助<br>5. 注意安全 | 学习运球急停急起技术动作，明确动作方法和要领，从而引出本节课的教学重点，通过从脚步练习过渡到原地运球跨步急停，再到行进间的运球急停急起，从易到难，层层递进，让学生能够体会不同速度下的运球急停急起，发展学生行进间运球急停急起的能力<br>【课程思政切入点】在示范技术动作时，融合力学知识，让学生利用多学科思维理解动作，提高学生的理论素养和辩证唯物主义理论认识。通过交通信号灯情境的创设，培养学生的规则意识、竞争意识，培养团队合作能力 |

续表

| 教学环节 | 教师活动 | 学生活动 | 设计意图 |
|---|---|---|---|
| 2. 组合练习<br>2.1 标志桶+行进间运球急停急起<br>方法：两人面对面快速运球至标志桶前急停，低运球三次并相互击掌后急起运球至对面，以此循环练习，等待的同学进行原地的高低运球<br>2.2 行进间运球急停急起+传球<br>方法：学生分为两个大组，每组平均安排人站在半场四角黄色标志桶后，第一名同学快速运球出发至红色标志桶做急停急起，后至绿色标志盘，将球传给下一位同学，依次顺时针进行练习 | 1. 讲解练习方法与要求并进行示范<br>2. 调动学生分组，组织学生有序进行练习<br>3. 巡回指导并纠错，帮助学生纠正错误，并加以鼓励<br>4. 在进行行进间运球急停急起+传球的练习之前要强调急停稳、急起快、传球准确，并强调注意安全问题 | 1. 认真听讲，仔细观察教师示范<br>2. 注意力集中，能够在练习中做到运球急停急起的正确动作，并在第二个练习时做到传球准确、技术衔接连贯，有问题及时纠正<br>3. 与组内同学相互配合，争取做到完美效果 | 练习一让学生加深对急停急起时的重心变化的认识，采用队友击掌的形式是为了改善学生急停急起时低头看球的问题，同时增加同伴之间的交流和合作，提升学生相互配合的能力。练习二锻炼学生对场上形势的判断能力，使学生能根据场上球的数量及与前方同学的距离，选择急停急起合适的时机、速度。通过分组合作，让学生主动参与学练，主动思考、相互交流，提升学生临场应变能力<br>【课程思政切入点】培养学生科学的人文素养和良好的道德修养，优化学生的思维方式，提升自身的技能水平 |
| 比赛：运球取物<br>方法：将学生分成四组，分别站在篮球场的四个角，听到开始信号，每组排头运球至中圈取物后运球返回，将球给下一名同学，依次进行，在规定时间内，取物最多的队伍获胜，羽毛球数量少的队伍负责器材的回收 | 1. 讲解示范比赛方法、规则及要求，组织学生分组进行<br>2. 积极有序组织比赛，充分调动大家的积极性，提示注意安全 | 1. 明确比赛规则和要求，积极参与比赛，动作到位<br>2. 积极投入比赛中，团结协作，奋力拼搏，在取得好成绩的同时也能注意安全 | 学生在比赛中运用篮球运球急停急起技术动作，激发学生的竞争意识，培养学生的合作能力和积极进取的精神<br>【课程思政切入点】以赛促学，激发学生的团队精神、拼抢意识、角色意识，从而培养集体意识、竞争意识等 |

续表

| 教学环节 | 教师活动 | 学生活动 | 设计意图 |
| --- | --- | --- | --- |
| 结束部分：<br>1. 集合放松<br>教师带领学生进行静态拉伸放松<br>2. 总结本课<br>对本节课进行评价、总结，并布置课后作业<br>3. 回收器材，师生再见 | 1. 带领学生进行放松练习<br>2. 总结本节课的情况，表扬与建议并存，并再次回顾运球急停急起的动作技术要领，引导学生对自身学习情况及他人学习情况进行客观评价<br>3. 安排课后作业，要求学生认真准备<br>4. 安排学生回收器材，整理场地，师生再见 | 1. 在教师的引导下进行放松拉伸活动<br>2. 认真聆听教师的课堂小结，思考自己的不足，并鼓励自己加以改正<br>3. 回收器材 | 1. 要求认真完成拉伸放松练习，培养学生科学训练意识。通过教师评价、学生自评、互评等方式总结本节课，提升学生的学习积极性，培养沟通表达能力，提升自信心，实现健全人格。课后作业为相关篮球规则收集，在提升学生自主学习和独立解决问题能力的同时，也提升其规则意识<br>2. 要求学生按要求回收器材，培养学生爱护公物、责任担当的优良道德品质<br>【课程思政切入点】渗透规则意识、道德修养，以及科学锻炼、终身学习的意识 |

## 3. 教学方法

（1）情境教学法：通过观看女篮世界杯勇夺亚军的片段，导入学习内容，激发学生的爱国热情和民族自豪感。通过设置交通信号灯的学习情境，培养学生的规则意识，并通过后续的比赛，培养学生团队合作的能力。

（2）讲解示范法：通过对完整动作的示范与讲解，帮助学生建立动作表象，演示动作时标准到位，讲解时逻辑清晰、言语规范，让学生体会到科学严谨的学习精神和体育专业素养。

（3）合作学习法：通过小组合作学习的形式，让学生互相帮助，指出问题，解决问题，在一定程度上端正学生的学习态度，培养学生的责任担当意识及反思能力、教学能力。

（4）探究式教学法：以小组为单位进行练习时，根据教师讲解示范的动作要领，不断观察、交流、尝试，以掌握技术重难点，同时提升与同伴之间的沟通能力，并通过相互纠正动作，提升教学能力，培养集体意识。

（5）比赛教学法：通过运球取物比赛，提升学生的积极性，培养学生的竞争意识、集体意识、规则意识等。同时，在比赛结束之后进行总结，引导学生树立正确的胜负观，培养“胜不骄，败不馁”的健全人格。

## 4. 教学评价

（1）教师评价。

教师的评价以过程性评价和终结性评价为主，其中过程性评价是指对学生在课堂中的学习状况、学习态度等进行评价反馈的过程，可分为课前、课中和课后评价，具体评价内容如表 4-2 所示。

表 4-2　过程性评价内容设计表

| 评价阶段 | 评价内容 | 课程思政切入点 |
| --- | --- | --- |
| 课前 | 学生课前预习任务的完成情况，出勤情况等 | 自主学习，遵规守纪意识 |
| 课中 | 学生的练习表现、学习态度，言行举止是否遵规守纪等 | 健全人格，促进身心健康，培养体育精神，提升规则意识，改变思维方式 |
| 课后 | 课后作业完成情况、课外体育活动参与情况等 | 终身学习意识的养成，科学锻炼习惯的培养 |

终结性评价是指学期末时，对学生进行实践技能和理论知识的考核测试，两类考核成绩的占比应该相对均衡，并且实践技能考核内容应该结合学期教学目标的要求进行制定，应包含体能与技能两个模块，具体评价内容如表 4-3 所示。

表 4-3　终结性评价内容设计表

| 评价类别 | 评价内容 |
| --- | --- |
| 实践技能考核 | 行进间体前换手变向运球接上篮 |
| | 全场双人传球 |
| | 30 米加速跑 |
| | 十字变向跑 |
| 理论知识考核 | 理论考试 |

（2）学生自评。

该环节主要是考查学生在学练和比赛过程中对自身学习情况的了解程度，可分为课中自评和课后自评。其中，课中自评可通过技能展示的方式，及时了解自身学习情况，发现自身不足，思考改进方法。课后自评可通过撰写课后反思的形式，从自身行为规范、学习目标完成度、课堂参与程度、学习态度等方面进行自我评价，树立学生客观、理性、诚实地看待问题的观念，培养学生独立思考的能力，促进学生终身发展。

（3）学生互评。

学生互评指学生之间的相互评价，可以分为组内互评和组间互评。组内互评可以通过小组讨论的形式开展，培养学生的团队协作意识。组间互评则可以通过小组汇报的形式进行，通过不同的评价发现自己小组的优点与不足，培养学生的集体主义观念。

## （二）八年级：篮球双手胸前传接球教学案例

以篮球双手胸前传接球为例将思政教育融入教学设计，本教学案例将从教学目标、教学内容、教学方法、教学评价四个方面进行课程思政教育的融入。

### 1. 教学目标

以中、小学体育与健康课程标准为依据，结合学生全面发展的原则与要求，从体育学科核心素养的三个方面融入思政元素，确定本次课的教学目标。

（1）能够明确双手胸前传接球的动作要领、运用价值，学习并掌握两种以上关于篮球双手胸前传接球技术的练习方法。

【课程思政切入点】理论联系实践，能够将课堂所学的知识技能运用到日常生活中，锻炼学生的思维方式，提高学生的专业素养，健全其人格，促进学生终身发展。

（2）在学练和比赛中做出篮球双手胸前传接球的技术动作，同时发展灵敏、协调、速度等专项体能，培养学生的规则意识、团结意识、挑战与拼搏精神。

【课程思政切入点】通过技能的学练，培养学生观察力、思维力、判断力及课堂教学执行力等专项能力和人文素养，加深学生对篮球规则的认识，同时掌握一定的篮球理论知识，了解双手胸前传接球技能在篮球比赛中的运用价值。

（3）在学练及比赛中表现出团结协作、积极进取精神，培养探究意识和自主学习能力，提高规则意识，强化组织纪律性。

【课程思政切入点】在比赛和学练中，培养学生的体育学科精神，对疑难问题能够不断探究。同时，厚植爱国主义教育及弘扬集体主义精神，不断激发学生团结互助、尊重他人的品质，增强规则意识，发扬团队精神，提高小组、团队及班级的凝聚力，增强家国情怀。

### 2. 教学内容

案例教案如表 4-4 所示。

**表 4-4　案例教案**

<table>
<tr><td>学校</td><td></td><td>教师</td><td></td><td>年级</td><td>八年级</td><td>课次</td><td></td><td>学生数</td><td>30</td></tr>
<tr><td>教学内容</td><td colspan="9">双手胸前传接球</td></tr>
<tr><td>教学目标</td><td colspan="9">1. 通过多种练习和比赛，进一步加深对双手胸前传接球的动作原理及要领的理解，能说出双手胸前传接球在比赛中的意义；通过组合练习，强化双手胸前传接球的稳定性，能说出双手胸前传接球相关战术练习方法<br>2. 在双手胸前传接球结合投篮的练习情境中，能熟练运用双手胸前传接球结合投篮及双手胸前传接球结合突破的组合技术；在比赛情境中，能通过技战术的运用占据主动，控制对手，创造得分机会；在学、练、赛中融入体能，发展速度、灵敏、协调等素质<br>3. 通过情境比赛，提高学生对篮球运动的兴趣，激发学生的积极性，培养学生努力拼搏、自信果敢的品质，提升小组探究和团队协作的意识</td></tr>
<tr><td>教学重点</td><td colspan="4">出球后手心和拇指向下，其余手指向前</td><td>教学难点</td><td colspan="4">蹬、伸、翻、抖、拨等动作协调</td></tr>
<tr><td>教学过程</td><td>学练内容</td><td>学练标准</td><td>思政元素</td><td>练习次数</td><td>练习时间</td></tr>
<tr><td>准备部分</td><td>1. 师生问好、检查服装、安排见习生<br>2. 宣布本节课的内容与任务<br>3. 一般准备活动<br>3.1 慢跑<br>3.2 动态拉伸<br>3.3 神经激活<br>4. 专项准备活动<br>4.1 胸前手指拨球<br>4.2 单、双手抛接球<br>4.3 胯下八字交接球<br>4.4 行进间高、低运球</td><td>1. 学生穿着统一的国家队服饰<br>2. 通过观看篮球国家队视频，激发学生的爱国情怀<br>3. 通过课堂常规营造文明氛围，了解文明礼仪发展史，在篮球比赛、篮球活动中展现文明风貌<br>4. 通过讲解中国篮球事业发展过程，引导学生树立家国情怀，引起学生的学习兴趣，培养学生的爱国主义精神</td><td>文明礼仪，遵守规则，相互尊重，运动认知，技术规范，顽强拼搏</td><td>一般准备活动：绕球场慢跑 6 圈，动态拉伸与神经激活每个动作 10 次/组，完成 2 次专项准备活动：30 秒/次×2次</td><td>6 分钟</td></tr>
</table>

续表

| 教学过程 | 学练内容 | 学练标准 | 思政元素 | 练习次数 | 练习时间 |
| --- | --- | --- | --- | --- | --- |
| 基本部分 | 1. 单一练习<br>双手胸前传接球教学<br>1.1 视频展示<br>1.2 教师示范并讲解动作要领<br>1.3 学生学习<br>1.4 学生分组练习<br>1.5 教师及时纠错<br>1.6 个别学生示范<br>2. 组合练习<br>2.1 双手胸前传接球结合投篮<br>2.2 双手胸前传接球结合突破<br>3. 教学比赛<br>将学生分为人数相等的小组进行半场教学比赛，学生担任裁判和教练。比赛结束后，教师讲评<br>4. 素质练习<br>灵敏素质练习，采用标志桶、标志盘、小栏架等器材开展多向冲刺的训练 | 1. 根据规则中关于传球时间的限制，培养学生根据比赛情况及时准确反应，做到审时度势的战术意识<br>2. 在传球技术的学习过程中，学习如何将球更好地传到队友手中，培养团队精神及集体主义精神<br>3. 组合技术：双手胸前传接球结合投篮及双手胸前传接球结合突破的组合技术，强调对篮球技术的运用能力及创新意识<br>4. 根据不同角色应遵循的规则，让学生站在裁判员或教练员的角度，通过角色实践提高战术配合能力及自身角色意识，体验在篮球赛事中的不同的责任与担当<br>5. 素质练习：提高学生的身体素质、促进学生的身心健康发展，体现以人为本的人文主义精神 | 团队精神，集体主义精神，诚信自律，相互尊重，战术意识，角色意识，责任担当，以人为本，顽强拼搏，自尊自信 | 学生分组练习：20 次/组，3 组<br>组合练习：<br>传球结合投篮 8 次/组，2 组（投进球为 1 次）<br>传球结合突破 8 次/组，2 组（动作正确且进球为 1 次）<br>灵敏素质练习：每项练习完成 2 次（在规定时间内） | 30 分钟 |

续表

| 教学过程 | 学练内容 | 学练标准 | 思政元素 | 练习次数 | 练习时间 |
|---|---|---|---|---|---|
| 结束部分 | 1. 放松练习<br>2. 师生互评<br>3. 宣布下节课内容、地点，布置作业<br>4. 归还器材，师生再见 | 1. 放松练习，消除学生身体疲劳，促进学生健康成长；师生互评，以篮球竞赛规则中关于裁判员判罚为出发点，引导学生在评价他人时公平公正，做到诚信自律，从而使学生正确认识自我，树立正确的价值追求<br>2. 归还器材和师生再见，培养学生文明有礼、相互尊重的意识。课中通过中学篮球课程教学，将体育竞赛规则思政元素融入，实现体育竞赛规则思政元素的有效落实，促进学生身心全面发展 | 相互尊重，价值追求，诚信自律，公平公正 | 放松练习：每个动作一次 | 4分钟 |
| 场地器材 | 场地：篮球场地2块<br>器材：篮球30个，移动白板1块，分队背心30件，电子大屏 | | | | |
| 平均心率 | 120~130次/分 | 运动密度 | 72.5% | 运动强度 | 中等 |
| 课后反思 | | | | | |

### 3. 教学方法

（1）情境教学法：通过观看中国男篮比赛片段，导入学习内容，激发学生的学习热情和民族自豪感。通过身穿篮球国家队队服，培养学生的爱国情怀。确保课堂常规落实，提高课堂的组织纪律性，通过讲解篮球规则，提高学生对篮球运动的规则意识，并通过后续进一步的比赛，培养学生团队合作的能力及集体荣誉感。

（2）讲解示范法：通过对双手胸前传接球技术动作的示范与讲解，帮助学生建立动作表象，模仿并建立运动技能轨迹。教师示范动作标准到位，讲解简单清晰、言语规范，在提高学生课堂学习效率的同时，让学生了解篮球运动的理论知识和篮球比赛的基本规程。

（3）合作学习法：教师课堂教学分组分队进行，能更有利地开展小组合作学习，培养学生团结互助精神，在学练阶段更好地发现问题，寻找问题，解决问题，端正学生的学习态度，培养学生的责任意识，提高学生的自我反思能力和课堂学练效率。

（4）探究学习法：本次课堂教学学练过程以小组为单位进行，教师讲解示范的动作要领要言简意赅，课堂学练过程中教师要时刻关注学生情况，观察学生学练效果，走近交流，尝试改进与提高，以达到更好地掌握篮球双手胸前传接球技术重难点的目的，提高课堂学练效果，同时提升教师与学生、学生与学生之间的沟通能力，提高小组探究合作学习能力，并通过相互纠正动作，提升学生的教学能力，培养学生的团队意识和互帮互助的集体主义精神。

（5）比赛教学法：通过半场教学比赛，提升学生的学习和比赛积极性，更好地将课堂教学内容融入实际的篮球对抗比赛中，发挥学生的主观能动性与创造性。培养学生的竞争意识、集体意识、规则意识等。同时，通过赛后总结，引导学生树立正确的胜负观，培养胜不骄败不馁，尊重自己、尊重对手的健全人格。

### 4. 教学评价

1）教师评价

教师的评价以过程性评价和终结性评价为主，其中，过程性评价是指对学生在课堂中的学习状况、学习态度等进行评价反馈的过程，可分为课前、课中和课后评价，具体评价内容如表 4-5 所示。

表 4-5　过程性评价内容设计表

| 评价阶段 | 评价内容 | 课程思政切入点 |
|---|---|---|
| 课前 | 课前预习任务的练习情况、出勤情况等 | 自主学习，遵规守纪意识 |
| 课中 | 学生的练习表现、学习态度、言行举止，是否遵规守纪，运动技能学习是否达标 | 健全人格，促进身心健康，培养体育精神，提升规则意识，改变思维方式，增强集体荣誉感 |
| 课后 | 课后作业完成情况、课外体育活动参与情况等 | 终身体育意识的养成，科学锻炼习惯的培养，积极健康的生活习惯的养成 |

终结性评价是指学期末时，对学生进行实践技能和理论知识的考核测试，两类考核成绩的占比应该相对均衡，并且实践技能考核内容应该结合学期教学目标的要求制定，应包含体能与技能两个模块，具体评价内容如表 4-6 所示。

表 4-6　终结性评价内容设计表

| 评价类别 | 评价内容 |
|---|---|
| 实践技能考核 | 原地双手胸前传接球 |
| | 全场行进间双人胸前传接球 |
| | 10 米×8 往返跑 |
| | 半场三对三篮球比赛 |
| 理论知识考核 | 篮球比赛规则、理论考试 |

2）学生自评

该环节主要是考查学生在学练和比赛过程对自身学习情况的了解程度，可分为课中自评和课后自评。其中，课中自评可通过技能展示的方式，及时了解自身学习情况，发现自身不足，思考改进方法，提高课堂学练效率，养成良好的课堂学习习惯。课后自评可通过撰写课后反思的形式，从自身行为规范、学习目标完成度、课堂参与程度、学习态度等方面进行自我评价，树立学生客观、理性、诚实地看待问题的观念，培养学生独立思考的能力，促进学生终身发展，培养学生终身体育意识。

3）学生互评

学生互评指学生之间的相互评价，可以分为组内互评和组间互评。组内互评可以通过小组讨论的形式开展，培养学生团队协作的意识。组间互评则可以通过小组汇报的形式进行，通过不同的评价发现自己小组的优点与不足，培养学生的集体主义观念。

### （三）小学篮球：行进间运球教学案例

以小学篮球行进间运球的练习方法为例，其教学目标、教学方法与教学评价方面具体案例如下。

#### 1. 教学目标

（1）运动认知：学生能说出多种行进间运球的动作方法。

（2）运动技能：通过学练，学生能在行进间运球遇人防守时，及时侧身降重心，并运用多种运球技术过人。

（3）情感目标：在学练中表现出遵守规则、善于合作、不惧挑战的精神。

#### 2. 教学方法

（1）讲解示范法：做准备活动“运球找朋友”游戏，教师干扰，并抛出问题：当我们在运球过程中碰到防守队员，应该怎么办？教师对动作进行讲解并示范，并组织学生进行两人一组，面对面运球，在到中间标志桶位置时，两人同时做出侧身、降低重心的动作，并继续运球到对面；接着，把标志桶拿掉，两人面对面运球，当两人相遇时，马上侧身降重心，左手护球。再递进到两人一组运球相互干扰，在运稳球的同时抬头观察，找到时机破坏对方的球。

（2）游戏与比赛法：4 人一组，在正方形的规定区域，3 名同学运球，1 名同学防守，运球同学判断时机，碰到中间的标志桶得 1 分，并快速变向继续运球，防守同学可以破坏运球，防止运球同学得分。最后是 2V2 比赛，进攻方运球过人，并把球传给同伴得 1 分。可以同组之间 2V2，可以相邻组间交换队员 2V2，增加比赛的形式。

在“双新”体育教学中，体育教师要注重对课堂教学的有效设计，通过“学、练、赛”的形式，让学生在每堂体育课中都能感受比赛的乐趣。“赛”的形式多种多样，通过个人与个人、组与组、班与班之间的比赛，培养学生团结协作、共同竞争的习惯，强化学生的集体意识，强调团队的智慧与力量，让每位学生主动融入班组的集体中去，时时处处关心集体、热爱集体，强化学生的集体主义荣誉感。

### 3. 教学评价案例

教学评价表如表 4-7 所示。

表 4-7 教学评价表

| 评价指标 | 评价内容 | 评价等级 | | | | |
|---|---|---|---|---|---|---|
| | | 优秀 | 良好 | 中等 | 及格 | 不及格 |
| 教师评价 | 课堂纪律 | | | | | |
| | 技能练习 | | | | | |
| | 实际练习 | | | | | |
| | 解决问题程度 | | | | | |
| | 认真投入程度 | | | | | |
| | 克服困难的程度 | | | | | |
| 学生评价 | 课堂纪律 | | | | | |
| | 技能练习 | | | | | |
| | 实际练习 | | | | | |
| | 解决问题程度 | | | | | |
| | 认真投入程度 | | | | | |
| | 克服困难的程度 | | | | | |
| 互相评价 | 课堂纪律 | | | | | |
| | 技能练习 | | | | | |
| | 实际练习 | | | | | |
| | 解决问题程度 | | | | | |
| | 认真投入程度 | | | | | |
| | 克服困难的程度 | | | | | |

（注：根据评价，每个项目最多给 3 颗★，每颗★代表 3 分，一个星期后，可以根据所得的分数，到老师那里换得相对应的奖品。）

## 教学案例

| 学校 | | 教师 | | 年级 | 四年级 | 课次 | 3/7 | 学生数 | 40 |
|---|---|---|---|---|---|---|---|---|---|
| 教学内容 | 篮球：行进间运球的练习方法 | | | | | | | | |
| 教学目标 | 1. 能说出多种行进间运球的动作方法<br>2. 通过学练，学生能在行进间运球遇到防守时，及时侧身降重心，并运用多种运球技术过人<br>3. 在学练中表现出遵守规则、善于合作、不惧挑战的精神 | | | | | | | | |
| 关键问题 | 跨步侧身降重心，快速运球过人 | | | | | | | | |

续表

| 教学过程 | 学练内容 | 学练标准 | 组织形式与安全措施 | 问题设计 | 练习次数 | 练习时间 |
| --- | --- | --- | --- | --- | --- | --- |
| 准备部分（7 分钟） | 1. 课堂常规<br>1.1 师生问好<br>1.2 宣布本课内容<br>2. 队列练习<br>2.1 稍息、立正<br>2.2 四面转法<br>3. 准备活动<br>3.1 慢跑+步伐<br>3.2 运球找朋友 | 1. 精神饱满，声音洪亮<br>2. 动作静、齐、快<br>2.1 动作标准、有力<br>2.2 高度专注<br>3. 按照要求，认真完成<br>3.1 控制间距<br>3.2 找到 1 个朋友做不同姿势的运球 5 次，找下一个朋友 | 1. 排成四列横队<br>♀ ♀ ♀ ♀ ♀<br>♀ ♀ ♀ ♀ ♀<br>♀ ♀ ♀ ♀ ♀<br>♀ ♀ ♀ ♀ ♀<br>▲<br>2.（队形同上）<br>3. 慢跑队形<br>（安全提示：注意避让和保护球，不掉球） | 运球时如何摆脱防守队员？ | ≥1<br>≥3<br>≥1 | 6~7 分钟 |
| 基本部分（30 分钟） | 1. 单一练习<br>1.1 行进间运球侧身急停<br>1.2 行进间运球互相干扰<br>2. 组合练习<br>2.1 行进间运球+过人<br>2.2 行进间运球+触标志桶<br>3. 比赛：2V2 | 1. 两人行进间运球，根据情况，合理做出动作<br>1.1 运球到标志筒位置（两人相遇时）做上步侧身急停，原地运球 3 次继续行进间运球<br>1.2 在规定区域内，行进间运球，护好自己球的同时干扰对方运球，成功破坏一次得 1 分<br>2. 根据防守人的不同，正确选择运球方法<br>2.1 防守人固定站位，持球干扰，练习者判断时机，快速运球过人<br>2.2 在规定区域内躲避防守完成触筒，快速运球到安全区域，成功触筒一次得 1 分<br>3. 遵守规则，积极参与<br>3.1 相邻两组交换两名同学，从中间开始进攻<br>3.2 积极参与，进攻队员摆脱防守，将球成功传给队友得 1 分，交换进攻 | 1. 两人一组练习<br>1.1 两人一组面对面<br>（安全提示：抬头观察，及时侧身）<br>1.2 在规定区域内两人一组<br>（安全提示：避免碰撞）<br>2. 在规定区域内四人一组<br>3. 在规定区域内四人一组<br>（安全提示：遵守规则，尽可能避免碰撞） | 怎样更好地降低重心？<br>怎样快速过人？<br>怎样能成功触筒？ | ≥10<br>≥6<br>≥5<br>≥4<br>≥2 | 5~6 分钟<br>4~5 分钟<br>4~5 分钟<br>6~7 分钟<br>6~7 分钟 |

续表

| 教学过程 | 学练内容 | 学练标准 | 组织形式与安全措施 | 问题设计 | 练习次数 | 练习时间 |
| --- | --- | --- | --- | --- | --- | --- |
| 结束部分（3 分钟） | 1. 放松拉伸<br>2. 小结评价<br>3. 回收器材，师生再见 | 1. 调整呼吸，充分拉伸<br>2. 真实评价，肯定鼓励 | 充分拉伸放松，积极回收器材 | | ≥1<br>≥1<br>≥1 | 3 分钟 |
| 场地器材 | 标志垫 40 个，标志筒 20 个，篮球 40 个，小音箱 1 台，大屏幕 1 块 | | | | | |

## 三、篮球课程思政教育实践策略与案例总结

篮球课程中的思政教育是一个综合性的过程，旨在通过篮球运动提升学生的身体素质，培养学生的道德品质、团队合作精神、意志品质等。对篮球课堂教学实践策略与案例分析加以总结，可提炼为以下几点。

### 1. 明确思政教育目标

在篮球课程开始前，教师应明确德育目标，如培养学生的团队合作精神、公平竞争意识、吃苦耐劳精神、自信心和意志力等。这些目标应贯穿整个篮球课程的教学过程。

（1）团队合作精神：通过组织篮球比赛、团队练习等活动，让学生体验到团队合作的重要性。例如，传球接力、区域防守协作等，强调队员间的默契配合与相互补位。鼓励学生在比赛中主动与队友沟通战术，共同解决场上问题。通过团队胜利后的庆祝与分享，加深团队成员间的情感联系，让学生深刻体会到团队合作对于取得成功的重要性。通过组织多样化的团队练习，让同学们更加团结，相互配合，让团队变得更加强大。

（2）公平竞争意识：教育学生遵守规则、尊重对手，培养学生公平竞赛的意识。在比赛中，教师应严格监督，确保比赛的公平性，同时引导学生认识到公平竞争的重要性。在篮球教学中，强调每一次练习或比赛的攻防转换都必须公正对抗，无论是激烈的身体对抗还是精准的战术执行，都应在尊重对手、遵守裁判判决的基础上进行。课堂教学可以通过模拟比赛中的公平竞争场景，让学生亲身体验到，真正的胜利来自实力与努力，而非投机取巧，引导学生在篮球场上乃至人生道路上，都坚守公平竞争的底线，成为受人尊敬的篮球爱好者。

（3）吃苦耐劳精神：篮球课程学习需要付出大量的时间和精力，教师应鼓励学生坚持训练，培养吃苦耐劳精神。在篮球教学中，吃苦耐劳精神体现在每一次汗水淋漓的练习中。我们克服高强度体能挑战，让学生在疲惫中学会坚持；模拟逆境比赛情境，锻炼了学生在逆境中寻求突破的勇气；通过团队合作完成艰巨任务，增强学生的责任感与毅力。篮球运动中每一次跌倒后的迅速爬起，都是对自我极限的挑战与超越。在篮球场上，不仅能锤炼球技，更能铸就坚韧不拔、吃苦耐劳的精神品质。

（4）自信心和意志力：在篮球教学中，提升自信心与意志力是篮球课程教学的重要目标之一。教师可通过设定个人与团队目标，鼓励学生挑战自我，学生每达成一小步都给予正面反馈，逐步累积学生的自信。面对高强度的练习与比赛压力，教师要积极引导学生培养坚持不懈的精神，即使失败也要从中汲取经验，培养学生不屈不挠的意志品质。教师在篮球课程教学中可以模拟关键时刻决策，让学生在压力下展现冷静与果敢，最终磨炼出学

生强大的内心与坚定的信念。在学生遇到挫折时，教师应及时给予鼓励和支持，帮助他们树立自信心和意志力。

### 2. 利用榜样效应

利用篮球明星的榜样效应，激发学生的进取心和奋斗精神。教师可以讲述篮球明星的奋斗历程和成功故事，让学生认识到成功需要付出努力和汗水。同时，教师自身也应成为学生的榜样，通过言传身教来影响学生。

在篮球教学中利用榜样效应融入德育教育，是一种高效且生动的教学方法。体育教师作为榜样，在课堂教学中应展现出坚韧不拔的体育精神、公平竞争的道德风范及团队合作的精神，教师通过自身言行影响学生，树立正面形象。同时，选取历史上或现实中的篮球明星作为榜样，如乔丹、科比的勤奋与卓越，姚明的谦逊与责任感，讲述他们背后热爱篮球、努力训练的故事，激励学生在追求球技的同时，更重视品德修养。

在课堂教学中，组织“榜样小队”活动，让品学兼优的球员担任小组长，通过他们的实际行动，如乐于助人、鼓励队友、积极沟通等，带动整个班集体形成良好的风气。鼓励同学们相互学习，发现身边的闪光点，形成“人人可为榜样，处处可见榜样”的氛围。

### 3. 创新教学方法

（1）情境教学。

通过模拟比赛场景、设置特定情境等方式，让学生在真实或接近真实的环境中学习和体验篮球运动的乐趣和德育价值。

体育教师通过设计多样化的篮球比赛情境，如快攻反击、关键时刻罚球、防守紧逼等，让学生身临其境地感受比赛压力与策略应用。通过角色扮演，学生分别担任控球后卫、得分后卫等角色，深入理解各位置职责与协作的重要性。同时，设置情境挑战任务，如限时得分、防守对方明星球员等，激发学生的潜能与创造力。情景教学不仅提高了学生的篮球技术运用能力，还增强了其篮球比赛场上的应变能力，提高了团队协作精神，使篮球课程更加生动有趣且富有成效。

（2）游戏化教学。

篮球课程“游戏化教学”是一种将“游戏”与“教学”两者巧妙地结合在一起的教学方法。通过设计各种篮球教学游戏的形式，学生能在轻松、愉快甚至激烈的竞争氛围中，不知不觉地学到教材上的内容，具备篮球技战术的运用能力。

在篮球课程中，将德育内容融入游戏，可让学生在游戏中学习和成长。例如，设计“团队协作挑战”等游戏，将德育教育内容融入“游戏化教学”中。学生分组对抗，但每队须完成特定任务如“团队传球接力”后方能得分，强调信任与配合。游戏中可设置“尊重对手”环节，犯规后需主动握手道歉，培养公平竞争精神。此外还可设计“领袖风采”游戏，轮流担任队长，指挥战术，学会责任与担当。这些游戏不仅提升了学生的篮球技能，更在无形中强化了团队合作、尊重对手、领导力等德育品质，让学生在享受游戏乐趣的同时，也得到心灵的滋养与成长。

（3）互动式教学。

在篮球课程中，鼓励学生之间的互动和交流，通过小组讨论、角色扮演等方式，让学生在互动中学习和领悟德育知识。互动式教学成为德育渗透的桥梁。体育教师可设计“信任背摔”活动，学生轮流作为“背摔者”，其余队员组成人床接应，活动不仅锻炼了学生的身体协调性，更让学生深刻体会到信任与被信任的重要性，培养了同学间的默契与责任感。

课堂教学的比赛环节，教师可设计“战术讨论会”，教师引导学生围绕比赛中的各队员特点、技术能力等展开讨论，鼓励学生积极发言，相互尊重与学习，学会倾听与协商，促进学生间的有效沟通，培养他们的团队合作与沟通交流能力。此外，教师还可以设计“角色互换”活动让学生体验不同位置球员的角色变化和能力要求，如后卫尝试中锋的防守，中锋则学习后卫的传球，这不仅增进了学生对篮球全面性的理解，还让学生学会换位思考，培养了同理心与包容性。

#### 4. 注重评价与反馈

在篮球课程教学中，教师应及时对学生的学习情况和德育表现进行评价和反馈。评价应全面、客观，既要关注学生的篮球技能水平，也要关注他们的道德品质、团队合作精神等方面的表现。同时，教师应根据学生的表现给予具体的指导和建议，帮助他们不断进步。

（1）明确评价标准。

首先，制定清晰、具体的评价标准，涵盖篮球技能与德育表现两大方面。技能方面，如投篮命中率、运球稳定性等；德育方面，则包括团队合作、公平竞争、尊重他人、篮球规则意识等具体指标。这些标准应作为评价学生的基础。

（2）实施即时反馈。

在教学过程中，教师应保持敏锐的观察力，对学生的表现给予即时反馈与评价。对于学生错误的篮球技术动作、不良的行为习惯，都应及时予以纠正，让学生即刻了解自己的优缺点，从而调整学习策略和行为习惯。

（3）定期综合评价。

除即时评价外，还应定期进行综合评价。综合评价可以通过课堂测验、小组竞赛、个人总结等形式开展。综合评价不仅关注学生的篮球技能提升，还深入考察其德育表现，确保教师对每位学生评价的全面性、客观性。

（4）个性化反馈方案。

针对不同学生的特点与需求，制定个性化的反馈方案。对于篮球技能水平较高的学生，要对其提出更高的目标，激励其不断突破自我，提升篮球能力；对于德育表现突出的学生，应及时表扬并鼓励，使其成为班级的德育榜样；对于存在问题的学生，教师更应耐心指导，帮助他找到问题根源并制订改进计划。

（5）建立反馈机制。

为了确保评价与反馈的持续性和有效性，应建立相应的反馈机制，包括设立学生意见箱、开展师生交流活动等，使学生有更多机会表达自己的想法和建议。同时，教师应定期反思自己的评价方法和反馈效果，不断优化和完善评价机制。

综上所述，篮球课程中的思政教育实践策略是一个多方面、多层次的过程，需要教师的精心设计和耐心引导。通过明确德育目标、融入德育内容、利用榜样效应、创新教学方法以及注重评价与反馈等措施，教师可以有效地提升学生篮球运动的综合素质和德育水平。

# 第五章　篮球专项体能与练习方法

## 第一节　篮球专项体能概述

### 一、概念

篮球专项体能是指完成高水平篮球比赛。篮球专项体能的任务包括提高篮球运动员的基本运动能力，提高篮球运动员的专项运动能力，提高篮球运动员的健康水平，减少运动伤病的发生，促进篮球运动员伤后的功能恢复等。

### 二、意义

篮球专项体能的意义具体表现在以下几个方面。

（1）良好的体能是篮球运动员整体竞技能力提高的必要条件，是创造优异成绩的重要保障。

（2）良好的体能是篮球运动员技术学习、提高及比赛疲劳时高质量完成动作的保障。

（3）良好的体能是篮球战术制定的重要依据，为战术制定提供更多的选择。

（4）良好的体能对篮球运动员心理稳定有积极的作用。

（5）良好的体能是篮球运动员长期高负荷训练的保障。

（6）良好的体能可以防止运动损伤，延长运动寿命。

### 三、篮球运动员的体能特点

篮球运动员体能表现出来的是由身体形态、身体机能和运动素质共同构成的一种身体综合能力。在身体机能方面，篮球运动的供能以高能磷酸化合物的无氧分解和有氧再合成的复合性供能为主，在具备良好的有氧代谢的基础上，以非乳酸无氧代谢供能为主要特征，因此要求篮球运动员心血管系统、循环代谢系统的工作能力必须较强。在素质表现方面，篮球比赛中的身体接触频繁，对抗激烈，技战术运用复杂多变，想要适应这样的比赛环境，在对抗中合理高效地运用和完成技战术，运动员就必须具备全面的身体素质，特别是对力量、速度和灵敏素质提出了很高的要求。篮球运动员的体能所展现的实际上是力量、速度、耐力、柔韧和灵敏五大基础素质在不同时空上和不同层次下的结合。在不同的结合过程中，力量素质起到的是基石的作用，是篮球运动员的主导素质；速度素质是篮球运动的灵魂，展现的是篮球运动复杂多变的特点，是最具魅力的因素；耐力素质则是确保结合过程不断延续的有力保障。

### 四、篮球体能训练的注意问题

1. 人体的生长发育规律

人体的生长发育遵循着一定的规律，在学生生长发育期，教师要格外注意不同素质发展的“敏感期”现象。对青少年运动员来说，在其生长发育的某个阶段，如果能够合理、及时、适度地对相应素质进行科学训练，所取得的进步是十分显著的。

2. 体能训练的周期性变化规律

体能训练周期可以分为准备期、比赛期和恢复期。准备期的主要任务就是储备能量、提高素质、保证健康，因此该阶段训练质量最高，体能训练占总训练时间的比重也应最大；比赛期的体能训练重心是恢复再生和损伤预防，同时不能忽略对基本力量、速度、耐力等素质的保持；在恢复期，要重新评估运动员的身体情况，解决新老伤病问题，并为下一阶段的训练做好铺垫。

3. 个性化原则与不同位置训练的区别对待

由于篮球运动员个体间的年龄、形态、机能各不相同，不同队员之间还存在现实状态、训练水平、承受负荷能力等差别，且项目本身对不同位置运动员所赋予的职责和在对抗中所呈现的方式与内容各不相同，对体能的需求也存在一定的个体差异。

4. 训练安排的重点和全面性规律

在进行系统的训练时，每一个阶段都有一个侧重的方向，但是与此同时，篮球运动要求运动员在不同的状态下以各种不同的运动方式来完成技术动作和战术安排，对身体各项运动能力都有较高的要求，唯有全面协调地提升个体的各项运动素质，才能全面适应项目特点的需要，因此，在对运动员进行体能训练时应贯彻全面均衡发展原则。

## 第二节　篮球专项准备活动设计与示例

准备活动目的是让运动员为即将开始的训练和比赛做好准备，提升运动表现，同时降低受伤概率。通常来说，准备活动分为一般性准备活动和专项准备活动。

### 一、一般性准备活动

一般性准备活动指的是与正式比赛或训练动作结构及生理特点不相似的活动，目的在于提高神经系统的兴奋性，升高体温，增强机体代谢水平和各器官系统的功能，以及预防运动损伤等。一般性准备活动主要包括筋膜激活、核心激活、动态拉伸和神经激活。

1. 筋膜激活

筋膜是位于人体皮肤和肌肉之间的一层结缔组织，人体的筋膜是一个贯穿全身的整体。在准备活动中如何进行筋膜梳理，请参考表 5-1。

**表 5-1　准备活动中的筋膜梳理方法**

| 工具 | 梳理方式 |
| --- | --- |
| 按摩球（筋膜球） | 以按压为主，滚动幅度较小，也可以按压相应部位后主动活动相关关节，以此来对该部位进行梳理 |
| 泡沫轴 | 以滚动为主，一般针对小腿、大腿、臀部、后背等大面积的部位；滚动时应配合呼吸，以较慢的速度进行全幅度的滚动，如局部存在痛点或较紧张，可进行按压 |
| 按摩滚轴 | 正面可自主进行，背面需要别人的帮助；方便携带，在比赛中的间歇也可以进行筋膜梳理，而且通过较灵活的手来操作更便于运动员找到需要梳理的部位 |
| 震动泡沫轴（按摩球） | 梳理方式和泡沫轴类似，添加的震动功能能够对肌肉产生更大的刺激 |
| 筋膜枪 | 原理和震动泡沫轴类似，操作起来更加方便，运动员可以自己操作，且更易探索需要被梳理的部位，梳理得更加精细；人体后侧需要别人操作 |

### 2. 核心激活

广义的核心区包括以脊柱和骨盆带为核心，从内向外多层次的肌肉系统。除了孤立地训练核心区目标肌肉，人体在四肢或躯干支撑状态下保持稳定的能力、面对多方向负荷保持稳定的能力、在多个人体平面内保持稳定的能力、在动态和静止状态下保持稳定的能力都能体现出其核心稳定性。在准备活动中，为了保证训练的时效性，可以将多种激活形式结合起来进行：比如在进行动态的核心激活时配合呼吸，同步激活了呼吸功能。

### 3. 动态拉伸

动态拉伸可以在坐、卧、站、走等各种身体状态下进行，运动的可以是四肢，可以是躯干。拉伸过程中一定要强调配合呼吸，要以呼吸的节奏为引导进行拉伸，一般而言，身体从前向后、从内向外运动时吸，相反时呼；动态拉伸也可以根据个人情况保持一定时间的静止状态，对某些部位进行相对的“静态”拉伸，但总体上整个拉伸的过程是在运动状态下完成的。

以下列举一些动态拉伸练习，以供参考。

（1）最伟大拉伸：主要拉伸部位有臀大肌、腘绳肌、腓肠肌、胸大肌、胸椎，详见视频 5-2-1。

视频 5-2-1

（2）抱膝弓步转体：主要拉伸部位有臀大肌、髂腰肌、股直肌、胸大肌，详见视频 5-2-2。

（3）坐姿旋髋：主要拉伸部位有臀大肌、内收肌，详见视频 5-2-3。

（4）仰卧旋转胸椎：主要拉伸胸椎，详见视频 5-2-4。

（5）动态侧蹲：主要拉伸髋内收肌，详见视频 5-2-5。

视频 5-2-2

（6）库克（Cook）深蹲：主要拉伸部位有腘绳肌、髋内收肌和胸大肌、三角肌和胸椎，详见视频 5-2-6。

（7）仰卧抬腿摆髋：主要拉伸部位有腘绳肌、髋内收肌和臀大肌、髂胫束，详见视频 5-2-7。

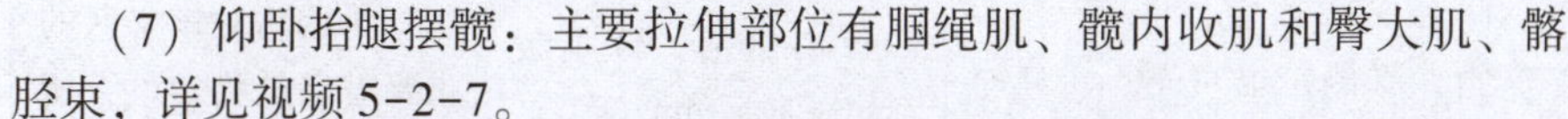

（8）仰卧摆腿转身：主要拉伸部位有髂腰肌、股四头肌和胸大肌，详见视频 5-2-8。

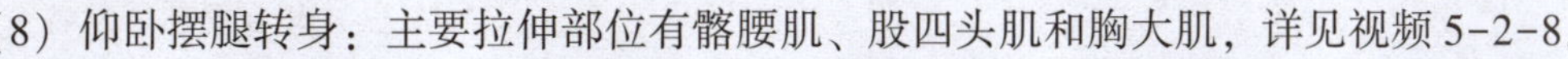

视频 5-2-3

视频 5-2-4

视频 5-2-5

视频 5-2-6

视频 5-2-7

视频 5-2-8

### 4. 神经激活

神经激活的重点在于：短时间、高强度、快频率、全面调动。

首先是短时间，神经激活后产生效力的时间无法持续太长，必须放在准备活动最后一环来进行，这样可以使已经高度激活中枢神经的运动员快速进入比赛状态，并一直保持下去；其次是高强度，在神经激活阶段追求的是调动尽可能多的神经元，这要通过最高强度的运动来实现，激活持续时间过久易出现肌肉疲劳的现象，同时供能状态也会从磷酸原系统向糖酵解系统转移；再次是快频率，一个完整的动作要经过神经中枢对于信息的接收、反应、传递才最终表现出来，而一系列动作以最高频率来完成则代表着在很短的时间内一系列信号向神经中枢不断传递，给其带来极强的刺激，从而在最大范围内提高其兴奋性；最后是全面调动，单一关节的运动也许速度会很快，但肯定无法达到很高的强度，而对于竞技体育来说，虽然各项目特点不同，但大多为全身性的运动，所以在准备活动的最后环节一定要进行全身性的练习来使准备活动和接下来的训练或比赛结合在一起。

## 二、篮球专项准备活动

全面的一般性准备活动对于各个项目的运动员来说已经激活了其所有需要被激活的身体部位，但是对于专项来说还是少了一些环节，毕竟很多项目的特点是使用器械或道具，所以准备活动最后一环也是最重要的一环——专项对接，就是为了将已经准备好的身体真正过渡到比赛的环境中去。表 5-2 总结了一套适合大部分篮球运动员的准备活动流程，可供参考。

表 5-2 准备活动流程

| 阶段 | 动作名称 | 操作方法 | 时间 | 主要目的 | 篮球特点 |
|---|---|---|---|---|---|
| 卧姿拉伸阶段 | 猫狗式 | 配合腹式呼吸弯曲脊柱 | 30 秒 | 呼吸激活，增强脊柱活动度 | 篮球运动包括快速移动和对抗，需要建立正确的呼吸模式以维持稳定 |
| | 飞鸟式 | 配合腹式呼吸，提高保持躯干稳定练习的难度 | 1 分钟 | 呼吸激活，核心稳定性激活 | |
| | 死虫子 | 腹式呼吸时更加注意向下和两侧吸气的力度 | 30 秒 | 呼吸激活，深层核心肌激活 | |
| | 原地熊爬 | 在四肢支撑和动态的状态下进行核心激活 | 30 秒 | 核心激活，肩胛激活 | 篮球运动对核心区的主要需求是稳定性，所以在赛前需从各个方面对核心肌激活 |
| | 臀桥 | 仰卧屈膝顶髋，可单侧、双侧，也可静态、动态进行 | 1 分钟 | 核心激活，臀肌激活，下肢后侧激活 | |
| | 侧桥 | 侧卧支撑顶髋，可直臂、屈臂，可髋内、外侧，也可静态、动态进行 | 1 分钟 | 核心激活，肩胛激活，臀肌和内收肌激活 | |

续表

| 阶段 | 动作名称 | 操作方法 | 时间 | 主要目的 | 篮球特点 |
|---|---|---|---|---|---|
| 站姿动态拉伸阶段 | 弹力环行走 | 弹力环可置于膝上、踝上和足底，前后、左右半蹲状态下行走 | 1 分钟 | 臀肌激活，大腿前侧肌肉激活 | 篮球运动横向移动频繁，需要提前激活臀中肌（外展肌），除了发力更有优势，还会减轻膝、踝关节的负担 |
| | 弹力环深蹲 | 弹力环置于膝上，下蹲时注意髋外展，克服弹力环阻力 | 1 分钟 | 臀肌、股四头肌激活，完善下肢双腿蹲动作模式 | |
| | 弹力环爬行 | 两根弹力环置于小臂中间和膝上，动态进行熊爬，前后左右各一趟 | 2 分钟 | 核心激活，臀肌激活，肩胛激活 | |
| | 肩胛俯卧撑 | 弹力环置于小臂中间，主动收缩肩胛骨进行俯卧撑 | 30 秒 | 核心激活、肩胛激活 | 篮球运动上肢存在很多过顶动作，激活肩胛有助于扩大上肢活动范围并提供稳定发力的平台 |
| | 毛虫爬 | 上肢、下肢分别进行爬行，始终保持肘和膝关节伸直，进行 3~4 次 | 1 分钟 | 核心激活，肩胛激活，拉伸腘绳肌、小腿三头肌、下背部 | |
| | 库克（Cook）深蹲 | 双手抓脚直腿下蹲，然后一只手臂顶住同侧大腿，另一只手臂向后上方抬，同时身体旋转，交替进行后起立，重复 3~5 次 | 1 分钟 | 拉伸腘绳肌、髋内收肌、下背部、肩部和旋转胸椎 | 篮球运动跑跳频繁且多为最大强度的冲刺和起跳动作，所以在准备活动中对下肢各个环节进行全面的动态拉伸十分有必要；而且每个拉伸动作涉及多组肌群，很具性价比 |
| | 弓步转体 | 双手上举弓步下蹲，将骨盆向前推动，同时向发力腿侧旋转躯干，手向后伸，交替进行 2 次 | 1 分钟 | 拉伸髂腰肌、股直肌、腹内外斜肌、背阔肌 | |
| | 最伟大拉伸 | 包括弓步俯身、躯干旋转、直腿勾脚、前推骨盆 4 个环节，交替每侧进行 2 次 | 1 分钟 | 拉伸臀肌、髂腰肌、腘绳肌、小腿三头肌并旋转胸椎 | |

续表

| 阶段 | 动作名称 | 操作方法 | 时间 | 主要目的 | 篮球特点 |
|---|---|---|---|---|---|
| 快速阶段 | 转髋横移 | 横向快步频交叉步，同时大幅度水平转动髋部 | 30 秒 | 动态旋转髋部，熟悉基本步法 | 篮球运动还具备突然发力的特点，所以除动态拉伸外，还应设计一些弹震式拉伸，以强化下肢肌肉的牵张反射 |
| | 直膝跑 | 双腿快步频向前踢腿并前进，前脚掌落地有力 | 30 秒 | 基本步法练习，激活屈髋肌 | |
| | 后踢腿 | 双腿快步频屈膝前进，脚后跟上抬踢到臀部 | 30 秒 | 基本步法练习，激活腘绳肌 | |
| | 高抬腿 | 双腿大幅度提膝上抬前进，同时加大摆臂幅度 | 30 秒 | 基本步法练习 | |
| | 直腿抬高 | 保持膝关节伸直，两腿交替前踢，同时双臂绕环 | 30 秒 | 基本步法练习，弹震式拉伸大腿后侧 | |
| | 原地接信号起跳落地 | 双臂上抬提踵，成起跳姿势，接到信号后以最快速度下蹲模拟落地后动作，可单双脚进行 | 30 秒 | 本体感觉、神经激活，完善落地动作 | 篮球运动要求运动员快速作出反应，所以神经激活在准备活动中十分重要，而在反应练习中增加落地、横移、冲刺等在篮球场上出现频率很高的专项动作更是一举两得，所要注意的是一定要达到较高的动作强度 |
| | 原地碎步+横移滑步 | 原地在半蹲状态下快步频踏步，接到信号后最快速横移滑步往返 | 30 秒 | 神经激活，基本步法练习 | |
| | 原地碎步+小步跑+冲刺 | 原地在半蹲状态下快步频踏步，接到信号后起身保持快步频小步跑前进，再次接到信号后开始冲刺 | 30 秒 | 神经激活，基本步法练习 | |
| | 原地碎步+多信号反应练习 | 原地在半蹲状态下快步频踏步，接到不固定地向前后左右四个方向移动的信号后，用最快速度作出反应并执行 | 1 分钟 | 神经激活 | |
| | 扶墙摆髋 | 扶住固定物（墙）大幅度前后、内外旋转摆动髋关节 | 1 分钟 | 弹震式拉伸髋关节周围肌肉 | |

# 第三节　课课练部分篮球体能练习方法设计与示例

作为提升青少年篮球运动员或学生的教练，应清楚运动员在不同年龄段，各项素质增长的速度不同。我们把身体素质增长速度快的年龄阶段叫作身体素质增长的敏感期。敏感期对于青少年篮球运动员而言是非常关键的，整理已有的研究数据发现，错过普遍意义上的敏感期，一些素质就很难再有质的飞跃了。表 5-3 总结了青少年主要身体素质发展敏感期年龄，可供参考。

表 5-3　青少年主要身体素质发展敏感期年龄

| 素质 | | 敏感期年龄 | |
|---|---|---|---|
| | | 男 | 女 |
| 力量 | 速度力量 | 7~16 岁 | 7~13 岁 |
| | 力量耐力 | 7~17 岁 | 7~13 岁 |
| | 绝对力量 | 15~17 岁 | 15~17 岁 |
| | 相对力量 | 10~14 岁 | 10~14 岁 |
| | 肌纤维增粗 | 14~20 岁 | 12~19 岁 |
| 速度 | 反应速度 | 9~12 岁 | 9~12 岁 |
| | 动作速度 | 7~13 岁 | 7~13 岁 |
| | 位移速度 | 7~13 岁 | 7~13 岁 |
| 耐力 | 有氧耐力 | 10~17 岁 | 9~14 岁；16~17 岁 |
| | 无氧耐力 | 10~20 岁 | 9~18 岁 |
| 灵敏 | | 6~16 岁 | 6~15 岁 |
| 柔韧 | | 6~11 岁 | 6~9 岁 |
| 平衡 | | 0~12 岁 | 0~12 岁 |

上述数据只是给教练们提供一个参考，并不意味着所有人所有素质都会按照上表所罗列的那样发展，也不是说在某一个年龄阶段只能发展单一素质，而不在敏感期的其他素质不能进行强化。敏感期是为了给教练员们一个提示，即青少年的训练应该全面发展，部分特殊能力在某年龄段强化具有事半功倍的效果，从而让教练员们把握住青少年发展各项素质的绝佳机会。

## 一、力量素质与训练

力量素质对篮球运动员的竞技表现起着十分重要的作用，是篮球运动员各项运动素质的基础。研究表明，每周进行 1~2 次力量训练，对力量素质的保持较为有利，每周进行 2~3 次力量训练，可以使力量素质得到增长，但增长的效果不明显，而每周进行 3~4 次力量训练，则可以显著增长人体的力量素质。

### （一）一般力量：篮球运动员力量训练常用练习方法与负荷

（1）篮球运动员主要用于发展上肢力量的练习有：

①俯卧撑系列：标准俯卧撑、对墙俯卧撑、俯卧撑推拉篮球、俯卧撑交替摸篮球、俯卧撑击掌、后脚抬高俯卧撑。

②单、双杠练习：卧推、颈后推、斜板推、平推、颈后臂屈伸、仰卧臂屈伸、仰卧（俯卧）飞鸟、直臂腕屈伸、直腿硬拉、单手抓握铅球等。

（2）篮球运动员主要用于发展下肢力量的练习有：深蹲、半蹲起、负重提踵、负重蹲跳、负重上台阶，负重侧弓步蹲起、负重弓步换腿跳、静力半蹲等。

（3）篮球运动员主要用于发展躯干及全身综合力量的练习有：单手侧拉、负重躬身、负重挺身、负重转体、负重体回环、连续高翻等。

### （二）专项力量：篮球运动员力量训练常用练习方法与负荷

（1）发展手指手腕常用练习方法有：指卧撑、俯撑击掌、握捏网球（或握力器）、抛接实心球、原地（或坐姿）传接实心球、握哑铃（或杠铃杆）支臂屈伸、手指推墙等。

（2）发展上肢力量常用练习方法有：快速传接实心球、实心球投篮、两人快速传接球、对墙传接球、双杠臂屈伸、单杠引体向上、仰卧抛接实心球等。

（3）发展下肢力量常用练习方法有：全场（或半场）连续蛙跳、两端线间多级跨跳、双摇跳绳、跳深、快速收腹跳、双脚（或单脚）跳跳箱、连续起跳摸篮板等。

（4）发展腰腹及综合性常用力量练习有：仰卧举腿、俯卧挺身、仰卧两头起、连续展腹跳、快速抓举、连续高翻、转体抛接实心球、前后抛实心球等。

## 二、快速伸缩复合训练

### （一）下肢快速伸缩复合训练

（1）原地跳：双脚伸踝跳、单脚伸踝跳、纵跳摸高、深蹲跳、抱膝跳、分腿蹲跳、交替分腿蹲跳、单腿抱膝跳、直膝屈体跳。

（2）立定跳：双腿纵跳、单腿纵跳、障碍跳、立定跳远。

（3）多形式单脚跳和双脚跳：双腿连续跳、双腿之字形跳、单腿跳、纵向障碍连续跳、横向障碍跳、4-栏架训练。

（4）交换跳：垫步跳、爆发式垫步跳、向后垫步跳、侧向垫步跳、交换跳（单臂前摆）、交换跳（双臂摆动）。

（5）跳箱练习：单腿蹬跳、交换腿蹬跳、横向蹬跳、交替横向蹬跳、双腿跳上跳箱、单腿跳上跳箱、双腿跳上跳箱（抱头）、横向跳上跳箱、下落制动，详见视频 5-3-1。

视频 5-3-1

（6）跳深练习：跳深、跳深至第二跳箱、跳深+蹲跳、跳深+横向冲刺、跳深+立定跳远、跳深+180 度跳转、单腿跳深。

### （二）上肢快速伸缩复合训练

（1）药球抛接：胸前快速传球、双手过头前抛药球、双手换边快速抛药球、单臂快速抛接、爆发式抛球，详见视频 5-3-2。

视频 5-3-2

（2）快速伸缩复合式俯卧撑：爆发式俯卧撑（药球）。

### （三）躯干快速伸缩复合训练

该训练主要是45度仰卧起坐（抛药球）。

## 三、速度素质与练习

速度是篮球运动的灵魂，是现代篮球比赛的关键因素。在篮球运动中，速度素质展现的是运动员快速移动、瞬时完成技术、刹那间腾空的能力，是反应速度、动作速度和移动速度的综合体现，是在特定的技术运用和运动方式下运用爆发力的结果。篮球运动员发挥速度素质的特点是重心低，启动突然，方向多变，要求要在短时间、短距离、强对抗的情况下发挥出最大的速度能力，因此，篮球运动员的速度素质训练决定了其必须是在发展一般速度的基础上，重点提高比赛对抗所需的快速反应和启动、快速运用技术和快速移动的能力。

### （一）一般速度素质的练习

（1）改善脚步灵活性的基本步法练习：如小步跑，前、后踢腿加速跑，快速高抬腿加速跑，抗阻登山跑，各种交叉步前进、后退等。

（2）各种结合信号的起动加速跑：如原地碎步结合起动加速跑，原地交叉跳步结合起动加速跑，移动中碎步、交叉步结合起动加速跑，起跳落地结合侧身跑，跳起空中转体落地起动加速跑等。

（3）各种距离的冲刺跑：如30米冲刺跑，60米冲刺跑，50米弯道追逐跑，上、下坡跑，抗阻跑，牵引跑等。

### （二）结合有球和场地发展专项速度的练习

（1）篮球场上跑动练习：如全场徒手侧身跑，两端线间快速综合跑动，全场（或半场）对角线加速跑，绕中圈追逐跑，限制区对角线交叉跑，全场间歇急速跑等。

（2）结合有球的练习：如全场2~3次运球上篮，2~3人两传或三传快攻上篮，全场接长传球上篮，两人快传推进，对墙传接球，全场变向运球上篮（计时），计时规定传球次数的四角传接球等。

## 四、耐力素质与练习

耐力素质对于篮球运动员来说也是一项十分重要的素质，无论是一次训练课还是一场比赛，运动员都需要在较长时间里保持持续的运动状态。现代篮球运动要在高速度中身体频繁冲撞的节奏下展开各种争夺，如果运动员不具备良好的耐力素质，就无法在训练和比赛中保持充沛的精力和旺盛的斗志，就无法支撑技战术的正常运用和发挥。

### （一）一般耐力素质的练习

发展一般耐力素质主要是要提高运动员的摄氧能力、氧运输能力和机体对氧的使用效率，保持体内能源物质的储备量，提高肌肉等运动器官对长时间负荷的耐受能力。在发展一般耐力训练的初期，训练通常将心率控制在个体最大心率的70%左右或160次/分钟左右，适宜采用中低强度的持续训练在匀速负荷下连续进行30分钟以上的练习，可采用田径场慢跑、爬山、越野跑、功率自行车、跑步机、游泳等项目。在发展一般耐力的中期，随着训练的深入，有氧训练的强度逐步提升，在训练方法的选择上，长时间的持续训练依然是主要的训练方法，在持续训练中可穿插一定比例的短时间歇训练，加大对机体的刺激程度。这一时期的心率一般控制在160~170次/分钟。训练内容和一般耐力训练初期内容基本一致，重点是监控好心率和最大摄氧量水平。在一般耐力训练的后期，训练过渡到以无氧强度的间歇训练为主，这一时期的间歇训练能较好地提升无氧功率的指标。例如，短距离的30米、60米反复冲刺跑，100米反复加速跑，400米、800米多组计时跑，3 000米、5 000米变速跑等，随着训练水平的提高，间歇的时间逐步缩短。训练时的心率一般控制在170~180次/分钟，血乳酸水平达到4毫摩尔水平以上。

### （二）专项耐力素质的练习

篮球运动员的专项耐力是指队员在训练或比赛所需时间内，坚持高强度、高速度、较长时间运用技战术的能力，需要的是速度耐力，因此篮球运动员的专项耐力训练多表现为与技战术紧密结合，强度在95%以上，心率达180次/分钟或以上的连续短距离折返跑、连续起跳、攻守对抗的训练。例如，利用球场的线条进行各种距离组合的见线折返，限时规定距离的折返跑，两人或三人的连续多次往返快攻传接球上篮，规定运球次数的全场反复快速运球上篮，全场1×1、2×2、3×3连续攻守转换，多点连续快速移动投篮，个人连续起跳触碰篮板，全队接力起跳触碰篮板等。

负荷强度、负荷量、间歇时间的安排要根据训练任务的不同而科学地调配，耐力素质训练特别是专项速度耐力训练也要坚持循序渐进和区别对待原则，不同位置、不同能力的队员应有不同的要求，要根据训练取得的效果及时加以调整。耐力训练要和运动员的思想品质、刻苦自觉的训练作风培养结合起来，在训练中磨炼队员的意志。专项速度耐力的训练要在一般耐力训练的基础上进行，要安排训练课的最后部分或专门安排训练课来进行耐力素质训练。

## 五、灵敏素质与练习

灵敏素质是运动员在各种复杂条件下，迅速、协调、准确地完成技术动作的能力，是力量、速度、反应、平衡等素质的集中体现，是一项综合素质。灵敏素质的实质是大脑皮质神经活动过程的转换，包含了快速反应过程和有效准确运动过程。鉴于篮球运动项目的特点，篮球运动员的灵敏素质表现出高度的精确性判断和强烈的时空感觉特征，因此训练应特别重视加强视野、重心转换、观察预判、脚步频率、控制支配球等能力的训练。在青少年时期要特别注重加强与灵敏素质相关的速度、柔韧、协调等素质与爆发能力的训练。

灵敏素质的发展依赖于其他素质的提高，在发展灵敏素质时应广泛结合发展其他素质的练习。要把提高中枢神经系统的灵活性作为发展灵敏素质的重点来对待，并结合脚步频率、腰胯灵活性和移动难度练习来提高运动员控制平衡的能力。灵敏素质训练应多结合视觉信号刺激，在运动员精力最为充沛的时候进行，持续的时间不宜太长。

发展灵敏素质的练习方法有：

（1）进行各种滚翻（或转体）后快速启动接球；

（2）一对一的追逐躲闪游戏；

（3）接不同方向、距离、速度、位置的困难球；

（4）结合原地（或行进间）脚步练习的接六角球；

（5）结合绳梯脚步移动的传接球启动，详见视频5-3-3。

视频 5-3-3

## 六、柔韧性练习

柔韧素质是运动员关节及周围韧带屈伸旋转活动的范围和肌肉拉长幅度的综合表现，柔韧素质的好坏取决于关节的骨结构，跨过关节的韧带、肌腱、肌肉的伸展性及弹性。篮球运动员进行柔韧素质训练是为了改善肌肉的伸展性和弹性，扩大关节的活动范围，提高技术动作运用时的幅度和灵活性，降低运动损伤发生的概率，因此，发展柔韧素质对于掌握和运用篮球技术有积极的促进作用。儿童青少年时期是发展柔韧素质的黄金敏感期，一定要抓住这个关键时期加强柔韧素质的训练，以促进篮球技术的掌握和运用能力的提高。由于柔韧素质极容易消退，因此，柔韧训练需要坚持，进行柔韧训练时动作幅度要由小到大，主动或被动拉伸用力要柔和，逐渐加大用力的力度，循序渐进地开展练习。要注重拉伸与放松交替进行，特别是在疲劳的状态下不宜进行过分被动拉伸，避免因长时间拉伸而使肌肉失去弹性或出现损伤。

发展柔韧素质的练习方法包括：

（1）静力性拉伸练习。

通过缓慢的动作将肌肉等软组织拉长，当拉伸到一定程度时保持 10~30 秒坚持不动。如头颈部屈仰；两手指交叉，手心向外推压；上肢颈后支臂（或屈臂）拉伸；躯干侧向屈伸；利用器械或同伴协助的压肩、转肩、拉肩；肋木或单双杠进行的正压腿、侧压腿、弓步压腿；徒手直立体前屈；单腿屈膝体前屈；坐位体前屈；坐姿跨栏步压腿；等等。

①颈部：向左看向右看、颈部屈伸。

②肩部和胸部：直臂后伸、坐位后倾。

③上臂后部：颈后拉伸。

④上背部：胸前横臂、直臂过头。

⑤下背部：脊柱旋转、屈腿分叉。

⑥髋部：前弓步、仰卧屈膝。

⑦躯干：直臂侧屈、屈臂侧屈。

⑧大腿前部和屈髋肌群：侧卧股四头肌拉伸。

⑨大腿后部：坐位体前屈、单腿屈膝分叉（四字练习）。

⑩腹股沟：坐位分腿（鹰式分叉）、蝶式。

⑪小腿后部：对墙拉伸、台阶拉伸。

静态拉伸要领：采用一个有利于放松的体位，拉伸至感受到中等不适的幅度。如果是由同伴协助进行 PNF 拉伸，则与同伴保持交流。保持拉伸 15~30 秒。双侧都进行拉伸。

静态拉伸注意事项：如果感到疼痛、放射性症状或感觉丧失，应降低拉伸强度。对于那些活动度过大的关节，拉伸时应小心。避免脊柱做出复合动作（如脊柱同时伸展和侧屈）。应激活相关的稳定肌以保护其他的关节，避免不必要的运动。

（2）动力性拉伸练习。

以特定的动作，有节奏地、快速地多次重复同一动作，以达到拉长肌肉等软组织的目的。如手指手腕关节向前、向上伸展的振压，两臂做对称或不对称的绕环，双手握棍转肩，原地或行进间勾脚尖向前、向侧踢腿，最伟大拉伸等。

动力性拉伸练习主要有：胸前横摆臂、爬行、弓步走、过头侧屈弓步走、行进间抱膝、弓步走、手肘触脚背、脚跟-脚尖走路、栏上栏下走、单腿站立体前屈、直腿前踢、蜘蛛爬行。

动态拉伸要领：每个练习重复5~10次，可以是原地练习，也可行进间进行。可以的话，逐步增大动作幅度。每组逐步提高动作速度，但始终要控制好动作。动态拉伸时，保持肌肉对动作的主动控制。尽量模拟专项技术动作设计动态拉伸练习。

动态拉伸注意事项：拉伸幅度应循序渐进。做动作时应保持专注，不要出现弹震式运动（拉伸动作应始终处于可控状态）。不要为了增大动作幅度而降低动作技术的质量。

## 七、核心稳定性训练

核心稳定性又可称为躯干稳定性，是指人体在运动中，处于身体躯干部位的关节肌肉有效传递能量和保持身体姿势的能力。稳定的核心使机体在全身性运动过程中成为一个有机的整体，有效地进行能量或力的传递，有效完成肢体的屈伸、旋转运动。躯干的功能可以概括为屈伸、扭转及控制。然而脊椎动物脊椎或骨盆被视为一个“能源泄漏点”，由于该部位的薄弱，身体不能稳定结合在某一特定的点上，造成力的浪费，影响四肢动作的质量，因此，躯干部位在运动中具有重要的意义。

根据躯干的运动特点，核心稳定性分为屈伸稳定性和旋转稳定性。屈伸稳定性指对完成对称的上肢运动所表现出来的躯干在矢状面中的稳定程度。运动中很多专项动作对躯干屈伸稳定性提出要求，以便把力量均匀地从下肢传到上肢，反之亦然。如篮球中抢篮板球、排球的拦网等动作都是这种能量传递的例子。对称性跳跃动作及传球动作中的很多动作涉及躯干的屈伸稳定性，躯干主要能够很好地进行上下之间力和能量的传递。旋转稳定性是上肢和下肢在进行不对称活动时，躯干在矢状面和额状面的稳定性要求。例如，短跑运动员在跑动过程中，骨盆反复旋转，因此，躯干保持旋转的稳定性是短跑运动员取得优异成绩较为关键的因素。

核心稳定性在完成四肢对称和非对称动作时起到非常重要的作用。一些教练员关注四肢肌肉力量的发展而忽视核心部位的训练，导致运动员核心稳定性薄弱，影响运动的效益。此外，核心部位的训练不仅仅要关注核心力量训练，还要充分重视核心稳定性训练。不同运动项目对核心部位肌肉的需求是不同的，应当依据核心部位在运动中的功能选择相应的练习。例如，仰卧起坐练习很好地发展了腹直肌，而对腹横肌和多裂肌的作用并不大，因此，针对短跑运动员而言，仰卧起坐训练效果并不理想。

### 1. 训练手段

稳定性训练的手段多样，可通过非稳定的条件，完成动力性或静力性练习。稳定性训练手段一般包括各种垫上徒手练习、平衡板练习、泡沫轴练习、振动杆练习、气垫练习、滑板练习、悬吊练习、瑞士球练习等。

### 2. 悬吊训练方法

（1）下肢悬吊练习：仰卧双腿悬吊、仰卧单腿悬吊外展、俯卧双腿悬吊、单腿悬吊侧向支撑外展、仰卧内收大腿、俯卧屈膝屈髋、俯卧转髋、仰卧双腿悬吊屈膝、蹲起练习、单腿蹲。

（2）上肢悬吊练习：跪姿推拉悬吊绳、悬吊绳划船练习、俯卧撑、单臂转体。

### 3. 瑞士球训练方法

瑞士球训练方法有：肘撑腹桥、腿夹球侧桥、侧屈、腹桥提臀、腿部收展、脚撑球俯卧撑、瑞士球上俯卧撑、上上下下、球上平移、仰卧球上分腿、仰卧球上抱拍瑞士球、站姿抱拍瑞士球、跪姿推拉瑞士球、仰卧腿屈伸、仰卧转髋、俯卧转髋、仰卧推拉瑞士球、俯卧推拉瑞士球。

## 第四节　篮球专项放松活动设计与示例

除了准备活动不充分，训练或比赛后的恢复措施不到位也是运动员产生伤病的主要原因。要知道一天 24 个小时，作为篮球项目，每天训练的时间也就 4~5 个小时，抓得再紧张，一周也要有一到两天休整日，所以严格上来说一周训练的时间不到 30 个小时，而到赛季时，比赛和训练的时间所占比例更低。对于职业运动员来说，“成功 = 训练+休息”，只有有效且到位的恢复才能保证运动员们能够以更好的状态投入比赛和训练之中，如果运动员们是机器的话，恢复就相当于给他们的电池充电或者油箱加油，所以，除训练时间之外，用剩余五分之四的时间来恢复是可以接受的。

有效的恢复措施可以增加能量，提升免疫力，调节激素水平，提高组织活力，并帮助运动员在训练和比赛中拥有更佳的身体状态；从长远的眼光来看，始终保持规律且严格的恢复程序可以大大降低伤病出现的概率，从而延长运动生涯。有效的恢复措施不是训练结束之后带着疲劳的身体倒头就睡。对于篮球运动员来说，有规律且程序化的恢复措施应贯穿在一整天当中，即使是没有训练的休息日。而且我们恢复的不光是身体，还有精神和心理层面，所以在进行恢复时不能单纯地将运动员看作机器，还要考虑他们的心理感受。

对于篮球运动员来说，训练的时间一般比较规律，但是训练过程中的强度始终处于较高水平，而且注意力也一直处于高度集中状态；比赛时，由于篮球还是一个对精准度要求相当高的项目，所以调整运动员们的心理状态也很关键；现代篮球比赛进行的时间多在黄金档，比赛结束时已临近深夜，如何在夜间更有效地休息也是需要考虑的问题。中国是个地域广阔的国家，赛季中的篮球运动员们还要面对高密度的长途旅行，为应对长途旅行和在旅行结束后尽快恢复身体状态，需要采取有效的恢复措施。

下面介绍一些有效的恢复手段，希望能够帮助到有需要的运动员。

### 一、低强度有氧

高强度训练结束后，很多球员喜欢立刻坐下或躺下，大口大口地喝冰水，一动不动地待上一会，才懒洋洋地站起来离开球馆。但事实上，高强度运动后立刻停止运动是很危险的，容易导致重力性休克，而且剧烈运动后的代谢产物大量堆积，肌肉硬度增加，如果立刻停止运动开始静止状态下的休息，则身体机能会大幅度下降，疲劳会很快出现且消除得很慢。太多的实验证明，训练后进行低强度的整理活动可以快速消除乳酸，而且可以大大减少第二天的延迟性肌肉酸痛。所以在训练后身体感觉再疲惫，也要在低强度下保持运动状态一定时间。一般建议在训练后安排低强度无冲击的有氧练习 10~15 分钟，篮球专项教练也可以结合实战安排一些慢速移动投篮、传球练习代替低强度有氧练习。

除了运动后，也可以在长途旅行后、激烈的比赛后、休息日等时间进行低强度的有氧练习。

存在下肢关节伤病的运动员也可以在有氧训练器械上进行无冲击的练习。虽然很多篮球运动员不喜欢慢节奏的长跑，但事实上，有氧能力的提高对于机能的恢复、代谢产物的消除、疲劳出现的延迟等都意义非凡。日常有氧练习推荐30~40分钟，强度为最大心率的60%~75%，配合筋膜梳理和静态拉伸会取得事半功倍的效果。

## 二、筋膜放松

筋膜放松（梳理）在放松时与准备活动时的原理一样，但是在训练后，运动员们的时间更加充裕，对自己身体疲劳的部位也更加了解，可以更有针对性地进行梳理。

一般建议：训练结束后，除了对身体疲劳程度较高的部位进行梳理，还要对全身进行扫荡式的梳理。因为训练疲劳的产生有可能是局部的，但是血液和淋巴的循环是全身性的，而且代谢产物也存在于全身各个部位。训练后与准备活动时的筋膜梳理是有区别的，除了针对重点部位，训练后的梳理以大范围、大面积的滚动为主，而训练前则可以尝试对痛点进行短时间的按压。

这里建议在训练后进行10~20分钟全身性的泡沫轴滚动。而在休息日、有氧运动前，甚至对于某些运动生涯已经持续较长时间的运动员来说，可以安排每周2~3次专门的筋膜梳理课，每次持续40分钟左右的全身性筋膜自我按压。像股四头肌、腘绳肌、髂胫束、腓肠肌、上背部等大肌肉群可以每侧进行30次左右的滚动，而下背部、足底、斜方肌、胸小肌等部位可以用小球进行每侧1分钟左右的按压（具体操作方法与准备活动时一样）。

## 三、静态拉伸放松

要想将筋膜与肌肉的放松做到极致，在泡沫轴滚压后进行静态拉伸是最好的方法。

在任何训练课（包括力量课、技术课，甚至放松课）和比赛结束后，都应该进行全身性大幅度的拉伸来促进血液循环并清除代谢产物。

拉伸的形式包括动态拉伸和静态拉伸，被动拉伸和主动拉伸。静态拉伸是放松肌肉最好的方式，因为相比较而言，静态拉伸对于减轻肌肉痉挛效果明显。主动拉伸由自己进行，有时会存在无法拉伸到的部位，而且拉伸幅度普遍不足。这时候就需要训练师、治疗师等人的帮助。静态拉伸一般每个部位保持静止拉伸状态30~60秒，配合深呼吸进行。没有必要拉伸到特别疼痛的地步，以感受到肌肉被拉长、出现轻微酸痛为准，可以慢慢增加拉伸幅度，切忌一开始拉伸幅度过大，这样容易引起肌肉损伤。

拉伸可以做肩后伸肌群拉伸、手臂后侧拉伸、腕关节拉伸、背阔肌拉伸、肩外展肌拉伸、颈部肌肉拉伸、胸肌拉伸、臀肌拉伸、腘绳肌拉伸、小腿三头肌拉伸、腹直肌拉伸、髋内收肌拉伸、梨状肌拉伸、旋转链拉伸、Brettzel拉伸、股四头肌拉伸。

还有一种PNF（Proprioceptive Neuromusoular Facilitation）拉伸法，被译为“本体感觉神经肌肉易化法”，需要被拉伸者在肢体达到关节活动幅度最大限度时对抗拉伸者给的力使肌肉做等长收缩，一般每侧肌肉保持10秒，重复3~5次。PNF拉伸法可以大幅度提高运动员的柔韧性，并且有极佳的放松效果。

除了训练结束后，每天在起床后、睡觉前、自己的闲暇时间都可以做静态拉伸，不一定要持续很长时间，也不一定要拉伸所有部位；每周的放松课也可以在有氧运动或泡沫轴滚动后做静态拉伸；也可以参加以拉伸为主的瑜伽课，NBA 球员贾巴尔、詹姆斯就是瑜伽的推崇者。

# 第二部分

# 排　球

# 第六章 概 述

## 第一节 新时代校园排球

### 一、校园排球发展历程

排球运动在中国拥有广泛的群众基础。作为一项集竞技、健身和娱乐于一体的体育运动，排球在学校中得到了广泛的推广，对于提高学生的身体素质、培养团队合作精神和锻炼意志品质具有重要意义。

20 世纪初，排球运动传入中国，主要在上海、广州等沿海城市的一些教会学校中开展。中华人民共和国成立后，排球运动得到快速发展，学校成为排球运动的重要推广平台。随着中国教育部门对学校体育的重视，排球在学校中的普及程度逐渐提高，尤其是 1979 年中国男、女排球队双双获得亚洲排球锦标赛冠军，取得参加第 22 届莫斯科奥运会的资格，大学生们喊出了“冲出亚洲、走向世界”的振奋人心的口号，20 世纪 80 年代中国女排勇夺世界女排三大赛事的“五连冠”，极大地促进了排球运动的发展，全国尤其是学校掀起了学习排球的热潮，激发了广大青少年对排球运动的兴趣，各级学校纷纷组建排球队，参与各种比赛和交流活动。进入 20 世纪 90 年代，中国排球运动开始进行改革和创新。一方面，教育部门进一步加强对学校排球运动的投入，完善排球场地设施，提高师资力量；另一方面，各级学校积极探索排球运动的多元化发展模式，如开展沙滩排球、软式排球、气排球等项目，以满足不同年龄层次学生的需求。进入 21 世纪，随着学校教育改革的发展，新时代学校贯彻德智体美劳全面发展的教育方针，从体教结合到体教融合，带动学校体育得到了新的发展，许多学校的体育课都把排球作为教学内容，各省各地也将排球作为学校课余体育竞赛重点项目大力推广，一批排球传统学校和特色学校相继建立，成为我国青少年排球后备人才培养的主要途径。

全国性校际排球竞赛体系日渐完善，2006 年中国大学生排球联赛（CUVA）的举办，标志着我国高校大学生排球运动进入迅猛发展时期。目前，中国大学生排球联赛的影响范围已经覆盖全国，以其历时之长、地域之广、参与人数之多，成为国内高校体育联赛的最有影响力赛事，到 2023 年中国大学生排球联赛已经成功举办 15 届。与此同时，中国中学生体育协会排球分会于2003年12月在北京成立，借助中国女排时隔17年后再次夺得世界冠军的东风，中学生排球热度再度升温，2004年举行了第一届全国中学生排球锦标赛。截至2023年全国中学生排球锦标赛已举办19届，每届比赛的参赛队伍都超过100支，标志着中学生排球运动进入了新的大发展时期，大中学生全国性排球竞赛体系初步形成，为学校排球运动的普及与提高做出了积极贡献。

## 二、多种形式的学校排球运动

随着全民健身计划的不断推进，为满足不同群体对排球运动的需求，学校的排球运动开展形式也呈现出多样性的发展，在发展过程中又不断分化。目前国内开展较好的排球运动项目除6人制排球外，还有沙滩排球、9人制排球、小排球、软式排球、坐式排球、气排球、公园排球等，现主要介绍学校比较流行的公园排球和气排球项目。

### （一）公园排球

全国排球最早起源于美国，由国际排联于1998年在日本世界大会通过，并于1999年9月在瑞士洛桑首次正式亮相。2013年5月，在中国国际体育用品博览会上，公园排球被正式引入我国，随后的北京奥运城市体育文化节举行了首届中国公园排球公开赛。公园排球的规则是以室内排球的规则为基础简化而成的，其结合了室内排球与沙滩排球的优点，主要目的就是降低参与难度。其特点：一是它没有前后排和轮次的限制，使得参与者只要站在场地上，会基本的接球动作就能够参与比赛；二是场地简单，除了室内还可以在公园、城市广场或草地上进行，在平坦的水泥地、草地等铺上地胶支起移动网架也可开始运动，而球场大小与羽毛球通用，只要调整网的高度，就可实现一场两用；三是易于掌握与参与，室内排球的技术、战术容易迁移到公园排球，同时比赛用球质地较软，降低了球速，减轻了对人体的作用力，使之适合更多人，尤其适合初学的青少年参与。

### （二）气排球

气排球运动起源于中国20世纪80年代初期，也称老年排球，因为当时主要在老年人群中推广，但随着该项运动的不断普及，尤其是在全国运动会中成为群众性比赛项目后，气排球受到学校青少年的喜爱，目前举行了多次全国性的大学生气排球比赛，成为学校排球的新宠。其特点：一是简单易学，入门门槛低。采用五人制或四人制，技术动作容易上手，对于新学者而言没有更高的素质要求；二是观赏性和趣味性强。气排球由于球质轻、球体较大，空中飞行速度较慢，使得来回球增多，球的旋转变化多，比赛精彩有趣；三是具有较高健身和社会价值。气排球作为一项有氧运动，可以有效增强参与者的心肺功能、肌肉力量和协调性，在有助于保持身体健康的同时，也可以增强团队合作能力和社交互动；四是安全性高，有利于推广。气排球使用的球体轻便柔软，降低了运动过程中的伤害风险；同时，气排球运动简单易学、趣味性强、社会认可度高，具有良好的市场潜力，有利于在不同地区和年龄段人群中推广和发展。

# 第二节　排球运动的整体教学

2020年10月，中共中央办公厅、国务院办公厅印发了《关于全面加强和改进新时代学校体育工作的意见》，在意见中提出：义务教育阶段体育课程帮助学生掌握至少1至2

项运动技能，引导学生树立正确健康观。组织开展好“教会、勤练、常赛”，要求课堂教会学生掌握体育知识、基本运动技能、专项运动技能，这使中小学体育课程明确有了一项讲授、练习“运动技能”的任务，所谓“教会”学生的排球运动技能有三个递进的过程和标志，缺一不可，即理解、掌握、能用。首先是对排球知识、技能的理解，这至关重要；其次是掌握，对知识与技能的掌握是教会的必经过程，掌握的具体表现是知识记住了、技能熟练了，但这还不算真正意义上的学会；第三是能用，即对排球知识、技能的应用达到了一定水平，能够精准灵活地运用于比较复杂的排球活动和比赛真实情境中，能用是掌握排球运动技能的重要标志。为解决传统大中小学排球教学过程普遍存在的注重单一技术教学、技战术运用不够、学生体现完整的排球运动不足等排球运动技能学习碎片化问题，同时承担“立德树人，引导学生树立正确健康观，掌握关键能力和必备品德”的育人任务，单向维度的排球教学已经无法适应当前教育发展要求。加强对排球课程内容的整体设计，才能保证学生掌握结构化的排球运动技能，实现真正意义上的学会运动技能的目标。

## 一、排球运动技能教学内容标准

《义务教育课程方案（2022 年版）》明确提出要“加强课程内容的内在联系，突出课程内容的结构化”①。实际上，追求课程教学内容的结构化对大中小学排球运动技能教学内容体系的建设都具有指导意义。

无论是高师院校体育专业球类课程培养方案，还是中小学体育与健康课程标准都为各学段排球教学课程内容的整合提供了方向和参考，同时，为体现课程思政和健康教育的改革内涵，在课程教学内容标准中融合了这方面知识。为方便学习和鉴别各学段差异，这里仅根据高中和义务教育体育与健康课程标准，以及高师院校体育专业教学实践的实际情况，以表格的形式基本呈现排球运动技能教学的内容标准，具体如表 6-1 所示。

表 6-1　不同学段排球运动技能教学的内容标准

| 阶段 | 学段 | 排球教学内容要求 | |
|---|---|---|---|
| 高师院校体育专业 | 专业普修课 | 知识与技能 | 【基本理论】排球运动概述、排球基本技术与战术及教学理论、排球竞赛组织、主要规则与裁判法<br>【基本技术】常用发球、正面垫球、侧面垫球、传球、正面扣球、单人拦网 |
| | | 技战术 | 【技术组合】接一传后扣球、拦网防守后扣球、4 对 4 防守反击<br>【集体战术】5 人接发球、“四二”阵容与中二三进攻、单人网下防守<br>【比赛】6 人制正式比赛中，能够展示出所学技能和战术 |
| | | 知识融合 | 【健康知识】排球运动装备、运动损伤与处理<br>【课程育人】专业情怀、女排精神 |
| | | 裁判技能 | 组织校级排球赛，达到国家三级裁判等级水平 |

① 中华人民共和国教育部．义务教育课程方案（2022 年版）［Z］．北京：北京师范大学出版社，2022：11.

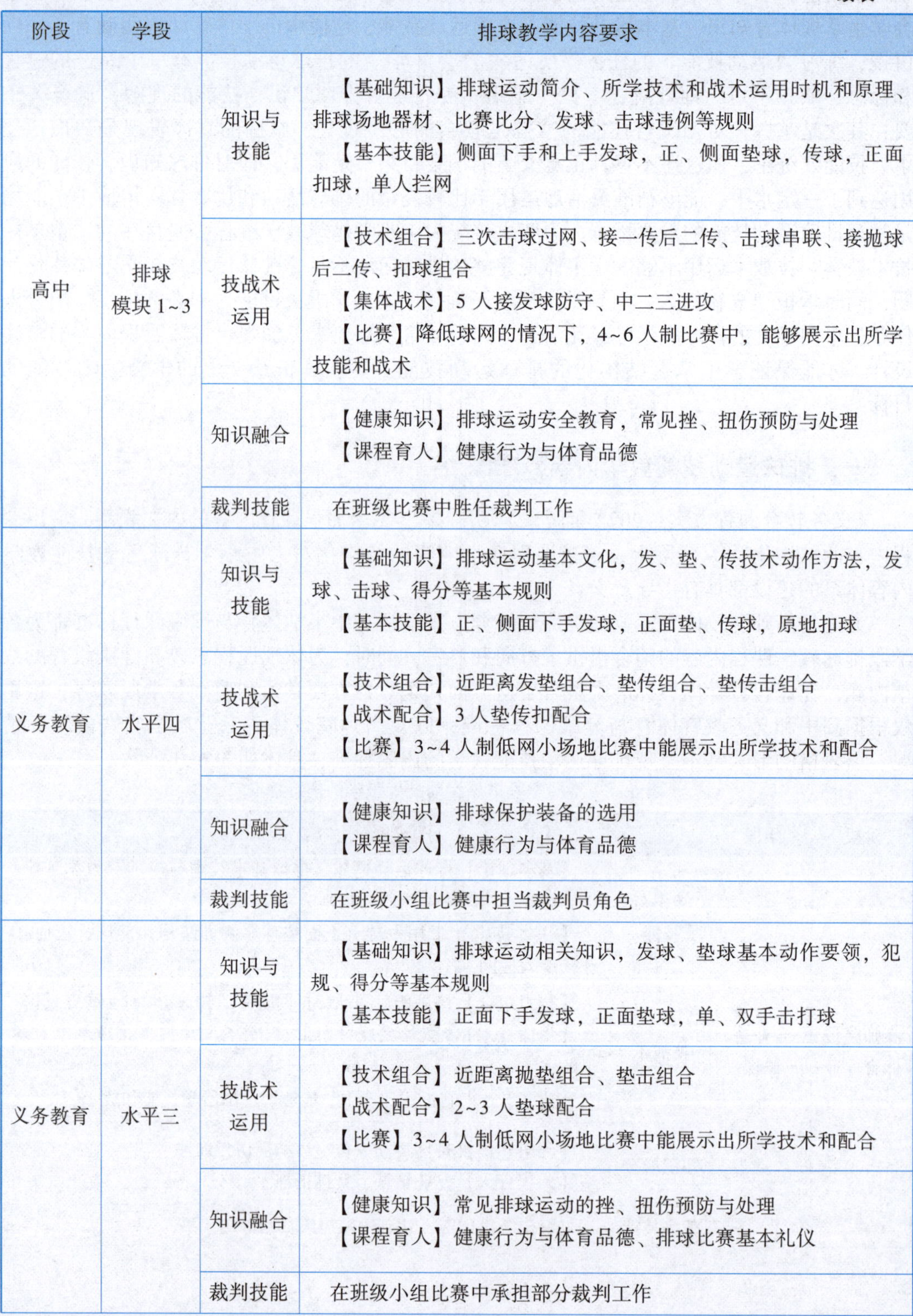

续表

| 阶段 | 学段 | 排球教学内容要求 | |
|---|---|---|---|
| 高中 | 排球<br>模块 1~3 | 知识与技能 | 【基础知识】排球运动简介、所学技术和战术运用时机和原理、排球场地器材、比赛比分、发球、击球违例等规则<br>【基本技能】侧面下手和上手发球，正、侧面垫球，传球，正面扣球，单人拦网 |
| | | 技战术运用 | 【技术组合】三次击球过网、接一传后二传、击球串联、接抛球后二传、扣球组合<br>【集体战术】5 人接发球防守、中二三进攻<br>【比赛】降低球网的情况下，4~6 人制比赛中，能够展示出所学技能和战术 |
| | | 知识融合 | 【健康知识】排球运动安全教育，常见挫、扭伤预防与处理<br>【课程育人】健康行为与体育品德 |
| | | 裁判技能 | 在班级比赛中胜任裁判工作 |
| 义务教育 | 水平四 | 知识与技能 | 【基础知识】排球运动基本文化，发、垫、传技术动作方法，发球、击球、得分等基本规则<br>【基本技能】正、侧面下手发球，正面垫、传球，原地扣球 |
| | | 技战术运用 | 【技术组合】近距离发垫组合、垫传组合、垫传击组合<br>【战术配合】3 人垫传扣配合<br>【比赛】3~4 人制低网小场地比赛中能展示出所学技术和配合 |
| | | 知识融合 | 【健康知识】排球保护装备的选用<br>【课程育人】健康行为与体育品德 |
| | | 裁判技能 | 在班级小组比赛中担当裁判员角色 |
| 义务教育 | 水平三 | 知识与技能 | 【基础知识】排球运动相关知识，发球、垫球基本动作要领，犯规、得分等基本规则<br>【基本技能】正面下手发球，正面垫球，单、双手击打球 |
| | | 技战术运用 | 【技术组合】近距离抛垫组合、垫击组合<br>【战术配合】2~3 人垫球配合<br>【比赛】3~4 人制低网小场地比赛中能展示出所学技术和配合 |
| | | 知识融合 | 【健康知识】常见排球运动的挫、扭伤预防与处理<br>【课程育人】健康行为与体育品德、排球比赛基本礼仪 |
| | | 裁判技能 | 在班级小组比赛中承担部分裁判工作 |

续表

| 阶段 | 学段 | 排球教学内容要求 | |
|---|---|---|---|
| 义务教育 | 水平二 | 知识与技能 | 【基础知识】排球运动基础知识、排球游戏规则<br>【基本技能】排球垫、击球游戏 |
| | | 技战术运用 | 【技术组合】原地抛垫组合、连续自垫球组合<br>【比赛】容许落地 1 次的 2~3 人制低网小场地游戏比赛 |
| | | 知识融合 | 【健康知识】常见排球运动的挫、扭伤预防与处理<br>【课程育人】健康行为与体育品德 |
| | | 裁判技能 | 在班级小组排球游戏比赛中指出违反规则的行为、尝试进行判罚 |

注：1. 以上技术包括单一与组合技术；2. 以上相关内容来自《普通高中体育与健康课程标准（2017年版）》和《义务教育体育与健康课程标准（2022 年版）》，略有删减。

## 二、排球运动技能大单元教学

《义务教育体育与健康课程标准（2022 年版）》提出，要“设计专项运动技能的大单元教学”。大单元教学是指对某个运动项目或项目组合进行 18 课时及以上相对系统和完整的教学。同时，要加强课内外的有机结合，促使学生通过较长时间的连续学练，掌握所学的运动技能。大单元教学的主要目的是改变传统断断续续的教学方式，避免把一个完整的运动项目割裂开来，它既能使学生掌握所学项目的运动技能，又能加深学生对该运动完整的体验和理解，更好地落实“结构化”的教学，体育教师可以更方便地按照运动项目特点，综合设计教学内容，使“单一的技术”变成前后衔接、场景真实的实战技能，有效提升学生的排球专项运动技能。

大单元教学的基本理论和实践，对于高师院校体育专业球类课程实施，也具有非常大的借鉴和参考价值。《普通高等学校体育教育本科专业各类主干课程教学指导纲要》明确提出，球类课程的教学内容必须“要能够反映球类课程领域的新进展、新成果、新观点与新方法，注重学习方式的转变”“要突出球类运动特点，有助于对学生进行团结协作、勇敢顽强等优良品质和作风的教育”。传统体育专业球类教学，一直按照先教单一技术，后教战术配合，再学比赛的教学步骤，重技术、轻能力，导致学生会技术但不懂如何运用，知道技术动作方法但不清楚其实际应用中的真实原理。无论是基础教育还是高等教育，体育教学技术都存在单一技术碎片化教学而忽视技战术整体性教学的问题。因此，将大单元教学引入体育专业球类课程教学，在教学内容、课程教学进程编制上，进行结构化设计，对于提升专业球类课程教学质量，培养学生球类运动技能具有非常好的价值。表 6-2 是根据运动教育模式在排球课程中的实践研究，总结提炼的第一教学单元结构化教学内容与课时分配建议，为体育专业教学提供参考。

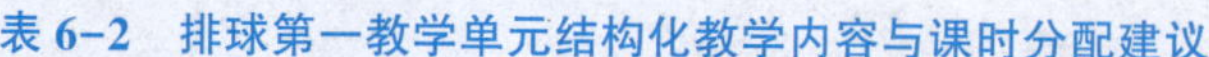

**表 6-2　排球第一教学单元结构化教学内容与课时分配建议**

| 主题 | 内容分类 | 内容要点 | 建议课时 | |
|---|---|---|---|---|
| | | | 小计 | 总计 |
| 4 人制排球比赛 | 基本理论 | 【基本理论】排球运动概述、排球技术战术分析、排球重点规则<br>【基础知识】文明参赛礼仪、运动教育课堂小组合作要求、常见排球运动损伤预防与处理 | 4 | 32 |
| | 基本技术 | 【有球技术】下手发球、正面上手发球，正面垫球、正面传球、正面扣球，单人拦网<br>【无球技术】准备姿势，并步、滑步、交叉步移动<br>【组合技术】发垫组合、垫传组合、一传二传扣球组合、扣拦组合、防传扣组合 | 10 | |
| | 基本战术 | 【防守战术】3 人接发球站位、单人拦网下防守<br>【进攻战术】中二传进攻 | 4 | |
| | 比赛 | 【课课赛】自垫、自传球比多，定时发球比准，发垫对抗赛，2 人或小组合作垫传球挑战赛<br>【单元比赛】1 人制排羽赛、2~3 人容许球落地隔网比赛、4 人制排球赛 | 14 | |
| | 教学技能 | 【讲解示范】讲解所学技术与战术的动作要领和运用时机，示范所学技术动作方法<br>【裁判技能】掌握裁判哨声、手势、判罚方法，担任游戏或比赛裁判工作；能够对自己或同伴的技术动作展示或比赛活动中的表现，进行合理的评价 | | |

# 第七章　排球不同技术的教学

## 第一节　排球不同技术的学科知识

排球技术是指在排球规则允许的条件下，击球者采用的各种合理的击球动作和其他配合动作的总称，由有球技术和无球技术两部分组成。有球技术是指与球直接接触的击球动作，包括发球、垫球、传球、扣球和拦网；无球技术是指没有直接接触球的配合动作，包括准备姿势、起跳、移动、翻滚等。考虑到仅学习无球技术容易产生枯燥感，因此，对于高师院校体育教学专业的学生，为满足一线中小学体育教学的需求，结合《义务教育体育与健康课程标准（2022 年版）》的要求，高师院校体育专业的排球技术教学内容以有球技术为主，可以在学习有球技术的过程中加入无球技术的学习。

### 一、学科价值

#### （一）不同排球技术之于排球运动的价值总括

1. 发球

发球是比赛的开始，也是进攻的开始，是排球运动中一项重要的进攻技术，是唯一依靠个人独立完成的排球技术。准确而又有攻击性的发球，不仅可以得分，还可能破坏对方的战术组成，为防守反击得分打下基础。发球技术从动作形式上分类有下手发球、上手发球、跳发球等多种形式，各种发球技术动作的难易度差别较大，在中小学排球教学中，应该根据学生的性别、年龄及身体素质情况等来选择发球技术的类型，一般情况下，小学阶段选择下手发球技术，中学阶段男生选择正面上手发球，而女生多选择侧面下手发球。

2. 垫球

垫球是通过手臂或者身体其他部位的迎击动作，使来球从垫击面上反弹出去的击球动作。该技术的主要特点是人与球的接触面积大，便于控制出球的远度和高度。垫球在排球比赛中占有重要地位，用于接发球、接扣球和接拦回球，可以帮助己方组织有效的进攻，从而实现得分。垫球动作简单易学，但是要将该技术灵活运用于比赛中，完成高质量的垫

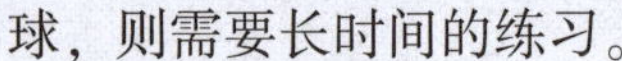

球，则需要长时间的练习。

3. 传球

传球是利用全身的协调力量并通过手指、手腕的弹力，将球传至一定目标的击球动作。传球是通过双手的配合完成击球，由于触球面积大，手指、手腕灵活，容易控制出球的方向、速度、弧度和落点，准确度高，隐蔽性强，是排球运动中重要的衔接技术。传球是从防守转入进攻的桥梁，其好坏直接影响战术配合质量，关系到进攻的有效性，是各种技术串联的纽带。在排球比赛中，传球多用于二传，除组织进攻的作用以外，还可用于吊球、处理球、接发球和接较轻的进攻球等。

4. 扣球

队员跳起在空中，用一只手或手臂将本方场区上空高于球网上沿的球有力地击入对方场区的一种击球动作，叫作扣球。扣球在比赛中占有重要的地位，它是得分的主要手段，是进攻中最积极有效的武器，是摆脱被动、争取主动的途径，是攻击力强弱的表现，能够起到鼓舞士气、抑制对手的作用。扣球的攻击性在于它的击球点高、速度快、力量大、变化多的特点，还可扣出各种不同性能、不同角度、不同速度、不同落点的变化球，更具进攻威力。

5. 拦网

拦网是指靠近球网的队员，将手伸向高于球网处阻挡对方来球的行动。未触及球的拦网行动称为试图拦网，触及球的拦网行动称为完成拦网。拦网是排球比赛中的第一道防守线，也是第一道进攻线。拦网在比赛中占有重要的地位，拦网水平的高低会直接影响比赛的胜负。拦网不仅可以将对方的扣球拦回、拦起，减轻后排防守的压力，还可以将球直接拦死，使本方由被动变为主动，由此成为得分的重要手段。此外，拦网还能干扰和破坏对方进攻战术的组织，削弱对方进攻的锐气，动摇对方的信心，给对方造成心理上的威胁。

### （二）排球技术学习之于核心素养的价值总括

在三大球中，由于排球规则的特殊性，该项运动对学生核心素养的发展有特别的价值。排球运动具有瞬时性的特点，在触球的瞬间要完成对球的控制，要具备对来球的力量、速度、角度等因素的准确判断能力，以及把来球准确地击向预定目标的控制能力，因此排球技术的学习可以培养学生自信、坚决、果断的品质。排球运动具有合作性的特点，同伴之间要互相弥补失误，为下一次击球创造有利条件，因此排球技术的学习可以培养集体主义精神，让学生懂得包容和理解他人，增强团队责任感。排球运动具有多变性的特点，在比赛过程中，场上的形势瞬息万变，当出现连续失误时应调整心态，比分落后时应沉着冷静，关键比分时应充满自信，因此排球技术的学习可以提高学生的社会适应能力和情绪调节能力。总之，排球技术的学习不仅可以提高运动能力，还对健康行为和体育品德的塑造产生积极的作用。

## 二、关键问题

### （一）发球技术关键问题

1. 正面（侧面）下手发球

正面（侧面）下手发球是初学排球者首选的发球技术，也适合年龄较小的学生学习，此时学习者对排球发球技术的动作结构、发球规则要求等处于零基础状态。按照运动技能形成三个阶段的教学规律，表 7-1 概括了运动技能进阶的相应关键问题。

表 7-1　排球下手发球技术关键问题分析

| 阶段 | 初学阶段 | 提高阶段 | 应用阶段 |
|---|---|---|---|
| 重点 | 正确的击球手型 | 直臂挥臂击准球 | 发球落点控制 |
| 重点释义 | 选择用手臂前臂什么部位去击球，这是教学中首先让学生明白并掌握的重要技能。下手发球常用击球部位有全手掌、掌根、虎口鱼际等，学生可根据自己的情况，选择一个部位进行练习。正确的击球手型还必须做到击球的刹那保持手型紧张。在实践教学中，经常碰到学生因击球方法不对，或因紧张度不够等，引起击球后手掌或手指受到冲击而出现疼痛的反应，对发球练习产生抵触情绪，或使用不合理的击球手型去发球，形成错误动作，如用拳头去击球 | 正面下手发球的挥臂击球应以肩为轴，按向后摆再向前挥臂的动作顺序。直臂摆动挥臂，击球刹那不屈肘，能够保持击球准确、动作有力。在学习的巩固提高阶段，这是保证发球稳定、提高技术的关键 | 能够根据排球场地区域，发出前区、后区、左区、右区的落点，在发球击球瞬间，控制球飞行的特点，控制球落点 |
| 难点 | 抛球稳定 | 抛击自如协调 | 发球稳定又准确 |
| 难点释义 | 抛球稳定是所有发球技术的关键，也是初学阶段学生学习的难点。当发球规则规定，当发球击球时，球必须保持悬空状态，所以下手发球抛球一般可以分为向上抛起或抛球手主动撤离球的两种方式，要做到抛球稳定，一是抛球手臂须保持直臂，手腕平托上送，二是使抛起的球由下至上保持平稳状态，便于击准球 | 抛球稳、击球准，两者间抛击协调、动作熟练，是此阶段学习的关键。在练习时，学生能够做到每次抛球平稳，击球时根据不同的抛球落点及时调整自己的击球位置，击球准确，保持较高的发球成功率 | 在一定强度的练习或比赛中，能够调整身心状态，发球时保持情绪稳定，并能够根据接发球员情况，运用个人发球战术，控制球的落点，这是掌握发球技术的最高阶的关键 |

### 2. 正面上手发球

随着学习者年龄增大，身体力量增加，可以选择正面上手发球技术作为学习内容，根据正面上手发球的动作结构和技术特点，在学习的不同阶段提出不同的关键问题，具体分析如表 7-2 所示。

表 7-2 排球正面上手发球技术关键问题分析

| 阶段 | 初学阶段 | 提高阶段 | 应用阶段 |
|---|---|---|---|
| 重点 | 抛球平稳，引臂屈肘成反弓 | 手臂挥直，手腕推压积极，球呈上旋 | 发球攻击性强 |
| 重点释义 | 无论采用哪种发球技术，抛球平稳都重要。正面上手发球技术一般通过手平托上送的动作将球抛在身体前 30 厘米处，离手高度约 1 米。抛球后随着击球手臂的后引抬臂屈肘，上体挺胸展腹，帮助充分拉长胸腹和肩关节前侧的肌肉，便于增加挥臂击球的距离，做好击球前蓄力。在实践教学中，经常看到学生抛球过前、过后或过高的错误动作，抛球过前易造成发球下网，抛球过后易造成挥臂击球力量不足，抛球过高则不易掌握动作的节奏和时机，因此，抛球正确稳定是发好球的前提 | 挥臂击球时，前臂和手腕动作必须稳定，不要左右转动，最后击球刹那要保持手臂甩直，手腕积极推压球，这样能够保证击球稳定、力量集中，而击出的球上旋明显 | 随着发球技术动作的掌握，如何提高发球攻击性成为熟练运用阶段的教学重点。提高发球攻击性有两种方法：一是提高击球力量，使发出的球飞行速度快；二是控制好球的飞行弧度，使发出的球弧度低平，给对方接发球员造成判断时间少的困难 |
| 难点 | 挥臂击球应甩鞭 | 击球准 | 发球落点控制 |
| 难点释义 | 挥臂时，发力从两脚蹬地开始，通过上体迅速旋转同时收腹，组成以腰带动肩，肩带动上臂，上臂带动前臂，前臂带动手腕，最后将力量传到手上的动力链条，让挥臂击球如同甩鞭一样。学生练习中由于身体协调能力较差，或对动作发力的原理不清，经常出现挥臂动作僵硬或动作脱节等情况 | 正面上手发球的攻击力，一方面是取决于挥臂击球的力量，另一方面是球的飞行弧度要控制好，而这与击球部位的准确性息息相关。一般而言，正面上手发球的击球部位，以后中下部为宜，但也要根据发球人的身高条件，进行适当的调整 | 在确保发球有力量、速度快的情况下，发球队员能够根据场上接发球员的站位和对方队伍的战术运用情况，运用个人发球战术，发出所需要的落点，这是掌握发球技术的最高阶的关键 |

### （二）垫球技术关键问题

垫球技术中最重要的是正面垫球技术。正面垫球技术是排球运动的入门技术，这项技术看似简单，但是对于排球初学者来说，完全掌握此技术需要经历初步掌握、巩固提高、熟练运用三个阶段，要实现阶段的跨越，必须解决相应的关键问题，具体如表 7-3 所示。

表 7-3　排球正面垫球技术关键问题分析

| 阶段 | 初学阶段 | 提高阶段 | 应用阶段 |
| --- | --- | --- | --- |
| 重点 | 正确的垫球手型 | 准确的击球点，合适的垫球夹角 | 快速移动取位，保持合理的人球位置 |
| 重点释义 | 要想完成一次高质量的垫球，学生首先要知道正确的垫球手型是什么、正确的垫球部位在哪里。在学习正面垫球技术时，通常建议学生采用叠掌式手型，因为这种手型更有利于形成平面。在教学过程中，学生经常会出现球落在单侧手臂上导致垫飞的情况，主要问题就是两臂未形成一个平面 | 不同位置的击球点决定了不同的垫球夹角，从而影响球的飞行弧度和距离。假设用相同的力量垫球，如果击球点离身体太近，则会导致球的飞行弧度低而距离远；如果击球点离身体太远，则会导致球的飞行弧度高而距离近。因此，在教学过程中，要通过实践对比两种不同击球点垫球所产生的不同飞行轨迹，使学生更直观地理解击球点的重要性 | 完成一次高质量的垫球需要合理的人球位置，而找到合理的人球位置需要快速移动取位。在此阶段，学生已经基本掌握原地垫球技术，但是在比赛中，往往要先移动再垫球，通过移动保持合理的人球位置是完成高质量垫球的前提，因此掌握各种移动步伐并与垫球技术融合是熟练运用阶段的重点 |
| 难点 | 正确的垫球部位 | 上下肢协调用力 | 移动后垫球的稳定性和准确性 |
| 难点释义 | 出球稳定的一个重要因素是垫球部位正确。在教学过程中，很大一部分学生的垫球方向不受控制，主要原因在于他们的击球部位不是在小臂腕关节以上 10 厘米左右桡骨内侧平面，而是掌骨、手腕等位置，这些部位由于皮肉较薄，无法形成较好的缓冲作用，导致出球方向不受控制，同时加重击球部位的疼痛感，从而打击学生的积极性。想要找到正确的垫球部位，必须经过反复练习 | 学会上下肢协调用力是保证出球稳定的关键因素，也是本阶段的难点。在练习过程中，学生能够通过反复尝试，调整腿部蹬地的力量来控制垫球的力量，而不仅仅是通过手臂控制垫球的力量。鼓励学生多思考、多练习，利用身体的起伏配合手臂，垫出不同高度的球 | 在移动加垫球的综合练习中，学生要在运动强度较大的情况下完成练习，在高心率时能够快速调整状态和情绪，确保垫球合理的飞行轨迹和准确的落点。这不仅是对体能的考验，更是考验在实战情景中的自我调节能力，也是此阶段最大的难点。 |

### （三）传球技术关键问题

对于排球初学者来说，在各项排球技术中，传球属于难度较大的一项技术，虽然看似动作简单，但是要想完全掌握需要长时间的反复练习，需要经历初步掌握、巩固提高、熟练运用三个阶段，要实现阶段的跨越，必须解决相应的关键问题。以正面双手传球为例，具体如表 7-4 所示。

表 7-4　排球正面双手传球技术关键问题分析

| 阶段 | 初学阶段 | 提高阶段 | 应用阶段 |
| --- | --- | --- | --- |
| 重点 | 正确的传球手型和击球点 | 球的旋转控制 | 球的弧度和落点控制 |
| 重点释义 | 正确的传球手型和击球点是完成一次好的传球的关键。传球手型会影响触球面积、触球部位，从而影响出球的稳定性。击球点会影响发力，从而影响出球的弧度和速度，如击球点过高或太靠前，则两臂伸得太直，不利于向前上方发力做伴送动作；若击球点过低，则不利于借助全身力量。初学者练习传球时，应该花大量的时间固定手型和击球点，使手指、手腕、手臂形成肌肉记忆 | 传出的球飞行稳定，不旋转，则要求传球瞬间两手用力均衡，触球瞬间手腕手指充分缓冲，身体保持协调用力 | 一次好的传球，须具备：球的飞行弧度稳定、落点准确。传球手的预判、快速移动取位和精准的传球技术运用成为新的关键问题。二传队员的快速移动取位能力还可以弥补一传的不足，提高二传的质量和进攻战术的成功率 |
| 难点 | 主动迎击球 | 全身协调用力 | 传球的稳定性和准确性 |
| 难点释义 | 在触球前，手指、手腕配合其他关节应有一个前屈的迎球动作，其动作要小，但要做得及时，动作顺序应是由手腕的前屈带动手指的前屈。在一般情况下，来球速度慢时，手指、手腕的迎球动作应柔和一些；来球速度快时，手指、手腕要紧张一些，用力也应大一些。初学者要经过长时间的练习，体会触球感觉，逐渐掌握迎击球的方法 | 传球主要是靠伸臂和指腕的反弹力，配合蹬地的力量将球传出。传球动作从下肢蹬地到手指击球，由下而上要连贯协调，一气呵成。如果全身力量不协调一致，单纯以手臂和手指、手腕动作来传球，或是全身用力不连贯，造成脱节现象，或用力与传球方向不一致，将直接影响传球效果。所以，初学者必须养成蹬地、展体、伸臂，用全身协调的伸展动作来击球的习惯，并在这一基础上不断提高手指、手腕的控球能力和技巧 | 传球手必须能够根据临场需要，传出落点准、弧度适中、飞行稳定的球。想要具备高水平的传球技术，需要经过长时间的磨炼，具备较好的空间感和球感。在比赛过程中，传球是一传和进攻的串联桥梁，稳定且精准的传球有利于组织进攻，最终实现得分 |

### （四）扣球技术关键问题

扣球技术在排球各项技术中相对比较复杂，技术组成部分较多，需要一定的身体素质。在练习过程中，学生的注意力通常集中在扣球效果上，而忽视了正确的扣球动作。因此，在学习扣球技术时切记不可心急，教师要引导学生掌握正确的扣球动作，逐一解决每个阶段的关键问题，为后续阶段学习其他排球技术打好基础。排球扣球技术关键问题分析如表 7-5 所示。

表 7-5　排球扣球技术关键问题分析

| 阶段 | 初学阶段 | 提高阶段 | 应用阶段 |
| --- | --- | --- | --- |
| 重点 | 正确的助跑、起跳节奏与扣球手法 | 正确的助跑、起跳与空中击球时机 | 扣球线路和落点的控制 |
| 重点释义 | 助跑和起跳是有助于提高扣球手高度的关键环节，在面对球网 3 米左右的距离空间内，通过 2~3 步助跑后衔接起跳，其节奏表现出：步频先慢后快，步幅先小后大，通过加快助跑速度、降低重心、增大制动步伐等，将水平动能转化为垂直高度。扣球手法会影响球的落点和角度，是否用全掌包满球，击球时是否屈腕推压，决定了扣出的球能否呈上旋飞行。上旋飞行的球不容易出界，且下落速度更快 | 影响空中击球时机的因素有很多，如二传与进攻队员的位置关系、传球的弧度和速度，因此，要掌握合适的助跑起跳时机，首先要学会观察场上情况，然后调整助跑线路、助跑距离和助跑节奏。这需要反复练习。起跳点的位置决定了人、球、网三者的距离，正确的起跳点不仅可以增大扣球的威力，还可以避免触网或过中线犯规 | 能够根据对方拦网队员和防守队员的位置，在挥臂击球瞬间，通过身体和手腕改变扣球角度和力度，选择有机会得分的线路和落点 |
| 难点 | 击球点和击球时机的选择 | 扣球稳定性 | 预判及应变能力 |
| 难点释义 | 在相同速度下，通常击球点越高，球在空中的飞行时间越短，给对手造成的进攻威胁越大，所以应尽量在最高点扣球。合适的击球时机非常关键，挥臂早，会出现打不到球的情况；挥臂迟，会出现球打在手腕或者手臂上的情况。在教学实践中，学生容易出现手指打球、手臂扣球等情况，导致扣球下网，这些都是由于击球时机和击球点不对造成的 | 要让扣球技术达到比较稳定的状态，一是需要对扣球完整技术应反复练习，熟练掌握，二是需要身体协调发力，显得自如轻松。全身协调发力是提高阶段要解决的难点。助跑的最后并步制动，将前冲惯性转化为起跳速度，在空中身体做出反弓动作，腰腹保持紧张，通过改变动作控制身体重心，延长滞空时间。将腰腹力量传导至手臂，加快挥臂扣球速度，从而增强进攻性 | 进攻队员扣球前，观察己方场地上的情况，对来球的速度和落点进行预判，以及根据情况对二传的传球进行预判。在教学过程中，通过练习一抛一扣不同高度和不同落点的球，使学生适应各种情况，增强预判能力和调整能力 |

## （五）拦网技术关键问题

学会拦网技术动作比较容易，但要提高拦网实效就比较困难。移动徒手拦网往往一学就会，而要拦好不同的扣球就很难，特别是高度不够的队员，拦网效果更差。因此对于初学者而言，在学习拦网技术的过程中，准备、移动、起跳、拦网、落地每个环节都很重要。拦网技术关键问题在不同阶段的表现与释义如表 7–6 所示。

表 7–6　拦网技术关键问题在不同阶段的表现与释义

| 阶段 | 初学阶段 | 提高阶段 | 应用阶段 |
| --- | --- | --- | --- |
| 重点 | 起跳有力，拦网手型正确 | 移动与起跳动作紧密衔接 | 准确判断、正确取位 |
| 重点释义 | 与扣球不同，拦网起跳挥臂动作小，膝盖弯曲幅度小，更需要一定的下肢爆发力。起跳速度越快，腾空高度越高，对进攻者产生的心理压力越大，拦网的有效性也越高。拦网手型也是影响拦网实效性的关键因素，正确的手型应该是两手间距约 20 厘米，十指自然张开，屈指、屈腕成半球状，当手触球时，两手突然紧张，手腕下压盖在球的前上方。学生在练习时可能会出现两手间距过大的问题，如不纠正会大大影响拦网的成功率 | 在排球比赛中，拦网要结合移动进行，移动方向主要是向两侧和斜前方，移动步法可归纳为“前一步、近并步、中交叉、远跑步”，无论是运用哪种步法移动，最后一步的制动与起跳动作的衔接都非常关键，它决定了如何将横向移动的速度更好地转化为垂直起跳的速度 | 在应用阶段，场上情况比较复杂，拦网队员在场上要注意时刻观察球的位置和进攻队员的位置，根据位置做出预判，快速、准确移动到位进行拦网 |
| 难点 | 触球瞬间含胸收腹、提肩压腕 | 拦网时机的把握 | 阻拦空间范围 |
| 难点释义 | 触球瞬间的身体姿态和手型是整个拦网动作的关键，触球瞬间含胸收腹可以避免触网，提肩可以增加拦网高度，压腕可以使球触手后快速下落 | 起跳的时机应根据对方二传球的高低、远近、快慢，以及扣球队员的起跳时间和动作特点来决定。一般情况下，拦网起跳时机是跟随攻手起跳。球的落点离网远，拦网的起跳时机应迟一些。影响拦网时机的因素是，自身的弹跳力与对方攻手之间的差距 | 高质量的拦网应该是根据传球的速度、高度和落点，预判对方的进攻路线，在进攻路线上阻拦球过网，如果出现突然改变球路的情况，拦网者也应迅速改变拦网范围，及时进行调整 |

## 三、易犯错误与纠正方法

### （一）发球技术易犯错误与纠正方法

#### 1. 正面下手发球易犯错误与纠正方法

1）错误一

表现：抛球不稳、抛偏，造成击不准球。

产生原因：屈腕抛球或屈肘抛球。

纠正方法：强调直臂抛球、平腕上送的动作要求；两人一组，一名学生伸手于抛球点上空30~50厘米高度，另一名学生反复练习抛球动作，要求每次抛出的球都能够触及同伴手掌。通过多次练习，增强抛球稳定性。

2）错误二

表现：发出的球飞行弧线过高或发球下网。

产生原因：击球时机过早或过晚，造成击球部位不准。

纠正方法：两人一组，一人持固定球，另一人击固定球练习，以更深入地体会到击球的后中下部。

3）错误三

表现：稳定性不够，发球的落点控制较差。

产生原因：心理方面的原因是发球时情绪不稳定，或注意力不集中。动作方面的原因是摆臂击球的手感较差。

纠正方法：一是强调发球时要学会调整自己的心理状态，如不急于发球，深呼吸调整心理状态。二是进行有针对性的强化练习，设置不同区域落点，进行不同落点的发球练习。

#### 2. 正面上手发球易犯错误与纠正方法

1）错误一

表现：抛球偏前、偏后。

产生原因：抛球点的概念不清或抛球时屈腕，手指带球。

纠正方法：强调抛球点应该保持在击球手臂的前上方，离身体30厘米最合适。通过固定目标抛球练习，抛护膝代替球的方法，改变屈腕抛球的错误。

2）错误二

表现：手未包满球，无推压动作。

产生原因：击球不准，手腕推压不主动。

纠正方法：反复击打固定球，体会手掌包满球，或者采用近距离对墙轻扣球，做出包满球和推压的动作，使球前旋。

3）错误三

表现：攻击性不够。

产生原因：自身力量素质不够或身体的协调性差。

纠正方法：一是徒手做挥棒球棒练习，提高全身的协调发力，理顺发球时挥臂击球的动力链条，做出鞭甩动作。二是加强腰腹、上肢和手腕等部位的力量素质练习，提高击球所需的力量。

### （二）垫球技术易犯错误与纠正方法

#### 1. 正面双手垫球易犯错误与纠正方法

1）错误一

表现：出球方向不稳定。

产生原因：手臂未伸直夹紧，触球部位错误。

纠正方法：垫固定球练习，两人一组，一人持球于腹前，另一人做完整垫球动作，体会触球部位，强调压腕动作。用护腕、弹性绷带等器材标记出小臂腕关节以上 10 厘米左右桡骨内侧平面的位置，原地向上抛球约 1 米，摆好正确的手型去接球，不要主动用力，让球自由落在手臂上，感受触球部位是否在标记处，反复练习，强化肌肉记忆。

2）错误二

表现：垫球时身体向前冲或向后仰。

产生原因：垫球时动作僵硬，肩膀不够放松，上下肢无法协调用力。

纠正方法：两人一组，一人坐在凳子上垫抛球，另一人将手置于垫球者前上方让其触碰，练习时强调蹬地提腰，垫球后重心前随，体会上下肢协调用力的感觉。

3）错误三

表现：出球不稳定，落点不准确。

产生原因：取位错误，导致人球位置不合适，移动与垫球结合不熟练。

纠正方法：往不同方向移动两步后做徒手垫球动作，一是固定方向，有规律的移动，二是看老师手势指定随机方向移动。可在不同方位摆放标志物，要求移动到标志物处，强调移动时要降低重心，做完最后一个跨步保持身体稳定后再做徒手垫球动作。

#### 2. 体侧垫球易犯错误与纠正方法

1）错误一

表现：飞行方向难以控制。

产生原因：两臂未充分并拢，导致球受力不均。

纠正方法：垫固定球练习，两人一组，一人持球于体侧，另一人做完整体侧垫球动作，体会触球部位，强调双手，掌根紧靠，手臂夹紧，形成一个平面，确保球击打在手臂正确的位置上。

2）错误二

表现：判断落点不准。

产生原因：对来球的速度、方向判断不准确，导致移动不到位，垫球效果不佳。

纠正方法：加强预判能力的训练，通过多球练习提高对来球轨迹的判断能力。两人一组，一人向两侧抛球，抛球落点位于一步范围内，另一人跨步同时完成垫球。

3）错误三

表现：接不到球。

产生原因：脚下移动缓慢或方向判断错误，导致接不到球。

纠正方法：接抛球练习，两人一组，一人向两侧随机抛球，另一人用专项步法移动双手接球，抛球距离由近到远逐渐增加。

### （三）传球技术易犯错误与纠正方法

#### 1. 正面传球易犯错误与纠正方法

1）错误一

表现：手掌拍球，手指戳球，击球点在脸前。

产生原因：触球部位错误，击球点错误，手指僵硬。

纠正方法：自抛自接球，接住球时自我检查传球手型。距离墙面 40 厘米连续传球，找到额前一球距离的击球点。

2）错误二

表现：传出的球明显旋转，球的飞行轨迹左右偏离。

产生原因：手指过多向外拨球，两手用力不均衡。

纠正方法：身体呈稍蹲姿势，做原地向下传球练习，体会向前用力的感觉。做对墙一抛一传练习，观察出球的旋转情况和飞行轨迹并及时调整。

3）错误三

表现：出球弧度太平或太高，传球后身体后仰。

产生原因：击球点过低或过高，人球的位置不合理。

纠正方法：两人合作，一人随机抛球，另一人快速移动取位，向指定区域传球。如果脚步移动慢，可以增加脚步移动练习，如折返摸线。两人对传球，完成一次传球后触底一次。

#### 2. 背后传球易犯错误与纠正方法

1）错误一

表现：持球向后扔。

产生原因：重心过高，击球点靠前，人球位置不合理。

纠正方法：两人一组，练习一抛一接，一人向任意方向抛高球，另一人快速移动后用传球手型接球，自我观察接球点是否在头的上方。

2）错误二

表现：传出的球垂直向上。

产生原因：用力方向错误，没有挺腰、顶肘。

纠正方法：传固定球。两人一组，一人持球于传球点，另一人做传球动作，反复体会挺腰顶肘的发力方式。

3）错误三

表现：球的落点离网过近或过远。

产生原因：双手用力不均，空间感不足。

纠正方法：两人一组，练习一抛一传，发现传球问题，互相提醒；反复练习全场不同位置的传球，观察球的落点，培养空间感。

### （四）扣球技术易犯错误与纠正方法

#### 1. 错误一

表现：全掌包不住球；扣不准球。

产生原因：击球部位错误，没有屈腕推压球；击球点和击球时机错误。

纠正方法：一人持固定球于击球点高度，另一人手做包球练习，体会正确的击球部位——后上部，以及全手掌包球、屈腕推压的感觉，找到正确的击球点——右肩上方。对墙/网自抛自扣球（教师可用语言提醒击球时机）。

2. 错误二

表现：只用挥臂发力；助跑不连贯；助跑起跳时间过早或过晚。

产生原因：身体没有协调用力，没有借助腰腹力量；助跑节奏错误，起跳前制动不到位；对助跑起跳时机把握不准。

纠正方法：多做助跑起跳扣摸树叶或其他标志物的练习，在起跳点前设置障碍物。在地上做好助跑标记点，做助跑起跳扣固定球，体会正确的取位，保持合适的人球位置和正确的挥臂用力，体会腰腹发力和手臂用力扣球的区别；在助跑开始时，教师用语言提醒起跳时机。

3. 错误三

表现：起跳前冲，击球点偏后；扣球时手臂下压；击球点偏低。

产生原因：最后一个跨步幅度太大；手臂不够放松；手臂未完全伸直。

纠正方法：练习助跑，在网前起跳接抛球；徒手甩臂体会放松鞭打动作，或手握轻物甩臂，或对墙连续扣反弹球；降低球网，原地隔网甩垒球。

### （五）拦网技术易犯错误与纠正方法

1. 错误一

表现：拦网时两臂有向前扑打的动作，拦网时手指挫伤。

产生原因：对拦网动作理解错误，手指手腕不够紧张。

纠正方法：在网边反复做原地提肩、压腕动作，用对比法，让学生分辨正确动作和扑打动作，以加深对正确动作的理解；利用低网，让学生站在球网两侧，做原地扣拦练习，体会手指手腕紧张用力和放松的不同感觉，以加深对拦网时手指手腕紧张用力的认识。

2. 错误二

表现：拦不到球，起跳过早或过晚。

产生原因：判断不准，有急于拦到球的心理。

纠正方法：讲解拦各种球的起跳时机，教师给予起跳信号，反复练习深蹲慢跳或浅蹲快跳，把握起跳时机。

3. 错误三

表现：漏球。

产生原因：两手之间距离过大，人与网的距离过大。

纠正方法：教师向学生手上抛不同力量和速度的球，让学生原地快速伸臂体会动作。手触球后不动，检查两手之间的距离是否合适。教师可利用低网让学生左右和前后移动，当看到信号，在网前突然停止时，结合起跳动作（脚不离地面）进行拦网练习，同时检查人与球网的距离是否合适。另外，教师还要解决学生怕触网的心理。

# 第二节　不同技术的教学法知识

## 一、教学内容结构化：教材“三个一”设计

### （一）单一技术练习方法设计与示例

排球技术相比篮球、足球技术而言，其每个技术的独立性较强，相互之间的联系变化较少，它更多体现出技术动作的准确性和技巧性。各项技术的单一技术练习方法，在新技术初学阶段，相关的分解练习都可以作为单一练习的内容，有些练习运动负荷较轻，则可以与体能练习相结合进行设计。

#### 1. 发球技术的单一练习方法

发球技术的单一练习方法示例如表 7-7 所示，详见视频 7-2-1。

视频 7-2-1

表 7-7　发球技术的单一练习方法示例

| 序号 | 练习方法名称 | 具体练习方法 | 注意事项 |
|---|---|---|---|
| 1 | 发固定球练习 | 一人持球，另一人用发球技术方法击球 | 要求：发球手法正确，击球准 |
| 2 | 抛球引臂练习 | 自抛球后带动引臂呈发球状态 | 要求：抛球稳，引臂协调 |
| 3 | 对墙（网）发球 | 离墙 5 米左右，发球练习（变化：模仿 5 次发球动作+发球） | 要求：动作协调、抛球稳、击球准 |
| 4 | 前后不同距离的发球 | 设 5 米和 7 米两点发球区，两人隔网分别在不同点发球（变化：发球失误者围绕两个发球点跑 2 圈） | 要求：控制力量，落点准 |
| 5 | 交换发球 | 两人一组，发球区发球，完成 1 次后迅速跑向对方发球区，再继续练习（变化：追逐发球） | 要求：控制心率，保持动作稳定 |

#### 2. 垫球技术的单一练习方法

垫球技术的单一练习方法示例如表 7-8 所示，详见视频 7-2-2。

视频 7-2-2

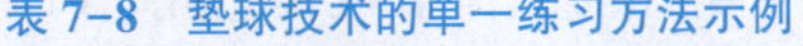

表 7-8　垫球技术的单一练习方法示例

| 序号 | 练习方法名称 | 具体练习方法 | 注意事项 |
|---|---|---|---|
| 1 | 原地徒手模仿垫球 | 无球模仿手型和用力过程 | 一准备，二摆手型，三蹬提 |

续表

| 序号 | 练习方法名称 | 具体练习方法 | 注意事项 |
|---|---|---|---|
| 2 | 垫固定球 | 一人持球，另一人垫固定球（变化：持球人左右或前后移动，垫球人随之移动后垫球） | 要求：垫球部位正确，移动步法正确 |
| 3 | 自抛自垫球 | 向上抛球至3米，垫球1次后把球接住（变化：1. 连续多次自垫球；2. 自垫反弹球） | 注意：降重心迎球，触球瞬间手腕主动下压 |
| 4 | 对墙垫球 | 距离墙面2~3米抛球，完成1次垫球后将球接住（变化：1. 尝试完成连续多次垫反弹球；2. 转身后垫球，垫球者背向墙，同伴对墙抛球，迅速转身完成垫球） | 注意垫球的角度和力度 |
| 5 | 垫抛球 | 两人相距3米。一抛一垫（变化：移动垫球，抛出左右前不同落点的球，移动垫球） | 注意发力方式，快速判断及脚步移动，人等球到 |
| 6 | 对垫球 | 两人之间互相连续垫球 | 注意球的弧度和落点 |
| 7 | 一抛三垫 | 间距3米，1名队员随机抛球，3名队员将球垫回给抛球队员 | 注意球的落点判断和脚步移动 |

### 3. 传球技术单一练习方法

视频 7-2-3

传球技术的单一练习方法示例如表7-9所示，详见视频7-2-3。

表 7-9 传球技术的单一练习方法示例

| 序号 | 练习方法名称 | 具体练习方法 | 注意事项 |
|---|---|---|---|
| 1 | 自抛自接 | 原地向上自抛球约1米，采用传球迎球手型接住球 | 要求：迎球降重心，必须用正确的手型和击球点1次接住球 |
| 2 | 自抛自传 | 向上抛球至3米，传球1次后把球接住，提升到连续自传球 | 注意传球双手用力均衡，保持传球高度和连续性 |
| 3 | 自传同伴 | 两人相距3~4米，自抛自传给同伴（变化：1. 自传2~3次后传给同伴；2. 自垫1次后传给同伴） | 注意传球弧度适中、落点准确 |
| 4 | 一抛一传 | 两人合作，一人抛，一人传球（变化：移动后+传球） | 要求：准备充分，人等球到 |
| 5 | 对传球 | 两人间距3~4米连续对传球 | 注意传球的高度和弧度 |

### 4. 扣球技术单一练习方法

视频 7-2-4

扣球技术的单一练习方法示例如表 7-10 所示，详见视频 7-2-4。

**表 7-10　扣球技术的单一练习方法示例**

| 序号 | 练习方法名称 | 具体练习方法 | 注意事项 |
|---|---|---|---|
| 1 | 原地扣固定球 | 两人合作，一人高举球，另一人原地扣固定球 | 注意：击球点高，全手掌包满球 |
| 2 | 自抛自扣 | 对墙（网）自抛自扣（变化：原地扣同伴的抛球） | 注意：控制力量，重点体验手掌包球、手腕推压和鞭打发力 |
| 3 | 扣网口固定球 | 助跑起跳扣网口固定球 | 注意跳点与球网的距离，避免触网和过中线 |
| 4 | 空中接球 | 助跑起跳后空中接球 | 在最高点接住球，找到最佳人球位置 |
| 5 | 4 号位扣球 | 4 号位扣球，可以从扣二传抛球至扣二传球 | 注意上步起跳时机，在空中保持好人与球网的位置 |

视频 7-2-5

### 5. 拦网技术单一练习方法

拦网技术的单一练习方法示例如表 7-11 所示。

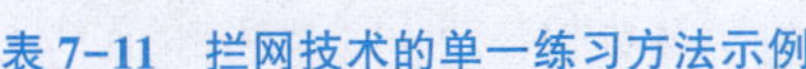

**表 7-11　拦网技术的单一练习方法示例**

| 序号 | 练习方法名称 | 具体练习方法 | 注意事项 |
|---|---|---|---|
| 1 | 原地徒手拦网 | 原地拦低网过渡到原地起跳拦网 | 注意垂直上跳、含胸收腹、提肩伸臂 |
| 2 | 原地起跳拦固定球 | 一人将球固定在网口上沿，另一人起跳拦网触球，详见视频 7-2-5 | 注意拦网手型，避免触网 |
| 3 | 一抛一拦 | 两人一组，一人向网口上沿抛不同高度的球，另一人做原地拦网 | 注意起跳时机和拦网动作 |
| 4 | 一扣一拦 | 两人一组，面对面隔网站立，一人提前做好拦网手型，另一人对准拦网人双手自抛自扣 | 手充分伸过网，触球瞬间紧张保持手型 |

## （二）组合技术练习方法设计与示例

组合技术练习是指两种及两人以上技术间的组合配合练习，在组合练习设计中，一定要遵循技术之间的衔接合理、真实和实用，切忌毫无关系的组合。

视频 7-2-6

### 1. 发球技术组合练习方法

发球技术组合练习方法示例如表 7-12 所示。

表 7-12 发球技术组合练习方法示例

| 序号 | 练习方法名称 | 具体练习方法 | 注意事项 |
| --- | --- | --- | --- |
| 1 | 脚步移动+发球 | 快速两侧移动摸边线 3 次后，在底线发球，详见视频 7-2-6 | 学会调节发球状态 |
| 2 | 发球+接球 | 接球人在指定的 6、5、1 等位置上，发球人定向发球（如 6 号或 5、1 号等区域），接球人在区域内，模仿接发球要求，采用低手方式接住（变化：提升为垫球的接发球技术） | 发球人控制发球落点，接球人做到判断准、取位快 |
| 3 | 发球+垫球+传球 | 三人合作，做发球+垫球+二传串联技术练习 | 注意：发球距离、力量根据能力调整 |

视频 7-2-7

### 2. 垫球技术组合练习方法

垫球技术组合练习方法示例如表 7-13 所示。

表 7-13 垫球技术组合练习方法示例

| 序号 | 练习方法名称 | 具体练习方法 | 注意事项 |
| --- | --- | --- | --- |
| 1 | 移动+自垫球 | 移动中完成 9~18 米距离的连续自垫球 | 一是移动取位保持人球关系，二是垫球用力控制方向 |
| 2 | 合作对墙垫球 | 两人合作，依次垫对墙反弹球 | 注意预判球的落点和两人配合 |
| 3 | 合作移动对垫球 | 四人合作，两两相对，一组原地垫球，一组左右交叉移动后垫球 | 移动快，垫球稳 |
| 4 | 垫球接龙 | 4~6 人一组，一人做固定人，其余队员排成一列纵队站在固定人前面约 4 米处，连续垫球接龙（变化：1. 迎面跑动垫球接龙；2. 隔网迎面跑动垫球接龙） | 注意垫球的弧度和高度 |
| 5 | 围圈垫球 | 小组 4~6 人围圈垫球计数（变化：可设中间固定人依次转圈垫球），详见视频 7-2-7 | 人与人之间的配合和主动垫球的意识 |

视频 7-2-8

### 3. 传球组合技术练习方法

传球技术组合练习方法示例如表 7-14 所示。

表 7-14 传球技术组合练习方法示例

| 序号 | 练习方法名称 | 具体练习方法 | 注意事项 |
| --- | --- | --- | --- |
| 1 | 移动+自传球 | 移动中完成 9~18 米的连续自传球（变化：自传与自垫交替完成规定距离） | 传球要保持 3 米以上的高度 |
| 2 | 照镜子传垫球 | 三人一组，两人原地不动，一人两侧移动，移动者根据对面同伴的情况选择垫球或传球，若固定者垫球，则移动者也垫球，反之相同，详见视频 7-2-8 | 注意移动后快速回位 |
| 3 | 发球+自垫球+自传球 | 两人一组，顺网相距 9 米左右，一人发（或抛）球，另一人自垫+自传至发球人 | 注意传球弧度和落点要求 |
| 4 | 报数传球 | 4~6 人围成小圈，中间人向上自传后报数，对应数字人快速上前完成自传，并报数连续进行 | 注意反应要快，自传球有高度，落点控制好 |
| 5 | 正面传球+背后传球 | 三人一组，每两人间距 3 米左右，两边人传球，中间人背传 | 注意传球的弧度和落点 |

视频 7-2-9

### 4. 扣球技术组合练习

扣球技术组合练习方法示例如表 7-15 所示。

表 7-15 扣球技术组合练习方法示例

| 序号 | 练习方法名称 | 具体练习方法 | 注意事项 |
| --- | --- | --- | --- |
| 1 | 连续扣球 | 4 号位连续扣二传抛球 | 调节扣球节奏，保持稳定 |
| 2 | 自垫球+扣球 | 4 号位自垫球给二传，然后完成扣球（变化：接二传抛球后扣球），详见视频 7-2-9 | 注意先保证一传到位 |
| 3 | 二人接球后的扣球 | 4、6 号队员先接发球，后完成 4 号扣球（变化：三人接发球后两边进攻扣球） | 注意接发球二人的配合，扣球者判断一传后，及时移动取位 |
| 4 | 移动后扣球 | 4 号位扣球手网前后退移动后，完成扣球（变化：后退并完成防守球后扣球） | 边移动边观察，做好防守和扣球准备 |

### 5. 拦网技术组合练习

视频 7-2-10

拦网技术组合练习方法示例如表 7-16 所示。

**表 7-16　拦网技术组合练习方法示例**

| 序号 | 练习方法名称 | 具体练习方法 | 注意事项 |
| --- | --- | --- | --- |
| 1 | 看手势移动+拦网 | 教师和学生面对面隔网站立，教师做向左或向右的手势，学生见手势后并步一次起跳拦网 | 反应迅速，制动及时 |
| 2 | 看球移动+拦网 | 教师站在网前高台上持球于网上空，学生在网前随教师举球位置的变化而左右移动，一步起跳拦网，详见视频 7-2-10 | 移动、制动与起跳动作的连贯 |
| 3 | 扣球+拦网 | 先在 4 号位完成一次扣球，然后做一次拦网 | 扣球后迅速就位，看准起跳时机，及时伸臂压腕 |

## （三）游戏或比赛方法设计与示例

游戏或比赛环节的设计目的，一是让学生在更复杂的条件下练习技术，体会技术在真实情境中的运用，实现会用的目标；二是通过游戏或比赛，检验本堂课学生的技术掌握程度。同时，比赛也是促进学生核心素养发展的最有效途径。

### 1. 发球技术游戏或比赛方法

游戏 1：集体发球得分比多。将学生分成 3 组，在发球区的左、中、右各点后纵队站立，在规定的 3 分钟内，依次循环连续发球，学生发出的球落入对方场区内得 1 分，否则不记分，发出球后，学生快速跑动将自己发出的球捡回后至本组队尾，再依次发球，循环接龙，直至时间到，以总得分计算各小组名次。

游戏 2：发球比准。将排球半场区分为前、中、后 3 个区域，以前场区为 1 分区，中间场区为 2 分区，后场区为 3 分区，将学生分成 4 个小组，每人发 5 次球，发入相应区域得相应分数，计算各小组全部得分为最终成绩，得分高的小组，名次列前。要求发球队员，在球发出后必须捡回自己的球再发，不得就地捡球。

比赛 1：发球与接发球比赛。以 6 人为一个小组，采用 2 组发球与接发球对抗比赛，发球组 6 人依次在发球区完成每人 2 次发球，球发出界或下网，都为对方得分；接球组 6 人根据接发球站位进行接发球，以球接起并组织过网得 1 分，一轮完成后相互交换角色，最后以双方得分合计数，决出胜负。

比赛 2：发球追逐赛。两人为一个小组，分别处于各自发球区，听到信号后立即发球，发球成功后，快速跑动到对面处发球，发球者之间相互追逐，以追上并超越对方且完成发球为胜，或在规定的 2 分钟内，最先完成发球次数的为胜。

### 2. 垫球技术游戏或比赛方法

游戏 1：小组自垫球比多。将学生分成若干小组，在规定时间内（如 3 分钟），每人连续自垫球（规定垫球离手高度），规定时间内累计次数，小组累计总数多的为胜。

游戏 2：两人自垫球比快。两人相距 4~6 米，开始原地自垫球 5 次（中断后重新开始），然后快速移动（抱球）至对方区域，继续完成5 次自垫球。需完成规定的来回次数，先完成者获胜。

游戏 3：原地自垫球接力。学生 4~8 人一组，排成纵队，前一位队员完成 10 次自垫球后传给下一位队员，要求垫球高度不低于 3 米，全程球不落地，若中途球落地则重新开始。比哪个小组用时最短。

游戏 4：行进间自垫球比快。学生 4~8 人一组，画两条相距 20 米的平行线，分别做起点线和折返线，在折返线上放置 4 个标志桶。每个小组的第一位同学从起点线出发，自垫球并向前行进，球不能落地，若在行进途中球落地，则回到落地位置重新继续行进，每位小组成员至少参与一次接力，如果出现人数不均的情况可重复接力，用时最短的小组获胜。

游戏 5：行进间对垫球比多。学生两人一组，面对面相距约 4 米站在端线后（起点线），一人持一球。发令后，两人边垫球边向对面端线（终点线）移动，中间钻过排球网，在排球不落地的情况下，两人到达对面端线（终点线）后各完成 1 次垫球，即为成功 1 次，如此反复，看哪组先累计完成规定的次数。

比赛 1：1 对 1 垫球排羽赛。隔网在 3 米×6 米场区域内，采用羽毛球规则，一次垫球过网，发球可采用垫发球，比分自定（一般以 11 分为宜）。

比赛 2：2 或 3 人制垫球对抗赛。在规定的小场地内（如 6 米×6 米），只准采用垫球技术，容许球落地 1 次，3 次垫球过网的队记 2 分。达到自定分的队伍获胜。

### 3. 传球技术游戏或比赛方法

游戏 1：原地自传球接力。学生 4~8 人一组排成纵队，前一位队员完成 10 次自传球后传递给下一位队员，要求传球高度不低于 3 米，全程球不落地，若中途球落地则重新开始，比哪个小组用时最短。

游戏 2：传球入筐。将学生分成人数相等的若干组，均列队篮球场罚球区。每人持球做自传球 1~3 次，然后把球传向篮筐，球碰篮板得 1 分，碰篮筐得 2 分，入篮得 3 分，没碰任何地方则由下一人继续做，全队依次进行。规定时间内积分多的队名次列前。

比赛 1：传球比准。以小组为单位，每组 4~6 人，站在排球场一侧的进攻线，另一侧进攻线上摆放呼啦圈，自抛自传球过网落入呼啦圈内算得分，每人 3 次机会，比哪个小组进圈次数多。

比赛 2：对传球接力赛。学生 4~8 人一组，分成 A、B 两个小组，相距约 4 米，面对面成纵队站立，A 组排头手持一球。发令后，A 组排头将球抛给对面 B 组排头后，立即跑到 B 组队尾，B 组排头将球传回给 A 组排 2 后跑到 A 组队尾，如此循环进行，看在规定时间内，哪个小组完成的有效传球次数最多。

比赛 3：垫传球对抗赛。2~4 人为一队，在规定的场区内，采用垫传球技术，进行比赛。

### 4. 扣球技术游戏或比赛方法

游戏 1：上网扣球比准。教师在场地上放置若干呼啦圈，若球的落点在呼啦圈内则得分，以小组为单位，每人完成 3 次扣球，看哪个小组总得分高。

游戏 2：跟踪追击。将扣球水平差不多的两名队员编为一组，第一个队员可任意扣球，第二个队员尽量按照第一个队员的路线和落点扣球。

比赛 1：对墙扣球比准。教师在墙上标记三个同心圆作为靶子，分别设定 1 分、2 分、3 分，以小组为单位，每人对墙自抛自扣 3 次，比哪个小组的总得分高。

比赛 2："抢分"比赛。场内划出若干区域，根据难易程度规定不同的分数。扣中得分，扣不中不得分。规定每人扣球次数，看谁的累积得分最多；或者是在规定时间内队员自由扣球，并报出自己的累积得分数，看谁的累积得分多；或是谁先获得规定得分数。

比赛 3：3V3 半场比赛。3 人一个小组，小组间进行半场比赛，前排 1 人，后排 2 人，要求只能在进攻线后进攻，前排队员可以拦网。15 分一局，三局两胜。

比赛 4：6V6 升降赛。将学生分成四个小组，以小组为单位，按照正规排球比赛规则进行组间对抗赛，25 分一局，决出胜负。一共两轮比赛，第一轮获胜的队伍比赛决出冠亚军，第一轮失败的队伍比赛决出第三、第四名。

#### 5. 拦网技术游戏或比赛方法

游戏 1："盯人"。两人一组隔网相对，其中一人主动向左、右移动起跳拦网，另一人盯住对方，并及时移动起跳，在网上与对方双手击掌。

游戏 2：拦网接力。将学生分成若干四人组。4 号位、3 号位、2 号位各一个小组，分立限制线后隔网两两相对。听到开始信号后，同组网两边的第一人移至网前做原地拦网动作，两人同时起跳后在空中用拦网手互相击掌，待下落后撤回限制线击拍第二人的手，两人做同样的拦网动作。在规定时同内完成拦网次数多的队名次列前。要求：拦网要按技术要领做，不允许触网，下撤时步伐要运用正确。

比赛 1：拦网比快。在网前布置好三个固定球，将学生分成人数相等的两队，当第一位从 4 号位做拦网触摸固定球后，顺网移动再摸 3 号位和 2 号位的固定球，第二位同样做拦网摸球，全队依次进行。速度快的队为优胜队。要求：拦网须触摸到球，否则重做。

比赛 2：拦网比多。学生在网前站立，听到信号后，在 15 秒内做原地起跳拦网。触到球计为一次，看谁触球的次数多，多者为优胜。

比赛 3：拦扣球比多。分成两组，A 组队员轮流进行扣球，B 组队员轮流进行拦网，若拦网成功则 B 组得分，若扣球成功则 A 组得分，连续两次扣球失误则 B 组得分，在规定时间内得分多的小组获胜。

## 二、教学方法运用

### （一）方法一：探究式教学法

#### 1. 探究式教学法的价值

新课标指出要遵循以生为本的教学思想，培养学生的自主学习能力，激发学生主动学习思考和团队合作学习的积极性，可采用探究教学法，通过"任务驱动、问题探究、自主建构、学以致用"等教学程序和步骤。探究式教学法是一种通过引导学生主动探究、发现问题和解决问题的方式，让学生在探究的过程中学习和掌握运动技能、明白动作原理的方法。在排球教学中，探究教学法确立了学生的主体地位，充分调动了学生的主观能动性，有助于培养学生会学、善学、乐学、好学的能力，使学生更加深刻地理解所学技能的动作原理和应用价值。

### 2. 探究式教学法的应用实例

探究教学法可以应用于初学、提高、应用等各个学习阶段。在教学过程中，当出现学生无法理解某一个技术动作的时候，教师可以抛出问题、循循善诱，尝试让学生自主探索，培养学生分析问题、解决问题的能力，提高学生自主学习及相互合作的能力。

例如，某初一体育排球单元教学，为垫球技术新授课的第二课次，教学内容为一抛一垫。在复习上次课的垫固定球和自垫球练习后，教师抛出本课学习任务，示范了一抛一垫技术动作，学生观看示范后，抛出问题：怎样才能垫出又高又稳球？教师下达任务 1：小组 2 人合作，练习一抛一垫 20 次（任务驱动），要求在练习中，寻找问题的答案（问题探究）。在小组合作练习中，学生一时找不到问题答案，教师启发：想想物体飞行的抛物线原理。学生逐渐发现，让球垫得高，垫触球的部位应该稍后下部一些，增大垫球手臂与地面的角度是关键。此时，教师紧接着抛出第二个问题：怎样垫出稳定的球呢？在不断地探究练习中，学生通过练习思考，又找到了垫出飞行弧度和落点稳定球的运动密码：垫球手臂手型平稳，击球部位准确，用力协调等（知识建构）。教师下达任务 2：不同距离的一抛一垫练习。提出学习目标：面对不同距离远度的落点，你能够保持垫出又高又稳的球吗？(知识建构)。最后，组织任务 3：小组连续垫球比准游戏。比一比：3 分钟内，一抛一垫把球垫过网且落到规定区域内次数多的小组获胜。(学以致用)

### 3. 探究式教学法应用的注意事项

（1）教师要认真研究和准备教材，明确技术动作的重点和难点，设置的问题要指向本节课亟待解决的关键问题，设想学生可能在某些方面存在困难，不能为了提问而提问，以免设置的问题最终变成“假问题”。

（2）探究的问题要符合学生的年龄特点、认知规律，创设的问题情景要有吸引力，能激发学生探究的兴趣。探究内容选择的关键是适宜性，其中包括兴趣的适宜性、基础的适宜性、认知水平的适宜性、身心发展的适宜性等。

（3）教师不但要把握好问题的难度，还要找准提问的时机。

（4）探究教学，主张放开，但不同于“放养式”教学。应注意放开的实效性，降低盲目性。同时，不能因为照顾每位学生的兴趣爱好而各自为政，教师应加强引导。

## （二）方法二：视频反馈法

### 1. 视频反馈教学法的价值

教师将提前准备的教学视频通过大屏幕播放，调动学生的视听器官对所学技术产生直观的认识，并通过录像将学生的错误动作记录反馈给学生。教师引导学生在学习过程中主动寻找自身存在的问题，并学会自主分析与解决，最终激发学生的创造性、能动性。教师通过简单和快速的指导，让学生更好、更快地掌握所学知识。

### 2. 视频反馈教学法的应用时机与实例

由于排球项目规则的要求，球在身体任何部位不能有停留，必须在触球瞬间完成击球动作，学生在初学时难以领会动作要领，因此可以通过视频反馈教学法帮助学生学习技术和纠正错误。例如，扣球在排球技术中属于复杂技术，在练习过程中易犯错，而学生自身难以发现，扣球动作环节较多且连贯性高，因此适合采用视频反馈教学法。

（1）步骤一：观看完整扣球视频。

教师播放排球比赛中的扣球视频，激发学生对扣球技术的学习兴趣。通过观看扣球动作视频，使学生建立完整动作表象。

（2）步骤二：自主学习，小组讨论。

先观看扣球的慢动作视频，使学生对每个环节有更加清晰的认知；然后以小组为单位，自主学习扣球动作并讨论，指出动作的错误之处，互相纠正。

（3）步骤三：拍摄视频，自我纠错。

小组同伴间相互拍摄扣球视频，学生通过观看自己的动作视频或者观看他人技术动作视频，更加详细地了解自己及他人技术动作存在的明显错误，并在教师的帮助下加以纠正。

#### 3. 视频反馈教学法应用的注意事项

（1）视频反馈教学法通常在新授课时运用，主要用于学习新技术和纠正错误，在使用时要注意把控使用时间，不可因为观看视频而占用过多的练习时间。

（2）使用视频反馈教学法，教师需要在课前找寻和筛选优质的教学资源，上课时还需承担相关视频拍摄任务，因此要选择适合学情的视频，并在课堂上安排好拍摄人员。

（3）初次使用视频反馈教学法，学生可能不太适应，教师需要耐心引导，让学生尽快适应新的教学方法。

（4）视频反馈教学法在提高学生自主发现及解决问题方面具有明显优势，但是必然存在一定的短板。教师要尽量将其负面作用控制在最小范围，同时要注意结合其他优质教学方法进行排球技术教学。

### （三）方法三：分解与完整法

#### 1. 分解与完整法的价值

分解与完整法是指把完整的技术动作合理地分成几部分，依次进行教学，先分后合，最后完整掌握技术的一种教学方法。分解法可以将复杂的技术动作简单化，有利于学生理解复杂技术和掌握动作难的部分，缩短学习时间，提高学生学习的信心，避免产生畏难心理。

#### 2. 分解与完整法的应用时机与实例

分解与完整法一般在学习较复杂的技术动作时使用，教师要明确该技术分解后不会影响完整技术的学习。教师在运用完整法进行教学时，如果出现学生难以学会的情况，则可以考虑将动作进行分解教学。

例如：扣球技术是由准备姿势、助跑、起跳、空中击球、落地五个环节构成的，由于整个扣球动作比较复杂且每个环节可分解，因此可采用分解与完整法。具体教学步骤如下。

步骤一：徒手模仿扣球挥臂练习。

按规定的队形听教师口令做挥臂练习，要求挥臂放松自然，弧形挥动，有鞭甩动作。

步骤二：助跑起跳后徒手扣球练习。

（1）原地双脚起跳练习。全班同学呈横队分散站位，听教师口令练习原地起跳徒手扣球。要求双脚蹬地力量大，起跳速度快。

（2）一步或两步助跑起跳练习。集体听教师口令做一步或两步助跑起跳徒手扣球。要求练习速度由慢到快，手脚配合协调，注意控制身体平衡。

（3）网前助跑起跳练习。学生分别站在进攻线后，听教师口令向网前做两步跑起跳徒手扣球。在此基础上再学习多步助跑、变方向助跑和跑动起跳。要求学生注意助跑起跳的节奏和起跳点位置的选择。

步骤三：原地扣球练习。

（1）原地扣固定球练习。两人一组，一人双手持球高举，另一人原地扣固定球；或自己左手举球，右手做挥臂击球练习。要求击球时全手掌包满球，做快速鞭打动作。

（2）自抛自扣练习。每人一球，距离墙面（球网）5 米左右一抛一扣，或两人面对面相距 6~7 米一抛一扣。要求击球力量不宜过大，动作放松，主要体会手掌包球、手腕推压和鞭打发力的感觉。

步骤四：完整扣球练习。

（1）扣固定球练习。多人一组，一人站在高处持固定球，其余人助跑起跳扣球。要求把握好起跳点与球网的距离，避免触网和过中线。

（2）扣抛球练习。两人一组，抛球者在 3 号位向 4 号位抛高球，扣球者上步助跑起跳扣球。要求掌握好上步起跳时机，在空中保持好人与球网的位置。

（3）扣传球练习。两人一组，扣球者把球抛给 3 号位二传，二传向 4 号位传高球，扣球者上步助跑起跳扣球。要求扣球者能够根据来球的情况及时调整助跑路线、节奏，找准起跳点。

### 3. 分解与完整法应用的注意事项

（1）分解教材时要考虑到各部分或段落之间的有机联系，不要破坏动作本身的结构。

（2）在进行分解后的各个部分的教学时，教师要向学生讲清每个部分在完整教材中的位置，让学生明确该部分与上、下部分的关系。

（3）运用分解法的目的是把握完整教材，因此使用的时间不宜过长，以免影响学生对完整教材的把握；一般在学生基本把握重点部分时，就应当马上转入完整法教学。

（4）在使用以分解法为主的教学过程中，会出现从分到合的过程；在使用以完整法为主的教学过程中，会出现有选择地把动作中的某一部分拆解的教学过程。所以在使用分解与完整法教学时，往往是交叉进行的。

# 第八章 排球不同战术的教学

## 第一节 中小学常见的排球战术

### 一、阵容配备

阵容配备是根据学习者技术水平和特点，扬长避短，为有效地组织进攻和防守战术而确定的队员场上位置和人数，其目的是最大限度地发挥队员的价值。按照二传与攻手数量分配，可分为“五一”配备和“四二”配备。

中小学水平一般的球队多采用“四二”配备。“四二”配备是由两名主攻、两名副攻和两名二传组成，两两对角站位，从而保证每个轮次前后排都有一名二传和两名攻手，便于组织“中二三”和“边二三”战术，战术配合比较稳定。但此阵容配备对进攻队员的要求较高，进攻队员需要适应两名二传的传球特点，配合比较困难。在初学者的比赛中，如果学生无法掌握“四二”配备，则可以让水平较高的队员分散站位，保持全场攻防力量均衡。

### 二、排球战术分类

排球战术是运动员在比赛中根据排球运动的比赛规律，以及比赛双方的具体情况和临场变化，有效运用技术采取有预见、有目的、有组织的行动。排球战术可分为集体战术和个人战术，集体战术主要是队员之间通过协作配合实现已方得分或抑制对方得分的策略，个人战术是在集体战术配合的基础上，队员凭借个人技术达到有效进攻和防守的目的。排球战术的出现使排球比赛更加精彩，排球战术的不断发展是使排球运动充满活力、展现高水平的重要动力。常见排球战术分类如表 8-1 所示。

表 8-1　常见排球战术分类

| 进攻战术 | 个人进攻 | 发球、扣球、二传等个人战术 |
|---|---|---|
| | 集体进攻 | 中二三、边二三、插三二等进攻战术 |

续表

| | | |
|---|---|---|
| 防守战术 | 接发球防守 | 五人、四人、三人接发球战术 |
| | 单人拦网下防守 | 相对应队员拦网防守、固定队员拦网防守 |
| | 集体拦网下防守 | 双人拦网和三人拦网下的心跟进、边跟进防守 |
| 阵容配备 | 四二配备、五一配备 | |

根据中小学《体育与健康课程标准》要求，排球运动技能教学中的战术教学内容以五人接发球战术、“中二三”进攻战术和单人拦网下防守战术为主，高师院校体育专业在排球普修课教学的战术教学内容上可以考虑增加“边二三”进攻战术和双人拦网下防守战术等集体攻防战术。

## 第二节　排球战术教学设计与示例

### 一、五人接发球战术

#### （一）概念

五人接发球战术是指除 1 名二传队员站在网前不接发球外，其余队员承担一传任务的接发球战术。此战术的站位包括“一三二”阵型站位、“一二一二”阵型站位、“一字”阵型站位、“假插上”站位和“隐蔽”站位等多种变化形式。最适合初学者的是“一三二”阵型站位，这是一种基础的站位方式，适合初学者学习和过渡到更复杂的站位。在这个站位中，3 号位球员在前排，6 号位球员在后排。这种方式的优点在于分布均匀，但缺点是减少了与队友之间的交界点，可能会出现队员间相互干扰的情况。

#### （二）运用时机

当对方发球时，本方要提前站好位置，摆好阵型接对方发球。接发球是组织第一次进攻的开始，站位的阵型不仅要有利于接球，也要有利于本方所采用的进攻战术，还要根据对方发球的特点采取不同的阵型。五人接发球阵型是最基本的接发球阵型，被大多数的球队所采用，初级水平的球队一般采用此阵型。

#### （三）教学设计

五人接发球战术单元教学计划如表 8-2 所示。

表 8-2　五人接发球战术单元教学计划

| | |
|---|---|
| 单元目标 | 1. 了解五人接发球战术的形式特点、基本原理和运用方法，能够说出场上队员的站位方法、分工职责，能简单描述预防常见运动损伤的方法<br>2. 掌握五人接发球战术配合的运用方法，在 6V6 比赛中合理运用战术，展现正确的站位和补位，能根据对方发球的特点及时调整阵型；结合进攻战术，选择合理的接发球站位；积极参加专项体能练习，发展速度、灵敏等素质；每周至少参加 1 次排球运动，提高学生的观察、判断、反应、决策能力<br>3. 在比赛中表现出集体主义精神，接球时展现出自信和责任心；同伴之间协作配合、互帮互助，表现出团队协作精神；主动与同伴交流沟通，解决问题 |

续表

| 序号 | 教学内容 | 教学目标 | 教学重点与难点 | 教学策略 |
| --- | --- | --- | --- | --- |
| 1 | 五人接发球战术技术方法："一三二"接发球阵型 | 1. 能够说出"一三二"接发球阵型的特点和方法，知道该战术的意图<br>2. 掌握"一三二"接发球阵型站位，移动积极，垫球稳定，目标明确，不争不抢；发展判断、灵敏和协调等素质<br>3. 表现出敢于承担责任、相互合作、迎难而上的精神 | 重点：阵型站位<br>难点：明确个人防守区域和职责 | 1. 单一身体练习：抛球+"一三二"接发球阵型<br>2. 组合练习：发球+"一三二"接发球阵型+传球<br>3. 接抛球一攻比赛 |
| 2 | 五人接发球战术练习方法1："一三二"接发球阵型+一攻 | 1. 能够说出"一三二"接发球阵型的练习方法，明确一传方向和目标<br>2. 接发球时脚步积极移动，接球稳定到位，传球明确，接发球与进攻衔接流畅，能够把握进攻机会；发展移动、跳跃等能力；培养判断能力<br>3. 同伴之间相互提醒，互相配合，出现争抢时及时沟通，互相加油鼓劲 | 重点：站位正确<br>难点：一传准确 | 1. 单一身体练习：抛球+"一三二"接发球阵型+进攻<br>2. 组合练习：发球+"一三二"接发球阵型+进攻<br>3. 接发球一攻比赛 |
| 3 | 五人接发球战术练习方法2："一三二"接发球阵型+"中二三"进攻战术 | 1. 说出提高一攻成功率的方法，知道不同落点发球的接球方法<br>2. 根据不同进攻战术的需要，及时调整接发球的站位，接发球战术和进攻战术衔接流畅，一传稳定，进攻线路多变；发展速度、灵敏等素质<br>3. 表现出同伴之间互相补位的意识，互相鼓励和包容，展现团结协作的精神 | 重点：一攻成功率<br>难点：攻防转换 | 1. 单一身体练习：抛球+"一三二"接发球阵型+"中二三"进攻战术<br>2. 组合练习：发球+"一三二"接发球阵型+"中二三"进攻战术<br>3. 6V6 比赛 |
| 4 | 五人接发球战术练习方法3："一三二"接发球阵型+"中二三"进攻战术+拦网 | 1. 能够说出"一三二"接发球阵型和"中二三"进攻战术的衔接方法；知道位置轮转规则<br>2. 快速预判发球的落点位置，快速移动接球，反应迅速、跑位积极、接球稳定；进攻组织有秩序、有威胁；拦网时机准确；发展速度、柔韧等素质，提高观察、判断等能力<br>3. 在练习和比赛过程中，主动承担责任，为同伴提供帮助，培养自信、果断的优良品质 | 重点：攻防转换<br>难点：拦网时机 | 1. 单一身体练习：接发球+一攻<br>2. 组合练习：发球+"一三二"接发球阵型+"中二三"进攻战术+拦网<br>3. 6V6 比赛 |

续表

| 序号 | 教学内容 | 教学目标 | 教学重点与难点 | 教学策略 |
| --- | --- | --- | --- | --- |
| 5 | 五人接发球战术运用方法1："一三二"接发球阵型+"中二三"进攻战术+防守反击 | 1. 能说出防守的运用价值和要求，学会判断，知道运用时机；知道排球规则和裁判手势<br>2. 善于观察场上情况，能根据来球的线路和拦网的位置及时调整防守站位，表现出卡位意识，提高防守的成功率，发展移动和预判能力<br>3. 在比赛中展现出坚持和拼搏精神，树立正确的比赛观，学会控制情绪，在团队合作中提高沟通、合作能力 | 重点：战术意识<br>难点：团队配合 | 1. 单一身体练习：打防练习<br>2. 组合练习：接发球+一攻+防守反击<br>3. 6V6 比赛 |
| 6 | 五人接发球战术运用方法2：接发球战术、进攻战术和防守战术综合运用 | 1. 知道战术的分类及不同战术的运用时机，知道如何根据场上的情况随机应变，灵活运用；知晓排球规则和裁判法<br>2. 在比赛中能够根据场上的变化及时调整战术，灵活运用接发球战术、进攻战术实现进攻得分，前排形成有效拦网，后排积极移动防守起球，形成防守反击并得分；发展观察和应变能力；具备简单执裁能力<br>3. 具有团队精神和集体荣誉感，展现顽强拼搏、永不放弃的女排精神 | 重点：熟练运用各种战术<br>难点：减少自身失误 | 1. 单一身体练习：接发球战术<br>2. 组合练习：进攻战术+防守战术<br>3. 6V6 比赛 |
| 教学建议：<br>（1）在撰写课时教学计划时，可以根据学情灵活安排内容，如果学生垫球基础较弱，可以多花时间在垫球练习上，然后逐渐过渡到一发一接练习，提高对落点的判断能力；如果学生垫球基础较强，可以多练习隔网接发球，增强空间感。在进行接发球练习前，注意巩固垫球技术，提高垫球的稳定性和准确性<br>（2）若只练习接发球战术，会导致运动强度较低，可以单独安排体能练习；避免重复脱离实战的技术练习，练习手段尽量贴近比赛；可借助战术板、比赛视频等方式，帮助学生理解战术<br>（3）在教学比赛中要注意强调比赛规则，尤其是站位规则和位置轮换规则；在进行赛前分组时，要注意避免学生之间水平差距过大，可以简化比赛规则，让基础较弱的学生也能体验到排球运动的乐趣；在比赛结束后，要及时组织各小组进行赛后反思，借助比赛让学生意识到自身问题，从而激励学生努力练习 | | | | |

## （四）教学课例

### 1. 课例名称

五人接发球战术技术方法："一三二"接发球阵型。

### 2. 素养目标与学习目标

（1）运动能力：通过五人接发球战术的学练，提高排球防守能力；通过教学比赛和专项体能练习，发展速度、力量等素质；培养预判、观察和决策等意识。

（2）健康行为：通过接发球战术的学习，体验排球运动的魅力；热爱排球运动，自觉参加体育锻炼；学会调控比赛情绪；知道运动损伤的预防和治疗方法。

（3）体育品德：通过比赛，培养遵守规则、自尊自信、坚决果断的品质，树立正确的胜负观，培养集体荣誉感、团队责任感，展现积极向上、顽强拼搏的体育精神。

### 3. 设计理念

本课坚持“以生为本”的教育思想，从学生的角度出发，充分考虑学生的需求，通过多种形式的单一练习、组合练习和比赛，将接发球战术与进攻战术、防守战术相结合，激发学生对排球运动的兴趣。着重以“学练三个一”为核心，构建课堂结构模式，落实“教会、勤练、常赛”的要求，采用结构化知识、创设情境和任务的教学方式，引导学生学习。考虑和根据个体差异，设置层次性任务和评价标准，保证每位学生都能获得成就感，促使学生养成积极参与、勤于思考、敢于挑战的运动习惯。

### 4. 教学过程

1）导入与热身

（1）导入。

体委整队，报告人数；师生问好，精神饱满；检查学生服装；宣布本节课内容；安排见习，随堂听课；加强安全意识。

（2）热身+球性练习。

慢跑：各小组由组长带领，围绕场地进行花样跑；跑动过程中根据教师口令做动作。

球性练习：对垫蹲起。两人一组，间隔 4 米对垫球，每完成一次垫球做一次蹲起。

2）学

问题：五人“一三二”接发球阵型是怎样的？

活动：教师借助战术板向学生讲解接发球站位，明确不同位置队员的防守区域和接发球职责，了解战术的运用方法，在教师的指导下熟悉接发球站位。

内容：接抛（发）球+“一三二”接发球阵型。

方法：一名学生站在 3 米线后隔网抛球，其余五名学生积极接抛球，一传落在 3 号位附近且高度不低于球网为成功，成功 5 次后交换。如果学生基础较好，可将抛球改为发球。

3）练

问题：怎样的一传有利于二传传球？

内容：发球+“一三二”接发球阵型+传球。

方法：一名学生站在 6 米线后隔网发球，其余五名学生积极接发球，二传依次在 2 号位、3 号位和 4 号位传球，传球成功 3 次后轮换位置。

4）赛

问题：如何处理落在两人之间区域的球？

内容：接抛球一攻比赛。

方法：6 人一队，可以用抛球代替发球，一攻得分为 1 分，将球防起得 1 分，防起且反击成功得 2 分，每局比赛 15 分。

5. 课后评述

本课为五人接发球战术单元教学计划的第一次课，本课主要是为学生建立接发球战术的概念，让学生知道“一三二”阵型站位和注意要点，明白接发球是实现进攻得分的关键。本节课的主要任务是让学生熟悉阵型站位，明确不同位置队员的接发球职责。通过单一身体练习、组合练习和比赛，让学生逐渐对接发球技术有了解。该课例有以下三个特点。

第一，在慢跑热身结束后，进行垫球蹲起练习，既锻炼了下肢力量，又提高了垫球的稳定性，学生会主动把球垫高垫准。

第二，在学练内容安排上循序渐进，从 3 米抛球逐渐过渡到 6 米发球，增加难度的同时不断接近真实比赛情境，符合“学、练、赛”的要求。

第三，课例中抛出的问题有针对性，问题的答案都指向本节课的学习目标，在练习的同时激发学生思考，让学生更加深刻地理解“为什么要这么做”，达到事半功倍的效果。

## 二、“中二三”进攻战术教学

### （一）概念

“中二三”进攻战术是排球运动中常用的集体战术，是由前排 3 号位队员担任二传，其他队员将球垫给二传，再由二传组织前排 2 号位、4 号位或后排进攻，在进攻方式上以 4 号位的一般扣球为主，辅以 2 号位扣球，兼顾后排进攻，如图 8-1 所示。“中二三”进攻战术是由早期的“中一二”进攻战术演变而来的，是在原有的前排两点进攻的基础上，增加后排三点进攻，由此可以形成高快结合、前后结合的全方位进攻格局，丰富进攻线路。

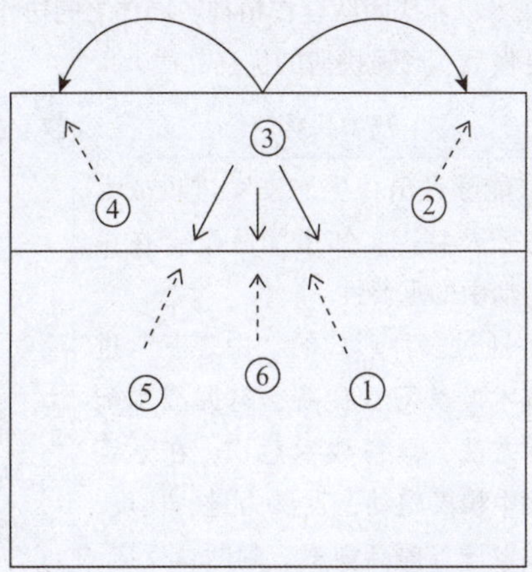


图 8-1　“中二三”进攻战术

“中二三”进攻战术的优点是二传队员在场上移动距离及传球距离短；组织难度小，场上队员分工明确；一传目标明确，有利于组织进攻；战术可简可繁，适合不同技术水平的队伍。缺点是战术目的容易被对方识破，战术变化、攻击性和突然性较小。

## （二）运用时机

“中二三”进攻战术适用于大多数球队，也适合普通的训练教学。在一些水平相对较差的球队中，由于队员战术素养和身体素质达不到要求，其他相对较为复杂的战术无法采用，那么便可以采用“中二三”进攻战术，并且以前排 2 号位、4 号位定点进攻为主。在防反过程中，当出现一传不是特别到位的情况，或者当双方来回较多，出现过渡球时，为保证稳妥完成进攻，也会采用此战术。此战术对球员的技战术水平要求不是很高，可以没有掩护，能打出最基本的 4 号位强攻和 2 号位进攻即可。

在中小学排球课堂教学中，大部分学生是初学者，排球基础较弱，对排球战术的理解不是很到位，但一味地练习动作技术又容易产生乏味感。因此，当学生已经学会基本的垫球、传球和扣球时，教师便可以引入“中二三”进攻战术，通过最简单的战术让学生理解战术配合的意义，感受排球运动的魅力，同时夯实学生的排球基础，提高学生的实战能力。

## （三）教学设计

“中二三”进攻战术单元教学计划如表 8-3 所示。

表 8-3 “中二三”进攻战术单元教学计划

<table>
<tr><td>单元目标</td><td colspan="4">1. 了解“中二三”进攻战术和“四二”配备的形式及特点，能够说出场上队员的站位方法、分工职责和进攻打法，知道团队配合在排球运动中的重要性<br>2. 掌握“中二三”进攻战术配合的方法，在 6V6 比赛中做出正确的“四二”配备站位方式、位置互换、跑动路线，合理运用多种进攻手段，具备战术意识；主动进行多种专项体能的练习，发展下肢爆发力、移动速度、腰腹力量等；每周至少参加 1 次排球运动，提高学生的观察、判断、反应、决策能力<br>3. 通过学习排球战术，养成团队合作精神，同伴之间协作配合、互帮互助，在比赛中表现出遵守规则、不畏强敌、顽强拼搏的优良品质</td></tr>
<tr><td>序号</td><td>教学内容</td><td>教学目标</td><td>教学重点与难点</td><td>教学策略</td></tr>
<tr><td>1</td><td>“中二三”进攻战术技术方法 1：固定位置的“中二三”进攻战术</td><td>1. 能够说出“中二三”进攻战术的形式及特点，知道团队配合在排球运动中的重要性<br>2. 通过多种形式的“中二三”进攻战术的练习和比赛，掌握战术配合的方法，具备战术意识，在学练过程中积极跑动，发展力量、速度、灵敏素质，提高观察、判断、反应、决策能力<br>3. 在练习和比赛过程中，展现自主学习、合作探究的能力；小组成员分工明确，互帮互助，表现出团结协作、顽强拼搏和遵守规则的优良品质</td><td>重点：阵型站位<br>难点：二传与攻手的配合</td><td>1. 单一身体练习：①抛球+接球；②抛球+传球+接球<br>2. 组合练习：垫球+传（或垫）球+接球<br>3. 比赛：隔网抛球+垫球+传（或垫）球+扣球</td></tr>
</table>

续表

| 序号 | 教学内容 | 教学目标 | 教学重点与难点 | 教学策略 |
|---|---|---|---|---|
| 2 | “中二三”进攻战术技术方法2：变换位置的“中二三”进攻战术 | 1. 能够说出二传在2号位、4号位时，前排二传队员的位置交换方法，知道位置交换的时机<br>2. 通过变换位置的“中二三”进攻战术的练习和比赛，掌握位置交换的方法，位置交换时机准确、跑动线路合理，发展速度、耐力、灵敏等素质，提高观察、判断、反应、决策等能力<br>3. 展现自主学习、合作探究的能力；小组成员分工明确，互帮互助，表现出团结协作、顽强拼搏和遵守规则的优良品质 | 重点：位置跑动<br>难点：二传换位的时机 | 1. 单一身体练习：①抛球+换位；②抛球+换位传（或垫）球+接球<br>2. 组合练习：抛球+垫球+换位传（或垫）球+接球<br>3. 比赛：隔网抛球+垫球+换位传（或垫）球+扣球 |
| 3 | “中二三”进攻战术练习方法1：接抛球+固定位置的“中二三”进攻战术 | 1. 能够说出排球“中二三”进攻战术特点和价值；知道战术配合在排球运动中的重要性<br>2. 在练习和比赛中，垫球稳定，跑位积极；发展速度、耐力、力量等素质，提高观察、判断、反应、决策等能力<br>3. 在练习和比赛过程中，展现自主学习、合作探究的能力；小组成员分工明确，互帮互助，表现出团结协作、顽强拼搏和遵守规则的优良品质 | 重点：击球稳定<br>难点：局部配合 | 1. 单一身体练习：①接抛球+传（或垫）球+接球；②接抛球+传（或垫）球+扣球<br>2. 组合练习：接抛球+传（或垫）球+扣球+拦网<br>3. 比赛：4V4对抗赛（特殊规则） |
| 4 | “中二三”进攻战术练习方法2：接抛球+变换位置的“中二三”进攻战术 | 1. 能够说出接对方抛球时，“中二三”进攻阵型前排二传队员的位置交换方法，知道位置交换时机<br>2. 通过变换位置的“中二三”进攻战术的练习和比赛，掌握位置交换的方法，位置交换时机准确、跑动线路合理、垫球传球稳定，发展速度、耐力、力量等素质，提高观察、判断、反应、决策等能力<br>3. 在练习和比赛过程中，主动接应同伴，为同伴提供帮助，培养自信、果断的优良品质 | 重点：换位意识<br>难点：局部配合 | 1. 单一身体练习：①接抛球+换位传（或垫）球+接球；②接抛球+换位传（或垫）球+扣球<br>2. 组合练习：接抛球+换位传（或垫）球+扣球+拦网<br>3. 比赛：4V4对抗赛（特殊规则） |

续表

| 序号 | 教学内容 | 教学目标 | 教学重点与难点 | 教学策略 |
| --- | --- | --- | --- | --- |
| 5 | “中二三”进攻战术的练习方法 3：接扣球+“中二三”进攻战术 | 1. 能够说出接扣球（即己方发球）时“中二三”进攻战术的使用方法和二传换位，知道攻防转换的方法，发展速度、耐力、力量等素质，提高观察、判断、反应、决策等能力<br>2. 在学练和比赛中，双方进行二传换位和跑动，表现出攻防转换的意识，发展速度、耐力、力量等素质，提高观察、判断、反应、决策等能力<br>3. 小组成员分工明确，互帮互助，表现出不怕困难、顽强拼搏和遵守规则的优良品质，具有正确的比赛观，善于与同伴沟通 | 重点：二传与攻手的配合<br>难点：攻防转换意识 | 1. 单一身体练习：①隔网接抛球+“中二三”进攻战术；②隔网接扣球+“中二三”进攻战术<br>2. 组合练习：接扣球+“中二三”进攻战术+拦网+防守反击<br>3. 比赛：4V4 对抗赛（特殊规则） |
| 6 | “中二三”进攻战术的运用方法 1：接发球+“中二三”进攻战术 | 1. 知道不同接球形式下进攻战术的异同<br>2. 在练习和比赛中，较熟练地运用“中二三”进攻战术，对方进攻时前排主动形成有效拦网，后排积极移动防守起球，形成防守反击并得分<br>3. 培养集体主义精神，同伴间互相弥补，互相鼓励，展现顽强拼搏、永不放弃的精神 | 重点：拦网意识<br>难点：进攻线路变化 | 1. 单一身体练习：①接发球+“中二三”进攻战术；②接发球+“中二三”进攻战术+拦网<br>2. 组合练习：接发球+“中二三”进攻战术+拦网+防守反击<br>3. 比赛：6V6 对抗赛（特殊规则） |
| 7 | “中二三”进攻战术的运用方法 2：“中二三”进攻战术的综合运用+“四二”配备 | 1. 知道“四二”配备的站位方式，知道战术的分类以及不同战术的运用时机，知道要根据场上的情况随机应变，灵活运用，感受排球运动的魅力<br>2. 在比赛中能够根据场上的变化及时调整战术，有效运用“四二”配备阵容；二传能根据场上情况合理分配球，灵活运用固定位置和变化位置下的“中二三”进攻战术实现进攻得分，前排形成有效拦网，后排积极移动防守起球，形成防守反击并得分<br>3. 具有团队精神和集体荣誉感，得分时一起庆祝，失分时互相鼓励，展现顽强拼搏、永不放弃的女排精神 | 重点：随机应变<br>难点：灵活运用战术 | 1. 单一身体练习：进攻战术的综合运用<br>2. 组合练习：教师发（或轻扣）球+进攻战术综合运用<br>3. 比赛：6V6 对抗赛（特殊规则） |

续表

| 序号 | 教学内容 | 教学目标 | 教学重点与难点 | 教学策略 |
| --- | --- | --- | --- | --- |
| 8 | “中二三”进攻战术的运用方法3：进攻战术和防守战术的综合运用+“四二”配备 | 1. 知道战术的分类以及不同战术的运用时机，知道要根据场上的情况随机应变，灵活运用，感受排球运动的魅力<br>2. 在比赛中能够根据场上的形势随机应变，利用“四二”配备的优势，灵活运用“中二三”进攻战术实现进攻得分，前排形成有效拦网，后排积极移动防守起球，形成防守反击并得分<br>3. 具有团队精神和集体荣誉感，展现顽强拼搏、永不放弃的女排精神 | 重点：积极防守<br>难点：巧妙进攻 | 1. 单一身体练习：①进攻战术的综合运用；②防守战术的综合运用<br>2. 组合练习：教师发（或轻扣）球+进攻战术综合运用+防守战术综合运用<br>3. 比赛：6V6对抗赛（特殊规则） |

教学建议：

（1）在撰写课时教学计划时，可以根据学情灵活安排内容，如果学生学习能力较弱，则重点练习1、2、3、4、5、6、7、8；如果学生学习能力较强，则可以省略1、2，重点练习3、4、5、6、7、8。在进行战术练习前，要注意基本功的复习，可以在准备部分加入垫球、传球等作为球性练习

（2）要注意运用多种方法、递进式的单一练习和组合练习的学练质量，还要关注学生体能的发展，可借助多个趣味游戏发展学生的一般体能和专项体能；可以借助多媒体技术教学，让学生更加直观地理解战术的方法和价值，发挥小组合作学习的作用，让学生自主探究

（3）在游戏或教学比赛中要注意渗透简单的排球比赛规则，在学练初期，为保证比赛的连贯性，可以适当简化规则、降低难度，使学生体验到排球比赛的趣味性，在学练过程中可以渗透体育品德教育，培养团队意识，树立正确的胜负观

排球比赛中，想要成功完成一次进攻战术，离不开队员之间的默契配合，垫球、传球、扣球的每个环节都不能出错。相较其他复杂战术，“中二三”进攻战术组织起来相对容易，但是对于排球初学者而言，不仅要学会使用战术，更要明白使用战术的价值，以及应在不同的情况下使用不同的战术。对于集体战术，站位是非常关键的，因此在实施“中二三”进攻战术单元教学计划时，首先，要从站位入手，通过多次的跑动使学生形成空间感。其次，通过创设多种情境，模拟实战中的战术配合，从局部配合到全队配合，强化学生的配合意识。最后，在战术综合运用中加入防守战术，使练习更贴近实战，通过开展不同规则的比赛，锻炼学生的实战能力，提升学生的心理素质，使其树立正确的比赛观，塑造女排精神。

### （四）教学课例

#### 1. 课例名称

“中二三”进攻战术练习方法1：接抛球+固定位置的“中二三”进攻战术。

#### 2. 素养目标与学习目标

1）素养目标

（1）运动能力：通过“中二三”进攻战术的学练，提高排球战术能力；通过教学比赛、专项体能练习，发展速度、耐力、力量等身体素质，培养配合意识。

（2）健康行为：通过排球战术的学习，体验排球运动的趣味性，养成自觉锻炼的习惯；情绪稳定、乐观开朗，善于交往与合作；关注自身健康，懂得自我健康管理。

（3）体育品德：通过游戏和比赛，养成团结协作、遵守规则、顽强拼搏的体育精神，树立正确的胜负观。

2）学习目标

认知目标：说出排球“中二三”进攻战术特点和价值；知道战术配合在排球运动中的重要性。

技能目标：掌握战术配合的方法，具备战术意识，垫球稳定，跑位积极；发展速度、耐力、力量等素质，提高观察、判断、反应、决策等能力。

情感目标：展现自主学习、合作探究的能力；小组成员互帮互助，表现出团结协作、顽强拼搏和遵守规则的优良品质。

### 3. 设计理念

本课坚持以学生发展为中心，注重学生学习需求，培养学生对排球运动的兴趣。围绕单一技术学习、组合技术练习和比赛实践运用三个方面，创设各种问题情境，采用任务式教学，让学生充分感受到战术配合在排球运动中的重要性。考虑学生的个体差异，设置不同的学练目标，尽量保证每位学生都能获得成就感，从而增强自信，激发对排球运动的兴趣。将体育品德的培养渗透到课堂中，使学生养成团结协作、不怕失败、挑战自我的优良品质。

### 4. 教学过程

1）导入与热身

（1）导入。

体委整队，报告人数；师生问好，精神饱满；检查学生服装；宣布本节课内容；安排见习，随堂听课；加强安全意识。

（2）热身+步法练习：慢跑+“飞狮夺球”游戏。

慢跑：由各小组组长带领，围绕场地进行花样跑；跑动过程中，根据教师口令做徒手垫球、徒手挥臂扣球等动作。

“飞狮夺球”：两人一组，听口令做两侧滑步或交叉步移动摸线，当哨声响起时，快速抢球，没抢到球的同学做5次收腹跳。

（3）球性练习：一抛一垫。

组织：A抛球，B快速移动将球垫回，A接住垫回球，完成5次后轮换。（如果垫球的质量较高，可以进行一抛多垫。）

2）学

问题：完成一次进攻战术的前提是什么？

活动：将学生分成8个小组，通过电子大屏观看“中二三”进攻战术视频，了解战术的运用方法，自主探究二传在3号位时的战术配合，尝试完成教师布置的学练任务。

内容：①接抛球+传（或垫）球+接球。

方法：二传抛球给一传，一传将球回垫给二传，二传在3号位将球传（或垫）至4（或2）号位，攻手在4（或2）号位起跳、空中接球。

②接抛球+传（或垫）球+扣球。

方法：二传抛球给一传，一传将球回垫给二传，二传在 3 号位将球传（或垫）至 4（或 2）号位，攻手在 4（或 2）号位扣球。

3）练

问题："中二三"战术有哪几种进攻策略？

内容：接抛球+传（或垫）球+扣球+拦网。

方法：4 人一组，隔网抛球，一传垫球至 3 号位，二传在 3 号位将球传（或垫）至 4（或 2）号位，攻手在 4（或 2）号位扣球。防守方前排队员拦网，后排队员移动防守。

4）赛

问题：如何运用"中二三"进攻战术得分？

内容：4V4 对抗赛（特殊规则）。

方法：4 人一队，抛球代替发球，进攻方采用"中二三"战术合作击球过网得 2 分，球不落地的情况下允许连续击球。每场比赛 4 分钟，胜者晋级，负者降级，决出 1~8 名。

#### 5. 课后评述

本课为"中二三"进攻战术单元教学计划的第三次课，通过前两次课的学习，学生已经能够说出"中二三"进攻战术的形式及特点，知道阵型站位和位置跑动方法，对此战术有了基本的认识和了解，但运用起来不够熟练。因此本节课的核心任务是提高击球的稳定性，形成局部配合。通过构建结构化知识、创设真实比赛情景、采用任务式教学等方式，引导学生小组合作、自主探究，进一步熟悉"中二三"进攻战术。该课例有以下三个特点。

第一，在准备部分，通过游戏导入，既可以活跃课堂气氛，又可以利用移动和收腹跳的方式达到热身的效果。通常做完热身练习，学生的心率会达到第一次峰值，此时加入一抛一垫的球性练习，既可以将游戏中的步法现学现用，又可以帮助学生恢复体力，为接下来的基本部分练习做准备。

第二，在设置学练内容时，采用分层教学，充分考虑不同学生的情况。为适应学情，在整个学练过程中，虽然学生的技术水平略有差异，但是大家都能积极参与，朝着不同的目标努力。按此方式练习，每名学生都能感受到自己努力的成果，从而获得成就感，激发学生对排球运动的兴趣。

第三，教师以"问题链"的方式串联整堂课的教学内容。通过"问题链"的设计与实施，使学生对所学知识有更深刻的理解，实现深度学习。

## 三、有人拦网下的防守战术

### （一）概念

#### 1. 单人拦网下的防守战术

单人拦网下的防守战术是指前排一名队员进行拦网，其余队员参与防守的战术。其优点是增加防守队员的人数，有利于组织防守反击；缺点是单人拦网的力量薄弱，当对手的进攻强劲时，防守难度较大。单人拦网下的防守阵型有两种，分别是固定位置防守阵型和固定人员防守阵型。

固定位置防守阵型是指与对方扣球队员相对应位置的队员进行拦网，其余队员后撤防守的阵型。以对方 2 号位进攻为例，本方 4 号位队员单人拦网，3 号位队员后撤防吊球，2 号位队员后撤与后排队员形成半弧形防守圈，各自防守一块区域，如图 8-2 所示。

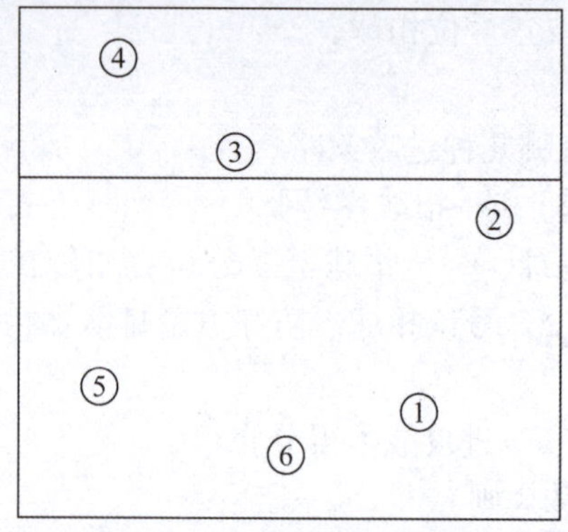


图 8-2　固定位置防守阵型

固定人员防守阵型是指无论对方从任意位置发起进攻，均由 3 号位队员进行拦网，其余队员后撤防守的阵型。以对方 3 号位队员进攻为例，己方 3 号位队员拦网，6 号位队员跟进防吊球，2 号位、4 号位队员后撤，与 1 号位、5 号位队员组成防守圈，各自防守一块区域，如图 8-3（a）所示。以对方 4 号位队员进攻为例，己方 3 号位队员到 2 号位拦网，2 号位队员后撤，与 1、4、5、6 号位队员组成防守圈，各自防守相应区域，如图 8-3（b）所示。

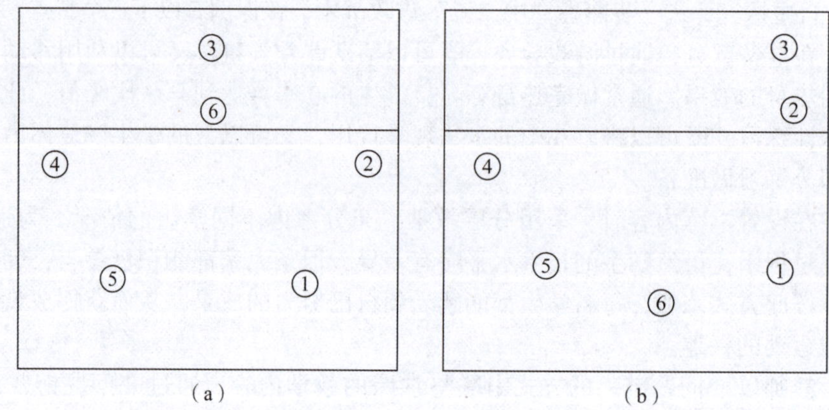


图 8-3　固定人员防守阵型

### 2. 双人拦网下的防守战术

双人拦网下的防守战术是指前排两名队员到同一位置进行合作拦网，其余队员参与防守的战术。其优点是能更加有效地限制对手的进攻，也便于接应和组织反击；其缺点是后场空隙较大，容易造成空当。双人拦网防守阵型包括“心跟进”防守阵型和“边跟进”防守阵型，本节主要介绍“心跟进”防守阵型。

“心跟进”防守阵型是固定由 6 号位队员跟进防吊球和前区球，其优点是加强了网前的防守能力；缺点是后排防守队员之间的空当较大，防守力量减弱。以对方 4 号位进攻为例，本方 2 号位、3 号位队员拦网，4 号位队员后撤到 4 米左右防守，6 号位队员跟至拦网队员身后 3 米左右防守，1 号位、5 号位队员各自防守后场区域，如图 8-4 所示。

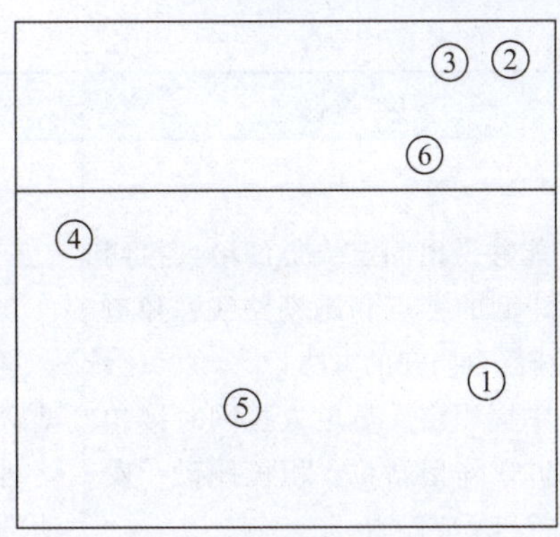

图 8-4　“心跟进”防守阵型

## （二）运用时机

通常在对方的扣球威胁不大、扣球线路变化不多、进攻能力较弱或对方战术多变无法组织集体拦网时，采用单人拦网下的防守战术。在水平较高的比赛中，由于对方进攻战术多变，被迫采用单人拦网时，其他队员应立即下撤参与防守。

双人拦网下的防守战术通常在当对方进攻威力较大、进攻线路变化较多、单人拦网无法阻挡对方的进攻时使用。“心跟进”防守阵型多在对方采取以扣吊结合为主的进攻战术，为解决“心空”问题时采用。使用双人拦网时，其余队员要注意保护空当区域。

## （三）教学设计

有人拦网下的防守战术单元教学计划如表 8-4 所示。

表 8-4　有人拦网下的防守战术单元教学计划

| 单元目标 | 1. 了解有人拦网下的防守战术的形式及特点，能够说出场上队员的站位方法、分工职责，知道团队配合在排球运动中的重要性<br>2. 掌握有人拦网下防守战术配合的方法，在 6V6 比赛中合理运用防守战术，展现站位、卡位和补位意识，能根据来球特征，及时调整，选择合理的防守阵型；积极参加专项体能练习，发展速度、柔韧等素质；每周至少参加 1 次排球运动，提高学生的观察、判断、反应、决策能力<br>3. 通过学习排球战术，养成团队合作精神，展现自信、公平竞争意识；同伴之间协作配合、互帮互助，在比赛中表现出团队协作精神的优良品质 | | | |
|---|---|---|---|---|
| 序号 | 教学内容 | 教学目标 | 教学重点与难点 | 教学策略 |
| 1 | 有人拦网下防守战术技术方法 1：固定位置的单人拦网防守 | 1. 能够说出固定位置的单人拦网防守阵型的特点和跑动路线，知道前后排配合防守的方法<br>2. 掌握固定位置单人拦网时接扣球的防守阵型站位，前后排默契配合，防守撤位及时；发展快速反应和判断能力<br>3. 表现出防守与拦网积极配合的意识，以及顽强拼搏的精神 | 重点：阵型站位<br>难点：跑动路线 | 1. 单一身体练习：固定位置的单人拦网下防守阵型跑位<br>2. 组合练习：单人拦网 + 接抛球 + 进攻<br>3. 6V6 比赛（抛球代替发球） |

续表

| 序号 | 教学内容 | 教学目标 | 教学重点与难点 | 教学策略 |
|---|---|---|---|---|
| 2 | 有人拦网下防守战术技术方法 2：固定人员的单人拦网防守 | 1. 能够说出固定人员的单人拦网防守阵型的特点和跑动路线，知道前后排配合防守的方法<br>2. 掌握固定人员单人拦网时接扣球的防守阵型站位，积极跑动；发展判断和反应能力<br>3. 前后排默契配合，展现顽强拼搏的精神 | 重点：阵型站位<br>难点：跑动路线 | 1. 单一身体练习：①固定 2、4 号位单人拦网下防守阵型跑位；②固定 3 号位单人拦网下防守阵型跑位<br>2. 组合练习：单人拦网＋接抛球＋进攻<br>3. 6V6 比赛（抛球代替发球） |
| 3 | 有人拦网下防守战术技术方法 3：双人拦网“心跟进”防守 | 1. 能够说出双人拦网“心跟进”防守阵型的特点，知道前后排配合防守的方法<br>2. 掌握双人拦网“心跟进”防守阵型站位，积极跑动防吊球和前区球；发展判断和反应能力<br>3. 表现出防守与拦网积极配合的意识，以及不怕失败的精神 | 重点：阵型站位<br>难点：拦网移动步法 | 1. 单一身体练习：双人拦网“心跟进”防守阵型跑位<br>2. 组合练习：双人拦网＋接抛球＋进攻<br>3. 6V6 比赛（抛球代替发球） |
| 4 | 有人拦网下防守战术练习方法 1：轻扣球+单人拦网防守 | 1. 能够说出对方从不同位置进攻时，单人拦网防守站位的形式和特点<br>2. 在对方从不同位置进攻时，能够及时做出防守，根据来球灵活调整站位，展现出补位意识；发展灵敏、速度等素质<br>3. 表现出同伴之间互相补位的意识，互相鼓励和包容，展现团结协作的精神 | 重点：站位变化<br>难点：补位意识 | 1. 单一身体练习：①抛球＋单人拦网防守；②轻扣球+单人拦网防守<br>2. 组合练习：轻扣球＋单人拦网防守+反击<br>3. 6V6 比赛（轻扣球代替发球） |
| 5 | 有人拦网下防守战术练习方法 2：单人拦网接扣球＋防守反击 | 1. 能说出单人拦网时接扣球防守阵型方法和特点，知道防守队员的跑动路线<br>2. 具备战术意识，在对方进攻时能第一时间到达防守站位，反应迅速、跑位积极、接球稳定；发展速度、柔韧等素质，提高观察、判断等能力<br>3. 在练习中学会沟通合作，小组成员互帮互助，表现出勇敢顽强的拼搏精神，展现坚决果断的优良品质 | 重点：攻防转换<br>难点：拦网成功率 | 1. 单一身体练习：①原地拦网；②接扣球＋单人拦网防守<br>2. 组合练习：接扣球+单人拦网防守+防守反击<br>3. 6V6 比赛（防反成功双倍得分） |

续表

| 序号 | 教学内容 | 教学目标 | 教学重点与难点 | 教学策略 |
| --- | --- | --- | --- | --- |
| 6 | 有人拦网下防守战术练习方法3：“中二三”进攻战术+单人拦网防守 | 1. 能说出单人拦网接扣球防守时的跟进保护方法，在比赛中了解排球规则和裁判法<br>2. 善于观察场上情况，能根据扣球的线路和拦网的位置及时调整防守站位，表现出卡位意识，提高防守的成功率，发展移动和预判能力<br>3. 在比赛中展现出坚持和拼搏精神，树立正确的比赛观，学会控制情绪，在团队合作中提高沟通、合作能力 | 重点：移动防守<br>难点：预判来球的落点和线路 | 1. 单一身体练习：“中二三”进攻战术+单人拦网防守<br>2. 组合练习：接抛球+“中二三”进攻战术+单人拦网防守<br>3. 6V6比赛 |
| 7 | 有人拦网下防守战术练习方法4：“中二三”进攻战术+双人拦网防守 | 1. 能说出双人拦网时“心跟进”的防守方法，在比赛中了解排球规则和裁判法<br>2. 善于观察场上情况，能根据对手的扣球方式及时调整防守站位，表现出灵活跟进意识，提高防守的成功率，发展移动和预判能力<br>3. 在比赛中展现出永不放弃的精神，树立正确的比赛观，主动与同伴积极沟通 | 重点：调整站位<br>难点：拦网的时机 | 1. 单一身体练习：“中二三”进攻战术+双人拦网防守<br>2. 组合练习：接抛球+“中二三”进攻战术+双人拦网防守<br>3. 6V6比赛 |
| 8 | 有人拦网下防守战术运用方法1：接发球+进攻+拦网防守 | 1. 知道扣球、吊球、推攻等不同进攻方式的特点，以及相应的拦网和防守方法<br>2. 能够根据对方的垫球质量、传球落点及攻手的动作姿态预判进攻方式，及时进行防守调整，随机应变，发展观察、判断、反应能力<br>3. 在比赛中展现女排精神，树立正确的胜负观，保持良好的心态，有强烈的集体荣誉感，热爱排球运动 | 重点：防守配合<br>难点：二次反应 | 1. 单一身体练习：接发球+进攻<br>2. 组合练习：①接发球+进攻+单人拦网+防守反击；②接发球+进攻+双人拦网+防守反击<br>3. 6V6比赛 |

续表

| 序号 | 教学内容 | 教学目标 | 教学重点与难点 | 教学策略 |
|---|---|---|---|---|
| 9 | 有人拦网下防守战术运用方法2：进攻+拦网防守+接拦回球 | 1. 知道接拦回球及其进攻称为“保攻”，能说出己方进攻时的保护方法<br>2. 能够积极防守跟进保护，将拦回球接起，并迅速组织进攻，表现出保护的严密性，回位、参与进攻及时；发展速度、灵敏等素质及观察能力<br>3. 在比赛中各司其职，互相弥补，树立正确的比赛观，不埋怨他人，在团队合作中提高沟通能力 | 重点：进攻保护意识<br>难点：防守后的进攻转换 | 1. 单一身体练习：接拦回球+进攻<br>2. 组合练习：①进攻+单人拦网+接拦回球+进攻 ②进攻+双人拦网+接拦回球+进攻<br>3. 6V6 比赛（保攻成功双倍得分） |
| 10 | 有人拦网下防守战术运用方法3：进攻战术和防守战术的综合运用 | 1. 认识到防守的重要性，形成攻防紧密结合的战术意识，知道排球竞赛规则和裁判法<br>2. 在比赛中，对于不同质量的垫球和传球能做出预判，当处于主动时努力得分，当处于被动时表现出灵活性，将球击到对方薄弱区域；发展观察和临场应变能力<br>3. 具有团队精神和集体荣誉感，得分时一起庆祝，失分时互相鼓励，展现顽强拼搏、永不放弃的女排精神 | 重点：处理球的能力<br>难点：减少失误 | 1. 单一身体练习：进攻战术<br>2. 组合练习：进攻战术+防守战术<br>3. 教学比赛 |

教学建议：

（1）在撰写课时教学计划时，可以根据学情灵活安排内容，如果学生学习能力较弱，可以多花时间在跑位练习上，强化防守跑位意识；如果学生学习能力较强，可以多组织比赛，以赛代练。在进行战术练习前，要注意基本功的复习，可以在准备部分加入垫球、步法、拦网等练习

（2）避免重复单一枯燥的练习，针对同一技术尽可能运用多种方法；借助战术板、比赛视频等方式，帮助学生理解，也可以通过视频反馈的方式，让学生发现自身问题；可以将体能练习渗透到学练过程中，在练习中潜移默化地提高学生的一般体能和专项体能

（3）在教学比赛中要注意强调比赛规则，尤其是拦网触网和过中线，告诉学生犯规的严重性；在进行赛前分组时，要注意避免学生间水平差距过大，可以发挥学生的“传帮带”作用，增强学生团队归属感，体验排球运动的乐趣；在比赛结束后，要及时组织各小组进行赛后反思，善于发现问题、敢于正视问题、勇于解决问题

（4）对于普通的中小学生，以学习单人拦网防守战术为主，重点强调拦网时机和防守站位；对于高师院校体育专业学生，可增加双人拦网防守战术的学习，重点强调拦网移动步法和并拦网时机，增加拦网的有效性，提高防守的成功率

## （四）教学课例

### 1. 课例名称

单人拦网下防守战术练习方法2：单人拦网接扣球+防守反击。

### 2. 素养目标与学习目标

1）素养目标

（1）运动能力：通过单人拦网下防守战术的学练，提高排球战术能力；通过教学比赛、专项体能练习，发展柔韧、速度、反应等素质；培养卡位、补位和配合意识。

（2）健康行为：通过排球战术的学习，体验排球运动的趣味性，热爱排球运动；乐观开朗，学会调控比赛情绪；关注自身健康，懂得运动损伤的预防和治疗方法。

（3）体育品德：通过游戏和比赛，培养坚持和拼搏精神，树立正确的胜负观，形成集体荣誉感，具有遵守规则、尊重他人等优良品质。

2）学习目标

（1）认知目标：能说出单人拦网时接扣球防守阵型方法和特点，知道防守队员的跑动路线。

（2）技能目标：具备战术意识，在对方进攻时第一时间到达防守站位，反应迅速、跑位积极、接球稳定；发展速度、柔韧等素质，提高观察、判断、反应、决策等能力。

（3）情感目标：在练习中学会沟通合作，小组成员互帮互助，表现出勇敢顽强的拼搏精神，展现坚决果断的优良品质。

### 3. 设计理念

本课按照“学会、勤练、常赛”的要求，构建“学、练、赛、评”一体化的教学模式，创设各种情境，采用任务式教学，让学生充分感受到通过团队配合成功防起对方进攻的成就感，激发对排球运动的热爱。为培养学生的自主探究能力，设置一整串的“问题链”，层层递进、步步引导，让学生带着问题去练习，明白所学技术的价值。将防守技术与进攻技术组合练习，模拟真实比赛情景，锻炼学生的心理素质，培养优良的体育品德。

### 4. 教学过程

1）导入与热身

（1）导入。

体委整队，报告人数；师生问好，精神饱满；检查学生服装；宣布本节课内容；安排见习，随堂听课；加强安全意识

（2）热身+拦网。

慢跑：由各小组组长带领，围绕场地进行花样跑；跑动过程中根据教师口令做急停徒手垫球动作。

拦网：两人隔网进行移动拦网，在空中互相击掌。

（3）球性练习：4 人一组，两两相对垫球接力，垫完球后跑至对面准备下一次垫球。

2）学

问题：单人拦网时前后排队员应如何配合？

活动：将学生分成 4 个小组，通过电子大屏观看单人拦网下的防守视频，教师讲解单人拦网防守的跑动路线，了解战术的运用方法，在教师的指导下熟悉防守站位，形成前后排配合的意识。

内容：接扣球+单人拦网防守。

方法：一名学生隔网原地轻扣球，一名学生进行单人拦网，其余 5 名学生积极防守，将球拦下或防起为成功，成功 5 次后交换。如果学生无法做到接扣球，可以用抛球代替

扣球。

3）练

问题：防守成功后如何组织进攻？

内容：接扣球+单人拦网防守+防守反击。

方法：6 人为一组，教师隔网轻扣球，队员进行单人拦网防守，将球防起且组织进攻得分为成功，成功 5 次后交换。

4）赛

问题：如何根据对手进攻的变化调整防守站位？

内容：6V6 对抗赛。

方法：6 人一队，可以用抛球代替发球，进攻得分为 1 分，防守反击得分为 2 分，每局比赛 15 分。

### 5. 课后评述

本课为单人拦网下防守战术单元教学计划的第三次课。通过前两次课的学习，学生已经能够说出单人拦网下防守战术的形式及特点，知道拦网的注意要点、阵型站位和位置跑动方法，对此战术有了基本的认识和了解，但运用起来不够熟练。因此本节课的核心任务是前后排的配合和防守后组织反击。通过构建结构化知识、创设真实比赛情境、采用任务式教学等方式，进一步熟悉单人拦网下防守战术。该课例有以下三个特点。

第一，热身内容契合主题。在准备部分，除常规的慢跑热身以外，增加了听口令做动作的练习，提高学生反应速度；组织双人隔网拦网练习，提高学生移动后拦网的稳定性，避免发生触网。

第二，学练难易有别。在安排教学内容时，充分考虑不同学生的能力水平，满足不同学生的需求，使每名学生都能为团队做贡献，感受到自己在团队中的价值，从而产生集体荣誉感。

第三，比赛规则凸显目标。在标准比赛规则的基础上进行修改，突出防守反击加倍得分，有意识地引导学生组织攻防转换。

# 第九章　排球课程思政

## 第一节　排球课程思政元素

### 一、排球课程思政概述

#### （一）课程思政的概念

课程思政是思政课程的拓展，属于隐性的思想政治教育，在学科课程的教学中发挥“化理论为方法，化理论为德性”的价值功能，将学科内蕴的情感、态度、价值观嵌入理论知识的教授中，引领学生成长，让学生学以致用、学以立德①。与思政课程侧重于思想政治理论不同，课程思政侧重于思想价值引领，强调在各类各门课程（包括思想政治理论课、专业课和通识课）中增加政治意识和加强思想价值引领，把思想政治工作贯穿教育教学全过程，是利用课程中蕴含的思想道德追求、科学精神、爱国情怀、优秀传统文化、人格培养等内容，对大学生发挥思想价值引领作用，并在贴近学生专业、提供鲜活案例、促进思想政治教育渗透性等方面具有独特优势②。综上，我们认为，课程思政是指将各类课程与思想政治理论课同向同行，形成协同效应的一种综合教育理念，是落实“立德树人”根本任务的有效途径，具有全员、全程、全课程育人的特点。注重协同育人，注重渗透沉浸，注重显隐结合注重传承创新。广大高校教师需要认真学习、正确理解、深刻领会课程思政的内涵与《高等学校课程思政建设指导纲要》精神，明确其与思政课程的区别与内在联系，与时俱进、积极稳妥地在专业课程中开展思政教育。我国历来高度重视学生的思想政治教育，通过文献资料梳理、政策文件分析等将其发展历程分为四个阶段：理念提出（2004 年）、实践探讨（2005—2016 年）、深化改革（2017—2019 年）、规范实施（2020 年以来）。社会主义核心价值观是其精神引领，大中小学德育总目标是其基本关联，《高等学校思政课程建设指导纲要》是其根本指南，中小学教师职业道德规范是其职业准则，体

① 许瑞芳．一体化视角下高校课程思政建设的四个维度［J］．中国高等教育，2020（8）：6-8.

② 石书臣．正确把握“课程思政”与思政课程的关系［J］．思想理论教育，2018（11）：57-61.

育教育专业培养目标及毕业要求是其专业取向①。

### （二）排球课程思政的内涵价值和时代意义

#### 1. 高校排球课程思政建设的内涵价值

以马克思主义基本原理和习近平新时代中国特色社会主义思想为排球课程思政建设的指导思想，运用辩证唯物主义和历史唯物主义的方法，开展排球课程的教学。全面贯彻党的教育方针，落实“立德树人”根本任务，坚持“健康第一”教育理念，以中国学生发展核心素养为引领，着力构建排球课程目标与内容中的德育功能与价值引领，充分挖掘排球运动与课程教育的思想元素，在排球课程各环节与全过程中贯彻落实思想政治教育。在学习中通过排球运动感知健康生活，通过理论学习形成排球知识素养，并学会用马克思主义的观点与方法解决排球课程学习过程中的疑惑与难题，在学习中探索排球运动真理，促进全面发展，在攀登知识高峰的过程中，将个人理想与国家发展、民族复兴的使命与责任紧密相连，使学生在勇于追求个人体育梦想的过程中，树立崇高的理想信念，以自强不息的精神品格和健康的身心状态，投身到新时代建设社会主义现代化体育强国的新征程中，使马克思主义基本原理、中国特色社会主义理论体系与排球课程思政建设同向同行，实现排球课程在落实“立德树人”根本任务的过程中，与课程思政的深度融合与相互促进。

#### 2. 高校排球课程思政建设的时代意义

坚持“三全”育人和协同育人，坚持以人为本，尊重学生的成长与教育规律，以思想政治教育为桥梁，以排球运动与体育课程发展趋势的视野，引导学生在课程学习的过程中，坚定理想信念、守护社会主义共同理想，争做推进中国式现代化和民族复兴的时代新人。在理解与把握新时代体育课程思政的概念内涵基础上，以女排精神为排球课程的价值导向，融入高校排球课程的教学策略，弘扬社会主义核心价值观，积极探寻排球课程思政的新路径，形成排球课程思政的新方案，总结排球课程思政的新经验，进一步推动排球课程与课程思政的同向同行，对提升高校体育课程内涵建设，促进高校高质量发展，具有十分重要的意义。

## 二、排球课程思政元素梳理

排球教师开展排球课程思政教学时的第一要务是挖掘排球课程思政元素。《高等学校课程思政建设指导纲要》指出，专业教育课程要深度挖掘提炼专业知识体系中所蕴含的思想价值和精神内涵。教材作为专业知识的载体，要尽量选用能体现党与国家意志、社会主流价值的教材，此处以黄汉升教授主编、高等教育出版社出版的教材《球类运动：排球》② 为蓝本，遵循“基本+特色”思政元素结构的逻辑，结合《普通高等学校本科专业类教学质量国家标准》中的基本培养目标与培养规格，深度挖掘教材中所蕴含的思想价值和精神内涵，提炼出思政元素。

第一，爱国主义。2019 年，第 13 届女排世界杯比赛期间，前中国女排主教练郎平接受采访时说：“只要穿上中国队的球衣，就是代表祖国出征、出战，为国争光是我们的义

① 董翠香，樊三明，高艳丽．体育教育专业课程思政元素确立的理论依据与结构体系建构［J］．体育学刊，2021，28（1）：9-10.

② 黄汉升．《球类运动：排球》［M］．3 版．北京：高等教育出版社，2015.

务和我们的使命。我们的目标都是升国旗，奏国歌。”最终中国女排取得 11 连胜，获得第 10 个世界冠军。这里我们可以感受到中国女排对党、对国家、对人民强烈的责任感，以及女排队员通过发挥个人价值为国建功的使命感。如今，“女排精神”成为中国人精神谱系的重要组成部分，激发了中国人民的家国情怀。因此，进行“排球运动导论”等内容教学时，应结合排球运动发展史，讲好中国女排的爱国故事，加强爱国主义教育，引导学生厚植爱国情怀，树立报国之志。

第二，遵规守礼。排球运动早已具备较为系统且规范的竞赛规则，此外，为了更好地推动排球运动发展，国际上会定期作出相应的调整与完善，但无论规则如何变化，只要参与排球运动就要具有较强的规则意识，存有敬畏之心，遵规守矩、尊重对手。因此，在排球课程的学习与实践中，应引导和培养学生遵规守礼的意识，养成良好的行为举止习惯。

第三，团结协作。现代社会极为强调团队合作，而排球运动恰恰是一项需要团队协作的集体球类运动，无论是负责接发的“一传”、组织进攻的“二传”、得分主力的“攻手”，还是负责救球的“自由人”，只有场上 6 名队员各司其职、各谋其位，以“让球落在对手场区内”为共同目标，辅之以默契的技战术配合和彼此激励，才能取得比赛胜利。因此，进行“排球战术”“排球比赛与组织”等内容教学时，应引导学生认识到完成排球比赛不仅需要高超的技战术，更需要同伴间的密切配合和相互鼓励，牢固树立拧成一股绳、劲往一处使的团队意识，实现集体协同效应的最大化、最优化。

第四，拼搏创新。当前世界排球比赛竞争激烈，要想取得比赛胜利，反思、创新尤为重要。中国女排在东京奥运会战绩不佳，只有不断反思比赛的不足，在继承优良传统中创新技战术，在拼搏中不忘初心，才能重新书写中国排球的新奇迹、新历史。因此，在进行“排球教学与训练”“排球运动员体能训练与实践”等内容教学时，要有意识地培养学生创新创造的勇气与志气、拼搏超越的决心与恒心。

第五，严谨求实。排球比赛需要组织者与管理者在赛前细心落实各项工作，如比赛场地、器材设备等的布置与安排，裁判员、记录员、司线员等的职责分开，也需要裁判员在比赛时坚持实事求是原则，必要时引入鹰眼等科技进行公平有效判决。另外，在排球教学与训练时需要时刻遵循学生身心发展规律与教育教学规律，使学生得到全面发展。因此，进行“排球竞赛与组织安排”“排球教学与训练”等内容教学时，应让学生深刻体会排球竞赛编排和组织过程的严谨性与规范性，排球教学与训练的科学性与针对性，以培养学生严谨的思维能力和求实的科学精神。

第六，沉稳自信。排球比赛瞬息万变，任何一次战术配合失误或注意力分散都会影响到比赛的结果，参赛者必须保持沉稳自信，咬紧每一分。在雅典奥运会决赛中，中国女排在 0∶2 落后的情况下，不急不躁，沉稳发挥，最终以 3∶2 逆转战胜俄罗斯女排，夺得冠军。因此，进行“排球运动员心理技能训练”等内容教学时，要有意识地培养学生沉着冷静、坚定自信的心态，树立正确的胜负观。这对于学生的成长及适应社会起到很大的促进作用。

需要说明的是，以上六大思政元素是针对整个排球教材的总体阐释。秉持以学生为中心、以产出为导向的理念，可将《球类运动：排球》教材结构体系分为理论知识、运动能力、实践素养三大模块。其中，理论知识模块侧重于使学生掌握从事排球运动应具备的认知性知识，包括第 8 章的部分内容、第 1 章、第 12 章；运动能力模块侧重于使学生掌握从事排球运动和训练应具备的能力，主要包括第 5 章的部分内容、第 2~3 章、第 6 章；实践素养模块侧重于使学生能够利用所掌握的排球知识来组织、实施与管理排球实践活动的能力，主要包括第 5 章与第 8 章的部分内容、第 4 章、第 7 章、第 9~11 章。通过对教材的分析发现，各章节中课程内容和教学方式所体现的主要思政元素不是单向孤立的，而是相互交叉的，如图 9-1 所示①。

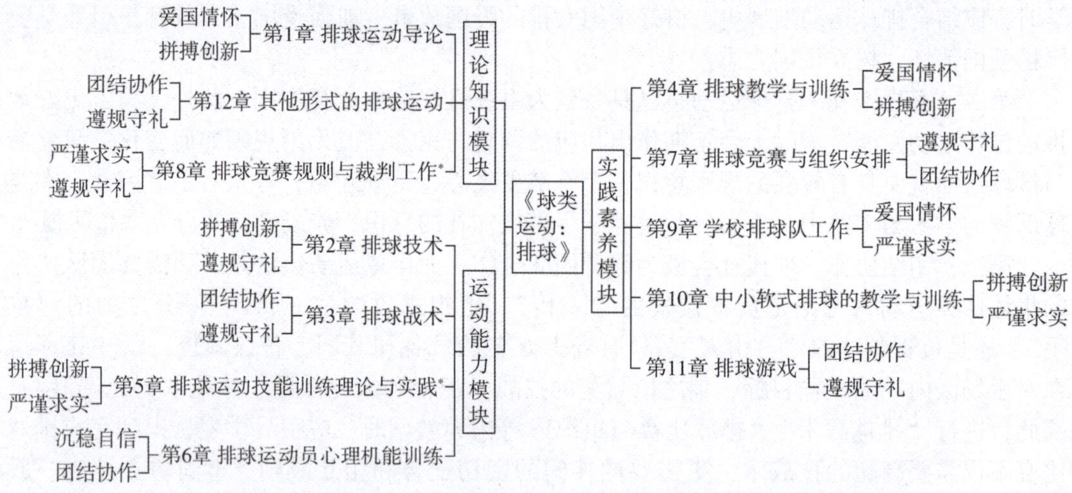


图 9-1　《球类运动：排球》教材结构体系及其对应的主要思政元素

在对排球课程思政元素进行梳理时，关键要深刻理解和准确把握中国女排精神的内涵、特征与时代意义。2019 年，习近平总书记会见中国女排代表时指出，中国女排“在赛场上展现了祖国至上、团结协作、顽强拼搏、永不言败的精神面貌”。这对新时代中国女排精神给出了明确界定②，道出了新时代女排精神的实质和精髓。

女排精神所蕴含的内涵是不断发展的，在不同时期既有对以往精神的传承，又会随着时代的发展而增添新的内容。在中国知网以“女排精神”为关键词，以 1980—2020 年为范围检索有关女排精神的文章 479 余篇，很多学者对女排精神的界定和内涵都有自己的看法，通过对文献的下载量、被引次数以及“核心期刊”等进行限定筛选，有 18 篇文章对女排精神的内涵进行了具体的解释，如表 9-1 所示。③

表 9-1　女排精神的内涵

| 提出者 | 女排精神内涵 |
| --- | --- |
| 蒋旻 | 为国争光、顽强拼搏、精诚团结、开放创新 |
| 王军伟等 | 团结协作、自强不息、艰苦奋斗、永不放弃、勇于创新 |
| 陈向 | 无私奉献、团结协作、艰苦创业、自强不息 |
| 刘鹏 | 爱国主义、无私奉献、团结协作、艰苦创业、自强不息、勇攀高峰 |

① 樊三明，董翠香，毛薇，等．体育专业技术类课程思政教学的理论审视与实践路径［J］．西安体育学院学报，2022，39（5）：625-632.

② 李仁华．澄清课时教学目标的认识误区［J］．思想政治课教学，2016（11）：31-33.

③ 张明，袁芳，梁志军．体教融合背景下高校排球课程思政理论与实践研究：女排精神融入排球普修课程的设计［J］．北京体育大学学报，2021，44（9）：157-158.

续表

| 提出者 | 女排精神内涵 |
| --- | --- |
| 程惠哲 | 集体意识、核心意识、担当意识、拼搏意识、坚强意识 |
| 钟秉枢 | 无私奉献、团结协作、艰苦创业、自强不息 |
| 刘征等 | 祖国至上、团结协作、顽强拼搏、永不言败 |
| 向桂芳 | 爱国主义精神、团队精神、拼搏精神、创新精神 |
| 杨婕 | 祖国至上、团结协作、顽强拼搏、敢于胜利、勇于创新、博大宽容 |
| 舒为平 | 祖国至上、团结协作、顽强拼搏、永不言败 |
| 李全强 | 爱国主义、顽强拼搏、牺牲精神、竞争精神、团队精神、创新精神 |
| 葛春林 | 团结协作、顽强拼搏、永不言弃 |
| 颜吾佴 | 爱国主义、不懈追求、奋斗、团结包容、拼搏 |

中国女排的身上具有丰富的内涵，以“竹棚精神”——女排精神的前身为延续，“女排精神”的实质就是祖国的利益高于一切，以拼搏为核心、以实力为基础、以团结为动力、以创新求发展，具体可总结为：祖国至上的爱国精神；无私奉献的牺牲精神；顽强拼搏的自强精神；团结协作的包容精神；勇攀高峰的奋斗精神；科学创新的务实精神；永不言败的拼搏精神。这正是我们排球课程中所需要贯彻的思政元素。

女排精神从产生之初，就超越了体育的范畴，具有示范性、辐射性和时代性。习近平总书记给北京体育大学冠军班的回信中说道，要为社会传递更多正能量。女排精神是竞技体育发展的典范，为我国其他体育项目的发展提供了榜样示范的力量。我们还要把女排精神这股正能量传递辐射到各行各业，当年的“五连冠”让世界重新认识了中国，让全国人民充满了信心和斗志。女排精神激发了人们的爱国之情，产生强大的凝聚力，形成一股奋发向上、自强不息的民族合力，鼓舞各行各业的人们为国争光，女排精神为实现中国梦提供了精神力量。

## 第二节　排球思政课程渗透策略与案例

### 一、排球思政课程渗透的理念

#### （一）要点提炼+价值引领：以“女排精神”价值构建排球教学目标

女排精神是我国长期以来经过顽强拼搏与奋斗积淀形成的优秀文化，其重要的爱国主义精神对国民的示范与激励作用早已超越体育运动本身，从1981—1986年的女排五连冠，再到2019年的女排世界杯冠军，女排精神喊出实现中华民族伟大复兴的时代最强音。因此应将女排的顽强奋斗、祖国至上、团结协作及努力拼搏的精神纳入高校排球课程教学目标，使之成为高校排球课程目标的重要组成部分。在具体操作过程中，要把价值引领和要点提炼有机结合起来。在排球基础知识的发、传、垫、扣、拦相互递进的知识讲解过程中，融入女排精神。在初期体能训练的周期长、重复率高的过程中，融入勤练苦干的精神；在技能训练枯燥、要求严格，需要强化领悟的理解过程中，融入奋发向上的精神；在中期实战技术讲解要求在反复训练中总结经验的过程中，融入永不言败、面对失败永不放弃的精神；在后期排球知识的理解与创新过程中，融入爱国、无私奉献、团结协作的精神。

### （二）理论学习+实践探索：构建“教会、勤练、常赛”协同育人的排球教学内容

在排球课程设置中改变单一技术训练与教育的现状，以体育学科核心素养架构排球教学内容，积极融入中华优秀体育文化、中国共产党红色精神传承，探索排球课程与其他学科交叉融合发展。在学习《义务教育体育与健康课程标准（2022 年版）》后应明确，体育学科核心素养主要是指学生通过体育与健康课程学习而逐步形成的正确价值观、必备品格和关键能力，包括运动能力、健康行为、体育品德三个方面，同时应在体育品德教学中深入贯彻社会主义核心价值观教育，着重培育爱国主义情怀、社会责任感及不畏艰难的意志品质，要在实践探索中积极落实“教会、勤练、常赛”要求。这为排球课程思政建设尤其是教学内容的系统架构指明了方向。

### （三）固定资源+拓展形式：深挖排球思政元素，讲好中国排球故事

排球课程思政元素，需要任课教师大量深挖女排精神的案例与素材，建立固定的资源库。主动挖掘排球课程思政资源与元素，综合高等教育功能中的价值共性。通过网络搜集排球比赛视频，实地采访记录排球运动员故事，参观博物馆与历史展馆学习，融入教学案例，并积极运用思政资源建设好体育课程的理论体系、教材体系、课程体系、教学体系与话语体系，用优秀内容传播体育教学，增强体育课程的吸引力与亲和力。在具体操作过程中，要把固定资源和拓展形式有机结合起来。教师将体育热点、体育学科前沿与社会案例引入课堂教学，才能牢牢吸引学生的眼球，激发学生的积极性，让学生积极参与排球课程思政，灵活熟练地通过互动教学、翻转课堂、雨课堂等形式，让排球课程活跃起来，保证排球课程的常讲常新。同时凝聚思政合力，通过校企合作构建体育与思政教育的共同体，形成体育教育最大公约数，实现以体育人。

### （四）队伍建设+落实责任：构建评价机制，有效提升排球教学效果

着力构建一批高质量高水平的排球课程思政队伍。坚持排球教师先受教育，积极发挥体育教师的主体作用及教学名师的示范带动作用，全面提升体育课程思政教师的整体素质和水平，提高排球课程思政工作专业化水平，形成全员育人的体育教学体系。排球教师要坚持牢固树立课程思政育人的意识，坚持教学与育人相统一，将体育教学与思政教育深度融合。体育教师要提高排球课程思政的教学艺术，以社会主义核心价值观为主旨完成排球课程思政的顶层设计。体育教师做到言传身教，自觉修身立德，成为学生的优秀示范，成为塑造学生品格的“大先生”。在具体操作过程中，要把固定资源和拓展形式有机结合起来。抓好高校体育课程思政建设关键在于党委领导、管理方案与实施保障。此外，考试和综合测评要整合排球课程与思政的内容，将学生评分比例增加至 50%，突出学生评价的比例。构建持续可循环发展的监督评价，排球课程思政的目标不只是当下学生对知识的学习感受，更重要的是塑造学生价值观。

## 二、排球课程不同思政元素渗透策略与案例

教学内容是落实教学目标的主载体。以教学目标引领思政教学内容，以浸润融合理念

为行动引领，以融入排球思政元素为发展特色，确立排球课程思政教学内容：把握课程思政核心思想，挖掘排球课程思政育人元素，凝练排球项目特点，设计教学场景，将故事融入思政育人。以北京体育大学排球课程的思政教学内容设计为例，如表 9-2 所示。①

表 9-2　排球普修课教学内容设计及思政元素体现

| 教学内容 | 章节内容 | 思政元素 |
| --- | --- | --- |
| 理论部分 | 第 1 讲　排球运动发展史 | 中华体育精神 |
| | 1. 排球运动简介<br>2. 排球运动发展概况 | “竹棚精神”、祖国至上、爱国奉献 |
| | 第 2 讲　排球竞赛工作<br>1. 竞赛组织工作<br>2. 竞赛制度、编排和成绩计算方法 | 团结协作、科学创新 |
| | 第 3 讲　基本技术及教学<br>1. 准备姿势与移动<br>2. 发球、垫球、传球、扣球、拦网 | 顽强拼搏、永不言败 |
| | 第 4 讲　基本战术及教学<br>1. 排球战术基本理论<br>2. 阵容配备<br>3. 进攻战术<br>4. 防守战术 | 团结协作、科学创新 |
| 实践部分 | 基本技术部分 | |
| | 1. 准备姿势与移动 | 顽强拼搏、永不言败 |
| | 2. 发球、垫球、传球、扣球、拦网 | 刻苦钻研、勇攀高峰 |
| | 3. 战术部分 | 团结协作、艰苦奋斗 |
| | 4. 阵容配备、防守战术、进攻战术 | 勇攀高峰、科学创新 |

课程思政教学内容设计共有两个教学模块：理论课教学模块与技术实践课教学模块。

### （一）理论层面：理论课教学模块思政课程渗透策略与案例

以理论课中排球运动导论的思政课教学内容为例，其教学目标、教学方法与教学评价方面具体案例如下。

#### 1. 教学目标撰写案例

（1）知识目标：了解排球运动的起源、传播，了解排球运动在不同发展阶段的技战术特点；掌握排球运动在中国的发展及技战术指导思想。

（2）过程目标：通过讲述女排故事，观看女排比赛视频，进一步了解中国排球对世界排球运动的贡献，对排球运动职业化、产业化和社会化的发展走势有一个正确的、科学的认识。

（3）情感目标（思政目标）：感受排球运动的独特魅力，激发学生对排球的兴趣；体

① 张明，袁芳，梁志军．体教融合背景下高校排球课程思政理论与实践研究——女排精神融入排球普修课程的设计［J］．北京体育大学学报，2021，44（9）：156-165．DOI：10．19582/j．cnki．11-3785/g8．2021．09．016．

会排球蕴含的中华体育精神，对学生进行爱国主义的教育；学习女排队员在比赛场上无私奉献、团结协作的精神。

2. 教学方法案例

（1）翻转课堂资源法。排球教师可以在课前布置适量的学习任务，让学生通过查阅教科书、文献资料等方式，提前预习将要学习的排球基本知识，初步了解排球运动的起源、传播；把中国女排“五连冠”“十冠王”的事例制成微视频提前分享给学生，引导学生分析归纳预习中遇到的疑难问题。

（2）创设情境故事法。针对教学重点、难点，排球教师需要创设生动有趣的学习情境，通过自己绘声绘色地讲中国女排故事，引导学生分享收集相关故事，促进师生、学生之间的情感交流、价值引领，并解答学生在学习过程中面临的疑难问题。有条件的话，教学场所可以安排在排球博物馆，也可以通过虚拟现实等先进技术，参观漳州“竹棚馆”、苏州排球博物馆和天津排球学院的历史展馆，扫码听故事，突出教学重点，剖析难点。

（3）及时复盘反思法。排球教师可以针对课中学生的学习情况，及时撰写学习心得或学习、生活中应用女排精神战胜困难的生动案例，或为中国女排“五连冠”“十冠王”的某场精彩比赛进行“现场”解说，还可以通过采访的形式记录老一辈口述的排球故事等。

3. 教学评价案例

教师可根据学生课前主动收集相关素材的数量和质量、对课前所提供的学习资源的学习态度和了解程度、课中的参与度及课后拓展作业的完成度等对学生进行定性和定量相结合的综合性评价。

在理论课模块设计思政元素，突破以往排球专项理论学习中重项目文化历史介绍，忽略揭示项目文化精髓的局限，强调排球项目精神的情感激励、价值引领作用，强化思想政治教育功能。讲授排球运动导论时，可以适当增加中国排球的发展历程、中国女排大赛夺冠的辉煌历史、女排运动员的成长经历等理论知识，从历史事迹的角度讲述女排精神的由来和意义。授课时，要将发扬中国女排精神的价值与意义上升到振兴中华、实现中国梦的高度。教学过程中要注入情怀，要让学生理解并深刻地感受到女排在中国人心中所具有的特殊地位，女排精神已经超越排球、超越体育本身。要使学生认识到中国女排精神是通过人格的力量磨砺出来的精神，蕴含着竞技体育精神、中华体育精神及时代精神，它是一面能振兴时代的爱国旗帜，是激励中国人民的精神源泉。

### （二）实践层面：技术实践课教学模块思政课程渗透策略与案例

以技术实践课中排球运动的关键技术、基础战术和展示与比赛的思政课教学内容为例，其教学目标、教学方法与教学评价方面具体案例如下。

1. 以关键技术为支撑点，培养学生责任意识

1）排球正面垫球技术

以排球正面垫球技术为例，其教学目标、教学方法与教学评价具体案例如下。

正面垫球是垫球技术中最基本的垫球方法，是各项垫球技术的基础，适用于接速度快、弧度平、力量大、落点低的各种来球，适合各年龄段的学生学习。该技术的主要特点是人与球的接触面积大，便于控制出球的远度和高度。掌握该项技术后，学生便可进行多种垫球技术练习和简单的教学比赛。

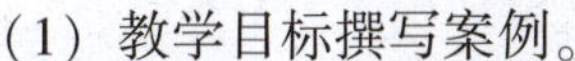

（1）教学目标撰写案例。

①运动认知：学生能够说出排球正面垫球的动作名称和动作要领，了解正面垫球的特点与价值，掌握基本的排球规则和理论知识。

②运动技能：在改变人数、距离、是否隔网等条件下，能熟练并准确做出正面垫球的动作，做到垫球部位正确，垫球的远度、高度适宜且具有一定的稳定性和连续性。能够和接发球、传球等技术有机衔接。在组织的教学比赛中能看懂比赛并给予适切评价。

③情感目标（思政目标）：在反复练习垫球的过程中培养学生吃苦耐劳、踏实专注、扎实勤勉的实干精神，在队伍担任自由人时，培养学生为团队默默付出、做好“幕后”工作，将集体利益高于个人利益的精神。在练习或比赛过程中，尊重对手，尊重裁判，遵守规则，团结协作，责任担当，建立正确的胜负观。

（2）教学方法案例。

①讲解示范法：教师对排球正面垫球的方法进行讲解并示范，从原地垫球练习、自垫球练习、对墙垫球练习、多人垫球练习到合作垫球练习，距离由近及远，人数由 1 人、2 人到多人，进行循序渐进的练习。

②问题驱动法：小组团队观看垫球技术视频，并徒手模仿 20 次，带着垫球手型和垫球角度的问题去完成学习任务。

③合作探究法：小组内讨论，探究影响垫球质量的因素，并进行自主练习，合作探究，初步建立垫球技术的概念。

④展示与比赛法：可进行两人规定距离和改变距离的合作垫球展示；也可进行两人合作隔网垫抛球比赛，每个小组 20 次机会，小组成员都要参加，比哪个小组把球垫过网且落到规定区域内的次数多；还可进行 3V3 或 4V4 教学比赛，适当降低难度，可先允许球落地或不限垫球次数，再逐步提高要求。适当渗透排球规则和裁判法，鼓励一部分学生承担裁判任务。

（3）教学评价案例。

【规则】a. 要求使用正面垫球技术动作，在规定区域内完成指定任务。b. 每人两次考试机会。c. 依次闯关，顽强拼搏，挑战自我，团结协作，努力取得优异成绩。教学评价表如表 9-3 所示。

**表 9-3　教学评价表**

| 学生姓名 | 项目 | | | | | | |
|---|---|---|---|---|---|---|---|
| | 闯关 1<br>自抛自垫练习（累计 40 个） | 闯关 2<br>对墙垫球练习（连续垫球 20 个） | 闯关 3<br>两人相距 2 米对垫（累计对垫 30 个） | 闯关 4<br>两人相距 4 米对垫（连续对垫 10 个） | 闯关 5<br>两人隔网合作垫球（连续对垫 20 个） | 闯关 6<br>3V3 教学比赛（合理运用正面垫球技术） | 综合等级评价 |
| | | | | | | | |
| | | | | | | | |
| | | | | | | | |
| | | | | | | | |

注：闯过 3 关得★，闯过 4 关或 5 关得★★，闯过 6 关得★★★，未闯过 3 关的尚需努力。

2）排球正面双手上手传球技术

以排球正面双手上手传球技术为例，其教学目标、教学方法与教学评价具体案例如下。

传球是从防守转入进攻的桥梁，传球好坏直接影响战术配合质量，关系到进攻的有效性，是各种技术串联的纽带。正面传球作为最基本的传球技术，其特点是传球者是面对出球方向，在观察来球的同时能够看清传球目标，有利于对准球和方向。掌握该项技术后，学生便可进行多种传球技术练习和简单的教学比赛。

（1）教学目标撰写案例。

①运动认知：学生能够说出排球正面双手上手传球的动作名称和动作要领，了解正面双手上手传球的特点与价值，掌握基本的排球规则和理论知识。

②运动技能：在改变人数、距离、是否隔网等条件下，能熟练并准确做出正面双手上手传球的动作，做到传球手型正确，传球的远度、高度适宜且具有一定的稳定性和连续性。能够将正面双手上手传球和接发球、垫球、扣球等技术有机衔接。在组织的教学比赛中能看懂比赛并给予适切评价。

③情感目标（思政目标）：在反复练习传球的过程中培养学生吃苦耐劳、踏实专注、扎实勤勉的实干精神，在练习传球时，应着重培养传球手的大局意识和集体意识，二传作为场上组织进攻的核心人物需要具有全局观，发挥好“输送炮弹”“穿针引线”的作用。在练习或比赛过程中，尊重对手，尊重裁判，遵守规则，团结协作，有责任担当，建立正确的胜负观。

（2）教学方法案例。

①完整教学法：首先建立传球技术动作的完整概念，然后逐一纠正错误。教学时，应着重于手型、击球点和用力的准确与协调练习，然后逐步过渡到手指、手腕的弹击和控制球的能力练习上。

②讲解示范法：教师对排球正面双手上手传球的方法进行讲解并示范，从原地双手上手传球练习、自传球练习、对墙传球练习、多人传球练习到合作传球练习，距离由近及远，人数由 1 人、2 人到多人，进行循序渐进的练习。

③展示与比赛法：可进行两人规定距离和改变距离的合作传球展示；也可进行两人合作隔网传球比赛，每个小组 15 次机会，小组成员都要参加，比哪个小组把球传过网且落到规定区域内的次数多；还可进行 3V3 或 4V4 教学比赛，适当降低难度，可先允许球落地或不限传球次数，再逐步提高要求。适当渗透排球规则和裁判法，鼓励一部分学生承担裁判任务。

（3）教学评价案例。

【规则】a. 要求使用正面双手上手传球技术动作，在规定区域内完成指定任务。b. 每人两次考试机会。c. 依次闯关，顽强拼搏，挑战自我，团结协作，努力取得优异成绩。教学评价表如表 9-4 所示。

表 9-4　教学评价表

| 学生姓名 | 项目 | | | | | | |
|---|---|---|---|---|---|---|---|
| | 闯关 1 自传球练习（累计 30 个） | 闯关 2 对墙传球练习（连续传球 15 个） | 闯关 3 两人相距 2 米对传（累计对传 30 个） | 闯关 4 两人相距 4 米对传（连续对传 20 个） | 闯关 5 两人隔网合作传球（连续对传 25 个） | 闯关 6 3V3 教学比赛（合理运用正面双手上手传球） | 综合等级评价 |
| | | | | | | | |
| | | | | | | | |
| | | | | | | | |
| | | | | | | | |

注：闯过 3 关得★，闯过 4 关或 5 关得★★，闯过 6 关得★★★，未闯过 3 关的尚需努力。

3）排球正面上手发球技术

以排球正面上手发球技术为例，其教学目标、教学方法与教学评价具体案例如下。

发球是排球比赛回合中的起始，具有一定战术意识的发球能为后面的比赛回合取得较为有利的条件。正面上手发球是体育专业学生必须掌握的重点技术，这种发球技术击球点高，可以充分利用胸腹和上肢的爆发力，以及运用手掌的快速推压动作使球呈上旋飞行，不易出界，具有较大的攻击性和准确性。掌握正面上手发球，也能为今后学习上手飘球和跳发球打下基础。

（1）教学目标撰写案例。

①运动认知：学生能够说出排球正面上手发球的动作名称和动作要领，了解正面上手发球的特点与价值，掌握基本的排球规则和理论知识。

②运动技能：在改变人数、距离、是否隔网等条件下，能熟练并准确做出正面上手发球的动作，做到发球手型正确，发球的远度、高度适宜且具有一定的稳定性和攻击性。能够将正面上手发球和接发球、垫球、扣球等技术有机衔接。在组织的教学比赛中能看懂比赛并给予适切评价。

③情感目标（思政目标）：在反复练习发球的过程中培养学生吃苦耐劳、踏实专注、扎实勤勉的实干精神。在练习发球时，教师应指出发球练的是能“招之则来，来之能战，战之必胜”的信心，要能顶住压力开好局，学会克服心理障碍，磨炼出强大的内心。在练习或比赛过程中，尊重对手，尊重裁判，遵守规则，团结协作，有责任担当，建立正确的胜负观。

（2）教学方法案例。

①讲解示范法：教师对排球正面上手发球的方法进行讲解并示范，从掷羽毛球练习、发击固定球练习、抛球与引臂练习、近距离对墙发球练习、近距离对网发球练习到发球区发球练习，从单人对墙发球练习到两人近距离对发球练习再到多人隔网对发球，距离由近及远，人数由 1 人、2 人到多人，进行循序渐进的练习。

②发现教学法：遵循以学为主的教学思想，培养学生自主学习能力。根据相似技术教学理论，排球正面上手发球技术与扣球、掷垒球等动作方法有相似点，结合学生的运动经验，通过“情景发现、练习探究、总结展示、练习提高”等教学程序和步骤，正迁移于正

面上手技术的教学。

③展示与比赛法：可进行两人规定距离和改变距离的两人对发球展示；也可进行合作隔网发球比赛，每个小组30次机会，小组成员都要参加，比哪个小组把球发过网且落到规定区域内的次数多；还可与3V3或4V4教学比赛结合进行，适当降低难度，可允许女生或力量弱的男生先采用侧面下手发球或用拳头进行上手发球，再逐步提高要求。适当渗透排球规则和裁判法，鼓励一部分学生承担裁判任务。

（3）教学评价案例。

【规则】a. 要求使用正面上手发球技术动作，在规定区域内完成指定任务。b. 每人两次考试机会。c. 依次闯关，顽强拼搏，挑战自我，团结协作，努力取得优异成绩。教学评价表如表9-5所示。

**表9-5 教学评价表**

| 学生姓名 | 项目 | | | | | | |
|---|---|---|---|---|---|---|---|
| | 闯关1<br>近距离对墙发球练习（累计发球40个） | 闯关2<br>近距离两人对发球练习（连续发球20个） | 闯关3<br>近距离两人隔网对发球（累计对发30个） | 闯关4<br>站在发球区两人隔网对发球（连续对发20个） | 闯关5<br>站在发球区两人隔网发球至指定区域（连续对发15个） | 闯关6<br>3V3教学比赛（运用正面上手发球，具有稳定性和攻击性） | 综合等级评价 |
| | | | | | | | |
| | | | | | | | |
| | | | | | | | |
| | | | | | | | |

注：闯过3关得★，闯过4关或5关得★★，闯过6关得★★★，未闯过3关的尚需努力。

### 2. 以基础战术为着力点，培养学生配合意识

以“中二三”进攻战术练习方法1，即接抛球+固定位置的“中二三”进攻战术为例，其教学目标、方法与评价具体案例如下。

“中二三”进攻战术是排球运动中常用的集体战术，是由前排3号位队员担任二传，其他队员将球垫给二传，再由二传组织前排2号位、4号位或后排进攻，在进攻方式上以4号位的一般扣球为主，辅以2号位扣球，兼顾后排进攻。“中二三”进攻战术是由早期的“中一二”进攻战术演变而来的，在原有的前排两点进攻的基础上，增加了后排三点进攻，可以形成高快结合、前后结合的全方位进攻格局，丰富进攻线路。“中二三”进攻战术的优点是二传队员在场上移动距离及传球距离短；组织难度小，场上队员分工明确；一传目标明确，有利于组织进攻；战术可简可繁，适合不同技术水平的队伍。缺点是战术目的容易被对方识破，战术变化、攻击性和突然性较小。

在中小学排球课堂教学中，大部分学生是初学者，排球基础较弱，对排球战术的理解不是很到位，但一味地练习动作技术又容易产生乏味感。因此，当学生学会基本的垫球、传球和扣球时，便可引入“中二三”进攻战术，通过最简单的战术让学生理解战术配合的意义，感受排球运动的魅力，同时可以夯实排球基础，提高实战能力。

1）教学目标撰写案例

（1）运动认知：学生能够说出排球“中二三”进攻战术的名称和要义，知道战术配合在排球运动中的重要性，了解其在比赛中的运用时机与价值，掌握基本的排球规则和裁判法。

（2）运动技能：掌握排球“中二三”进攻战术配合的方法，具备战术意识，表现出垫球稳定，跑位积极；发展速度、耐力、力量等素质，提高观察、判断、反应、决策等能力。

（3）情感目标（思政目标）：学生展现自主学习、合作探究的能力；小组成员互帮互助，表现出团结协作、顽强拼搏和遵守规则的优良品质；学生能够用心投入场上相应位置的角色中，进行自我定位与他人评价，形成自我修正、自我完善、自我提高的意识和能力；学生能全方位地掌握场上局面，在比赛时合理分工、高效配合及团结协作，培养团队的责任感和集体意识；在练习或比赛过程中，尊重对手，尊重裁判，遵守规则，团结协作，有责任担当，建立正确的胜负观。

2）教学方法案例

（1）讲解示范法：教师对排球“中二三”进攻战术进行讲解并示范，从接抛球+传（或垫）球+接球、接抛球+传（或垫）球+扣球、接抛球+传（或垫）球+扣球+拦网到4V4对抗赛（特殊规则），进行循序渐进的练习。学生在有梯度的练习中体悟战术中各号位的位置、移动线路和相应责任。

（2）问题驱动法：教师以“问题链”的方式串联整堂课的教学内容，如：“技、战术间有何关系？”“‘中二三’进攻战术有哪几种进攻策略？”“如何运用‘中二三’进攻战术赢得胜利？”通过“问题链”的设计与实施，学生对所学知识有了更深刻的理解，实现了深度学习。

（3）展示与比赛法：可邀请做得好的小组进行展示，介绍站位、线路及成员间默契配合的经验；也可进行特定规则的4V4对抗赛，4人一队，可以以抛球代替发球，也可以女生采用下手发球，男生采用上手发球，进攻方采用“中二三”进攻战术合作击球过网得分得2分，其他个人进攻得1分，球不落地的情况下允许连续击球，进行15分制的教学比赛，鼓励人人参与。适当渗透排球规则和裁判法，鼓励一部分学生承担裁判任务。提高击球的稳定性，形成局部配合。通过构建结构化知识、创设真实比赛情景、采用任务式教学等方式，引导学生小组合作、自主探究，进一步熟悉“中二三”进攻战术。

3）教学评价案例

教学评价表如表9-6所示。

表9-6 教学评价表

| 评价方式 | 评价指标 | 评价等级 | | | |
|---|---|---|---|---|---|
| | | 优秀 | 良好 | 合格 | 尚需努力 |
| 教师评价 | 课堂表现 | | | | |
| | 技术运用 | | | | |
| | 场上位置意识 | | | | |
| | 临场线路意识 | | | | |
| | 团队配合意识 | | | | |
| | 战术执行能力 | | | | |

续表

| 评价方式 | 评价指标 | 评价等级 | | | |
|---|---|---|---|---|---|
| | | 优秀 | 良好 | 合格 | 尚需努力 |
| 学生自评 | 课堂表现 | | | | |
| | 技术基础 | | | | |
| | 技术运用 | | | | |
| | 位置、线路意识 | | | | |
| | 战术理解 | | | | |
| | 战术表现 | | | | |
| 互相评价 | 课堂表现 | | | | |
| | 技术运用 | | | | |
| | 场上位置意识 | | | | |
| | 临场线路意识 | | | | |
| | 团队配合意识 | | | | |
| | 战术执行能力 | | | | |

注：合格得★，良好得★★，优秀得★★★，尚需努力不得★。

### 3. 以展示比赛为关键点，培养学生团队意识

以主题“弘扬女排精神，争做三有新人”排球“挑战杯”比赛为例，其教学目标、教学方法与教学评价方面具体案例如下。

1）教学目标撰写案例

（1）运动认知：学生能了解比赛的规则、价值和意义，知道自己位置的职责，明确个人与团队的关系。

（2）运动技能：学生根据比赛的实际情况，能够有效合理地使用排球的技术并将各个技术很好地串联与衔接；具有较强的战术意识，在比赛中能够渗透和使用“中二三”“边二三”的战术，在规则的框架下通过个人努力、团队合力顽强拼搏，努力获胜。

（3）情感目标（思政目标）：学生通过参加教学中组织的排球比赛，培养团队合作能力，提升集体荣誉感。在比赛中运用防守战术时，学生能够体会到“各司其职”的重要性，保持“时刻准备战斗”的专注力与忧患意识，培养坚守岗位、绝不松懈、顽强拼搏的精神。学生运用进攻战术时，能够以“只争朝夕”的士气去比赛，树立必胜的信念，坚定地走既定的战略方针和道路，敢于斗争、善于斗争，知己知彼、以己之长攻彼之短，通过集体的力量来获得胜利。在练习或比赛过程中，尊重对手，尊重裁判，遵守规则，团结协作，有责任担当，建立正确的胜负观。

排球教学比赛中，遵循人人多角色、人人守职责、人人有收获的原则，学生能够在排球教师创设的情境中承担裁判员、记录员、啦啦队员、教练员等多种角色的任务，创设升国旗、奏国歌，裁判员、记录员等有序到位，教练员安排队员与布置战术，啦啦队员为自己的球队呐喊助威的情境。在此过程中，学生培养了爱国主义情怀、团结协作的精神，锻

炼了裁判员、司线员公正执法的意识，提高了组织者、管理者的临场应变与组织协调能力。

2）教学方法案例

（1）讲解法：教师通过对排球比赛规则的讲解，让学生熟悉和掌握排球比赛的理论知识，进而提升比赛的技巧，积累比赛的经验。讲解比赛规则时，教师应指导学生在平时训练和比赛中遵守排球规则和体育道德，以双方互相尊重、公平竞争、斗智斗勇的方式来争取比赛的胜利。对比赛规则的讲解和教学，就是在对学生进行遵纪守法、诚实守信的素质教育。这有助于培养学生公平正义、慎独善行的人格，端正和巩固学生的法治意识和行为规范。

（2）直观教学法：教师通过给学生放一些典型的排球比赛视频集锦，以及展示战术的图片，让学生更清晰地感知比赛画面并在赛场上加以运用。观看中国女排“五连冠”“十冠王”的纪录片，激发学生爱国主义精神；从高起高打到快速多变的战术打法，引导学生培养科学创新精神等。

（3）展示与比赛法：可邀请做得好的小组进行展示，介绍关键技术的合理使用和基础战术的有效渗透经验；也可进行特定规则的 6V6 对抗赛，6 人一队，可以以抛球代替发球，也可以女生采用下手发球，男生采用上手发球，进攻方采用“中二三”战术合作击球过网得 2 分，其他个人进攻得 1 分，在球不落地的情况下允许连续击球，进行 25 分制的教学比赛，鼓励人人参与。

（4）经验总结法：比赛总结时，教导学生学会正确看待比赛胜负，及时调整好赛后心态。首先，要让学生明白排球比赛是严酷的，体育是意志的象征，奖牌属于强者。比赛过程中必然有领先、落后或相持等态势，比赛结果也非胜即负。但是，比赛的输赢都是当下的，过后就成为曾经，正如人生中经历的种种得与失往往都是阶段性的。简单地以成败论英雄是片面的，正如习近平总书记对奥运健儿们说的：“只要勇于战胜自我、超越自我，即使没有拿到金牌奖牌，同样值得尊敬和表扬。”同理，面对比赛获胜的情况，教师要对学生正确的价值观和行为表现给予充分的肯定，鼓励学生继续进步；面对比赛失利的情况，教师要引导学生学会去反思不足、刀刃向内、积极修正，客观地看待失误和缺点。另外，除了让学生在理论和实践中体悟中国女排精神，还应该让学生在排球运动中收获友谊、健康、自信、力量、朝气和快乐。

3）教学评价案例

教学评价表如表 9-7 所示。

**表 9-7　教学评价表**

| 评价方式 | 评价指标 | 评价等级 | | | |
|---|---|---|---|---|---|
| | | 优秀 | 良好 | 合格 | 尚需努力 |
| 教师评价 | 比赛临场表现 | | | | |
| | 技、战术运用能力 | | | | |
| | 比赛礼仪和规则意识 | | | | |
| | 团队沟通和协作能力 | | | | |
| | 团队信任和支持能力 | | | | |

续表

| 评价方式 | 评价指标 | 评价等级 | | | |
|---|---|---|---|---|---|
| | | 优秀 | 良好 | 合格 | 尚需努力 |
| 学生自评 | 比赛临场表现 | | | | |
| | 技术合理运用 | | | | |
| | 战术意识和执行能力 | | | | |
| | 个人责任和贡献 | | | | |
| | 沟通和协作能力 | | | | |
| 小组互相评价 | 比赛临场表现 | | | | |
| | 技术合理运用 | | | | |
| | 战术意识和执行能力 | | | | |
| | 团队沟通和协作能力 | | | | |
| | 团队信任和支持能力 | | | | |

注：合格得★，良好得★★，优秀得★★★，尚需努力不得★。

## 案例呈现

### 健全教学评价体系案例

系统的教学评价体系应该包括背景（Context）、输入（Input）、过程（Process）和结果（Product），即美国学者丹尼尔·斯塔弗尔比姆所提出的CIPP评价模型，其主要针对“教育环境”“实施方案”“实施过程”“实施成效”做出评价。排球教师可以聚焦于“实施过程”“实施成效”，除知识、能力学习效果外，重点检验学生排球课程思政学习效果。其评价目标是检验课程目标落实情况，以实现价值塑造；思政评价内容是以六大课程思政素养为抓手；评价观察点反映了学生排球学习全过程的情感、态度、价值观等发展情况，做到“创新实践与效果评价同步”。评价主体则涉及排球教师可以协同的多方主体；评价方式较为注重过程性评价、定性评价、发展性评价；评价权重建议占排球课程总成绩的30%。另外，评价结果要能反馈，让学生的成长有章可循。为此，反馈前，排球教师要对各评价主体的结果进行信度检验，确保评价结果具有可靠性和有效性；反馈时，排球教师要将评价结果及时、全面、准确地反馈给学生本人及分管教学的部门；反馈后，排球教师要重视后续的追踪与调整，“再梳理”以改进课程思政教学，“再引导”以塑造学生的价值观，“再提升”以增强教师思政教育能力。排球课程思政评价设计表如表9-8所示。

**表 9-8　排球课程思政评价设计表**

| 评价目标 | 评价内容 | 评价观察点 | 评价主体 | 评价方式 |
| --- | --- | --- | --- | --- |
| 实现价值塑造 | 爱国情怀 | （1）在排球技术学习交流中，主动表达国强我荣、国弱我辱的关系<br>（2）学习排球运动发展相关政策，主动宣传中国女排精神<br>（3）积极参与课内外排球活动，能用较好的排球成绩赢得荣誉 | 专业教师<br>学生自己 | 行为观察<br>口头测试 |
| | 遵规守礼 | （1）做到不迟到、不早退、不旷课，并按时完成教师布置的作业<br>（2）在排球学习与竞赛中表现出尊重规则、尊重对手、尊重裁判等言行<br>（3）在实际生活中遵守社会公德、家庭美德、职业道德，具备良好的行为规范 | 专业教师<br>同伴家长<br>校外导师 | 行为观察<br>成长记录 |
| | 团结协作 | （1）在完成小组作业或任务时，展现出团队参与的积极性、合作意识与协作能力<br>（2）在排球技战术学练、竞赛中，能够以大局为重，发挥正向作用 | 专业教师<br>同伴 | 行为观察<br>问卷调查 |
| | 拼搏创新 | （1）积极参阅相关资料，能够创新性地提出自己的见解<br>（2）在排球学练与竞赛中，积极进取、追求卓越，不断刷新自己的最佳成绩<br>（3）在理论考核中不拘于课堂所学，善于从不同视角分析与回答问题 | 专业教师<br>学生自己 | 试卷测验<br>行为观察 |
| | 严谨求实 | （1）在排球学练过程中尊重客观规律，形成实事求是、科学严谨的思维模式<br>（2）在制订排球教学、训练计划时，展现出求真务实、严密有序、不断反思的优良作风<br>（3）能够严格要求自己，高标准完成排球组织、管理、竞赛等工作 | 学生自己<br>专业教师 | 问卷调查<br>行为观察 |
| | 沉稳自信 | （1）平常心对待自己习得的知识技能和取得的良好成绩<br>（2）正确面对失败或挫折，不骄不躁、沉稳处事<br>（3）善于管理自己的情绪，发现自己的不足，合理规划自己的时间与人生 | 专业教师<br>学生自己<br>家长 | 行为观察<br>问卷调查 |

# 第十章 排球专项体能与练习方法

## 第一节 排球专项体能概述

排球专项体能是指排球运动员在排球运动中展现出的运动能力，这是他们进行比赛和训练的基础。排球专项体能是移动能力、手臂挥击能力、跳跃能力等方面的表现。排球专项体能训练是一个综合性的过程，需要针对运动员的实际情况和比赛需求进行科学合理的安排。专项体能训练可以提高排球运动员的运动能力，为他们在比赛中取得好成绩奠定坚实的基础。具体作用包括：①提高身体素质：排球是一项全身性的运动，通过各种动作如跑动、跳跃、挥臂等，可以全面锻炼身体，提升耐力、速度、力量和灵敏度。长期坚持排球专项体能训练能够有效改善和提高身体素质，增强体质健康。②增强协调能力：排球比赛需要运动员之间的高度默契和协作。专项体能训练可以提高运动员之间的配合默契度，加强团队协作能力，使团队整体实力得到提升。③培养团队合作精神：排球是一项团队运动，团队精神是其核心。在训练和比赛中，运动员们需要相互合作，共同完成比赛目标。这种团队合作精神不仅可以在排球场上得到锻炼，还可以在日常生活中应用于工作和学习。④提升自信：通过排球专项体能训练，运动员可以逐渐掌握各种技巧和战术，不断提高自己的实力。随着技术的进步和在比赛中的出色表现，运动员的自信也会有所提升。⑤预防伤病和延长运动寿命：科学合理的专项体能训练不仅有助于提高运动员的运动能力，还可以有效预防运动伤病的发生，延长运动员的运动寿命。针对性的训练，可以强化运动员的易伤部位，减少受伤的风险。

总之，排球专项体能对于提升运动员的身体素质、协调能力、团队合作精神、自信以及预防伤病和延长运动寿命都具有重要意义。因此，在排球训练和比赛中，加强专项体能训练是不可忽视的重要环节。

## 第二节 排球专项准备活动设计与示例

排球专项准备活动，是一般在比赛、训练前进行的一系列身体活动，它能够有效地预防运动损伤，激活学生的身体机能，提高学生的竞技水平。

排球专项准备活动内容与方法如下。

### 1. 教学示例一

练习内容：移动步法。

练习方法：全班同学由半蹲姿势开始，根据教师的手势，做各种步法的左右移动，以及上下重心的变化练习。移动后恢复准备动作，进行下一个动作练习。

教学要求：要做到反应迅速、快速启动，在左右移动的过程中保持重心的稳定，不过分起伏。

### 2. 教学示例二

练习内容：十字跳跃。

练习方法：如图 10-1 所示，运动员听到口令和从 1 区开始双脚进行快速依次跳跃至 2 区、3 区、4 区，再跳回 1 区，循环往复。

教学要求：跳跃的节奏要快，也可进行计时跳，记录 10 秒完成跳跃的次数，每跳一次记 1 分，跳错一次扣 1 分。

4　3

1　2

图 10-1　十字跳板

### 3. 教学示例三

练习内容：多种形式垫球。

练习方法：一人一球在规定范围内垫球，可以采用双手高垫球、低垫球、移动垫球等，还可以进行单手垫球，保证球不落地，详见视频 10-2-1。

视频 10-2-1

教学要求：垫球过程中身体协调地向抬臂方向送球。要求动作准确协调，能够保证垫球的稳定性，做到“插、夹、提、蹬”。

### 4. 教学示例四

练习内容：移动抛接球。

练习方法：两人一组，相距 2~3 米，做好准备姿势，一人进行前、后、左、右抛球，另一人根据球的落点，准备判断并快速移动接住球并把球准确抛回，连续进行一定次数后两人进行交换，详见视频 10-2-2。

视频 10-2-2

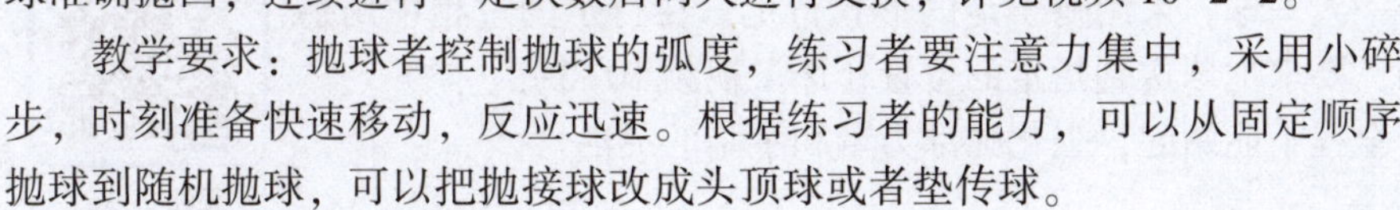

教学要求：抛球者控制抛球的弧度，练习者要注意力集中，采用小碎步，时刻准备快速移动，反应迅速。根据练习者的能力，可以从固定顺序抛球到随机抛球，可以把抛接球改成头顶球或者垫传球。

### 5. 教学示例五

练习内容：抢球淘汰赛。

练习方法：把学生分成两组，分别在 A、B 两片场区，每人背向场地双手抱膝坐在场地线上，场地内放置排球若干，球比人数少一个，听到发令后，学生立即起身进入场地内抢球，没有抢到球的退出比赛，直至最后一人。

教学要求：遵守游戏规则，反应迅速，移动快速；游戏可以多次进行，并可以采用俯卧撑、深蹲等各种抢球前的规定动作。

## 第三节　课课练部分排球体能练习方法设计与示例

排球课课练对于提升运动员的技术水平、体能水平、战术理解、心理素质和团队协作能力等方面都具有重要作用。排球运动员应该重视课课练的训练内容和效果，不断提高自己的综合素质和比赛能力。排球体能课课练的内容多样，根据排球专项体能运动素质，我们从快速力量训练、核心区力量训练、速度灵敏素质训练、养护性体能训练四个方面进行练习方法的设计。

### 一、快速力量训练示例

#### 1. 教学示例一

训练内容：起跳拦网。

教学方法：学生两人一组，分别隔网站立，一名同学持球起跳，另一名学生隔网快速起跳做拦网动作。原地起跳完成后，还可以进行交叉步横向移动拦网练习，详见视频 10-3-1。

视频 10-3-1

教学要求：拦网同学反应迅速、快速起跳，交叉步协调连贯；起跳要垂直起跳，不要横移。

#### 2. 教学示例二

训练内容：俯身拨球，又称俯撑左右滚球。

教学方法：每个学生一个球，身体保持俯撑的状态，听口令进行左右拨滚球的练习，控制球在左右手附近滚动，详见视频 10-3-2。

视频 10-3-2

教学要求：腰背挺直，在左右拨滚球的同时保持身体平衡，球始终控制在手中。

#### 3. 教学示例三

训练内容：赶鸭子。

教学方法：一人一球，采用鸭子走的形式行走，在行走的过程中用手控制排球的滚动，要求把球送到指定的位置，详见视频 10-3-3。

视频 10-3-3

教学要求：全程不能站起，强化腿部力量和手腕的灵活性。

#### 4. 教学示例四

训练内容：躲避“炮弹”。

教学方法：将学生分成两组，一组在排球场地半场范围内围成圈。教师指定一名学生将球扔向圈外，圈内学生迅速躲闪，不得用身体任何部位触碰球。直到圈内学生依次减少至一人，练习结束。

教学要求：圈内学生反应要迅速，只能在规定圈内跑动，跑动过程中注意不能碰到其他同伴。扔球的同学注意扔球力度，以及不能用脚踢球。

## 二、核心区力量训练示例

### 1. 教学示例一

训练内容：腰腹运球。

教学方法：2 人一组，学生采用坐姿后成直躺姿势，学生用脚夹住排球传递给同伴，同伴双手接球，相互循环练习。

教学要求：学生练习时要保持适当间距，同时接球同学要适度迎球，保证充分伸展。

### 2. 教学示例二

训练内容：收腹绕球。

教学方法：1 人一球，学生做坐姿收腹运动，双腿并拢，并在收腹时双手用排球做绕环运动，详见视频 10-3-4。

视频 10-3-4

教学要求：学生练习时要注意左右间距，同时强调保持平衡，保证绕球和收腹运动员的连续性和协调性。

### 3. 教学示例三

训练内容：俄罗斯转体。

教学方法：8 人一组，学生成坐姿，围成一圈，将排球通过俄罗斯转体的方式逆时针在圈内运输，根据学生熟练度增加球的数量。

教学要求：学生必须通过俄罗斯转体方式运输，成坐姿时双脚腾空，注意保持平衡。

## 三、速度灵敏素质训练示例

### 1. 教学示例一

训练内容：快递运球。

教学方法：将学生分成 4 组，每组学生依次从端线出发，采用连续垫球方式穿过排球网到达对面端线处，绕过标志杆快速抱球返回。如果出现掉球现象，及时从掉球处继续出发。

教学要求：教师根据学生掌握程度调整速度，或以规定时间内触碰标志杆次数来计量。

### 2. 教学示例二

训练内容：折返跑。

教学方法：学生 4~6 人一组，依次在排球三米线到球网中线间来回进行折返跑，手触碰地面完成折返。根据学生体能状况和熟练水平依次增加折返次数和折返距离。

教学要求：注意折返时要及时减速，来回跑动中注意间距，以免发生碰撞。

### 3. 教学示例三

训练内容：抛球交换位置。

教学方法：学生 2~4 人一组，根据教师指令同时向上抛球，并快速完成换位，球不能掉落于地面或接反弹球，依次增加左右学生间距或击掌次数，以增加练习难度。

教学要求：交换位置的同时接对方下落的球，并注意安全。

### 4. 教学示例四

训练内容：触点垫球。

教学方法：将学生分成 6~8 人一组，同时在左侧放置标志桶，学生在起点线出发后向左侧触碰标志桶，迅速上前垫击队友的传球，详见视频 10-3-5。

视频 10-3-5

教学要求：抛球同学注意时机，垫球同学触点后上前迅速。

### 5. 教学示例五

训练内容：绳梯垫球。

教学方法：学生 6~8 人一组，排成一列纵队，采用多种步法，快速经过绳梯，随后准确判断，快速垫击队友的抛球，依次循环练习。

教学要求：学生练习绳梯时要求快速灵敏，练习时注意前后间距，完成绳梯后要快速判断方向。

### 6. 教学示例六

训练内容：抢占领地。

教学方法：学生 2 人一组，各持一个标志桶面对面站立，哨声开始，根据要求同时把手中的标志桶放在左侧或者右侧，放置完后快速起身向异侧拿同伴放置的标志桶，两人同时进行，看谁先把标志桶放到对方标志桶上。

教学要求：侧向跑时步法运用及侧向跑距离控制，注意练习安全，防止相撞。

## 四、养护性体能训练示例

### 1. 教学示例一

训练内容：低重心多种步法训练。

教学方法：利用排球网的高度和排球的中场线，学生在网下利用脚下的线进行多种步法的训练，小碎步、开合跳、交叉步、左右横跳、滑雪跳等。

教学要求：降低重心不能触碰到球网，脚下协调灵敏，不触碰场地标志线。

### 2. 教学示例二

训练内容：对墙垫传协调性练习。

教学方法：一个排球、一个气球同时开始，相距 2~3 米对墙进行垫球或者传球，练习者要保证对墙垫传球的连续性，同时要保证气球不落地。

教学要求：控制击球的稳定性，以及随时转换力量的能力，发展协调能力。

### 3. 教学示例三

训练内容：燕式平衡。

教学方法：单腿支撑，两臂侧平举维持平衡，另一腿后伸成燕式平衡。

教学要求：踝关节用力，控制身体平衡，保持核心区稳定。

## 第四节　排球专项放松活动设计与示例

排球专项放松是指针对排球运动后进行的一系列放松活动，它可以帮助肌肉更快地恢复到静息状态，减轻肌肉疲劳和酸痛，加快肌肉的恢复速度，增强肌肉的柔韧性和灵活性，预防运动损伤的发生。放松活动还可以帮助运动员更好地感知身体状况，及时发现潜在的运动损伤风险。高强度的训练和比赛中，肌肉长时间处于紧张状态，及时进行放松可以帮助肌肉恢复到正常状态，降低运动损伤的风险，提高训练效果和比赛表现。

### 1. 教学示例一

放松内容：俯身持球横叉拉伸。

教学方法：两人一组，面对面坐在垫上或地上，双腿伸直紧贴地面，最大幅度向左右两侧分开，成横叉姿势；双手持球滚动前伸，身体缓慢前倾至最大幅度；挺直后背，不要低头，把球推给对面的队友。

教学要求：均匀呼吸，保持动作不变直至完成既定时间；俯身拉伸时，大腿后侧和内侧应有强烈牵拉感。

### 2. 教学示例二

放松内容：持球滚压放松。

教学方法：坐在垫子上，利用排球在大腿前侧进行滚压按摩放松，也可以放在大腿后侧或者后背进行滚压按摩放松。

教学要求：均匀呼吸，控制滚压的力量，放松肌肉。

### 3. 教学示例三

放松内容：持球敲打放松。

教学方法：两人一组，一人持球，另一人俯身趴在垫子上。从上肢到下肢利用排球进行敲打，起到按摩、消除乳酸的作用，规定时间进行轮换。

教学要求：根据教师口令，严格控制敲击的速度和力量，避免造成损伤。

### 4. 教学示例四

放松内容：手臂拉伸屈臂拉肘。

教学方法：直立或者成坐姿，左臂外展屈臂，探出左手向左肩胛骨，右手抓住左肘在头后拉伸，随后交换左右手。

教学要求：控制拉伸的力量，增大肩部外展幅度。

### 5. 教学示例五

放松内容：“4”字拉伸。

教学方法：平躺在垫子上，脸朝上，双膝弯曲，双脚平放。左脚脚踝放在右膝盖上方，然后保持“4”字形状姿势，将右腿往下弯曲侧躺在垫子上；左脚放在垫子上，并用左膝指向天花板。姿势保持 1~2 分钟，再换另外一边重复动作。

教学要求：均匀呼吸，控制拉伸的力量；还可以在维持“4”字的形态下，向一侧躺，上半身保持伸展。

# 第三部分

# 足　球

- 第十一章　概述
- 第十二章　不同足球技术的教学
- 第十三章　不同战术的教学
- 第十四章　足球课程思政
- 第十五章　足球专项体能与练习方法

# 第十一章　概　述

## 第一节　新时代校园足球发展

### 一、校园足球活动的推进

2009 年 4 月，教育部和国家体育总局联合下发《关于开展全国青少年校园足球活动的通知》，成为全国启动“校园足球”的标志。2011 年 1 月，中共中央政治局委员、国务委员刘延东到国家体育总局与中国足球新老运动员、教练员、青少年足球训练基地负责人等足球界、教育界、企业界人士座谈，他强调：“要加强足球人才建设，体教结合……要以校园足球为突破口，切实加强青少年足球，培养青少年足球兴趣，促进青少年强身健体，发掘足球后备人才，打牢足球运动的根基，推动足球事业的可持续发展。”2013 年 2 月，国家体育总局、教育部联合发布《关于加强全国青少年校园足球工作的意见》，提出推动学校足球教育，加强学校足球文化建设。2014 年 9 月，国务院召开第七次足球工作专题会议，正式明确校园足球由教育部门牵头。教育部门主导校园足球工作是一个重要调整，是理顺关系、扩大平台、持续发展的需要。2014 年 11 月 26 日，国务院召开了全国青少年校园足球工作电视电话会议，刘延东副总理作了重要讲话，指出发展校园足球，是一项重大而紧迫的战略任务，并就校园足球发展机制、体制、师资建设、政策等方面提出要求。2015 年 1 月，根据党中央、国务院部署要求，由教育部牵头成立全国青少年校园足球工作领导小组。2015 年 2 月，在中央全面深化改革委员会第十次会议上，审议通过了《中国足球改革发展总体方案》，明确提出要把校园足球作为扩大足球人口规模、夯实足球人才根基、提高学生综合素质、促进青少年健康成长的基础性工程。2015 年 7 月，教育部、国家发展改革委、财政部、新闻出版广电总局、国家体育总局、共青团中央 6 部门颁发《关于加快发展青少年校园足球的实施意见》，指出校园足球发展的重点任务是提高校园足球普及水平，深化足球教学改革，加强足球课外锻炼训练，完善校园足球竞赛体系，畅通优秀足球苗子的成长通道。2020 年 9 月，教育部等 7 部门印发《全国青少年校园足球八大体系建设行动计划》，从足球推广体系、足球教学体系、足球样板体系、足球竞赛体系、足球融合体系、足球荣誉体系、足球科研体系、足球舆论宣传引导体系等方面提出了校园足球建设计划。2022 年 4 月，全国青少年校园足球工作领导小组印发《2022 年全国青少年校园足球工作要点》，对足球教学质量、竞赛体系建设、师资水平、女足运动发展、体教融合等方面提出了具体目标。伴随着校园足球政策的颁布实施，经过多年发展，校园足球在师资、竞赛、教学、人才培养等方面确实呈现出了良好态势，取得了较大成效，《全国青少年校园足球工作报告（2015—2019）》显示，已构建“特色学校+高校高水平足球运动队+试点县（区）+改革试验区+‘满天星’训练营”“五位一体”的校园足球立体推进格局。截至 2019 年，已在全国 38 万所中小学中遴选认定校园足球特色学校 24 126 所，设立校园足球改革试验区 38 个，遴选校园足球试点县（区）135 个，在全国布局建设“满天星”训练营 47 个，招收高水平足球队高校 181 所。制定全国校园足球特色学校基本标准，面向近 2 000 万在校生每周开设 1 节足球课、组织课余训练和校内联赛。各地校园足球四级联赛比赛场次、参赛人数呈现逐年上升趋势，形成“班班参与、校校组织、地方推动、层层选拔、全国联赛”的校园足球竞赛格局。2015—2019 年参加小学、初中、高中、大学四级联赛学生共计 1 255 万人次，有 3 万多名省（区、市）级最佳阵容的学生参加全国夏（冬）令营活动①。

## 二、校园足球活动的价值

足球运动作为世界第一大运动，在我国长期受到广泛的关注和喜爱。习近平总书记多次在不同场合表达了对足球运动的喜爱，提出“中国世界杯出线、举办世界杯比赛及获得世界杯冠军是我的三个愿望”。2015 年 3 月，国务院办公厅印发的《中国足球改革发展总体方案》（国办发〔2015〕11 号），在国家层面明确了足球发展战略，从建设体育强国、促进体育产业健康发展、增强国家软实力和满足人民群众精神文化生活需要等多个方面提出了改革思路。其中，校园足球作为“扩大足球人口规模、夯实足球人才根基、提高学生综合素质、促进青少年健康成长的基础性工程”②，具有举足轻重的地位。纵观国外足球发达国家，其足球后备人才培养无不高度重视青少年足球运动的普及和提高，而通过学校来普及和推广足球运动，培养全面发展的足球后备人才是一条切实可行的途径，校园足球战略的实施对于推动中国足球的健康可持续发展无疑具有重要的意义。

此外，校园足球是推进阳光体育运动开展的有效载体，是提高学生身体素质的重要载体。青少年学生体质与健康是我国建设人力资源强国和实施人才强国战略的重要基础。为切实改善学生体质健康水平，树立“健康第一”的指导思想，2006 年 12 月 20

---

① 全国青少年校园足球工作报告（2015—2019）[EB/OL].(2019-07-23)[2024-08-19]http://m.jyb.cn/rmtzcg/xwy/wzxw/201907/t20190723_249940_wap.html.

② 国务院办公厅关于印发中国足球改革发展总体方案的通知[EB/OL].(2015-03-08)[2024-08-19]http://www.sport.gov.cn/gdnps/files/c25531281.pdf.

日，教育部、国家体育总局和共青团中央共同下发了《关于开展全国亿万学生阳光体育运动的通知》（教体艺〔2006〕6 号），从 2007 年开始，结合《学生体质健康标准》的全面实施，在全国各级各类学校中广泛、深入地开展阳光体育运动①。但在阳光体育运动具体实施过程中，也遇到了多方面的困境，如活动形式单调，学生兴趣不高；场地、经费、师资不足等。2009 年 6 月，教育部关于学习贯彻《中共中央 国务院关于加强青少年体育增强青少年体质的意见》和推进阳光体育运动的开展，国家体育总局和教育部联合开展了校园足球，作为深化阳光体育运动的“配套工程”，推进阳光体育运动深入开展②。截至 2014 年年底，全国已有 49 个国家级布局城市、3 个试点县、11 个省的 82 个省级布局城市，注册人数 191 766 万人，近 6 326 多所大中小学的 270 万名学生参与其中③，然而要想通过足球运动改善学生体质与健康水平，并不是一朝一夕之事，需要广泛普及，长期坚持。2020 年，教育部等七部门关于印发《全国青少年校园足球八大体系建设行动计划》的通知，明确指出，到 2022 年，力争为每所校园足球特色学校培训至少一名具有中国足协 D 级或同等水平教师或教练员；每所校园足球特色学校均建有 1 块以上足球场地，有条件的高等院校均建有 1 块以上标准足球场地；校园足球特色学校学生体质健康合格率达到 95%以上，中小学生经常参加足球运动人数超过 3 000 万④。从全国学生体质与健康调研结果来看，2006 年 8 月 19 日，在新时代青少年体质健康促进中心承办的“2006 中国青少年体质健康论坛”上，向社会发布了一条消息：自 1985 年起，中国青少年学生在肺活量、耐力、速度、爆发力、力量素质等方面指标连续 20 年下降。2021 年教育部召开发布会公布了第八次全国学生体质与健康调研结果，显示我国学生体质健康达标优良率逐渐上升，学生身高、体重、胸围等形态发育指标持续向好，学生肺活量水平全面上升，中小学生柔韧、力量、速度、耐力等素质出现好转，体育教学质量不断优化和提升。而有关数据表明，校园足球等体育特色学校建设对增强学生体质与健康起到了非常积极的作用。校园足球特色学校学生体质健康达标优良率为 29. 2%，高于非校园足球特色学校的 22. 3%⑤。可以说，校园足球在提高学生身体素质，促进健康方面起到了一定的作用。但从现实情况来看，足球专业师资短缺已成为制约校园足球发展的一大瓶颈。

① 教育部，国家体育总局，共青团中央．关于开展全国亿万学生阳光体育运动的决定［Z］．教体艺［2006］6 号．

② 董众鸣，龚波，颜中杰．开展校园足球活动若干问题的探讨［J］．上海体育学院学报，2011，35（2）：91-94.

③ 国家体育总局．稳步推进 健康有序——校园足球的 2014［EB/OL］．（2015-01-01）［2024-8-19］http：//www. sport. gov. cn/n16/.

④ 教育部等七部门关于印发全国青少年校园足球八大体系建设行动计划的通知［EB/OL］．（2020-08-28）［2024-8-19］https：//www. gov. cn/zhengce/zhengceku/2020-09/27/content_5547544. htm.

⑤ 第八次全国学生体质与健康调研结果发布 新时代的中华少年强［EB/OL］．（2021-09-20）［2024-08-19］https：//baijiahao. baidu. com/s? id=1711389444026542576&wfr=spider&for=pc.

## 第二节 足球运动的整体教学

传统大中小学足球课程教学过程中，普遍存在两个问题：一是注重单个足球技术的教学，足球组合技术学练不够，这导致足球技术学习的碎片化，学生在学习后也很难从整体上理解某个足球技术的学科价值，这给足球技术在比赛中的应用带来障碍；二是足球教学过程中，注重足球技术的学习，较少关注在这个过程中学生智力、非智力（情感）方面的发展，足球的教学价值被窄化为足球技能的习得。随着立德树人等教育理念的提出，以及指向体育学科核心素养的《义务教育体育与健康课程标准（2022 年版）》的颁布实施，单向度的足球教学设计已无法适应当前的教育发展需求，足球课程需要进行整体教学设计，一方面，加强足球运动技能之间的内在联系，建立结构化的内容体系，解决足球知识学习的碎片化与价值窄化问题；另一方面，注重大单元教学，深入考虑足球运动技术之间的前后衔接问题，将结构化的足球知识结构付诸实践。

### 一、足球运动技能教学内容标准

“内容标准，即规定了核心学科领域（如数学、阅读、科学等）学生应知应会的知识与技能，提供了学生在每一个学科当中需要学习的学科内容。基于核心素养的课程体系要求内容标准以促进学生该学科核心素养的形成为导向，设计时需要结合本学科本学段学生需要形成哪些核心素养来安排学科知识[①]。”看得出来，与传统的以学科内容为主的教学内容相比，内容标准是以实现相应学科核心素养为目标的学科内容，而“基于核心素养的课程体系建构……要求课程设计者在设计课程内容时必须结合本学科的特点及学生身心发展水平的特点来设计哪些核心素养是该阶段学生应该掌握的，从而结合这些考量来设计每一门学科的教学内容”[②]。2022 年教育部正式颁布的《义务教育课程方案（2022 年版）》明确提出要“加强课程内容的内在联系，突出课程内容的结构化”[③]。实际上，追求课程教学内容的结构化对大中小学足球课程教学内容体系的建设都具有指导作用。

从学段上来讲，《普通高中体育与健康课程标准（2017 年版）》和《义务教育体育与健康课程标准（2022 年版）》为中小学各类课程内容的整合明确了方向，提供了参考。就高师院校体育专业而言，足球课程教学同样面临着与健康教育知识（如运动损伤、保健推拿、保健康复等知识）的整合，也要考虑体育品德的渗透问题。鉴于学段差异，这里仅根据《普通高中体育与健康课程标准（2017 年版）》和《义务教育体育与健康课程标准（2022 年版）》，以及大学体育专业教学实践的实际情况，以表格的形式大致呈现足球运动技能教学的内容标准，具体如表 11-1 所示。

---

① 辛涛，姜宇，王烨辉．基于学生核心素养的课程体系建构［J］．北京师范大学学报（社会科学版），2014（1）：5-11.

② 贺华．核心素养视域下我国基础教育课程体系的重构［J］．教学与管理，2017（5）：8-10.

③ 中华人民共和国教育部．义务教育课程方案（2022 年版）［Z］．北京：北京师范大学出版社，2022：11.

表 11-1 不同阶段足球运动技能教学的内容标准

| 阶段 | 学段 | 足球课程应知应会的知识 | | 建议整合的知识 |
|---|---|---|---|---|
| 高师院校体育专业 | 专业必修课（普修） | 技术 | 【初步掌握】脚内侧踢地滚球、脚背内侧踢空中球、脚背正面踢球、头球；脚内侧接地滚球、胸部接球；脚内侧运球、脚外侧运球和脚背正面运球；掷界外球 | 运动损伤防治知识；体育品德 |
| | | 战术 | 【初步掌握】二过一配合：斜传直插、直传斜插 | |
| | | 规则 | 【初步掌握】比赛规则 | |
| | 专业选修课（专修） | 技术 | 【熟练掌握】脚内侧踢地滚球、脚背内侧踢空中球、脚背正面踢球、头球；脚内侧接地滚球、脚内侧接空中球、胸部接球、脚底接反弹球；脚内侧运球、脚外侧运球和脚背正面运球；掷界外球；抢球 | 运动性疾病预防与处理、运动损伤防治、保健康复等知识；体育品德 |
| | | 战术 | 【熟练掌握】运球突破、跑位等；传切配合，如直传斜切、斜传直切；二过一配合，如斜传直插、直传斜插、斜传斜插、回传反切；交叉掩护配合 | |
| | | 规则 | 【熟练掌握】比赛编排、比赛准备、比赛规则与执裁等 | |
| 高中 | 模块一 | 技术 | 脚内侧传接地滚球，脚背内侧传空中球，脚内侧接空中球和脚底接反弹球，正面头顶球，脚内侧及脚背内、外侧变向运球，传接球射门，抢球 | 运动与饮食、环境与健康、安全运动、预防常见运动损伤和突发事故、消除运动疲劳、情绪调控、社会适应；体育品德 |
| | | 战术 | 直传斜插、斜传直插、交叉掩护 | |
| | | 规则 | 足球场地、越位、犯规与不正当行为等足球比赛规则 | |
| | 模块二 | 技术 | 行进间脚背内侧传地面球，接球转身，原地脚背内侧传空中球，脚内侧、大腿接空中球和脚内侧接反弹球，侧面头顶球，变向、变速运控球，运球假动作，行进间运控球、传接球射门，抢球 | |
| | | 战术 | 传切配合、回传反切、连续二过一 | |
| | | 规则 | 队员人数和装备、比赛时间、比赛开始和重新开始、比赛进行及停止、计胜方法等足球比赛的基本规则 | |
| | 模块三 | 技术 | 脚背正面传地滚球，行进间脚背内侧传空中球，大腿、脚背正面接空中球和腹部接反弹球，头顶球，运控球变向、变速、转身，假动作运球过人，行进间运球突破，抢点射门，脚背正面射门，断球、头顶球 | |
| | | 战术 | 边路、中路局部进攻与防守战术配合，以及定位球攻防战术 | |
| | | 规则 | 任意球、罚点球、掷界外球、球门球、角球等足球的基本规则 | |

续表

| 阶段 | 学段 | 足球课程应知应会的知识 | | 建议整合的知识 |
|---|---|---|---|---|
| 初中 | 水平四 | 技术 | 脚背内侧传空中球，掷界外球，接空中球、反弹球、脚不同部位推拨球、拉球、抢球、捅球 | 运动与肥胖、运动与体温，脉搏自我测评，运动与大脑健康、情绪调控的关系，运动损伤防治，运动与环境；体育品德 |
| | | 战术 | 接应、盯人、协防、任意球和角球等攻防战术 | |
| | | 规则 | 足球比赛规则与裁判方法，承担裁判工作 | |
| 小学 | 水平三 | 技术 | 掷界外球，脚背正面推球，脚背内外侧推拨球，脚内侧传接地面球，脚背正面，外侧传球，正面抢球 | 运动与营养、运动与体重、情绪调控、骨折与心肺复苏处理方法；体育品德 |
| | | 战术 | 运球过人、运球射门、接球射门、两人传接配合、阻止对方得分 | |
| | | 规则 | 比赛基本规则及判罚动作，承担裁判工作 | |
| | 水平二 | 技术 | 在游戏中学习和体验脚控球动作 | 运动与健康饮食、运动与睡眠、情绪调控、运动损伤防治；体育品德 |
| | | 战术 | 两人、三人传球过障碍，摆脱防守等 | |
| | | 规则 | 足球游戏基本规则 | |

注：1. 以上技术包括单一与组合技术；2. 以上相关内容来自《普通高中体育与健康课程标准（2017年版）》和《义务教育体育与健康课程标准（2022年版）》，略有删减。

## 二、足球运动技能大单元教学

“在课程内容结构化的要求下，课程标准已经构建并呈现出了一个完整而紧密联系的知识体系，然而，要真正在教学实践中实施课程内容结构化，实现《行动方案》中强调的克服单纯教师讲学生听、教知识学知识等现象，并将传授和学习系统知识转换到用知识的层面，仅仅在教学内容上构建学科知识体系是不够的，还需要找到一种能够完整传授学科知识结构给学生的教学方法①。”就当前来看，“大单元教学”作为教学方式变革的重点受到了学者和教师们的广泛关注，也成为中小学体育与健康课程教学改革的重点。对此，《义务教育体育与健康课程标准（2022年版）》也指出，要“设计专项运动技能的大单元教学，对某个运动项目或项目组合进行18课时及以上相对系统和完整的教学。……大单元教学既能使学生掌握所学项目的运动技能，又能加深学生对该项运动完整的体验和理解”②。实际上，这一来自基础教育的改革策略对于高等教育而言也有其可资借鉴之处。高师院校体育专业教学依托培养方案与教学大纲，集中反映了“为什么教、教什么、如何教、教到何种程度，如何评价教的情况”等问题，教学进度则更加详细地呈现了一个学期

① 任远一，周序．单元整体教学：基础教育课堂教学的深化之路［J］．湖南第一师范学院学报，2023，23（6）：22-28.

② 中华人民共和国教育部．义务教育体育与健康课程标准（2022年版）［Z］．北京：北京师范大学出版社，2022：122.

的教学内容前后安排，体现出教师对某一术科课程内容体系中“先学什么、后学什么”前后关系的认识。但无论是教学大纲还是教学进度，一个较为明显的问题是没有很好地呈现出某一课程纵向上的衔接关系，以及与其他学科知识即跨学科知识的整合关系。对此，“大单元教学设计不是传统意义上的从教材内容出发设计教学活动，安排学习时间，而是基于一定的目标与主题所构成的教材与学习经验的模块单位。大单元教学设计需要教师有全面育人的大格局，既要在学科内进行课程资源的整合，又要跨学科进行课程资源整合，真正为学生的生命发展提供适切的课程。……大单元教学设计是站在整体育人的角度，把一个学段作为整体通盘考虑，跨年级进行知识的有效迁移，重构符合教学实际的新知识系统，使课堂内容无重复、教学环节紧凑、课堂效率倍增的一种教学思路和授课方式，它是从单篇（单章）教学发展到单元教学，进而发展到单元主题教学。大单元教学设计要做到教书和育人的和谐统一，侧重于引导学生提出学科问题，形成学科大概念”①。可见，大单元教学理念更加有利于解决高师院校术科课程教学长期以来只注重运动技能教学的问题，进而引导教师追求术科课程更完整的教学价值。

基于以上思考，在不同足球技术的教学和不同战术的教学等章节撰写思路上，除注重学科知识与教学法知识的呈现外，还将以案例的形式引入中小学各水平段的大单元教学设计，供广大中小学教师和高师院校体育专业教师参考。

① 刁伟波，李云辉．课堂深度变革：新时代教学技术［M］．青岛：中国海洋大学出版社，2022：153-154.

# 第十二章 不同足球技术的教学

## 第一节 不同足球技术的学科知识

足球比赛中常见足球技术包括踢球、停球、运球、射门、无球跑位等技术，高师院校体育专业教学一方面需要考虑所学运动技术能否满足今后中小学体育教师这一职业需要，做到“吃得饱”，另一方面也要考虑学时情况①，在有限的学时里将学生应知应会的技术教给学生，做到“嚼得烂”，避免“消化不了”的情况。因此，结合《义务教育体育与健康课程标准（2022 年版）》与具体学时情况，高师院校体育专业在足球技术教学内容上可以考虑足球踢球中的脚内侧踢地滚球、脚背内侧踢空中球和脚背正面踢球技术，接球技术可以考虑脚内侧接地滚球和脚内侧接空中球技术，运球技术可以考虑脚内侧运球、脚外侧运球和脚背正面运球技术。

### 一、学科价值

#### （一）不同足球技术之于足球运动的价值总括

##### 1. 踢球

踢球是队员有目的地用脚的某一部位将球击向预定目标的技术动作。根据踢球部位不同，踢球包括脚内侧踢球、脚背外侧踢球、脚背正面踢球、脚背内侧踢球、脚尖踢球和脚跟踢球等。踢球技术是足球比赛使用频率最高的技术，也是足球运动最具代表性和最重要的技术，比赛中的踢球技术主要用于传球配合和最后完成射门。其中，脚内侧踢地滚球技术主要用于踢点球，罚球区前沿的横传、直传，中后场 20 米左右距离的直传、斜传、横传，同时是禁区内推射所采用的技术。脚背内侧踢球适用于中远距离传球和射门，在长距离转移球、罚角球和定位球时，经常采用这种踢球技术。脚背正面踢球又称正脚背踢球，

---

① 足球为专业主干课程或核心课程，高师院校足球专业必修课一般为 64 学时。

是用脚背正面部位接触球的一种踢球方法，主要用于中、远距离射门和长距离传球。比赛中脚背正面踢球经常用于踢定位球、空中球、反弹球、倒勾球及来自不同方向的地滚球，是远射的主要脚法之一。

2. 运球

运球是用脚通过推拨，连续控制球的技术。运球技术动作连贯，方向、速度变化多，经常与过人技巧相互配合。常用的运球技术有脚内侧运球、脚背外侧运球和脚背正面运球。因为脚内侧运球、脚背外侧运球容易改变运球方向，在比赛中是实现过人的重要技术；由于脚背正面运球改变运球方向变化不多，主要用于向前场推进。比赛中，运球技术经常与传球、射门等技术组合应用。

3. 停球

停球也称接球，是指有意识地用身体合理部位把各种来球停接在自己控制范围的技术。比赛中，经常用到的接球部位有脚底、脚内侧、脚外侧、脚背正面、大腿、胸部等。无论用哪个部位停球，在方法原理上是一致的，主要是通过主动迎撤缓冲或者改变球的运行路线，达到将球停在合理位置的目的。比赛中，停球技术经常与传球、射门等技术组合应用。

### （二）足球技术学习之于核心素养的价值总括

足球技术的学习，特别是组合技术的学习是学生在比赛场上顺利进行比赛的有效保障，是足球运动能力形成的基础。足球运动能力的形成离不开足球技术的学习，足球比赛中更多的是足球组合技术的应用，因此，足球技术特别是足球组合技术的学习，将为足球运动能力的形成提供可能。足球比赛中，随着学生足球技术水平的提高，足球运动技能也随之提高，学生会收获更高的成就感与比赛愉悦感。同时，足球组合技术更多的是需要两个人或更多人的协同配合，这在一定程度上会让学生认识到团队的重要性。认识到合作的重要性。也正因为存在合作，学生对自己的选择也需要承担相应的责任，同伴更需要给予理解，由此，责任感与尊重也成为重要的体育品德体现。

## 二、关键问题

“教学关键问题是指在课程实施（教学）过程中，为发展学生核心素养须研究解决的最紧要的学科重点、学习难点①。”在不同的学习阶段，学生会遇到不同的学习重难点，影响着学习进程，以及核心素养的达成。例如，在足球初学阶段，学生经常说的一句话便是“好难啊”，学生在不同阶段都会存在这样或那样的问题。

### （一）踢球技术关键问题

1. 脚内侧踢地滚球关键问题

脚内侧踢地滚球由开始的踢固定球，到提高阶段能根据来球方向踢移动中的球，不同时期学生会表现出不同的重难点，其关键问题在不同阶段的表现与释义如表 12-1 所示。

---

① 牛学文，向佐军．初中历史与社会教学关键问题指导［M］．北京：高等教育出版社，2016.

表 12-1　脚内侧踢地滚球关键问题在不同阶段的表现与释义

| 阶段 | 初学阶段 | 提高阶段 | 应用阶段 |
| --- | --- | --- | --- |
| 重点 | 支撑脚的选位 | 连续一脚踢球时支撑脚的选位 | 复杂环境下踢球的准确性 |
| 重点释义 | 学生在初学阶段，由于注意力在摆动腿摆动上，经常要看一下自己踢球的准确性与力度，此时，学生支撑脚在选位上要么太靠前或者太靠后，导致踢球没有力度或者踢球时把球压到脚下，要么太靠近球，导致没有摆腿空间，踢出去的球发生侧旋 | 在提高阶段，学生在连续一脚踢球时，由于距离近、来球方向不确定等，不能很好地选位，踢出的球质量不高 | 在应用阶段，学生需要将脚内侧踢地滚球技术应用到比赛中。此时，由于存在防守队员的防守，环境变得复杂，学生在对抗情况下将球准确地踢给同伴变得异常重要 |
| 难点 | 膝关节外展与击球动作的脚型 | 连续一脚踢球时踢球的准确性与力度的把握 | 复杂环境下触球的位置 |
| 难点释义 | 踢球时，膝关节外展是为了保证脚内侧能够正对着球，初学阶段往往出现踢出的球发生侧旋的情况，这是膝关节内扣造成的。击球时，为了保证踢出的球的方向，摆动腿需要踝关节紧张，此时为"勾脚尖"的脚型，初学阶段经常出现脚踝不紧张，踢球时脚发生摆动而影响方向的问题 | 在提高阶段，学生在连续一脚踢球时，由于踢球力量过大，同伴接球困难。此时，摆动腿的控制成为踢球质量的关键 | 在比赛中，由于对抗的存在，学生无法将身体、速度、球之间建立起很好的联系，经常出现地滚球变成空中球，或者出现"踢不准、踢不实"的情况，导致踢球质量不高 |

## 2. 脚背内侧踢高远球关键问题

脚背内侧踢球相对于脚内侧踢球而言，由于对触球部位、动作顺畅度要求较高，现实中学生会明显感觉较难，开始时又由于担心脚会戳到地面，因此在不同掌握阶段会出现不同的问题。以脚背内侧踢高远球为例，其关键问题在不同阶段的表现与释义如表 12-2 所示。

表 12-2　脚背内侧踢高远球关键问题在不同阶段的表现与释义

| 阶段 | 初学阶段 | 提高阶段 | 应用阶段 |
| --- | --- | --- | --- |
| 重点 | 斜线助跑，支撑脚的位置及脚尖指向触球方向 | 踢球时摆动腿的控制 | 复杂环境下踢球时击球部位的准确性 |
| 重点释义 | 学生在初学阶段，由于注意力在摆动腿摆动上，经常要看一下自己踢球的准确性与力度，此时，学生支撑脚在选位上要么太靠前或者太靠后，导致踢球没有力度或者踢不起来，要么太靠近球，导致没有摆腿空间，踢不起来 | 在提高阶段，学生能够将球踢起来，但是由于击球部位准确性不够，踢球的远度和准确度都不稳定。此时，摆动腿的控制成为踢球质量的关键 | 在应用阶段，学生需要将脚背内侧踢球技术应用到比赛中。此时，环境变得复杂，学生需要将踢出去的球绕开防守队员传给同伴或者射门，这时击球部位的准确性变得异常重要。比赛中往往出现传球不理想，或者直接踢出底线的情况，这些都是击球部位不准确导致的 |

续表

| 阶段 | 初学阶段 | 提高阶段 | 应用阶段 |
| --- | --- | --- | --- |
| 难点 | 击球部位，踢球腿的摆动及随前动作 | 踢球落点的准确性 | 复杂环境下踢球落点的准确性 |
| 难点释义 | 踢球时，脚面绷直是为了脚背部位能插到球的下面，有利于起球。在初学阶段，学生往往由于紧张胆怯，而不敢将脚插到球的下面去，导致击球部位不准确，踢出去的球要么没有高度，要么没有远度 | 在提高阶段，学生能够将球踢起来，但经常出现踢球力量过大、传球偏、落点不准确的情况 | 在比赛中，由于对抗的存在，学生无法将身体、速度与球之间建立起很好的联系，或者出现“踢不准、踢不实”的情况，导致踢球质量不高 |

## （二）运球技术关键问题

对于常见的运球技术，无论是脚内侧运球，还是脚外侧运球，都是通过推拨球来改变球的方向，运球时，随着对运球速度要求的提高，学生跟球的配合变得越发重要，在不同时期也会出现不同的问题，在不同阶段的表现也会不同，具体如表 12-3 所示。

表 12-3　运球技术关键问题在不同阶段的表现与释义

| 阶段 | 初学阶段 | 提高阶段 | 应用阶段 |
| --- | --- | --- | --- |
| 重点 | 脚的推拨动作和触球的部位 | 触球部位的准确性 | 复杂环境下脚推拨球的时机 |
| 重点释义 | 在初学阶段，学生运球时要么脚推球的力量过大，要么方向掌握不准，要求触球部位太靠上或靠下，影响球的方向，或者运球变成了踢球，球距离自己太远，无法控制球 | 在提高阶段，学生能够较为快速地运球，但无法保证每次触球部位准确，影响变向的质量 | 在应用阶段，学生需要将脚内侧运球技术应用到比赛中，此时，环境变得复杂，学生需要根据场上防守队员的位置，在保持一定距离的情况下随时做出脚内侧运球过人的动作，这对运球时机的把握提出了很高的要求 |
| 难点 | 重心的快速移动 | 用力大小与跑速的协调配合 | 复杂环境下人与球的协调配合 |
| 难点释义 | 初学时，学生往往出现球踢出去了，重心还留在后面，再启动去追球的情况，导致无法控制球 | 在提高阶段，学生能够在慢速移动的情况下，通过脚内侧改变球的方向，但两只脚用力大小不一致，导致球距离自己或近或远 | 在比赛中，由于对抗的存在，学生无法将身体、速度与球之间建立起很好的联系，经常出现运球变向过晚或者“球过人不过”的情况 |

## （三）停球技术关键问题

对于常见的停球技术，无论是脚内侧停地滚球，还是大腿停球，抑或胸部停球，其基本原理都是通过缓冲来化解来球的前冲力，将球停在自己控制范围之内。因此，不同停球技术在不同阶段，都会涉及判断球的落点及选择缓冲时机等问题。当然，在不同阶段的表

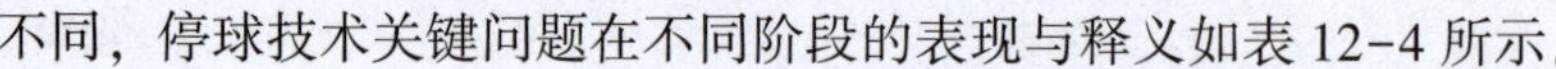

现不同，停球技术关键问题在不同阶段的表现与释义如表 12-4 所示。

表 12-4 停球技术关键问题在不同阶段的表现与释义

| 阶段 | 初学阶段 | 提高阶段 | 应用阶段 |
|---|---|---|---|
| 重点 | 准确判断球的落点及选位 | 移动中和不同球速下准确判断球的落点及选位 | 复杂环境下准确判断球的落点及选位 |
| 重点释义 | 在初学阶段，学生更多的是对来球方向和速度判断不准，特别是用大腿或胸部停高空球时，选位不准，无法很好地完成停球动作 | 在提高阶段，学生需要在移动中接停不同方向、不同速度的来球，此时，学生会因为球速、方向判断不准，出现停球不准确的情况 | 在应用阶段，学生需要将停球技术应用到比赛中。此时，环境变得复杂，对抗强度明显增加，学生在场上需要一边观察来球的落地和速度，一边观察防守队员的位置，如此便会出现停球失误的情况 |
| 难点 | 触球瞬间做到迎撤缓冲 | 移动中和不同球速下做到迎撤缓冲 | 复杂环境下人与球的协调配合 |
| 难点释义 | 初学时，学生往往出现等球的情况，而且缓冲时机把握不准，要么还没触到球就开始做缓冲动作，要么球触到脚都反弹回去了再做缓冲动作 | 在提高阶段，学生需要在移动中和不同球速下做到迎撤缓冲来停球，但仍会出现球和缓冲动作不一致的情况，导致球停的过近或过远，影响后续动作的连贯性 | 在比赛中，由于对抗的存在，学生无法在身体、速度与球之间建立起很好的联系，经常出现停球过远或停不到球的问题 |

## 三、易犯错误与纠正方法

### （一）踢球技术易犯错误与纠正方法

#### 1. 脚内侧踢地滚球易犯错误与纠正方法

学生在不同阶段，会表现出不同的错误，可能是动作错误，也可能是动作的应用时机错误。脚内侧踢地滚球易犯错误与纠正方法如下。

1）错误动作一

表现：出球准确性差，传球不能传到指定位置。

产生原因：一是助跑不是直线，使摆腿方向与踢球目标不在一条直线上；二是脚的触球部位不正确，触球部位在脚背内侧。这种情况的出现有的学生是因为髋关节柔韧性差，导致膝关节外展不够，有的学生是因为未分清脚内侧与脚背内侧的概念。

纠正方法：一是强调脚内侧踢地滚球的助跑方法是直线助跑，在练习时用线把助跑路线标出来，练习方式最好是单人对墙练习；二是让学生明确踢球的正确部位是足弓；三是加强膝关节柔韧练习，进行膝关节的无球外展柔韧练习。

2）错误动作二

表现：出现“卡壳”现象。踢球时，球“卡”在脚下，没有被踢出去。

产生原因：一是击球点过高，在球的顶部；二是在击球瞬间支撑脚超越球，此时球的位置在身体重心的后面。

纠正方法：一是让学生明确击球点是在球的后中部或后中上部。两个学生一起练习，一位学生用脚将球踩在脚下（在同伴进行练习时要观测，并指出其错误），另一位学生站在球后做击球动作；原地徒手模仿踢球练习，然后进行有球的双人或多人传球练习。在多次练习中建立良好的本体感觉，形成正确的动力定型。二是在明确支撑脚的位置后先进行球静止状态下的踢球练习，当基本掌握后再进行两人基本战术的练习。

#### 2. 脚背内侧踢高远球易犯错误与纠正方法

1）错误动作一

表现：支撑脚选位不当，脚趾没对准出球方向，影响摆踢动作的完成。

产生原因：在初学阶段，由于对整体踢球动作结构不熟悉，支撑脚与摆腿不能很好地加以配合，导致击球时击球脚触球的位置不合理。

纠正方法：进行助跑后的模仿踢球练习，体会支撑脚的位置，注意身体的协调配合。

2）错误动作二

表现：踢球腿后摆动作紧张，影响前摆速度，击球发力不足。

产生原因：初学时，踢球腿不能充分后摆，经常出现支撑腿上步后，摆动腿不后摆直接跟进踢球的动作，导致击球发力不足，踢出去的球没有远度。

纠正方法：在练习中，增大支撑腿最后一步跨出的距离，使后摆腿充分伸展，膝关节前顶，放松做随前动作，或者单独做上一步的摆动腿摆动练习，提高对摆动腿动作的注意力。

### （二）运球技术易犯错误与纠正方法

#### 1. 脚背正面运球易犯错误与纠正方法

1）错误动作一

表现：膝踝关节僵硬，推拨球变成捅击球，控制不住球。

产生原因：初学时期，还无法准确地掌握推拨球力度和触球部位。

纠正方法：放慢运球速度，可走动中运球，步幅要小，着重体会触球部位，以及推拨球的动作。

2）错误动作二

表现：支撑脚距离球过远，推拨球后重心滞后，人球分离。

产生原因：步幅过大，推拨球落地后无法迅速前蹬。

纠正方法：放慢运球速度，步幅要小，推拨球落地后迅速前蹬，运一次，跑两步。

#### 2. 脚背内侧运球易犯错误与纠正方法

表现：身体重心过高，触球时脚型不稳，影响运球方向的控制。

产生原因：初学时，还无法准确地掌握推拨球力度和触球部位。

纠正方法：强调降低重心，放慢运球速度，可走动中运球，步幅要小，着重体会触球部位，以及推拨球的动作。

### （三）停球技术易犯错误与纠正方法

表现：判断慢，不能选择最佳的迎球位置，迎撤缓冲时机控制不好，缓冲效果差。

产生原因：初学时，还无法准确地判断球和脚接触的瞬间，有时停球部位不动，导致球弹回去，有时停球部位撤离太快，导致没有碰到球，没有起到缓冲效果。

纠正方法：开始时先接慢速的来球，主动上前迎球，主动做迎撤缓冲动作，逐渐提高来球速度或高度。

# 第二节　不同技术的教学法知识

## 一、教学内容结构化：教材“三个一”设计

### （一）单一技术练习方法设计与示例

在中小学的足球教学中，各项技术的单一练习方法一般要遵循以下过程：原地无球模仿练习—原地有球练习—行进间有球练习。体育教师在设计单一动作的练习方法时，最好要简单、易于练习，让学生一看就懂、一练就会，从而更好地激发学生的学习兴趣，促进学生足球技术的掌握与运用。

#### 1. 脚内侧踢地滚球的单一练习方法

脚内侧踢地滚球的单一练习方法示例如表 12-5 所示，详见视频 12-2-1。

视频 12-2-1

表 12-5　脚内侧踢地滚球的单一练习方法示例

| 序号 | 练习方法名称 | 具体练习方法 | 注意事项 |
| --- | --- | --- | --- |
| 1 | 原地无球模仿练习 | 原地无球摆腿练习 | 练习要点：一跑、二撑、三摆、四踢球 |
| 2 | 原地有球击球练习 | 两人一组，一人踩球，另一人用脚内侧做踢球动作 | 注意击球点和击球力度 |
| 3 | 原地有球传接球练习 | 3~5 米固定距离，两人一组面对面做脚内侧传接球练习 | 注意踢球时的准确性和力度 |
| 4 | 行进间脚内侧传接球练习 | 30 米的跑动距离，两人一组相隔 5 米进行行进间脚内侧传接球练习 | 注意传球提前量，以及传球方向和力度的把握 |

#### 2. 脚背内侧踢高远球的单一练习方法

脚背内侧踢高远球的单一练习方法示例如表 12-6 所示。

表 12-6　脚背内侧踢高远球的单一练习方法示例

| 序号 | 练习方法名称 | 具体练习方法 | 注意事项 |
| --- | --- | --- | --- |
| 1 | 原地无球模仿练习 | 原地无球摆腿练习 | 练习要点：一跑、二撑、三摆、四踢球 |
| 2 | 原地有球击球练习 | 两人一组，一人踩球，另一人用脚背内侧做踢球动作 | 注意支撑脚的站位和击球点的准确性 |

续表

| 序号 | 练习方法名称 | 具体练习方法 | 注意事项 |
|---|---|---|---|
| 3 | 脚背内侧踢定位球练习 | 20米固定距离，两人一组面对面进行脚背内侧踢高远球练习 | 注意踢球后摆动腿的控制 |
| 3 | 脚背内侧踢运动球练习 | 两人一组，一人脚内侧踢地滚球给同伴，另一人跑动后用脚背内侧踢高远球 | 注意踢球的准确性 |

### 3. 脚内侧运球的单一练习方法

脚内侧运球的单一练习方法示例如表12-7所示。

**表12-7　脚内侧运球的单一练习方法示例**

| 序号 | 练习方法名称 | 具体练习方法 | 注意事项 |
|---|---|---|---|
| 1 | 行进间无球模仿练习 | 行进间模拟脚内侧运球跑，反复做脚内侧运球时的脚型练习 | 注意脚内侧运球的脚型 |
| 2 | 行进间脚内侧斜线运球 | 10米固定距离，做行进间脚内侧斜线运球练习 | 注意触球部位的准确性和击球力度 |
| 3 | 脚内侧绕八字运球练习 | 在两个标志杆（间隔2米）之间做绕8字运球练习 | 注意脚内侧的推拨动作和触球部位 |
| 4 | 脚内侧运球绕杆练习 | 6~8个标志杆，间隔2米，做脚内侧运球绕杆练习 | 注意人球的协调配合 |

### 4. 脚背外侧运球的单一练习方法

脚背外侧运球的单一练习方法示例如表12-8所示。

**表12-8　脚背外侧运球的单一练习方法示例**

| 序号 | 练习方法名称 | 具体练习方法 | 注意事项 |
|---|---|---|---|
| 1 | 行进间无球模仿练习 | 行进间模拟脚背外侧运球跑，反复做脚背外侧运球时的脚型练习 | 注意脚背外侧运球的脚型 |
| 2 | 行进间脚背外侧直线运球 | 20米固定距离，做行进间脚背外侧快速运球练习 | 注意触球部位的准确性和击球力度 |
| 3 | 行进间运球急停急起 | 20米固定距离，做行进间脚背外侧运球急停急起练习 | 注意停球和快速启动的协调配合 |

## （二）足球传接组合技术练习方法设计与示例

在中小学的足球传接球教学中，课堂上的组合技术练习方法为该堂课上的单一技术练

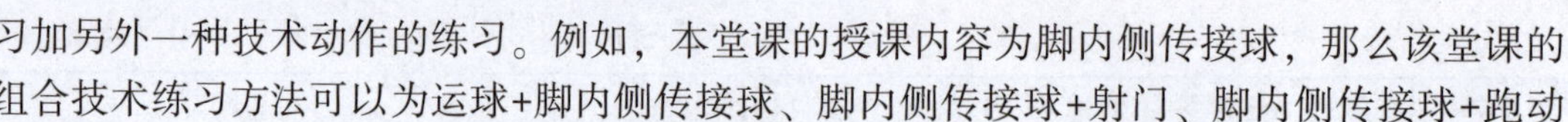

习加另外一种技术动作的练习。例如，本堂课的授课内容为脚内侧传接球，那么该堂课的组合技术练习方法可以为运球+脚内侧传接球、脚内侧传接球+射门、脚内侧传接球+跑动（踢墙式二过一）等。另外，足球传接球组合技术的练习方法可以根据技术的掌握程度设计两种或两种以上的单一技术练习组合。足球传接球组合技术练习方法示例如表 12-9 所示，详见视频 12-2-2。另外足球运球+传接球组合练习方法，详见视频 12-2-3。

视频 12-2-2

视频 12-2-3

表 12-9　足球传接球组合技术练习方法示例

| 序号 | 练习方法名称 | 具体练习方法 | 注意事项 |
|---|---|---|---|
| 1 | 脚内侧运球+脚内侧射门的组合练习方法 | 足球 20 米直线运球绕杆接射门：脚内侧运球绕过 8 个杆后脚内侧踢球射门 | 注意人球的协调配合 |
| 2 | 简单的组合技术练习方法 | 脚内侧传球+无球跑动+脚内侧接球 | 注意各个技术的衔接 |
| 3 | 较难的组合技术练习方法 | 运球绕杆+脚内侧传球+无球跑动+脚内侧接球 | 注意各个技术的衔接 |
| 4 | 困难的组合技术练习方法 | 运球绕杆+脚内侧传球+无球跑动+脚内侧接球+射门 | 注意各个技术的衔接 |

### （三）游戏或比赛方法设计与示例

在中小学的足球教学中，课堂中的游戏或比赛设计既可以是单一技术的游戏或比赛，也可以是组合技术的游戏或比赛。其中，建议小学以游戏为主要形式，中学以团队比赛为主要形式。

#### 1. 单一技术的游戏或比赛方法

1）运球接力比赛

比赛目的：提高学生快速运球能力，培养学生团结协作的精神。

比赛方法：将上课的学生平均分成人数相同的两队或四队，进行 20 米固定距离运球接力比赛，率先到达终点的队伍获胜。

比赛应用时机：建议在学习运球时设计该比赛。同时，可以根据该堂课的授课内容加大难度，如规定运球方式，或者设置若干个标志杆。

比赛要求：运球时不能有任何形式的违例、犯规。

比赛规则：若学生在比赛中出现任何形式的违例或犯规，需退回起点后重新开始。

2）“看谁进得多”射门比赛

比赛目的：提高学生射门能力。

比赛方法：在 20 米远处设置两个球门，将上课的学生平均分成人数相同的两队，学生一人一球，双方球员可任意选择一个球门进行射门。在规定时间内，进球多的一队获胜。

比赛应用时机：可以在初学阶段设计该比赛，增强学生学习足球的兴趣；抑或在学习脚内侧踢球、脚背内侧踢球、正脚背射门等技术时设计该比赛。

比赛要求：①必须一队踢完后，再换另一队踢，不允许同时射门；②可以用脚的任意部位射门，但不能违例。

比赛规则：若学生在比赛中出现任何形式的违例或犯规，或出现连续两次射门，那么该次射门无效。

#### 2. 组合技术的游戏或比赛方法

1）"看谁留到最后"运球比赛

比赛目的：提高学生运球、控球及护球的能力。

比赛方法：学生一人一球，在球场上的规定范围内运球，在运球过程中，在控制好自己球的前提下将其他人的球踢出圈外，球被踢出圈的人就算淘汰，看谁留到最后。

比赛应用时机：建议学生在学习脚内侧运球、脚背外侧运球后，在学习运球技术的应用阶段设计该比赛。

比赛要求：①运球时人球兼顾，用身体或大腿护球，不能违例；②在抢截球时要注意安全，合理冲撞，不能犯规。

比赛规则：若出现使用上肢推搡、抢截球时踢运球人身体任意部位都视为犯规，犯规人算淘汰，被犯规人继续比赛。

2）小足球比赛（4 个球门）

比赛目的：提高学生短距离传球、射门的能力，培养学生在实战比赛中攻守转换、团队配合的意识。

比赛方法：在足球场上设置一块边长为 40 米的比赛场地，在 4 条边线中间设置 4 个球门。将上课的学生平均分成人数相同的两队，各队进攻相邻的两个球门，一个大球门，一个小球门，进大门得 1 分，进小门得 2 分。两队互相攻防，得分多的一队获胜。

比赛应用时机：建议学生在学习运球、传球、射门等技术后，在学习技战术的应用阶段设计该比赛。

比赛要求：①文明比赛，弘扬体育文明风尚；②鼓励学生在比赛中积极沟通；③培养学生攻守转换的能力和团队配合的意识。

比赛规则：①比赛规则同正式足球比赛；②双方均不设守门员；③进大门得 1 分，进小门得 2 分，得分多的一队获胜。

## 二、教学方法的运用

### （一）小组合作学习法的运用及案例

#### 1. 小组合作学习法的价值

体育课堂中的学生大致可以分成三类：A 类学生喜爱体育运动，能主动投身于体育运动中，且运动能力出色，会在课堂上与他人积极互动；B 类学生的运动能力一般，需要在体育教师的引导下参与体育活动，缺乏主动锻炼的意识；C 类学生不喜欢体育运动，逃避体育锻炼，极少在体育课上积极表现。正因为有以上类型学生的存在，体育教师可以根据学生的个体差异进行分层教学，根据课堂教学的内容组成同质小组或异质小组。足球是一项集体运动，在足球教学中使用小组合作学习法，不仅有助于激发学生的运动乐趣，提高其足球技能水平，还能培养学生的"球商"和团结协作、公平竞争的意识。

2. 小组合作学习法的应用时机与实例

足球是一项集体运动，在足球教学中任何一个阶段都可以使用小组合作学习法，且在学生的技战术越成熟的时候，使用该方法取得的效果越好。

例如，在学生进行足球小比赛时，体育教师可以将这三类学生按照一定比例组成异质小组，比赛中每个学生都会发挥各自的作用，为团队尽其所能，A 类学生会发挥模范带头作用，慢慢地影响 B 类、C 类学生，提高 B 类、C 类学生的运动能力和运动积极性，同时相互之间取长补短、相互学习、相互提高。

3. 小组合作学习法应用的注意事项

体育教师在使用小组合作学习法中，要根据课堂教学的具体内容选择使用同质小组或异质小组。在进行单一技术的练习和组合技术的练习时，建议体育教师使用同质小组进行练习，因为同样能力的学生在一起练习，可以形成相互提高、相互竞争的态势，从而使小组合作学习能有更好的效果。在进行游戏或比赛时，建议体育教师多使用异质小组进行分组，这样不同层次的学生可以在竞赛中发挥各自的特长和优势，使各个小组的水平趋于一致，从而确保全班各个小组进行公平的竞争。

### （二）任务驱动教学法的运用及案例

1. 任务驱动教学法的价值

任务驱动教学法最根本的特点就是“以任务为主线、教师为主导、学生为主体”，改变了以往“教师讲，学生听”、以教定学的被动教学模式，创造了以学定教、学生主动参与、自主协作、探索创新的新型学习模式①。足球技战术的应用千变万化，体育教师可以在足球教学中使用任务驱动教学法设置不同的比赛情景，激发学生的学习兴趣，培养学生分析问题、解决问题的能力，提高学生自主学习及相互合作的能力。

2. 任务驱动教学法的应用时机与实例

同样，在足球教学的任何一个阶段都可以使用任务驱动教学法。新课标中要求在体育教学中落实“教会、勤练、常赛”，注重“学、练、赛”一体化教学。体育教师可以以小组为单位，围绕教学内容，设计相应的任务，用任务驱动学生的小组合作，有效地开展“学、练、赛”一体化教学，提升学生课堂学习的效果。任务驱动教学法与传统教学法相比，在单一技术、组合技术的练习上所取得的效果尤为明显。因为任务驱动教学法在课堂上更注重合作学习，教师在进行动作的讲解与示范后，用任务驱动学生进行分组合作探索技术动作，在练习中相互讨论、相互反馈，在很大程度上提高了学生的学习效率。

例如，在“足球运球绕杆后射门”的组合练习中，体育教师可以将 2 个 A 类和 2 个 C 类学生分为一组，另外将 4 个 B 类学生分为一组，在练习前设置一个练习后进行运球接力比赛的任务。这样在练习过程中 A 类学生会带动 C 类学生、B 类学生相互纠错、相互提高，所有队员都会竭尽全力，努力为队伍做出贡献。任务驱动教学法不仅能使学生巩固课堂练习内容，以赛代练，还能增强竞争意识、合作意识及集体荣誉感。

3. 任务驱动教学法应用的注意事项

在任务驱动教学法中，教师可以加入自我评价、相互评价、反思等评价方法，对学生

---

① 胡庆芳. 优化课堂教学：方法与实践 [M]. 北京：中国人民大学出版社，2014.

在任务过程中的学习态度、沟通协调能力、知识掌握程度等各个方面进行评价。这样不仅能提高学生运动技能的学习能力，还能提高学生的综合能力，促进学生的全面发展。

## 案例呈现

××初中××学期足球课大单元教学设计如表 12-10 所示。

**表 12-10　××初中××学期足球课大单元教学设计**

| 实施年级 | 七年级 | 实施学期 | 第一学期 | 设计者 | |
|---|---|---|---|---|---|
| 单元名称 | 运球突破及脚内侧传（接）球技术的综合运用 | | | 课时数 | 16：2a-5b-9c① |
| 教材分析 | 在足球比赛中，运传、运突、运射等是最常用、最实用的组合技术。七年级以传（接）球技术为主，巩固运球技术，介绍射门技术。在实战场景下合理地进行运球突破、空当传（接）球及两者的合理结合，是发动进攻的有效手段<br>从学情、可利用教学资源等实际出发，采用小组练习，通过一攻一守、一传一接、多人传（接）球、移动中传（接）球等形式创造串联情境，引导教师有效“教”和学生积极“学”，培养学生对足球运动的兴趣和热爱之情，从而形成终身体育锻炼的意识 | | | | |
| 学情分析 | 本模块的教学对象为初一学生。在小学阶段，大部分学生对足球的运球、传（接）球技术动作有了初步的了解，也初步接触了接球与射门相结合技术，部分学生已学会用基本的练习方法来提高技术水平，在生活中也会利用足球开展活动，发展体能，但是由于生长发育的特性，很多学生在个体与技术水平方面仍存在差异，男女生之间也存在差异，熟练程度参差不齐 | | | | |
| 教学目标 | 1. 能说出运球突破、脚内侧传（接）球技术的动作要领、练习方法及在比赛中的运用价值，了解人与球之间的关系，建立正确的运球突破与脚内侧传（接）球的运用概念<br>2. 能根据自己与障碍物、防守队员、同伴、区域的时间和空间关系，合理选择运球技术动作进行突破或及时利用脚内侧传球给移动中的同伴，并进行下一个动作的衔接，如主动接球、射门等；发展灵敏、协调、速度等素质<br>3. 在学练中表现出遵守规则、乐于探究、敢于尝试、勇于挑战和团结合作的精神面貌 | | | | |
| 核心任务 | 展示运球突破与传（接）球组合技术的进攻成效 | | | | |

教学过程

| 课时 | 教学内容 | 教学目标 | 关键问题 | 学练三个一 |
|---|---|---|---|---|
| 1 | 运球的运用方法：多种形式的运球 | 1. 能说出至少 3 种运球技术在比赛中的运用价值<br>2. 在练习和比赛中，能做出脚背正面运球、脚背外侧运球、脚背内侧运球、脚内侧运球等至少 3 种运球技术，并将球控制在自己的范围内，表现出运球技术的熟练性，发展灵敏、协调素质和下肢力量<br>3. 在学练中表现出敢于挑战、主动探究、乐于合作的精神面貌 | 合理选择运球方式 | 1. 多种形式的运球<br>2. 多种形式的运球+穿越小门<br>3. 多种形式的运球+穿越小门计时比赛 |

① 在大单元教学的课时安排中，a 代表技术方法，b 代表练习方法，c 代表运用方法。

续表

| 课时 | 教学内容 | 教学目标 | 关键问题 | 学练三个一 |
| --- | --- | --- | --- | --- |
| 2 | 运球突破的技术方法：变向变速摆脱 | 1. 能说出变向变速运球突破的运用价值<br>2. 在学练过程中，能做出明显的变向变速技术动作，运球连贯、变速明显，有效提高下肢力量及全身协调能力<br>3. 在学练中表现出观察能力和决策能力 | 动作之间衔接连贯、变向加速明显 | 1. 变向变速摆脱<br>2. 变向变速运球突破+过线<br>3. 变向变速运球突破球门得分 |
| 3 | 运球突破的练习方法：假动作+变向变速运球突破 | 1. 能描述出至少3种假动作技术的动作要领<br>2. 通过练习，90%以上学生至少能做出2种运球突破的假动作，表现出动作协调、舒展，发展学生的灵敏素质、协调能力和下肢力量<br>3. 在学练中表现出敢于展示、挑战的意志品质，以及观察与判断能力 | 动作协调，假动作逼真 | 1. 假动作+变向变速运球突破<br>2. 两人对向运球+假动作+变向变速运球突破<br>3. 假动作运球突破过线得分 |
| 4 | 运球突破的运用方法：不同形式的运球突破过线 | 1. 能说出不同形式运球突破的动作要领<br>2. 在练习中能利用假动作诱晃对手，并做出明显的变向变速技术动作，勇于做动作，动作有连贯性，发展灵敏和速度素质<br>3. 在练习中表现出大胆、果断、敢于挑战自我的良好品质 | 假动作逼真，衔接连贯 | 1. 不同形式的运球突破过线<br>2. 假动作变向变速+不同形式的运球突破过线<br>3. 假动作变向变速+不同形式的运球突破过线计时比多 |
| 5 | 运球突破的运用方法：1V1运球突破到指定区域 | 1. 能够说出运球突破在比赛中的运用价值<br>2. 在对抗过程中，能做出2种以上运球动作完成突破，勇于做动作，动作有连贯性，发展协调、灵敏和速度素质<br>3. 在练习中勇于挑战、大胆尝试，表现出观察能力和决策能力 | 根据防守的重心进行预判 | 1. 1V1运球突破到指定区域<br>2. 步伐（灵敏性）+1V1运球突破到指定区域<br>3. 1V1（防守人）+1（防守人）运球突破挑战赛 |
| 6 | 脚内侧传（接）球的技术方法：对墙脚内侧传球 | 1. 能说出对墙脚内侧传球的动作要领<br>2. 在学练中能做出脚内侧传球动作，动作协调、有连贯性，发展协调能力和下肢力量<br>3. 在学练中表现出敢于展示、勇于挑战、乐于探究的精神 | 脚型正确，击球部位准确 | 1. 对墙脚内侧传球<br>2. 对墙脚内侧传球+接球<br>3. 踢准比赛 |

续表

| 课时 | 教学内容 | 教学目标 | 关键问题 | 学练三个一 |
| --- | --- | --- | --- | --- |
| 7 | 脚内侧传（接）球的练习方法：双人脚内侧传（接）球 | 1. 能说出双人脚内侧传（接）球的练习方法<br>2. 在学练中能做出双人脚内侧传（接）球的动作，表现出动作的连贯性与准确性，发展协调、灵敏素质和下肢力量<br>3. 在学练中表现出敢于挑战、乐于探索和竞争的精神 | 支撑脚站位正确，传球准确 | 1. 双人脚内侧传（接）球<br>2. 双人脚内侧传（接）球+传球穿越中心点<br>3. 踢“保龄球”游戏 |
| 8 | 脚内侧传（接）球的练习方法：多人脚内侧传（接）球 | 1. 能说出多人脚内侧传（接）球的练习方法<br>2. 在学练中能在干扰下完成多人脚内侧交叉传（接）球，表现出传球动作的连贯性与准确性，发展观察能力、合作意识、耐力和下肢力量<br>3. 在学练中表现出敢于展示、挑战的意志品质，以及观察与判断能力 | 根据对方站位，提高传（接）球准确性 | 1. 多人脚内侧传（接）球<br>2. 移动换位+多人脚内侧传（接）球<br>3. 移动换位+多人脚内侧交叉传（接）球计时比多 |
| 9 | 脚内侧传（接）球的练习方法：不同距离脚内侧传（接）球 | 1. 能说出不同距离脚内侧传（接）球的动作要领<br>2. 在学练中能运球至不同距离后进行不同力度的脚内侧传（接）球，表现出合理的传球力度，发展判断力、协调性、耐力和下肢力量<br>3. 在学练中表现出勇于挑战、勇于探索与积极合作互助的品质 | 掌握传（接）球力度 | 1. 不同距离脚内侧传（接）球<br>2. 运球+不同距离脚内侧传（接）球<br>3. 运球+不同距离脚内侧传（接）球计时比多 |
| 10 | 脚内侧传（接）球的运用方法：行进间脚内侧传（接）球 | 1. 能说出行进间脚内侧传（接）球的运用价值<br>2. 在学练中能做出行进间脚内侧传（接）球的动作，表现出连贯性，传球方向合理，提前量适中，发展判断能力和决策能力<br>3. 在学练中表现出乐于展示、勤于思考、团结合作的优良品质 | 传球方向合理，提前量适中 | 1. 行进间脚内侧传（接）球<br>2. 行进间脚内侧传（接）球+一人防守步伐<br>3. 2V1（规定线上防守人） |

续表

| 课时 | 教学内容 | 教学目标 | 关键问题 | 学练三个一 |
|---|---|---|---|---|
| 11 | 脚内侧传（接）球的运用方法：行进间多人脚内侧传（接）球 | 1. 能说出行进间多人脚内侧传（接）球的运用价值<br>2. 在学练中能做出行进间多人脚内侧传（接）球的动作，传球方向合理；增强传完后跑动接球的意识，发展合作意识、判断力、协调性和下肢力量<br>3. 在学练中表现出敢于挑战、勇于探索、乐于展示的精神面貌 | 传球方向合理，主动接应 | 1. 行进间多人脚内侧传（接）球<br>2. 行进间多人脚内侧传（接）球+穿越小门<br>3. 抢圈游戏：1抢3 |
| 12 | 脚内侧射门的练习方法：折返跑定点射门 | 1. 能说出折返跑定点射门的练习方法<br>2. 在练习快速跑动的情况下进行定点射门，跑步与射门动作的衔接连贯，发展协调性、灵敏性、耐力和下肢力量<br>3. 在学练中表现出敢于尝试、乐于探索、团结协作的优良品质 | 跑步与射门动作的衔接连贯，射门具有一定准度 | 1. 折返跑定点射门<br>2. 传球+折返跑定点射门<br>3. 传球+折返跑定点射门进球比多 |
| 13 | 运球+射门的运用方法：运球突破+脚内侧射门 | 1. 能说出运球突破+脚内侧射门在比赛中的运用价值<br>2. 在学练中能完成运球突破后的脚内侧射门，组合动作衔接连贯，射门具有一定的准度，发展观察、决策能力及相关体能<br>3. 在学练中表现出主动探索、勤于思考、敢于挑战的精神面貌 | 组合动作衔接连贯，射门具有一定准度 | 1. 运球突破+脚内侧射门<br>2. 运球突破+防守人（弱对抗）+脚内侧射门<br>3. 组合对抗：1V0射门、1V1射门 |
| 14 | 运球+传球+射门的运用方法：运球加速+连接传球 | 1. 能说出运球+传球+射门在比赛中的运用价值<br>2. 在学练中能完成运球后的传球或射门的合理选择，表现出动作连贯性，发展观察、决策能力及相关体能<br>3. 在学练中表现出观察能力和合作意识 | 运球连接传球及射门的连贯与合理选择 | 1. 运球加速+连接传球<br>2. 运球加速突破1V0射门+1（接应人）连接传球与射门<br>3. 1+1（接应人）V1（防守人弱对抗） |

续表

| 课时 | 教学内容 | 教学目标 | 关键问题 | 学练三个一 |
|---|---|---|---|---|
| 15 | 运球突破及脚内侧传（接）球技术的综合运用：主题条件限制下的1V1+2（接应人）小组对抗射门 | 1. 能说出运球突破及脚内侧传（接）球技术在比赛中的运用价值<br>2. 能够关注各单项技术在对抗情境中的有机衔接与合理运用，展示持续进攻能力，发展判断、反应、决策能力<br>3. 学会与同伴配合，乐于探索与竞争 | 在对抗情境中根据场上的区域、同伴和对手的情况合理选择射门、突破或传球 | 运用所学运球突破技术、传（接）球技术进行主题条件限制下的 1V1+2（接应人）小组对抗射门 |
| 16 | 运球突破及脚内侧传（接）球技术的综合运用：主题条件限制下的2V2 小组竞赛 | 1. 能说出运球突破及脚内侧传（接）球技术在比赛中的运用价值<br>2. 能够关注各单项技术在对抗情境中的有机衔接与合理运用，展示持续进攻能力，发展判断、反应、决策能力<br>3. 在学练过程中遵守规则、善于合作、尊重对手 | 在比赛中根据场上的区域、同伴和对手的情况合理选择射门、突破或传球 | 运用所学运球突破技术、传（接）球技术进行主题条件限制下的2V2小组竞赛 |
| 评价建议 | 素养1：运动能力<br>（1）考查：能说出运球突破、脚内侧传（接）球技术的动作要领以及在比赛中的运用价值，了解人、球之间的关系，建立正确的运球突破与传球姿势<br>（2）检测：运用不同运球突破技巧，做出行进间不同距离脚内侧传（接）球，为今后的进攻配合打好基础<br>素养2、3：健康行为和体育品德<br>（1）考查学生的学习态度、出勤、参与度、进步幅度、课题表现等，以过程记录为主<br>（2）考查比赛过程中对所学内容的实际运用能力，以及遵守规则、诚信自律等品格 | | | |

## 案例呈现

### 水平三（五年级）《足球：运球技术及综合活动》大单元教学设计

一、指导思想

以发展学生的核心素养为目标，以促进学生的身心健康为目的，落实“教会、勤练、常赛”课程理念，通过系统完整的大单元教学，提高课堂的运动负荷与强度，促进学生的身心健康。以足球知识、基本技能、战术运用、足球专项体能、裁判知识及裁判方法学习，提高学生在真实比赛情境下对动作的正确运用能力，通过课内的动态活动问题链、练习链及分组比赛等，在实施差异化教学的同时，注重学生角色的划分、运动能力的提升、锻炼习惯的养成，为课后参加各类足球活动及比赛打下坚实的基础。

二、设计思路

水平三（五年级）足球大单元教学从内容上主要包括足球的基础知识与基本技能、技

战术运用、体能、展示与比赛、相关的裁判知识、观赏与评价等，内容上强调整个大单元的系统与完整，消除技术动作教学的简单叠加。采用以学、练、赛为一体的教学模式，整个大单元教学以多元组合教学为主，通过由易到难、由简单到复杂的教学情境设置，活动任务的趋向异同，构建结构化的知识、技能体系，面向人人，促进每一名学生运动能力的提升，并通过教学比赛中的组织角色分工、规则阶段性的变通等，提升学生在足球比赛中合理运用相关知识、规则、技能等的能力，同时，掌握相关的规则与裁判方法，提升抗压能力及情绪调控能力。结合课后作业、学校课外体育活动、体育竞赛活动等，促进学生参加体育活动习惯的培养与能力的提升。

足球大单元教学设计结构安排如表 12-11 所示。

**表 12-11　足球大单元教学设计结构安排**

| 学习内容 | 学习任务 | 课时 |
| --- | --- | --- |
| 基础知识与基本技能 | 1. 脚背外侧运球、脚内侧运球、扣球、运球转身、假动作、运球过人<br>2. 脚内侧传接球<br>3. 移动中接地平球、空中球<br>4. 脚不同部位推拨球、拉球、扣球等<br>5. 结合射门的组合动作技术及战术配合<br>6. 描述足球运动规则和比赛文化、礼仪 | 3 |
| 技战术运用 | 1. 传接球+扣球+射门<br>2. 1V1、2V1 过人配合（直传斜插、斜传直插）<br>3. 3V3、5V5 升降赛<br>4. 攻防转换 | 13 |
| 体能 | 1. 提高一般体能水平，加强足球专项体能练习<br>2. 根据信号做各种姿势的启动练习，以提高反应能力和灵敏素质<br>3. 通过不同距离的定时跑、定时运球、运球练习提高心肺耐力等 | 融入 18 课时当中（专项准备活动+课课练） |
| 展示或比赛 | 1. 3V3、5V5 教学比赛<br>2. 1V1、2V1 过人赛<br>3. 学会分享与合作 | 每课 10 分钟以上 |
| 礼仪与裁判方法 | 1. 足球规则和裁判方法<br>2. 直接任意球、间接任意球、点球判罚和踢球规则、开球、界外球角球、越位规则<br>3. 赛前握手、围圈激励、鞠躬致意、鼓掌感谢、文明观赛等赛场礼仪<br>4. 承担班级内比赛的部分裁判工作 | 2 |
| 观赏与评价 | 每学期通过现场、网络或电视观看至少 8 次足球比赛，如观看班级内、校队、国际比赛等；对某场高水平比赛进行分析与评价，能从球星中汲取正能量，激励自身成长 | 课后作业 |

足球运球技术与综合活动单元计划如表 12-12 所示。

表 12-12　足球运球技术与综合活动单元计划

<table>
<tr><td>年级</td><td>五年级</td><td>实施学期</td><td>2022 第 2 学期</td><td>设计者</td><td colspan="2"></td></tr>
<tr><td>名称</td><td colspan="3">足球：运球技术及综合活动</td><td>课时数</td><td colspan="2">18</td></tr>
<tr><td>教材分析</td><td colspan="6">教材来源：足球运球技术及综合活动方法选自《浙江省义务教育体育与健康课程指导纲要》<br>教材功能、价值：足球运球是足球运动中比较常见的运动技术，具有步幅小、频率快、重心低的基本特征。本大单元包括各种运球技术、战术、动作多元组合、防守与进攻战术、射门及比赛等。学生掌握了本大单元的内容，能够参与各类足球比赛与游戏，并在比赛中合理地运用相关的技术组合，为掌握一项专项运动技能提供可能，培养学生积极参加体育锻炼的习惯并提升活动的能力</td></tr>
<tr><td>学情分析</td><td colspan="6">五年级学生在水平二基础上学过足球项目相关的技术，有一定的技能储备，其身体处于发展加速期，为足球大单元学习提供了有效的保证。同时，五年级学生有了一定的认知水平，好胜心强，有一定的理解能力和独立完成动作的能力，为结构化的组合项目学习提供了可能。但对足球的学习缺少在比赛情境下的组合学习与战术运用，结合《义务教育体育与健康课程标准（2022 年版）》大单元教学要求，对单个技术动作或者战术配合等在要求上有提升，对学生的要求也有所提升，不仅要求学生理解动作的技术结构与相关的动作原理，还要求学生掌握练习的方法，在课内课外、校内校外勤加练习，并在比赛中合理地运用。同时，五年级学生以抽象思维为主要思维形式，对待问题存有较大的片面性、表面性，缺乏承受压力、克服困难的能力和精神品质，通过不同情境的学、练、赛，逐步促进学生体育品德的养成</td></tr>
<tr><td>单元目标</td><td colspan="6">（1）运动能力：通过单元的系统、完整教学，学生应掌握足球的各种动作技术及其组合，并能在生活或者各类比赛中运用；了解相关的动作原理与裁判知识，发展位移速度、爆发力、柔韧、协调、平衡等体能<br>（2）健康行为：培养学生积极参加体育锻炼的能力与习惯，通过自主、合作与探究性学习，掌握安全运动的方法与技能，通过合理的分组、差异化的内容安排及过程性考核或检查要求，强化合作意识与适应能力<br>（3）体育品德：在学习中设置由简单到复杂的教学情境，培养学生顽强拼搏、积极向上的精神，在学习中设置由简单到复杂的教学情境，培养学生尊重对手、爱护同伴等优良品格</td></tr>
<tr><td>核心任务</td><td colspan="6">能运用所学的技战术进行 5V5 比赛</td></tr>
<tr><td colspan="7">教学过程</td></tr>
<tr><td>课时</td><td>教学内容</td><td colspan="3">教学目标</td><td>关键问题</td><td>学练三个一</td></tr>
<tr><td>1</td><td>脚背外侧运球动作方法：脚背外侧运球追逐</td><td colspan="3">1. 能说出脚背外侧运球与技术动作要领<br>2. 在游戏中能做出脚背外侧运球动作，表现出控制球的能力；发展学生快速反应与快速移动的能力<br>3. 在游戏的过程中能积极地面对挫折和失败，调整情绪，保持良好的心态</td><td>如何控制运球时的力量</td><td>1. 脚背外侧运球追逐<br>2. 运球+射门<br>3. 特定规则的足球赛：脚背外侧运球+射门积分赛</td></tr>
</table>

续表

| 课时 | 教学内容 | 教学目标 | 关键问题 | 学练三个一 |
| --- | --- | --- | --- | --- |
| 2 | 脚内侧运球动作方法：绕 8 字圆形运球 | 1. 能说出脚内侧运球的动作要领<br>2. 在练习中能做出脚内侧运球动作，运球时球在运球人的控制范围内，发展学生快速启动的能力<br>3. 在学练中培养学生的规则意识 | 如何控制运球时的方向 | 1. 绕 8 字圆形运球<br>2. 运球 + 射门练习<br>3. 特定规则的足球赛：脚内侧运球得分赛 |
| 3 | 脚内侧运球动作方法：运球转身 | 1. 能说出 2 种以上脚内侧运球转身练习方法<br>2. 在脚内侧运球时能做出连续变向的动作，表现出连贯性、准确性及空间感；发展学生的快速移动能力<br>3. 在学练中体验团队配合 | 如何保持身体重心的转换 | 1. 运球转身<br>2. 运球 + 传球 + 射门<br>3. 3V3 对抗赛 |
| 4 | 运球练习方法 1：脚外侧运球追踪赛 | 1. 能说出脚背外侧运球与其他运球方法的区别<br>2. 在游戏中能做出脚背外侧运球动作，表现出运传接转的衔接熟练性和灵敏性；发展学生有氧代谢能力<br>3. 在练习中尊重同伴，乐于与同伴交流与沟通 | 如何在快速移动中控制运球的力量 | 1. 运球追踪赛<br>2. 运球通过封锁线<br>3. 特定规则的足球赛：脚背外侧运球积分赛 |
| 5 | 运球练习方法 2：脚内侧运球穿越“小门” | 1. 能说出脚内侧运球在比赛中的作用<br>2. 在比赛中能做出以脚内侧为主控方式的运球动作，能与后续的传球或射门动作进行有效衔接，表现出一定的熟练度；发展灵敏性并提高反应能力<br>3. 在不断重复的脚内侧运球过程中，培养学生的耐心与毅力，同时锻炼学生的观察能力与学习能力 | 如何在快速移动中控制运球的方向 | 1. 脚内侧运球穿越“小门”<br>2. 脚内侧运传射组合练习<br>3. 特定规则的足球赛：蜘蛛人大战 |
| 6 | 运球练习方法 3：运球转身 | 1. 能说出 2 种以上脚背外侧运球转身练习方法<br>2. 在脚背外侧运球时能做出连续变向的动作，表现出连贯性、准确性及空间感；发展学生的快速移动能力<br>3. 在学练中体验团队配合 | 如何在快速运球中完成拨球、转身动作 | 1. 运球转身<br>2. 运球 + 传球 + 接球射门练习<br>3. 曲线运球接力赛 |
| 7 | 运球练习方法 4：运球假动作练习 | 1. 能说出 2 种以上的运球假动作<br>2. 在有障碍的练习中能做出 2 种假动作，做假动作时身体重心有变化；发展学生快速启动能力<br>3. 在练习中学会交流与宽容 | 使用假动作的时机 | 1. 运球假动作练习<br>2. 运球+假动作+过人+射门练习<br>3. 3V3 对抗赛 |

续表

| 课时 | 教学内容 | 教学目标 | 关键问题 | 学练三个一 |
|---|---|---|---|---|
| 8 | 运球练习方法5：运球变向+5标志桶 | 1. 能说出扣球动作的技术要领<br>2. 在有障碍的情况下，快速运球时能用脚内侧扣球动作转变方向且与同伴不相撞，转身迅速；发展学生快速移动能力<br>3. 在练习中培养规则意识 | 如何利用扣球部位控制方向 | 1. 运球变向+5标志桶<br>2. 运球变向+射门练习<br>3. 3V3对抗赛 |
| 9 | 运球练习方法6：运球躲避“攻击” | 1. 能说出2种扣球动作在运球突破中的运用时机<br>2. 在快速运球中用脚内侧扣球动作进行变向过人，扣球位置正确，变向迅速并有一定的隐蔽性；发展学生有氧代谢能力<br>3. 通过运球变向练习增强学生观察能力 | 控球变向时如何控制好身体重心 | 1. 运球躲避“攻击”<br>2. 扣球过人+射门练习<br>3. 3V3对抗赛 |
| 10 | 运球运用方法1：1V1突破练习 | 1. 能说出2种以上的运球突破组合方式<br>2. 在有防守的情况下，能随机组合扣球、假动作等进行突破过人，根据防守人的位置、运球速度选择突破方式；发展学生有氧代谢能力<br>3. 在练习过程中培养学生的果断决策的能力 | 运球突破的方法、时机 | 1. 1V1突破练习<br>2. 1V1+射门练习<br>3. 3V3对抗赛 |
| 11 | 运球运用方法2：1V1突破+射门 | 1. 能说出3种扣球动作在运球突破中的运用时机<br>2. 在快速运球中用脚内侧扣球动作进行变向过人，扣球位置正确，变向迅速并有一定的隐蔽性，发展学生有氧代谢能力<br>3. 通过运球变向练习增强学生观察能力 | 如何提高过人成功率 | 1. 1V1突破+射门<br>2. 1V1突破+射门×3组练习<br>3. 5V5对抗赛 |
| 12 | 运球运用方法3：2V1斜传直插突破 | 1. 能说出3种以上的运球突破组合方式<br>2. 在真实防守情况下，能随机组合扣球、假动作等进行突破过人，根据防守人的位置、运球速度选择突破方式；发展学生混氧能力<br>3. 在练习过程中培养学生的果断性与决策能力 | 斜传直插的方法与时机 | 1. 2V1斜传直插突破<br>2. 2V1+射门比赛<br>3. 5V5对抗赛 |
| 13 | 运球运用方法4：2V1直传斜插突破 | 1. 能说出3种以上的运球突破组合方式<br>2. 在真实防守情况下，能随机组合扣球、假动作等进行突破过人，根据防守人的位置、运球速度选择突破方式；发展学生混氧能力<br>3. 在练习过程中培养学生的果断性与决策能力 | 直传斜插的方法与时机 | 1. 2V1直传斜插突破<br>2. 2V1+射门比赛<br>3. 5V5对抗赛 |

续表

| 课时 | 教学内容 | 教学目标 | 关键问题 | 学练三个一 |
|---|---|---|---|---|
| 14 | 比赛规则与裁判方法：足球竞赛基本规则 | 通过理论+实践教学，使学生基本掌握足球裁判的跑动路线、手型，掌握足球裁判的基本技术与技能，培养足球裁判的意识，提高现场执裁的能力 | 如何区分比赛中的犯规、违例 | 1. 通过视频解析学习<br>2. 现场执裁 5V5<br>3. 承担班级内比赛的部分裁判工作 |
| 15 | 比赛礼仪 | 通过视频和实战的演练教学，掌握赛前握手、围圈激励、鞠躬致意、鼓掌感谢、文明观赛等赛场礼仪，增强学生的足球情感 | 如何做一个文明、有礼貌的足球人 | 1. 通过视频解析学习<br>2. 现场 5V5 实操<br>3. 组织一次班级正规联赛 |
| 16 | 小组间 5V5 教学积分升降赛 1 | 能够在比赛中灵活运用运球、传球、射门与简单战术配合，并根据场上情况进行调整，发展速度、灵敏、协调等身体素质 | 如何在真实比赛中运用运球突破完成进攻 | 1. 小组间 5V5 教学积分升降赛<br>2. 半决赛 |
| 17 | 小组间 5V5 教学积分升降赛 2 | 能够在比赛中灵活运用运球、传球、射门与简单战术配合，根据场上情况进行调整，发展速度、灵敏、协调等身体素质 | 如何根据目前排名调整场上战术 | 1. 小组间 5V5 教学积分升降赛<br>2. 冠、亚、季军颁奖典礼 |
| 18 | 足球运+传+射专项运动技能测评 | 运、传、接、射组合技术测试 | 如何快速完成测试 | 按照测评方案进行考评 |
| 单元思考 | 本单元主要通过不同形式练习方法，让学生建立多种组块式练习的动作模式，通过模拟真实的比赛情景，让学生更好地适应足球运动项目的特征要求。教学中，要注意根据学生的差异性来进行分层教学，同时培养学生的规则意识，特别强调在运球突破中运球节奏、运球速度的变化。能在课堂中创设不同难度的任务，让学生通过思考、探究、积极发现并解决实际问题。在教学游戏中，注重技术、运动能力的有机结合，促使足球素养、体能素养、情感品质的多维发展，运用多种方式激发学生的学习热情。布置课后作业，如观看足球比赛后对比赛进行分析与评价，提升学生对足球运动的整体认知水平 | | | |
| 评价建议 | （1）评价重点<br>①运动能力：能运用所学知识制订和实施个人锻炼计划，体能达到本年级《国家学生体质健康标准（2014 年修订）》的合格及以上水平；能运用所学足球技战术、规则参加班级间比赛，能胜任比赛的裁判角色；观看不少于 8 次足球比赛，能对某场高水平足球比赛进行分析与评价，运用所学知识与技能解决学习和比赛中遇到的问题<br>②健康行为：能积极主动地参与足球活动，并根据锻炼效果调整自己的锻炼方案；在活动中做到情绪稳定，表现出良好的自我调控能力；能将所学的足球知识与技能运用到生活中，养成坚持锻炼的习惯<br>③体育品德：在足球运动中具有迎难而上、挑战自我、顽强拼搏的精神和胜不骄、败不馁的意志品质；在展示或比赛中自觉遵守运动精神和比赛规则，服从裁判、尊重对手；在运动中表现出负责任、敢担当、善担当的良好品质 | | | |

续表

<table>
<tr>
<td>评价建议</td>
<td>
（2）评价内容与方式<br>
A. 平常课堂学习的过程性评价，评价点为学习态度、合作意识、技战术的掌握程度等（占 40%）
<table>
<tr><th>观测维度</th><th>分值</th></tr>
<tr><td>学习态度：积极/一般/消极</td><td>10/6/2</td></tr>
<tr><td>合作意识：热情/强迫/回避</td><td>10/6/2</td></tr>
<tr><td>技战术的学练运用：熟练/一般/生疏</td><td>10/6/2</td></tr>
<tr><td>课后的学练延续：积极/一般/消极</td><td>10/6/2</td></tr>
</table>
B. 足球专项能力测评（占 60%）<br>
①方法：在长 25 米、宽 15 米的平整场地内，学生站于起点，举手示意，听到口令（开始计时），完成同伴的界外球后踩停球至起点线，从起点线出发，运球绕过 4 个标志桶后至 B 线，踢球给同伴接回传球后，再次运球绕过 4 个标志桶，将球运回 C 线，对相距 5 米的球门进行射门，完成后取球直线运回起点线，计时结束。(全程用同一个球完成测试)<br>
②测评点：传接球、运球能力，适应环境的能力。<br>
③测评要求：不能用手触球；运球绕 4 个标志桶 2 次；将球运回起点。<br>
④测评记录及标准：未接住同伴界外球、回传球加 5 秒；用手触球 1 次加 5 秒；运球漏标志桶 1 次加 10 秒；射门未进加 5 秒。<br>
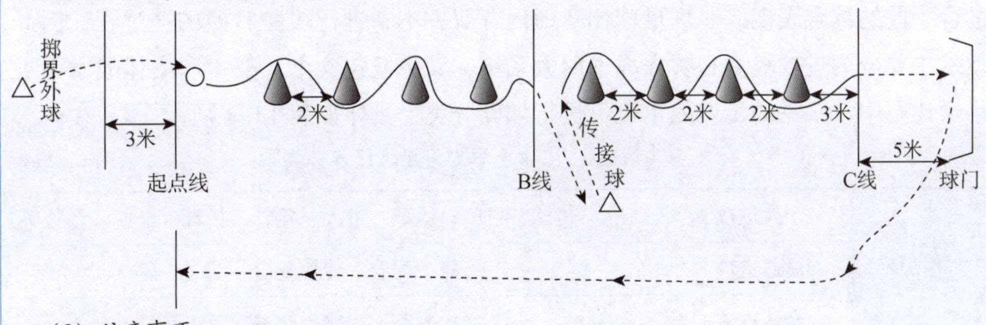
<br>
（3）注意事项<br>
①评价方法要注意多样性，关注学生个体差异。<br>
②知识类、技能、体能等，一般采用定量评价。<br>
③健康行为、体育品德等，要以积极性评价为主。<br>
④注意评价标准的差异性，让不同水平的学生都能够感受到成功的喜悦
</td>
</tr>
<tr>
<td>课后作业</td>
<td>举办运传球接力赛、尝试解说一场足球比赛、做足球明星故事小画报、征文《我最欣赏的足球明星》……</td>
</tr>
</table>

# 第十三章 不同战术的教学

## 第一节 中小学常见的足球战术

足球战术是在足球比赛中为了战胜对手，根据主客观的实际情况所采取的个人和集体配合手段的综合表现。一场足球比赛即比赛双方不断进行攻防转换的全过程，因此，足球战术主要分为进攻战术和防守战术两大系统，其中又包含个人战术和集体战术两类。在中小学比赛中，常见的足球战术也可进行如此分类，具体如表 13-1 所示。

表 13-1 中小学常见足球战术分类

| | | |
|---|---|---|
| 进攻战术 | 个人进攻 | 传球、射门、运球、过人、接球、掷球、摆脱、跑位等 |
| | 局部进攻 | 掩护配合、传切配合、二过一等 |
| | 全队进攻 | 边路、中路、转移、反击等 |
| 防守战术 | 个人防守 | 盯人、选位等 |
| | 局部防守 | 临近位置配合、保护、补位等 |
| | 全队防守 | 区域、盯人、混合等 |

在足球进攻战术中，局部进攻战术是集体配合的基础，是指进攻中两个或两个以上队员之间的配合方法，基本配合形式有传切配合、二过一配合和交叉掩护配合，在中小学足球比赛中较为常见。根据《义务教育体育与健康课程标准（2022 年版）》和中小学体育教学的需要，高师院校体育专业在足球战术教学内容上可以考虑进攻战术中的传切配合、撞墙式二过一、交叉掩护二过一。

# 第二节　足球战术教学设计与示例

## 一、传切配合战术教学

### （一）传切配合战术的概念

传切配合是指控球队员将球传给切入的进攻队员的配合方法，是局部进攻战术中运用最多的方法。在传切配合过程中，控球队员要准确把握传球的时机，并控制好传球的方向与力量，跑位队员要明示切入的方位、时间，启动突然、快速，并用身体掩护住球。

传切配合的形式有直传斜切、斜传直切、斜传斜切和转移长传切入。

### （二）传切配合战术应用时机

边路进攻多采用直传斜切和斜传直切的配合方法。中路进攻多采用斜传直切和斜传斜切的配合方法。转移长传切入则是在一侧进攻受阻的情况下，长传转移到另一侧，然后切入队员得球并展开进攻。

### （三）传切配合战术单元教学设计

1）单元教学设计示例

“传切配合战术及运用”单元计划如表 13-2 所示。

表 13-2　“传切配合战术及运用”单元计划

| 单元目标 | 1. 学生能说出至少 3 种足球传切配合战术及其运用价值<br>2. 在组合练习或教学比赛中，能与同伴配合，积极运用各种组合技术及传切配合战术提高比赛成绩。能利用场地接应，积极摆脱，争取获得胜利或对球的控制权。体现观察及时、跑动快速、反应敏捷的素质及合作能力<br>3. 在课内外表现出遵守规则、乐于探究、团队协作和积极向上的精神 | | | |
|---|---|---|---|---|
| 序号 | 教学内容 | 教学目标 | 教学重点与难点 | 教学策略 |
| 1 | 传切战术技术方法 | 1. 能说出传切配合战术的跑动路线，并能区分 4 种不同传切配合的特点<br>2. 在无人防守练习中完成直传斜切、斜传直切、斜传斜切和转移长传切入，跑动路线正确，传球到位；发展快速移动能力<br>3. 培养合作意识 | 重点：跑动路线<br>难点：跑动路线和传球时机 | 1. 传切配合战术<br>2. 传切配合战术+接球<br>3. 2V2 教学比赛 |
| 2 | 直传斜切战术练习方法 1 | 1. 能说出直传斜切战术运用时的注意事项<br>2. 在无人防守练习中能与同伴流畅完成直传斜切战术配合，传球准确，斜切快速；发展快速移动能力<br>3. 表现出规则意识和诚实的品德 | 重点：斜切跑动<br>难点：跑动与传球时机 | 1. 直传斜切战术<br>2. 直传斜切+射门<br>3. 三传一抢游戏 |

续表

| 序号 | 教学内容 | 教学目标 | 教学重点与难点 | 教学策略 |
|---|---|---|---|---|
| 3 | 斜传直切战术练习方法2 | 1. 能说出斜传直切战术运用时的注意事项<br>2. 在无人防守练习中能与同伴流畅完成斜传直切战术配合，传球准确，直切快速；发展快速移动能力<br>3. 培养果断决策的能力 | 重点：直切跑动<br>难点：跑动与传球时机 | 1. 斜传直切战术<br>2. 斜传直切+射门<br>3. 3V3 教学比赛 |
| 4 | 斜传斜切战术练习方法3 | 1. 能说出“斜传斜切”战术运用时的注意事项<br>2. 在无人防守练习中能与同伴流畅完成斜传斜切战术配合，传球准确，斜切快速；发展快速移动能力<br>3. 培养相互合作的能力 | 重点：斜切跑动<br>难点：跑动与传球时机 | 1. 斜传斜切战术<br>2. 斜传斜切+快速传递<br>3. 3V3 教学比赛 |
| 5 | 转移长传切入战术练习方法4 | 1. 能说出转移长传切入战术运用时的注意事项<br>2. 在无人防守练习中能与同伴流畅完成转移长传切入战术配合，传球准确，切入快速；发展快速移动能力<br>3. 培养相互合作的能力 | 重点：传球远度<br>难点：跑动与传球时机 | 1. 转移长传切入战术<br>2. 转移长传切入+运球射门<br>3. 3V3 教学比赛 |
| 6 | 传切战术运用方法1 | 1. 能说出直传斜切战术在比赛中的作用<br>2. 在以多打少练习中能顺利完成直传斜切战术配合，可以根据防守人的站位及时进行传跑突破；发展快速移动能力<br>3. 培养规则意识 | 重点：时机选择<br>难点：传跑时机 | 1. 直传斜切战术<br>2. 直传斜切战术+运球射门<br>3. 5V5 教学比赛 |
| 7 | 传切战术运用方法2 | 1. 能说出斜传直切战术在比赛中的作用<br>2. 在以多打少练习中能顺利完成斜传直切战术配合，可以根据防守人的站位及时进行传跑突破；发展快速移动能力<br>3. 培养规则意识 | 重点：时机选择<br>难点：传跑时机 | 1. 斜传直切战术<br>2. 斜传直切战术+运球射门<br>3. 5V5 教学比赛 |
| 8 | 传切战术运用方法3 | 1. 能说出斜传斜切战术在比赛中的作用<br>2. 在以多打少练习中能顺利完成斜传斜切战术配合，可以根据防守人的站位及时进行传跑突破；发展快速移动能力<br>3. 培养规则意识 | 重点：时机选择<br>难点：传跑时机 | 1. 斜传斜切战术<br>2. 斜传斜切战术+运球射门<br>3. 5V5 教学比赛 |

续表

| 序号 | 教学内容 | 教学目标 | 教学重点与难点 | 教学策略 |
|---|---|---|---|---|
| 9 | 传切战术运用方法4 | 1. 能说出转移长传切入战术在比赛中的作用<br>2. 在以多打少练习中能顺利完成转移长传切入战术配合，可以根据防守人的站位及时进行传跑突破；发展快速移动能力<br>3. 培养规则意识 | 重点：时机选择<br>难点：传跑时机 | 1. 转移长传切入战术<br>2. 转移长传切入战术+运球射门<br>3. 5V5 教学比赛 |
| 10 | 传切战术运用方法5 | 1. 能说出直传斜切战术中两人在战术配合时各自的作用<br>2. 在练习中能与同伴顺利完成直传斜切战术配合，传球时机好，切入快速；发展灵敏性与耐力<br>3. 培养果断决策的能力 | 重点：直传时机<br>难点：斜切时机 | 1. 直传斜切战术<br>2. 直传斜切战术+突破摆脱<br>3. 5V5 教学比赛 |
| 11 | 传切战术运用方法6 | 1. 能说出斜传直切战术中两人在战术配合时各自的作用<br>2. 在练习中能与同伴顺利完成斜传直切战术配合，传球时机好，切入快速；发展灵敏性与耐力<br>3. 培养果断决策的能力 | 重点：斜传时机<br>难点：直切时机 | 1. 斜传直切战术<br>2. 斜传直切战术+突破摆脱<br>3. 5V5 教学比赛 |
| 12 | 传切战术运用方法7 | 1. 能说出斜传斜切战术中两人在战术配合时各自的作用<br>2. 在练习中能与同伴顺利完成斜传斜切战术配合，传球时机好，切入快速；发展灵敏性与耐力<br>3. 培养果断决策的能力 | 重点：斜传时机<br>难点：斜切时机 | 1. 斜传斜切战术<br>2. 斜传斜切战术+突破摆脱<br>3. 5V5 教学比赛 |
| 13 | 传切战术运用方法8 | 1. 能说出转移长传切入战术中两人在战术配合时各自的作用<br>2. 在练习中能与同伴顺利完成转移长传切入战术配合，传球时机好，切入快速；发展灵敏性与耐力<br>3. 培养合作意识 | 重点：长传时机<br>难点：切入时机 | 1. 转移长传切入战术<br>2. 转移长传切入战术+突破摆脱<br>3. 7V7 教学比赛 |
| 14 | 传切战术运用方法9 | 1. 能说出四种不同的传切战术在比赛中适合使用的区域<br>2. 在攻防练习中能与同伴通过传切战术突破，形成射门，能根据防守人的站位与区域及时选择合适的战术方式，快速通过防守区域；发展快速移动能力<br>3. 培养果断决策的能力 | 重点：战术的选择<br>难点：传跑到位 | 1. 传切游戏<br>2. 传切战术+射门<br>3. 7V7 教学比赛 |

续表

| 序号 | 教学内容 | 教学目标 | 教学重点与难点 | 教学策略 |
| --- | --- | --- | --- | --- |
| 15 | 传切战术运用方法10 | 1. 能说出传切战术在比赛中的价值<br>2. 在攻防练习中能与同伴通过传切战术突破，形成射门，能根据防守人的站位与区域及时选择合适的战术方式，快速通过防守区域；发展快速移动能力<br>3. 培养坚持不懈的意志品质 | 重点：战术的选择<br>难点：传跑到位 | 1. 传切战术<br>2. 传切战术+运球射门<br>3. 7V7 教学比赛 |
| 教学建议：<br>（1）编排教学进度表时可按1、2、6、10，3、7、11，4、8、12，5、9、13、14、15进行教学，考虑到课时不够的情况，可以把一些简单传切战术穿插到组合技术进行教学，也可根据实际情况进行教学<br>（2）要注意运用多种方法提高单个活动与组合活动的学练质量，关注学生的判断、移动及单个技术的运用能力，可以通过创设障碍物、弱对抗、强对抗、多打少等不同难度的任务让学生理解战术的作用，让学生自主探究、积极发现，避免说教式、机械式的教学方式<br>（3）在游戏或教学比赛中要注意渗透简单的足球比赛规则，通过适当简化规则、降低难度，使学生初步体验足球运动的对抗性、协作性特征，提高竞争与团结意识，发展体能素养，进一步激发学生的学习热情 | | | | |

2）设计意图

根据教材与学情的分析，本单元着重通过不同传切配合的练习方法，提高学生的技术衔接能力，让学生初步掌握简单战术。本单元共15个课时，分为四部分。第一部分共5个课时，让学生了解和牢记简单的传切战术配合，提高行进间的连贯性与熟练性；第二部分共4个课时，通过不同练习方法，强化行进间的衔接能力，强调简单传切战术传球和无球跑动的时机，发展学生的移动和协调能力；第三部分共4个课时，通过多元的实战组合，让学生更深入地理解传球时机与无球跑动的时机；第四部分共2个课时，通过实战练习，提高学生合理选择传切战术的能力，以达到学以致用的目的。

## （四）传切配合战术课时教学设计

以直传斜切配合为教学案例。

1）教案示例

教案（课时计划）如表13-3所示。

**表13-3　教案（课时计划）**

| 学校 | | 教师 | | 年级班级 | | 上课时间 | | 课次 | | 学生数 | |
| --- | --- | --- | --- | --- | --- | --- | --- | --- | --- | --- | --- |
| 教学内容 | 足球简单战术：直传斜切配合 | | | | | | | | | | |
| 教学目标 | 认知目标：能说出直传斜切配合的动作要领和练习方法，明确其在比赛中的作用<br>技能目标：90%以上的学生能做出无球传切的跑位，85%以上的学生能完整展示直传斜切配合并射门，表现出连贯性和准确性<br>情感目标：学生在游戏或比赛中，出现犯规能够主动示意犯规，表现出规则意识和诚实的品德 | | | | | | | | | | |
| 关键问题 | 传球的时机及跑动 | | | | | | | | | | |

续表

| 教学过程 | 学练内容 | 学练标准 | 组织形式与安全措施 | 问题设计 | 练习 | |
|---|---|---|---|---|---|---|
| | | | | | 次数 | 时间① |
| 准备部分 | 1. 课堂常规<br>2. 准备活动<br>2.1 专项热身活动：步伐及球性练习<br>2.2 游戏：躲闪运球<br>游戏方法：把全班同学每两人分成一组，每组一个球，轮流运球和抢球，以中圈或与此相当的地面为范围，规定一定时间，抢到对方的球得 2 分，把对方逼出圈外得 1 分 | 1. 静、齐、快<br>2. 遵守练习要求<br>2.1 听指令跟着音乐节奏进行热身<br>2.2 根据规则积极开展游戏 | 排成四列横队<br>2.1 四列横队<br>2.2 两人一组<br>（安全提示：保持适当距离） | 问题 1：你知道足球进球的秘诀是什么吗 | 1<br>≥1<br>≥1 | 30″<br>1′20″<br>4′10″ |
| 基本部分 | 足球战术：直传斜切配合<br>1. 两人一组直传斜切<br>1.1 带球慢节奏练习<br>1.2 行进间运传接球练习<br>2. 直传斜切+射门<br>2.1 原地小碎步+直传斜切+射门<br>2.2 侧身跑折返+直传斜切+射门<br>3. 游戏：三传一抢<br>在 4 米×4 米的范围内，3 名队员呈三角形相互接应传球，合理跑位，中间的队员上前积极抢断，抢断后与被抢断的队员交换，抢断成功得 1 分，比一比谁的得分多 | 1.1 能慢节奏带传接球 8 次以上且丢球少于 5 次<br>1.2 跑动中能和队友呼应并带传接球 8 次以上且丢球少于 5 次<br>2.1 用规定动作完成原地小碎步＋直传斜切，并射进 3 次以上<br>2.2 用规定动作完成侧身跑折返＋直传斜切，并射进 3 次以上<br>3. 传球人掌握时机，接球人合理跑位，保证传球人有两条传球路线 | 1.1 队列组织<br>②<br>①●→②→<br>1.2 同上<br>（安全提示：运球时注意控制间隔）<br>2.<br>②<br>①●→②→<br>3.<br>① ④ ②● ③<br>（安全提示：遵守规则，用地滚球进行传接球） | 问题 1：不同的情境下应该使用哪种传切配合<br>问题 2：你有什么方法提高传切配合的成功率<br>问题 3：你有什么办法提高传接球的成功率 | ≥8<br>≥8<br>≥6<br>≥6<br>≥1 | 30″<br>30″<br>1′<br>1′<br>4′ |

① 此处的时间指练习一次的时间。"时间"列数字右上角的"′"指分，"″"指秒，本部分表格相同。

续表

| 教学过程 | 学练内容 | 学练标准 | 组织形式与安全措施 | 问题设计 | 练习 | |
|---|---|---|---|---|---|---|
| | | | | | 次数 | 时间① |
| 结束部分 | 1. 放松柔韧练习<br>2. 小结<br>3. 回收器材、师生再见 | 1. 跟教师一起做放松运动<br>2. 真实评价，肯定鼓励<br>3. 爱惜器材，归还器材 | 排成四列横队<br>（安全提示：还球有序，不抛球、丢球，有序退场） | | ≥1 | 1′10″ |
| 场地器材 | 分队服 36 件、足球 19 个、标志盘 36 个、球门 4 个 | | | | | |

2）设计意图

根据教材与学情的分析，本课是组合技术到局部简单战术的第一课，关键问题是传球的时机及跑动。在准备部分中，教师通过热身小游戏“躲闪运球”，激发学生兴趣，让学生尽可能地多接触球，提高控球感。在基本部分中，首先，教师通过情境教学，让学生了解直传斜切战术的使用时机，以及有球与无球队员的跑动，在学生脑海中形成一定的战术框架。其次，学生通过慢节奏的直传斜切练习，体会传球的时机与跑动，通过行进间的直传斜切练习，不断提高动作的连贯性和熟练度。足球步伐、射门是基本技术，射门得分能提高学生兴奋感，所以通过足球步伐+直传斜切+射门的组合练习，强化传球的时机与跑动，以及各个技术之间的衔接能力。最后，通过游戏，让学生在实战中运用本节课的学习内容，并且体会团队配合的重要性。

3）教学注意事项

初三学生经过两个年级的学习，掌握了一些足球基本技术，但是在实际教学中发现，学生之间水平差距较大，踢得好的学生一点就通，踢得较差的学生在跑动中连基本的传接球都存在问题。此外，学生人数较多，教师一不留神有些学生就开始自顾自地玩球了，这些学生中，有部分是已经掌握本课内容，觉得没必要再听，有部分是基本功较弱，本课内容对于他们较难，索性不听。针对以上问题，教师可以尝试一些新的教学技巧来解决，比如采用分层教学，在进行单一技术练习时，将基本功较差的学生分成一组，教师巡回指导并纠错，基本功较好的学生则可直接分配其任务和要求，让体委协助管理即可。为解决小组自控力较弱的问题，可采用小组合作学习等方式，在比赛时，让能力强的学生带着弱的学生，一起组队比赛，这里教师要注意，在“带头人”的选择上，要选择会组织会配合的学生，组织带动不会的学生融入比赛中，并能各司其职。

## 二、二过一战术教学案例

### （一）二过一战术的概念

二过一配合是指在局部地区两名进攻队员通过两次或两次以上连续传球，越过一名防守队员的配合方法。二过一战术的形式有“撞墙式”二过一、直传斜插二过一、斜传直插二过一、回传反切直传二过一等，这里以“撞墙式”二过一为主给予相关说明。“撞墙式”二过一是指第一持球人为突破对方防守，向本方球员传球，第二传一般采用直接传球，就像球打在墙上直接反弹到一个合适的方向，传球人在进行完第一传后即刻跑动至对方身后空当接球。

### （二）“撞墙式”二过一战术应用时机

一般在对方防守较紧，靠近对方球门三分之一的场地内，进攻队员活动范围较小时采用“撞墙式”二过一战术。传球队员要求运球靠近防守队员，当距离防守队员 2~3 米时，将球传给第二传球队员，要求传球准确，力量适中。

### （三）“撞墙式”二过一战术单元教学设计

1）单元教学设计示例

“‘撞墙式’二过一战术及运用”单元教学计划如表 13-4 所示。

表 13-4　“‘撞墙式’二过一战术及运用”单元教学计划

| 单元目标 | 1. 学生能简要说出“撞墙式”二过一战术方法、练习方法及运用方法<br>2. 在练习或教学比赛中，能与同伴配合，积极运用各种组合技术及“撞墙式”二过一战术提高比赛成绩。能利用场地接应，积极摆脱，争取获得胜利或对球的控制权。体现观察及时、跑动快速、反应敏捷的素质及合作能力<br>3. 在学练中表现出遵守规则、乐于探究、团队协作和积极向上的精神 | | | |
|---|---|---|---|---|
| 序号 | 教学内容 | 教学目标 | 教学重点与难点 | 教学策略 |
| 1 | “撞墙式”二过一战术方法 | 1. 能说出“撞墙式”二过一战术的动作要领<br>2. 在消极防守练习中能与同伴完成“撞墙式”二过一战术配合，跑动及时，传球准，发展耐力素质<br>3. 培养相互协作、共同进步的优秀品质 | 重点：启动快<br>难点：传球到位 | 1. “撞墙式”二过一战术<br>2. “撞墙式”二过一战术+射门<br>3. 3V3 教学比赛 |
| 2 | “撞墙式”二过一战术练习方法 1 | 1. 能说出“撞墙式”二过一战术运用时的注意事项<br>2. 在练习中能与同伴完成“撞墙式”二过一战术配合，跑动快速，传球到位；发展耐力素质<br>3. 培养合作意识 | 重点：传球<br>难点：接应 | 1. “撞墙式”二过一战术<br>2. “撞墙式”二过一战术+射门<br>3. 3V3+二教学比赛 |
| 3 | “撞墙式”二过一战术练习方法 2 | 1. 能说出“撞墙式”二过一战术的特点<br>2. 在有障碍练习中能与同伴快速准确地完成“撞墙式”二过一战术配合，表现为两人配合默契，传球到位；发展耐力素质<br>3. 培养坚持不懈的意志品质 | 重点：连续跑动<br>难点：观察 | 1. “撞墙式”二过一战术游戏<br>2. “撞墙式”二过一战术+快速传递<br>3. 3V3+二教学比赛 |

续表

| 序号 | 教学内容 | 教学目标 | 教学重点与难点 | 教学策略 |
|---|---|---|---|---|
| 4 | “撞墙式”二过一战术练习方法3 | 1. 能说出“撞墙式”二过一战术中两人跑动路线的变化<br>2. 在真实对抗练习中能与同伴快速准确地完成“撞墙式”二过一战术配合，表现为两人配合默契，传球到位；发展耐力素质<br>3. 培养合作意识 | 重点：传球到位<br>难点：传球力量 | 1. “撞墙式”二过一战术<br>2. “撞墙式”二过一战术+反复传递<br>3. 3V3教学比赛 |
| 5 | “撞墙式”二过一战术运用方法1 | 1. 能说出“撞墙式”二过一战术在比赛中的作用<br>2. 在以多打少的练习中能与同伴顺利完成“撞墙式”二过一战术配合，可以根据防守人的站位及时进行传跑；发展快速移动能力<br>3. 培养规则意识 | 重点：传球位置选择<br>难点：传球时机 | 1. “撞墙式”二过一战术<br>2. “撞墙式”二过一战术+运球射门<br>3. 3V3教学比赛 |
| 6 | “撞墙式”二过一战术运用方法2 | 1. 能说出“撞墙式”二过一战术中两人在战术配合时各自的作用<br>2. 在真实对抗练习中能与同伴完成“撞墙式”二过一战术配合，传球时机好，防守队员抢不到球；发展灵敏性与耐力<br>3. 培养坚持不懈的意志品质 | 重点：传球时机<br>难点：传球到位 | 1. “撞墙式”二过一战术<br>2. “撞墙式”二过一战术+运球突破<br>3. 3V3教学比赛 |
| 7 | “撞墙式”二过一战术运用方法3 | 1. 能说出“撞墙式”二过一战术在运用时传球队员各自要注意的事项<br>2. 在以多打少的练习中能与同伴完成“撞墙式”二过一战术配合，可以根据防守人的站位及时进行传跑突破防守队员；发展快速移动的能力<br>3. 培养正确面对比赛胜负的心态 | 重点：传球方向<br>难点：传球时机 | 1. “撞墙式”二过一战术<br>2. “撞墙式”二过一战术+射门<br>3. 5V5教学比赛 |
| 8 | “撞墙式”二过一战术运用方法4 | 1. 能说出“撞墙式”二过一战术在比赛中适合使用的区域<br>2. 在攻防练习中能与同伴使用“撞墙式”二过一战术突破防守形成射门，可以根据防守人的站位及时选择合适的战术方式；发展快速移动能力<br>3. 培养果断决策的能力 | 重点：传球力量<br>难点：跑动节奏变化 | 1. “撞墙式”二过一战术<br>2. “撞墙式”二过一战术+射门<br>3. 7V7教学比赛 |

续表

| 教学建议：<br>（1）如遇课时不够的情况，可以将一些简单“撞墙式”二过一练习方法穿插到组合技术进行教学，也可根据实际情况进行教学<br>（2）要注意运用多种方法提高单个活动与组合活动的学练质量，关注学生的判断、移动及单个技术的运用能力，可以通过创设障碍物、弱对抗、强对抗、多打少等不同难度的任务让学生理解战术的作用，让学生自主探究、积极发现，避免说教式、机械式的教学方式<br>（3）在游戏或教学比赛中要注意渗透简单的足球比赛规则，通过适当简化规则、降低难度，使学生初步体验足球运动的对抗性、协作性特征，提高竞争与团结意识，发展体能素养，进一步激发学生的学习热情 |
|---|

2）设计意图

根据教材与学情的分析，本单元着重通过“撞墙式”二过一战术的练习方法，提高学生的技术衔接能力，让学生初步掌握简单战术，发展学力。本单元共 9 个课时，分为三部分。第一部分共 4 个课时，让学生了解和牢记“撞墙式”二过一战术配合，通过不同练习方法，强化行进间的衔接能力，强调“撞墙式”二过一战术传球和无球跑动的时机，发展学生的移动和协调能力；第二部分共 4 个课时，通过多元的实战组合，让学生深入地理解传球时机与无球跑动的时机；第三部分共 1 个课时，通过实战练习，提高学生合理使用“撞墙式”二过一战术的能力，达到学以致用的目的。

### （四）“撞墙式”二过一战术课时教学设计

1）教案示例

教案（课时计划）如表 13-5 所示。

**表 13-5　教案（课时计划）**

| 学校 | | 教师 | | 年级班级 | | 上课时间 | | 课次 | | 学生数 | |
|---|---|---|---|---|---|---|---|---|---|---|---|
| 教学内容 | 足球简单战术：“撞墙式”二过一 | | | | | | | | | | |
| 教学目标 | 认知目标：能说出“撞墙式”二过一战术的动作要领和练习方法，知道几种“撞墙式”二过一的方式，明确其在比赛中的作用<br>技能目标：90%以上的学生能做出无球“撞墙式”二过一的跑位，80%以上的学生能完整展示出“撞墙式”二过一，表现出连贯性和准确性<br>情感目标：学生在练习中，当没有达到学练标准时，能主动与优秀的同学交流，优秀学生也能积极予以回应或主动帮助队友，表现出相互协作、共同进步的优秀品质 | | | | | | | | | | |
| 关键问题 | 传球的时机及跑位 | | | | | | | | | | |

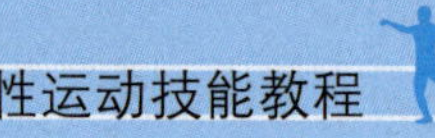

续表

| 教学过程 | 学练内容 | 学练标准 | 组织形式<br>与安全措施 | 问题<br>设计 | 练习 | |
|---|---|---|---|---|---|---|
| | | | | | 次数 | 时间 |
| 准备部分 | 1. 课堂常规<br>2. 准备活动<br>2.1 一般准备活动：热身跑<br>2.2 专项准备活动：球性练习<br>2.3 游戏：三传一抢 | 1. 静齐快<br>2.1 精神饱满，跟上节奏，注意力集中<br>2.2 听指令跟着音乐进行球性球感运动及拉伸运动 | 1. 排成四列横队<br>2. 排成四列横队<br>（安全提示：保持适当距离） | 问题1：你知道足球进球的秘诀是什么吗 | 1<br>≥1<br>≥1 | 30″<br>1′20″<br>4′10″ |
| 基本部分 | 足球战术：“撞墙式”二过一<br>1. 两人一组“撞墙式”二过一（过标志盘）<br>1.1 带球慢节奏练习<br>1.2 行进间运传接球练习<br>2. “撞墙式”二过一+射门<br>2.1 三人一组，连续两次“撞墙式”二过一（过标志盘）+射门<br>2.2 “撞墙式”二过一（弱防守）+射门<br>3. 3V3 比赛<br>场上队员持球运球不能超过8秒，8秒内必须传球，射门之前必须经过二过一配合，不能运球过人射门，传球和射门高度在膝关节以下，没有守门员 | 1.1 能慢节奏带传接球8次以上且丢球少于4次<br>1.2 跑动中能和队友有呼应并带传接球8次以上且丢球少于4次<br>2.1 用规定动作完成“撞墙式”二过一（过标志盘），并射进3次以上<br>2.2 用规定动作完成“撞墙式”二过一（弱防守）且射进3次以上<br>3. 与队员配合，摆脱防守队员并射进球门得1分，比一比谁是得分小能手 | 1.1 队列组织<br>1.2 同上<br>（安全提示：运球时注意控制间隔）<br>2.1<br>2.2<br>3.1<br>：进攻队员<br>①②③：防守队员<br>（安全提示：比赛过程中不开大脚，传运球用地滚球） | 问题2：什么时候使用“撞墙式”二过一<br>问题3：你有什么方法提高战术成功率<br>问题4：如何在比赛中将球射入球门 | ≥8<br>≥8<br>≥6<br>≥6<br>≥4<br>≥5 | 30″<br>30″<br>1′<br>1′<br>1′<br>1′ |

续表

| 教学过程 | 学练内容 | 学练标准 | 组织形式与安全措施 | 问题设计 | 练习 | |
|---|---|---|---|---|---|---|
| | | | | | 次数 | 时间 |
| 结束部分 | 1. 放松柔韧练习<br>2. 小结<br>3. 回收器材，师生再见 | 1. 跟教师一起做放松运动<br>2. 真实评价，肯定鼓励<br>3. 爱惜器材，归还器材 | 排成四列横队<br>（安全提示：还球有序，不抛球丢球，有序退场） | | ≥1 | 1′10″ |
| 场地器材 | 分队服 36 件、足球 19 个、标志盘 36 个、球门 4 个 | | | | | |

2）设计意图

根据教材与学情分析，本课以“撞墙式”二过一为教学内容。在准备部分中，通过 3 传 1 抢游戏，提高个人控球能力和小范围团队配合意识。在基本部分中，首先，通过慢节奏练习，让学生熟悉“撞墙式”二过一的跑动路线，体会传球的时机与跑动，通过行进间运传接球练习，提高动作的连贯性和熟练度。其次，通过连续的“撞墙式”和弱防守给学生一定的阻碍，让学生不断体会传接球时机与跑位，提高组合之间的衔接技术。最后，通过改变规则的简单足球小比赛，让学生在实战中巩固本节课的学习内容，并且体会团队配合的重要性。

3）教学注意事项

“撞墙式”二过一练习的难度比普通传切配合大，学生经常会出现“人到球未到”或“人到球已走”的情况，可见，学生从原地到跑动过程中的技术和对球的预判还有很大进步空间。针对以上问题，教师需要不断提高接球—传球、接球—运球—传球、接球—运球—射门等组合技术，通过小组合作学习，更好地增加练习密度，利用各组小组长，更有针对地帮助同伴发现和解决问题。在 3V3 的小比赛中，提高学生的技术运用能力，强化学生的规则意识。

## 三、交叉掩护二过一战术教学案例

### （一）交叉掩护二过一战术的概念

交叉掩护二过一是指在局部地区两名进攻队员在运球交叉换位时，以自己身体掩护同伴越过防守队员的配合方法。在该配合中，要注意运球队员必须用自己的身体护住球并挡住防守队员，将球交递给同伴后，要继续向斜前跑动。接球队员必须主动迎面跑向运球同伴，交叉距离贴近，接球后快速拉开，并向斜前运球。

### （二）交叉掩护二过一战术应用时机

交叉掩护二过一战术在任何区域都可使用，在交叉过程中时，进攻队员之间可以进行伪装，可传球也可不传球，主要目的是迷惑防守队员，使防守队员无法猜出进攻队员的真实想法，从而摆脱防守，快速突破。

### （三）交叉掩护二过一战术单元教学设计

1）单元教学设计示例

“交叉掩护二过一战术及运用”单元计划如表 13-6 所示。

表 13-6 “交叉掩护二过一战术及运用”单元计划

| 单元目标 | 1. 学生能简要说出交叉掩护二过一战术方法、练习方法及运用方法<br>2. 在练习或教学比赛中，能与同伴配合，积极运用各种组合技术及交叉掩护二过一战术提高比赛成绩。能利用场地接应，积极摆脱，争取获得胜利或对球的控制权。体现观察及时、跑动快速、反应敏捷的素质及合作能力<br>3. 在学练中表现出遵守规则、乐于探究、团队协作和积极向上的精神 | | | |
|---|---|---|---|---|
| 序号 | 教学内容 | 教学目标 | 教学重点与难点 | 教学策略 |
| 1 | 交叉掩护二过一战术方法 | 1. 能说出交叉掩护二过一战术的跑动路线<br>2. 在无人防守练习中能与同伴完成交叉掩护二过一战术配合，跑动路线正确，传球时机合理；发展下肢力量<br>3. 培养果断决策的能力 | 重点：交叉跑动<br>难点：传球时机 | 1. 交叉掩护二过一战术<br>2. 交叉掩护二过一战术+传接球<br>3. 5V5+二教学比赛 |
| 2 | 交叉掩护二过一战术练习方法 1 | 1. 能说出交叉掩护二过一战术的动作要领和练习方法<br>2. 在消极防守中能与同伴流畅完成交叉掩护二过一战术配合，交叉换位明显；发展快速移动能力<br>3. 培养果断决策的能力 | 重点：交叉跑动<br>难点：传球到位 | 1. 交叉掩护二过一战术<br>2. 交叉掩护二过一战术+射门<br>3. 5V5 教学比赛 |
| 3 | 交叉掩护二过一战术练习方法 2 | 1. 能说出两种交叉掩护二过一战术的跑位路线<br>2. 在防守练习中能与同伴完成交叉掩护二过一战术配合，传球准确，交叉有迷惑性；发展耐力素质<br>3. 培养合作意识 | 重点：快速跑动<br>难点：跑位 | 1. 交叉掩护二过一战术<br>2. 交叉掩护二过一战术+反复传递<br>3. 3V3+二教学比赛 |
| 4 | 交叉掩护二过一战术运用方法 1 | 1. 能说出交叉掩护二过一战术在比赛中的作用<br>2. 在以多打少练习中能与同伴顺利完成交叉掩护二过一战术配合，可以根据防守人的站位及时进行传跑；发展快速移动能力<br>3. 培养规则意识 | 重点：时机选择<br>难点：传球时机 | 1. 交叉掩护二过一战术<br>2. 交叉掩护二过一战术+射门<br>3. 7V7 教学比赛 |
| 5 | 交叉掩护二过一战术运用方法 2 | 1. 能说出交叉掩护二过一战术中两人在战术配合时各自的作用<br>2. 在对抗练习中能与同伴顺利完成交叉掩护二过一战术配合，交叉掩护明显，可以摆脱防守队员；发展灵敏素质<br>3. 培养坚持不懈的意志品质 | 重点：交叉时机<br>难点：传球时机 | 1. 交叉掩护二过一战术<br>2. 交叉掩护二过一战术+摆脱射门<br>3. 5V5 教学比赛 |

续表

| 序号 | 教学内容 | 教学目标 | 教学重点与难点 | 教学策略 |
|---|---|---|---|---|
| 6 | 交叉掩护二过一战术运用方法 3 | 1. 能说出交叉掩护二过一战术在对抗练习中的运用时机<br>2. 在以多打少练习中能与同伴快速完成交叉掩护二过一战术配合，可以根据防守人的站位及时进行传跑；发展快速移动能力<br>3. 培养正确面对比赛胜负的心态 | 重点：交叉时机<br>难点：传球到位 | 1. 交叉掩护二过一战术<br>2. 交叉掩护二过一战术+突破摆脱<br>3. 5V5+二教学比赛 |
| 教学建议：<br>（1）如遇课时不够的情况，可以将一些简单交叉掩护二过一练习方法穿插到组合技术进行教学，也可根据实际情况进行教学<br>（2）要注意运用多种方法提高单个活动与组合活动的学练质量，关注学生的判断、移动及单个技术的运用能力，可以通过创设障碍物、弱对抗、强对抗、多打少等不同难度的任务让学生理解战术的作用，让学生自主探究、积极发现，避免说教式、机械式的教学方式<br>（3）在游戏或教学比赛中要注意渗透简单的足球比赛规则，通过适当简化规则、降低难度，使学生初步体验足球运动的对抗性、协作性特征，提高竞争与团结意识，发展体能素养，进一步激发学生的学习热情 | | | | |

2）设计意图

根据教材与学情的分析，本单元着重通过交叉掩护二过一战术的练习，提高学生的技术衔接能力，让学生初步掌握简单战术。本单元共 6 个课时，分为两部分。第一部分共 3 个课时，让学生了解和牢记交叉掩护二过一战术配合，通过不同练习方法，强化行进间的衔接能力，强调交叉掩护二过一战术传球和无球跑动的时机，发展学生的移动和协调能力；第二部分共 3 个课时，通过多元的实战组合，让学生更深入地理解传球时机、交叉时机与无球跑动的时机，并在教学比赛中提高学生合理选择不同形式交叉掩护二过一战术的能力，达到学以致用的目的。

## （四）交叉掩护二过一战术课时教学设计

1）教案示例

教案（课时计划）如表 13-7 所示。

表 13-7　教案（课时计划）

| 学校 | | 教师 | | 年级班级 | | 上课时间 | | 课次 | | 学生数 | |
|---|---|---|---|---|---|---|---|---|---|---|---|
| 教学内容 | 足球简单战术：交叉掩护二过一 | | | | | | | | | | |
| 教学目标 | 认知目标：能说出交叉掩护二过一战术的动作要领和练习方法，明确其在比赛中的作用<br>技能目标：90%以上的学生能做出无球交叉掩护二过一的跑位，80%以上的学生能完整展示出交叉掩护二过一，表现出连贯性和准确性<br>情感目标：学生在比赛中，出现漏球、空位时等能积极主动补位，及时调整战术，体现团队责任感，以及在复杂环境下思考分析的能力 | | | | | | | | | | |
| 关键问题 | 传球的时机及跑位 | | | | | | | | | | |

续表

| 教学过程 | 学练内容 | 学练标准 | 组织形式与安全措施 | 问题设计 | 练习 | |
|---|---|---|---|---|---|---|
| | | | | | 次数 | 时间 |
| 准备部分 | 1. 课堂常规<br>2. 准备活动<br>2.1 一般准备活动：热身跑<br>2.2 专项准备活动：球性练习<br>2.3 游戏：三传二抢 | 1. 静齐快<br>2.1 精神饱满，跟上节奏，注意力集中<br>2.2 听指令，跟着音乐进行球性球感运动及拉伸运动 | 1. 排成四列横队<br>2. 排成四列横队<br>（安全提示：保持适当距离） | 问题1：你知道足球有哪些局部配合战术吗 | 1<br>≥1<br>≥1 | 30″<br>1′20″<br>4′10″ |
| 基本部分 | 足球战术：交叉掩护二过一<br>1. 交叉掩护二过一<br>1.1 慢节奏带球练习<br>1.2 行进间带球练习<br>2. 交叉掩护二过一（消极防守）+射门<br>2.1 原地对传+交叉掩护二过一（消极防守）+射门<br>2.2 原地小碎步+交叉掩护二过一（消极防守）+射门<br>3. 5V5 比赛 | 1.1 能完整进行慢节奏带球练习（不少于3次）<br>1.2 行进间交叉掩护传接球8次以上且丢球少于5次<br>2.1 用规定动作完成原地对传3次+交叉掩护二过一，并射进3次以上<br>2.2 用规定动作完成原地小碎步5秒+交叉掩护二过一，并射进3次以上<br>3. 比赛中，进攻队员之间相互接应配合，合理跑位，防守队员积极防守 | 1.1 队列组织<br>①②③①②<br>1.2 同上<br>（安全提示：运球时注意控制间隔）<br>2. 同上<br>3.<br>①②③④⑤<br>●：进攻队员<br>①②③：防守队员<br>（安全提示：遵守规则） | 问题2：什么情境下使用交叉掩护二过一<br>问题3：你认为交叉掩护中最重要的是什么<br>问题4：如何在比赛中提高射门命中率 | ≥8<br>≥8<br>≥6<br>≥6<br>≥1 | 30″<br>30″<br>1′<br>1′<br>5′ |
| 结束部分 | 1. 放松柔韧练习<br>2. 小结<br>3. 回收器材，师生再见 | 1. 跟教师一起做放松运动<br>2. 真实评价，肯定鼓励<br>3. 爱惜器材，归还器材 | 排成四列横队<br>（安全提示：还球有序，不抛球丢球，有序退场） | | ≥1 | 1′10″ |
| 场地器材 | 分队服36件、足球19个、标志盘36个、球门4个 | | | | | |

2）设计意图

根据教材与学情分析，本课以交叉掩护二过一为教学内容。在准备部分的游戏中，增加1名防守队员，提高难度，形成三传二抢，对个人控球能力和小范围团队配合意识提出了更高的要求。在基本部分中，首先，通过慢节奏练习，让学生熟悉交叉掩护二过一的跑动路线，体会传球的时机与跑动，通过行进间运传接球练习，提高动作的连贯性和熟练度。其次，通过增加原地对传和足球基本步伐，让学生在组合练习中提高各个技术之间的衔接能力，不断体会传接球时机与跑位，形成射门。最后，通过五对五教学比赛，让学生在实战中巩固并提高交叉掩护二过一技术，并表现出团队配合的能力。

3）教学注意事项

与前两个战术相比，交叉掩护二过一战术不仅需要学生掌握个人和局部的基本技战术，还需要做出有欺骗性的跑动，来迷惑对手，从而完成突破。因此，在以交叉掩护二过一为教学内容的课堂实践中，教师发现三个问题：其一，队员配合时假动作太明显，不具有欺骗性；其二，交叉跑位后没有向两侧拉开带走防守；其三，学生批判性思维需要加强，在明知不具备交叉掩护的条件下还强硬使用交叉掩护，没有运用其他已经学习过的并且适合的战术。针对前两个问题，教师需要教导学生不断提高个人技术以及与队员间的磨合，让假动作更具有欺骗性，交叉跑动后向两侧拉开，带走防守队员。针对第三个问题，教师可以尝试案例分析法，利用比赛视频，让学生熟悉不同情境下该采用哪些不同的配合战术，同时课堂中要抛出有针对性的问题，鼓励学生提出自己的观点和见解，引导学生进行深入思考和分析。

# 第十四章 足球课程思政

## 第一节 足球课程思政元素

### 一、足球课程思政概述

课程思政在本质上还是一种教育，是为了实现立德树人的目标。其主要形式是将思想政治教育元素，包括思想政治教育的理论知识、价值理念及精神追求等融入各门课程中，潜移默化地对学生的思想意识、行为举止产生影响。“育人”先“育德”，注重传道授业解惑、育人育才的有机统一，一直是我国教育的优良传统。足球课程思政要立足于构绘这样一个育人蓝图，通过深化课程目标、内容、结构、模式等，把政治认同、国家意识、文化自信、人格养成等思想政治教育导向与各类课程固有的知识、技能传授有机融合，实现显性与隐性教育的有机结合，促进学生的自由全面发展，充分发挥足球课程教书育人的作用。

不同运动项目包含了不同的思政元素。足球运动不仅能增强学生体育锻炼的积极性，使其达到身心素质提升的效果，还能利用足球团体类项目的形式，对学生规则意识、拼搏精神、意志力、集体主义精神等非智力因素起到潜移默化的作用，实现教育功能。足球运动思政元素中所包含的育人功能，相较于其他项目尤为突出。

### 二、足球课程思政元素梳理

#### （一）爱国主义精神

足球运动的传播力、召唤力及其切身性特征，能够激发参与者的激情，凝聚民众意识，成为铸牢民族精神意识的新载体，对塑造民族精神、建立国家形象具有重要意义。足球运动具有强大的魅力，能把大众的民族精神凝聚起来，铸牢“个体身份—集体身份—国家身份”三位一体身份的强大动力。校园足球的开展，有助于学生体验足球运动的魅力，让学生更为直接地体会足球运动带来的现实感受。通过观看比赛，感受运动员为集体努力竞争的意志，并将个人与集体的情感倾泄到赛场上，投射到拼搏的运动员身上，形成情感共鸣。观看国家队的比赛，从中获得强烈的民族自豪感和身份认同感。诠释爱国主义和民族精神，正是发展校园足球运动的真谛。

### （二）团队精神

足球运动本身不仅会让人快乐，而且能增强人的体质，团队精神是足球的灵魂。任何一场比赛，如果没有一个团队的打拼，再优秀的队员也难抵劲敌。足球运动是通过场上球员相互配合、团结协作而进行的集体项目，注重群体成员集体意识、群体凝聚力及对其他队员的包容和理解。场上球员既能各安其位、各司其职，又能相互配合，协同进攻与防守，深刻地诠释出集体主义精神和合作意识。当前，学校学生多为独生子女，有部分学生团结协作能力与集体主义观念严重缺失。而校园足球具有极强的群体效应，极易引起参与者和观众的广泛认同，足球竞赛容易让参与者产生强烈的协作认同感，也会让参与者获得集体主义的共鸣。足球课程教学能让学生渐渐明白团队的重要性，明白比赛胜利属于整个团队而不是个人。长时间进行足球练习，学生就会形成团队意识及自我奉献精神，全队共同享受成功的喜悦，共同承担失败的责任。

### （三）规则意识

在足球比赛中，所有参赛者都必须遵守竞赛规则，有序开展比赛活动，否则就会遭受相应的处罚。例如，在足球比赛中，参赛者起脚过高、背后铲球等行为有可能对其他参赛者造成伤害，这些行为都是违规行为，是被禁止的。又如，在足球比赛中，一些不尊重对手、具有侮辱性的行为也是被禁止的，假如出现以上这些行为，裁判员会直接进行处罚。只有在足球竞赛规则的规范之下，足球比赛才能够在公平、公正的环境中有序开展。在学校足球课程教学实践中，教师对学生进行竞赛规则教育，能让学生树立起尊重规则、遵守规则的意识，使学生在今后的学习、工作中遵守规则、遵纪守法。

### （四）竞争意识

竞技类体育运动项目都具有竞争性，其中足球运动的竞争性更加突出。在足球比赛中，为了获得比赛的胜利，教练通常会为球队制定相应的战术，进行排兵布阵，各个位置之间的对抗、比赛场上的攻防转换等都存在竞争。体育比赛中优胜劣汰的特点明显，胜败时常有之，场上局势也变幻莫测，这使参与者始终都有获得胜利的可能，因此能激励所有参与者奋发向上，培养学生的竞争意识。在足球比赛中，通过教练的排兵布阵，以及队员在场上的临场发挥，队伍有可能势如破竹，也有可能与对手处于胶着状态，胜利的目标会促使队员奋力拼搏，而失败的阴影也可能笼罩在队员心头。所有的这些因素都激励着队员奋力比赛，激发着队员的竞争意识。

### （五）顽强意志和拼搏精神

在足球课程教学比赛中，学生需要在足球场上来回跑动，体能消耗大，这就对其耐力和毅力提出了较高的要求，对学生的耐力也有极大挑战。足球运动员需要有氧运动作为整体的耐力基础，才能在高强度比赛中保持自身运动能力。而无氧耐力，更是需要运动员通过多次的训练才能完成。这些训练是需要强大的精神动力才能完成的。因此，足球运动对学生顽强的意志和拼搏的精神起到了促进作用。这和课程思政教学目标是一致的。总之，学生在不断地坚持与突破自身耐力和毅力极限的过程中，自然而然地培养了坚持不懈、不言放弃等精神与顽强意志品质。

## 案例呈现

**体育教育专业实践类课程有哪些德育责任呢？**

学习体育教育专业毕业后的大学生大部分将走向教师岗位，因此，必要的知识能力、良好的个人品德、职业道德、社会公德等，将成为他们更好地适应职业、立足社会、实现个人发展的重要保证。有学者结合当前对中国学生体育核心素养的研究成果与职前教师教育任务，实践类课程的具身性特点，以及黄向阳（2008）等人的研究，从“大德（国家层面）、公德（社会层面）、私德（个人层面）”三个维度构建了体育教育专业实践类课程的德育内容体系，具体如图 14-1 所示。经过多年的教学实践，以及与相关教师的交流，我们也获知了一些在实践类课程教学过程中可以进行德育的渗透点，这里一并呈现于图 14-1 中。

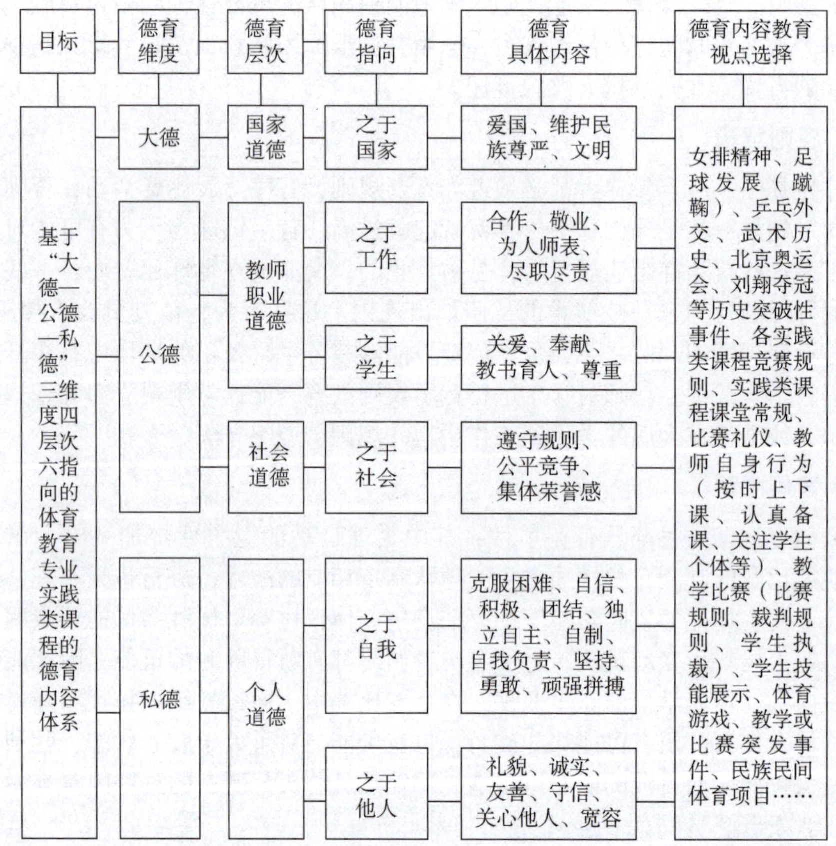


图 14-1　基于“大德—公德—私德”三维度四层次六指向的体育教育专业实践类课程的德育内容体系图

（案例来源：张磊．体育教育专业实践类课程的德育责任：线索、框架与实现路径——基于非连续性教育思想的启示［J］．上海体育学院学报，2022，46（7）：19-28.）

## 第二节　足球课程思政渗透策略与案例

足球课程是大中小学学校体育的重要组成部分。它不仅是一项体育运动，更是一种教育方式和教育载体。校园足球在培养学生爱国主义、团队精神、规则意识、竞争意识及顽强拼搏的精神等方面发挥着积极的作用。

## 一、足球课程思政渗透原则

### （一）整体性原则

足球属于实践类课程，其主要目标在于提高学生的足球运动技能，培养学生参与足球比赛的能力，进而提高身体素质，增强终身参加足球比赛的可能性，因此，教学中更多是以足球运动技术教学为主，但教学作为一个整体，必须具有一定的德育功能，教学追求的也正是德育价值的最大化和整体性。由此，在足球课程中，对于技能、身体素质、德育或思政等方面，需要从整体性出发，将认知、技能、情感、思政等目标进行统一设计。

### （二）层次性原则

思政教育在情境体验、实践体验过程中，发展得更为自然、顺畅。当然，思政教育也是一个循序渐进、辩证的过程，不同学段，由于学生的理解能力不同、情感体验不同，思政教育的侧重点也会有所差异，即使在同一学段，不同的教材内容对应的思政教育侧重点也会有所差异。例如，在小学，足球思政教育的重点可能是规则、诚实、团结等，到了大学，足球思政教育的重点可能会更多地与学生今后的职业道德相关。此外，教师还应从学生实际出发，结合学生的身体素质、对运动的兴趣爱好及学习需求等将学生分成若干层次，结合学生的实际情况开展有针对性、分层次的足球教学，促使学生整体运动水平、德育品质的发展。

### （三）学科性原则

不同的课程在思政教育方面，既有相似点，也有差异。例如，所有体育项目都会有规则意识的培养，但足球课程相较于田径课程，其团队性更强，因此无论是在教学中，还是在训练比赛中，更强调团队的重要性。自然，在思政教育方面，足球课程也更强调集体荣誉感，以及个体服从整体利益的重要性。因此，在足球课程中的思政教育方面，教师除了进行与其他运动项目相似的思政教育外，还需要根据足球课程特征，进行足球课程特有思政元素的梳理与渗透。

## 二、足球课程不同思政元素渗透策略与案例

### （一）以足球规则为落脚点，培养学生规则意识

以足球脚内侧运球技术为例，教学目标、教学方法与教学评价方面具体案例如下。

#### 1. 教学目标撰写案例

（1）运动认知：学生能说出足球脚内侧运球、足球脚背正面运球的动作技术要领，掌握基本的足球规则和理论知识。

（2）运动技能：能熟练并准确做出足球脚内侧运球、足球脚背正面运球的动作，在组织的小型比赛中能看懂比赛并给予评价。

（3）情感目标：通过规则意识的教学引导，让学生认识到规则意识的重要性，使其在练习和教学比赛中严格遵守规则，能够使学生更好地体验规则，从而使规则行为得到相应的提升。

### 2. 教学方法案例

讲解示范法：教师对脚内侧运球的方法进行讲解并示范，具体是要求每组在组长的带领下进行练习，用脚内侧运球的方法将足球按照教师摆放的不规则的 4 个标志杆进行运球，运到指定地点进行突破，然后射门。该方法旨在培养学生辨别技术规范的能力，在现实生活中能够去效仿遵守规则的人。

游戏与比赛法：将学生分组进行游戏和比赛，如进行组内 3V3 比赛，比赛时要求使用脚内侧运球的动作技术，无论是进攻方还是防守方，都必须有传接配合，射门才有效。通过游戏和比赛的设置，让学生了解规则的重要性，用规则限制想要使用不正当手段取胜的人。

### 3. 教学评价案例

在 5 米×10 米方形区域内，受试者站在长方形宽边上，教师哨音响起后，教师开始计时，受试者采用脚内侧运球突破 5 个标志杆后传球给同伴，同伴再将球传给受试者，受试者接球后射门。

规则：①要求使用脚内侧传接球技术动作。如果将球踢出或球缓慢在长方形区域运行，必须快速用脚将球运回考试区域，不可手触球。②每人两次考试机会。③不遵守规则的学生按照不及格计分。

教学评价表如表 14-1 所示。

**表 14-1　教学评价表**

| 学生姓名 | 漏杆（+5 秒/个） | 触碰标志杆（+5 秒/次） | 碰倒后未扶至原位（+10 秒/次） | 难度 A：定位球射门（将球固定在区域内进行射门）；难度 B：行进间射门（球在区域内，脚射门不能二次触球，否则算定位球射门） | 未在区域内射门（+10 秒） | 射门的次数 | 手触球（+10 秒/次） | 运球技术动作（脚内侧） | 完成时间（秒） | 累计加时（秒） | 累计减时（秒） | 综合时间（秒） |
|---|---|---|---|---|---|---|---|---|---|---|---|---|
| | | | | | | | | | | | | |
| | | | | | | | | | | | | |
| | | | | | | | | | | | | |
| | | | | | | | | | | | | |
| | | | | | | | | | | | | |
| | | | | | | | | | | | | |
| | | | | | | | | | | | | |

## （二）以身体活动为手段，培养学生意志品质

以足球脚内侧传（接）球技术为例，教学目标、教学方法与教学评价方面具体案例

如下。

1. 教学目标撰写案例

（1）运动认知：学生能说出足球脚内侧传（接）球的动作名称和动作技术要领，并熟悉和掌握足球脚内侧传（接）球在比赛中的运用及其简单的理论知识。

（2）运动技能：熟悉并准确做出足球脚内侧传（接）球动作，在组织的小型比赛中能熟练地运用足球脚内侧传（接）球技术；发展学生速度、耐力素质及反应能力。

（3）情感目标：通过教学中的引导和鼓励，让学生在足球练习中，不断挑战自我，勇于拼搏。

2. 教学方法案例

讲解示范法：教师对足球脚内侧传（接）球的方法进行讲解并示范，并组织学生进行两人一组、四人一组练习。在四人一组练习的过程中，要求传球学生在传球后立即进行往返 10 米的折返跑，再回到该组参与到练习中。5 分钟的练习时间内，规定每位学生往返次数不少于 10 次，往返超过 10 次的学生将获得奖励。

游戏与比赛法：6 名学生为一组，两队在 20~30 米的距离成“一”字形站好，练习时用一个足球，两边队伍的第一人（其中一人进行球跑）相对进行冲刺，在两人交叉时，运球队员将足球交给无球跑动的人，然后各自冲刺到对方开始的位置；接下来的队员开始继续上 6 名队员的做法，依次轮转。在每一组的练习中，每名队员要进行 5~7 次触球练习。在进行此项练习的时候，需要注意的是，两名队员在交叉传递球的时候不能降低各自的跑动速度，争取在保持高速的情况下成功地完成动作。

3. 教学评价案例

教学评价表如表 14-2 所示。

**表 14-2　教学评价表**

| 评价指标 | 评价内容 | 评价等级 | | | | |
|---|---|---|---|---|---|---|
| | | 优秀 | 良好 | 中等 | 及格 | 不及格 |
| 教师评价 | 课堂纪律 | | | | | |
| | 技能练习 | | | | | |
| | 实际练习 | | | | | |
| | 解决问题的能力 | | | | | |
| | 认真投入的程度 | | | | | |
| | 克服困难的程度 | | | | | |
| 学生评价 | 课堂纪律 | | | | | |
| | 技能练习 | | | | | |
| | 实际练习 | | | | | |
| | 解决问题的能力 | | | | | |
| | 认真投入的程度 | | | | | |
| | 克服困难的程度 | | | | | |

续表

| 评价指标 | 评价内容 | 评价等级 | | | | |
|---|---|---|---|---|---|---|
| | | 优秀 | 良好 | 中等 | 及格 | 不及格 |
| 互相评价 | 课堂纪律 | | | | | |
| | 技能练习 | | | | | |
| | 实际练习 | | | | | |
| | 解决问题的能力 | | | | | |
| | 认真投入的程度 | | | | | |
| | 克服困难的程度 | | | | | |

（注：根据评价情况每个项目最多给 3 颗星，每颗星代表 3 分，一个星期后，可以根据所得的分数，到教师那里换得相对应的奖品。）

### （三）以教学比赛为切入点，培养学生团队精神

以足球“友谊杯”比赛为例，教学目标、教学方法与教学评价方面的具体案例如下。

#### 1. 教学目标撰写案例

（1）运动认知：学生能懂得比赛规则，同时具有交流技巧和语言能力，在比赛中能很好地和同伴进行交流。

（2）运动技能：学生能通过学习最基本的各种部位传接球技术和战术进行一场完整的足球比赛，能掌握最基础的比赛技术和技巧。

（3）情感目标：通过教学中组织的足球比赛，培养学生的团队合作能力，提升学生的集体荣誉感。

#### 2. 教学方法案例

（1）讲解法：教师通过对足球比赛规则的讲解，让学生熟悉和掌握足球比赛的相关知识，提升比赛的技巧，积累比赛的经验。

（2）直观教学法：教师给学生放一些典型的足球比赛视频集锦，以及展示战术的图示，让学生更清晰地感知比赛画面并在赛场上加以运用。

（3）游戏与比赛法：总共分四个小组，其中两组进行比赛，另外两组在台下“充当”裁判，比赛时间 15 分钟，然后小组轮换。在比赛进行中，小明（队长）所在的组别，队友出现失误或者犯了一些低级的错误，如拿不住球，或直接一脚将球踢出边界，又或带球让对方拦截。队友之间开始相互责备，在接下来的比赛中，几乎所有人都在围着球跑，除守门员外。后卫进攻完后不能及时回到后卫的场区，丢掉了自己的位置，被对方反击进球，人人都想当前锋而忘记了自己在场上的位置，是一种团队责任感的缺失。这时小明作为队长请求暂停了比赛。小明跟队友说：“队友之间应该给予鼓励，足球比赛要靠场上每位队员的努力获取胜利，安排在哪个位置就应当守好你所在的位置。我知道大家都想为小组贡献自己的力量，但是足球需要各方面的综合协调。只有大家团结起来，才能把球踢好，我们小组才能取得胜利！”大家被小明的话深深触动，暂停结束后比赛继续，队友们都盯好自己的位置，大家相互配合，最终赢得了比赛的胜利。

#### 3. 教学评价案例

教学评价表如表 14-3 所示。

表 14-3　教学评价表

| 评价指标 | 评价内容 | 评价等级 | | | | |
|---|---|---|---|---|---|---|
| | | 优秀 | 良好 | 中等 | 及格 | 不及格 |
| 教师评价 | 团队比赛目标的设定能力 | | | | | |
| | 团队成员比赛沟通和协作能力 | | | | | |
| | 团队信任和支持能力 | | | | | |
| | 问题解决和决策能力 | | | | | |
| | 个人责任和承诺能力 | | | | | |
| 学生评价 | 团队比赛目标的设定能力 | | | | | |
| | 团队成员比赛沟通和协作能力 | | | | | |
| | 团队信任和支持能力 | | | | | |
| | 问题解决和决策能力 | | | | | |
| | 个人责任和承诺能力 | | | | | |
| 小组互相评价 | 团队比赛目标的设定能力 | | | | | |
| | 团队成员比赛沟通和协作能力 | | | | | |
| | 团队信任和支持能力 | | | | | |
| | 问题解决和决策能力 | | | | | |
| | 个人责任和承诺能力 | | | | | |

（注：根据评价情况每个项目最多给 3 颗星，每颗星代表 3 分，每组可以根据所得的分数，到教师那里换得相对应的奖品。）

## 案例呈现

### 体育专业实践类课程思政实施路径探索：从目标到评价
### ——以足球课程为例

[**摘要**] 在课程思政的总体改革纲领下，高校体育专业实践类课程（以下简称“实践类课程”）——特指田径、篮球、足球等实践类课程——作为职前体育教师培养的重要课程资源，要解决如何立德的问题，亟须来自实践案例的支撑。在校级课题的支撑下，通过为期两年的足球教学实践，本案例从教学目标、教学内容、教学方法、教学评价等方面形成了全面的指向技能提高与思政目标达成的足球教学体系，足球教学大纲、教案等已完备，教学方法、教学评价等已实现足球技能提升与德育渗透。特别是结合教学实践，借鉴博尔诺夫非连续性教育思想，分别总结提炼出了四条实践类课程德育的实现路径，一是关注社会生活与实践类课程德育内容的整合，二是重视课堂突发事件的课后反思教育，三是注重学生日常行为的职业道德教育，四是捕捉课堂不可预知事件的人生观教育。

[**关键词**] 体育专业实践类课程；德育融合路径；案例；足球

[**教学背景**] 党的十八大首次将“立德树人”确立为教育的根本任务。2020 年 5 月 28

日，教育部印发了《高等学校课程思政建设指导纲要》，明确提出要把思想政治教育贯穿人才培养体系，全面推进高校课程思政建设。长期以来，人们在体育专业实践类课程如何德育——如何立德问题上缺乏实践自觉，实践课程的德育被普遍认为是自然而然的事情，缺乏实践反思总结提炼的德育实践无法避免经验性问题。足球课程作为体育专业国家质量标准规定的专业核心课程，是培养校园足球人才的重要课程载体，也是校园足球政策得以深入实践的重要课程保障。本案例中的体育教育专业师范生（2018 级、2019 级学生）有着良好的身体素质，是基础教育的重要人才资源，"一践行三学会""四有好老师"是新时代对其培养的时代需求，如何在培养过程中处理好"师德养成与技能形成""知识习得与价值取向"等关系也是对体育专业实践类课程教学的时代追问。

## 一、适用范围

本案例主要适用于体育专业实践类课程。

## 二、教学目标

本课程教学目标分为知识目标、技能目标、情感目标与思政目标。

### 目标 1：知识目标

了解中国古代足球与现代足球运动的发展概况，知道足球各项技术的动作要领、易犯错误与纠错方法，以及学练方法，掌握足球运动竞赛规则、裁判方法等知识，知道足球基本的战术与阵型，知道足球运动中常见损伤的预防与损伤后的应急措施和恢复等。

### 目标 2：技能目标

掌握基本的足球技术，能在比赛环境中运用各项足球技术，具备一定的足球战术素养。

学生的足球教学基本功（教态、口令、队伍调动等）得到诊断与提高，具备基本足球技术的示范、讲解、纠错等教学技能，具备从事中小学足球教学、训练、裁判工作等基本教学能力和组织能力。

### 目标 3：情感目标

学生在足球运动中表现出坚强、拼搏、勇敢、不放弃等体育精神和品格，珍惜生命、爱护身体的人生观；学生能够在足球教学、训练、比赛等过程中，传递正能量，表现出团结友爱、相互关心的良好品质。

### 目标 4：思政目标

通过 PBL 教学法（以问题为导向的教学方法）和教学比赛，学生形成珍惜生命、爱护身体的人生观，正确对待胜负的价值观，学生在比赛中能够根据场上情况做出技战术调整，表现出敢于承担责任和一定的问题解决能力与大局观，建立团队协作大于个体单打独斗的整体观。

通过古代足球与现代足球的学习，学生能够理性看待中国足球现存问题与未来发展，既能从古代足球出发建立强烈的民族自豪感，又能从足球发展规律出发建立起我国足球未来发展的信心。

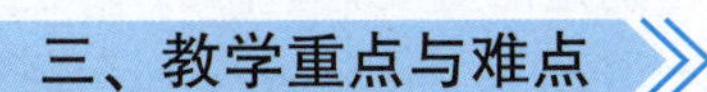

## 三、教学重点与难点

本课程的教学重难点一方面随着教学内容的不同而有所差异，但主要都围绕相应的足球技术教学方面，比如足球脚内侧传球的重点是支撑脚脚尖指向出球方向，膝关节微屈，踢球脚外转 90 度，用脚内侧触球的后中部。难点是传球的路线、力量的控制、踢球脚掌外转不充分、容易形成直腿踢球。另一方面是情感与思政目标的达成问题，该重难点随着教学比赛、课堂常规的制定、PBL 教学方法的实施等得到了较好的解决。

## 四、教学组织

本课程注重小组合作探究法的应用、注重基于问题任务式学习的 PBL 教学法的应用、注重课堂反思性教学方法的应用，引导并促进学生“合作、探究、解决问题、自我反思”等能力与意识的养成。具体到每节课时，教师可以将学生分成两组，并轮流带准备活动，教师对学生的口令、队伍调动等教学基本功进行点评；在复习课环节中，学生以小组为单位合作创新练习方法或游戏等活动并展示，首先进行学生互评，再由教师进行点评，一方面发展学生的教学能力，另一方面让学生在合作过程中认识到团结、合作、交流、责任的重要性。足球参与式 PBL 教学法实施步骤如图 14-2 所示。

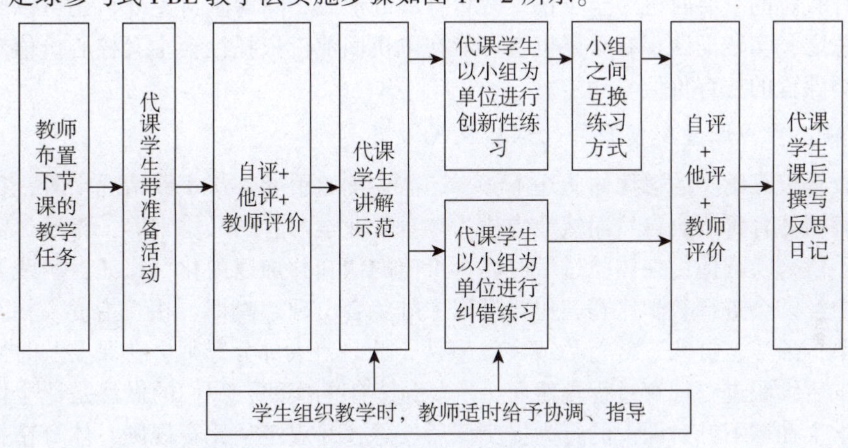


图 14-2 足球参与式 PBL 教学法实施步骤

## 五、教学方法：实践类课程德育的实现路径

### （一）注重课上的非连续性事件，促进学生的德育体验

经由两个学期的教学实践，借鉴博尔诺夫非连续性教育思想，从非连续性教育形式“危机、唤醒、告诫、号召、遭遇”出发，分别总结提炼出了四条实践类课程德育的实现路径，一是社会生活与实践类课程德育内容的整合，二是重视课堂突发事件的课后反思教育，三是注重学生日常行为的职业道德教育，四是捕捉课堂不可预知事件的人生观教育。

#### 1. 危机：关注社会生活与实践类课程德育内容的整合

经由实践，笔者深深地意识到，来自身边或亲身经历的生活中的事例，因为学生有着相同或类似的体验，在进行相应的德育价值引导时，学生与学生之间，学生与教师之间才会产生共同的心理体验，这在心理学上被称为“共情”，特别是面对威胁生命的危机，实际上是在“生活事件—体育运动—德育”三者之间架起了一座桥梁。体育实践类课程将危机作为内容进行德育教育，在教学过程中，可以设置相应的问题，激发学生主动思考人们面对危机时所表现出的精神品质。例如，在足球的第一次理论课上，编者设置了课堂讨论的问题：“请联系我国实际，想一想：抗洪过程中有哪些人和事所反映出的精神品质，与我们体育或比赛所要求或表现出的精神品质是一致的？为什么？”首先，对于该问题，学生既要思考抗洪过程中人或事都表现出了哪些精神品质，又要思考体育或比赛中所提倡或要求的精神品质有哪些，还要考虑两者之间的切合点。其次，引导学生讨论反思，积极扩展危机的德育价值。针对以上问题，学生们基本上能从合作、团结、坚持、不怕苦不怕累等方面将抗洪精神与体育精神结合起来进行思考。最后，例如，一位学生按规矩办事，认识到了规则意识的重要性，此时，教师便应该抓住这一情况，引导学生积极思考体育教师的职业道德精神问题。如此，随着问题的层层扩展深入，学生的思考与认识也能不断地深化。

当然，危机教育价值与实践类课程所要达成的德育价值之间还有很多切合点，这有待进一步挖掘。对此，朱雁（2016）认为教育中的危机有两种：“一种是境遇性危机，另一种是发展性危机。”疫情、洪灾、地震等属于境遇性危机，那么，还有学生在发展转折阶段因心智不成熟所面临的发展性危机，比如恋爱、就业难等问题，这些都可以成为实践类课程中德育教育的重要时机。至于德育教育开展的形式，除课堂讨论外，还可以是课下小论文等。总之，实践类课程有必要也有可能在危机面前，依托社会主义核心价值观，充分挖掘实践类课程的德育价值与功能。

2. 唤醒：重视课堂突发事件的课后反思教育

道德教育仅靠学生的道德体验还不够，还需要加以引导。从实践情况来看，德育的具身性并不表明体育价值会自然而然地内化为体育专业学习者的品德素养，相反，需要通过一些教学手段来唤醒他们在体验过后对体育价值的认知并加以内化。比如，实践类课程在教学过程中经常会进行教学比赛，比赛过程中难免会出现“嘲讽、相互指责、相互推卸责任、自己单打独斗、打架”等行为或突发事件，此时，大部分老师会在课上及时制止或提醒，但缺少后续跟进，德育过程戛然而止。经过多年的实践，我们的做法是让全体学生或事发关联学生在课下针对课上的行为提交课后反思，并规定从比赛规则、体育精神、班级团结等角度进行课后反思，以此让学生反思自己或他人不符合“合作、团结、规则、尊重、友善”等体育精神或品德的行为，从而在学生行为与体育品德之间建立起内化的桥梁。此外，学生在进入体育专业后忘记了选择体育专业的初心，往往出现从众心理，有些学生看到别人玩游戏，自己也玩游戏，看到别人课下不勤于练习，自己也不练习。面对这种情况，我们经常通过问题的形式唤醒学生的初心，比如问学生：“你们考体育专业的目的是什么？你若想成为一位好的体育老师，应该做什么？你的优势与不足在哪里？”以此让学生意识到从众心理的危害。最主要的还是唤醒学生对未来生活的憧憬与期待，让其保持独立思维与独立人格。

3. 告诫与号召：注重学生日常行为的职业道德教育

在实践类课程教学中，教师可以通过告诫与号召，不断警示与改正学生的日常行为，以便达到教育目的即形成教师职业道德。例如，在现实中，学生经常不注意个人言行，脏话连篇，或不听从教师教学安排随意活动，又或经常迟到，面对这种情况，我们一方面，从教师职业道德出发，告诫学生成为教师后以上行为的危害性；另一方面，制定“基于教师职业道德的足球课课堂常规与奖惩办法”，详细规定一些言行的奖惩措施，纳入平时分的考量范围，以此来号召学生从教师职业道德出发要求并规范自己的言行，具体如表 14-4 所示。

表 14-4 基于教师职业道德的足球课课堂常规与奖惩办法

| 常规指向 | 常规倡导内容 | 奖惩措施 |
| --- | --- | --- |
| 规则意识 | 听到哨声后及时停止活动或集合 | 5 秒无故未达到要求者，平时分减 2 分 |
| | 游戏或比赛中遵守游戏或比赛规则，主动申告自己的犯规行为 | 根据游戏规则判罚 |
| 尊重意识 | 不说脏话 | 违规者平时分减 5 分/次 |
| | 不谩骂，不嘲笑同伴或他人 | 违规者平时分减 5 分/次 |
| 责任意识 | 学生主动收集器材 | 遵守者平时分加 2 分/次 |
| | 主动捡回被踢到远处的足球 | 违规者平时分减 2 分/次 |
| | 主动带走垃圾 | 遵守者平时分加 2 分/次 |
| 关爱团结意识 | 主动询问倒地同学的情况，并主动拉起倒地同学 | 遵守者平时分加 2 分/次 |
| | 不指责、不抱怨同伴 | 违规者平时分减 2 分/次 |
| 问题解决意识 | 小组合作中能积极出谋划策 | 遵守者平时分加 2 分/次 |
| 竞争意识 | 游戏或比赛中积极参与，努力争胜，不懈怠 | 违规者平时分减 2 分/次 |

此外，教师需要善于捕捉教学中出现的突发事件，进行相应的告诫与号召。比如，在一次网球课教学中，由于下雨，教学改在风雨篮球场进行相应的网球球性与正反手的挥拍击球练习，练习过程中，始终有 3 个学生在拿着网球扣篮，经提醒后不久，又开始拿着网球扣篮。这时，作为老师，需要及时根据这一情况进行集体教育，一是让学生换位思考，“如果你是教师，你的课上经常有学生不按照你的教学安排进行活动，你作何感想”，以此让学生意识到互相尊重的重要性；二是告诫学生擅自活动的后果，以此让学生意识到课堂教学规则的重要性；三是在课堂小结时，结合这一课堂突发事件，号召同学们都能以一个未来教师的身份来管理自己、要求自己，从自己的一言一行做起，不断促进自己良好教师职业道德的形成。值得庆幸的是，课上受到批评的 3 位同学在课下积极跟教师进行沟通，表达了自己言行的问题，以及平时确实缺乏从未来教师职业道德要求自己的想法。从此事可以看出，告诫的行为起到了一定的效果。

#### 4. 遭遇：捕捉课堂不可预知事件的人生观教育

遭遇指的是一个人突然碰到某些事物，在博尔诺夫看来遭遇实际上是一些需要学生进行价值判断的事件，通过这种价值选择来加深对某些价值的体验或内化，让学生意识到到底什么才是自己想要的，是符合自己发展方向的，是符合社会主流价值方向的。由于遭遇具有不可预料性，在任何时候都可能出现，这同样体现了通过前面提到的教学突发事件或在一些其他不可预知事件进行德育教育的可能性与必要性。就实践类课程而言，特别是篮球、排球、足球等球类课程，在教学比赛中，学生需要根据己方与对方场上情况及时作出

技战术决定或调整，这本身便是一种应对偶然事件或突发事件的能力体现，特别是当实力明显高出的一方遭遇失败时，学生们可能会有抱怨、相互指责等负面情绪。此时，教师便可实时地利用这一遭遇进行德育教育，将球场上的胜败与人生的起伏联系起来，以胜不骄败不馁、永不服输的精神品质面对人生中的一些突发事件，由此提高学生对今后人生道路上未知事件的应对态度与能力。可以说，博尔诺夫非连续教育思想中有关遭遇的认识，让我们意识到实践类课程与学生对待人生的态度（人生观）和德育之间建立起了有效沟通的桥梁。

### （二）通过课后撰写反思日记，加深学生对德育内容的感悟

根据个人带准备活动的情况，以及一些突发事件，或是一些值得赞扬的行为，要求学生每人课后撰写100字以上的课后反思，交于老师，作为平时成绩的一部分。足球课课后反思日记如表14-5所示。

**表14-5 足球课课后反思日记**

<table>
<tr><td colspan="3">足球课课后反思日记</td></tr>
<tr><td>姓名：××</td><td>小组：第二小组</td><td>日期：2020. 11. 9</td></tr>
<tr><td colspan="3">参与的教学环节：带准备活动<br>标准：口令准确、规范，队伍调动合理；游戏组织快捷、有序，学生有较高的参与度，并能很好地完成</td></tr>
<tr><td colspan="3">问题一：我在哪些方面做得较好？<br>1. 课前准备了教案<br>2. 相比第一次，声音洪亮，课堂秩序更好，教学内容贯彻得更好（游戏更有实效性）<br>3. 运动强度合适，起到了热身的目的</td></tr>
<tr><td colspan="3">问题二：我在哪些方面做得不好？<br>1. 口令不清楚，表达不正规（向中看齐不知道是用在开始，还是结束）<br>2. 跑完后不知道怎么整队<br>3. 上课和学生讨论，容易造成场面失控，控场能力不强<br>4. 韧带没拉到位（不够配合，不够重视）<br>5. 两次游戏规则都没想好，同时没交代清楚规则，导致后面游戏失控，起争议<br>6. 游戏没有让更多人投入进去，参与度不够<br>7. 游戏不够新颖，没有创新性</td></tr>
<tr><td colspan="3">问题三：如果今后布置同样的任务，我将在哪些方面做得不同？<br>1. 口令规范，声音洪亮<br>2. 时间分配更合理，运动量更合适<br>3. 准备活动更加有针对性（针对足球课）<br>4. 小游戏规则明确、具体（奖惩）<br>5. 感觉自己还是有些自卑，没有气势，临场应变能力不够</td></tr>
<tr><td colspan="3">问题四：我安排的游戏是否适合中小学生？是否能引起中小学生的参与兴趣？为什么？<br>适合。这个看游戏的执行情况，如果都没人抢球，就没意思了，可能加入惩罚能调动积极性。同时这个游戏比较老，如果玩得比较多就没意思了。还有，如果都是等球，不跑动接球，拿球不会做假动作等，换人的节奏会很快，就没意思了</td></tr>
</table>

续表

| 问题五：我需要哪些帮助？<br>感觉不需要，球都有，游戏没用到其他的器材或道具 |
|---|
| 问题六：课堂上哪些行为值得表扬？为什么？哪些行为需要注意？为什么？<br>比赛时大家没有抱怨，还能相互鼓励，感觉特别好；而且大家越来越遵守规则，感觉老师制定的奖惩办法起到了一定的效果 |

## 六、教学小结与建议

(1) 体育专业实践类课程教学中，可以着重采用参与式教学、PBL 教学等方法，通过小组合作学习，一方面让学生参与到教学实践中，诊断与提高体育师范生的教学基本功，另一方面通过这一过程促进学生“合作、探究、解决问题、自我反思”等能力与意识的养成。

(2) 体育专业实践类课程需要自觉地保持课程的开放性，积极开发、筛选与课程德育价值一致的、学生生活中所遇到的事件，作为课程德育教育的重要内容。

(3) 体育专业教师应有效把握评价的导向性与约束性功能，制定合理的课堂教学常规，规范学生言行，为良好的职业道德形成打下基础。

(4) 体育专业实践类课程需要积极利用课程本身在游戏或比赛环节所独有的德育属性，积极引导学生德育意识与行为的提升与感悟，不断深化和扩充体育专业实践类课程的价值。

（案例来源：张磊．浙江省第一届高等学校体育教学典型案例入选案例，2022）

# 第十五章 足球专项体能与练习方法

## 第一节 足球专项体能概述

足球专项体能是指专门针对足球这项运动所需要的身体素质，包括力量、耐力、速度、灵敏度、协调性等素质。足球专项体能训练是足球训练中重要的一部分，可以有效提高球员的竞技水平和适应比赛强度的能力，减少受伤的风险。足球体能练习对于足球运动员而言具有重要意义。其一，提高身体素质。足球体能练习可以增强学生的心肺功能、肌肉力量、爆发力和耐力等身体素质，从而提高他们的运动能力和竞技水平。其二，增强比赛能力。足球比赛需要学生在长时间内保持高度的能量输出和运动强度，足球体能练习可以帮助学生提高比赛能力，更好地适应比赛中的各种情况。其三，预防伤病。足球体能练习可以帮助学生增强肌肉和韧带的力量，提高关节的稳定性，从而降低受伤的风险，预防伤病的发生。其四，提高自信。足球体能练习可以让学生感受到自身的进步和提高，提高自信和自尊心，从而更好地适应比赛中的各种情况。

总之，足球体能练习是足球训练中的重要组成部分，对于提高学生的竞技水平、增强比赛能力、预防伤病和提高自信都具有重要意义。

## 第二节 足球专项准备活动设计与示例

足球专项准备活动，也叫足球热身，一般指在足球比赛、训练前进行的一系列身体活动，它能够有效地预防运动损伤，提升学生的竞技水平。图 15-1 归纳了足球专项准备活动中的一些简单常用的热身练习，详见视频 15-2-1。

视频 15-2-1

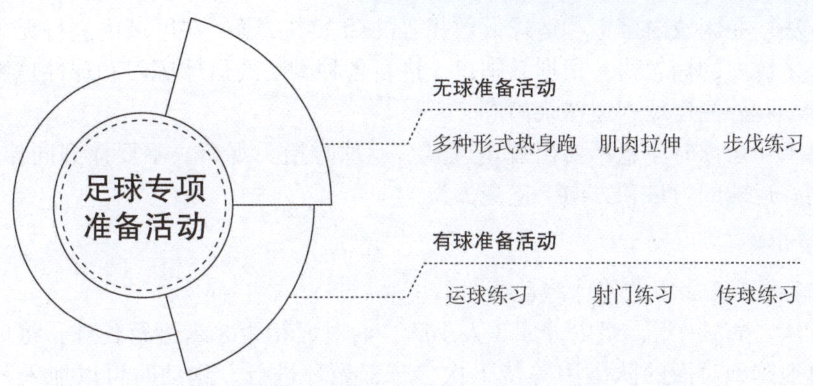


图 15-1　足球专项准备活动中的一些简单常用的热身练习

## 一、足球专项准备活动（无球）内容与方法

热身运动是进行体育锻炼前必不可少的环节，适量的热身可以帮助预防运动损伤，增加关节活动度和肌肉灵活性，提高运动表现。热身运动也可以提高运动中的安全性，因为如果不热身就开始进行高强度运动，可能会导致肌肉拉伤、扭伤、挫伤等运动损伤。热身运动通常由轻松的运动逐渐过渡到强度更大的运动，帮助身体逐渐适应运动强度。在进行热身时，可以通过慢跑、热身操、动态拉伸等方式进行，确保身体活动开之后再开始进行正式的锻炼。此外，热身的时间和强度也应该根据自身的身体状况和运动类型进行调整，以避免过度热身或者热身不足。

### 1. 教学示例一

练习内容：慢跑+双色变速跑。

教学方法：在区域内进行慢跑，当听到老师口令后，学生根据教师所喊颜色迅速冲刺至目的地，到达后返回慢跑区域内继续慢跑。

教学要求：慢跑时注意安全间距，不要走路，不要出区域，冲刺时的速度可以从 60% 的速度开始慢慢提升至 100%。

### 2. 教学示例二

练习内容：步伐练习。

教学方法：根据人数将学生分成若干组，距离 8 米，学生模仿教师动作进行 5~6 种步伐练习，如小步跑、高抬腿跑、开合跳、后踢腿等。

教学要求：注意前后间距，根据教师动作完成指定内容，积极练习，动作到位。

## 二、足球专项准备活动（有球）内容与方法

足球热身练习是学生在比赛前进行的一项重要训练，目的是提高学生的传控球技术和球感。正确的足球热身方式有助于提高学生的运球速度、控球能力和身体协调性，从而提高比赛中的表现水平。

### 1. 教学示例一

练习内容：个人运球练习。

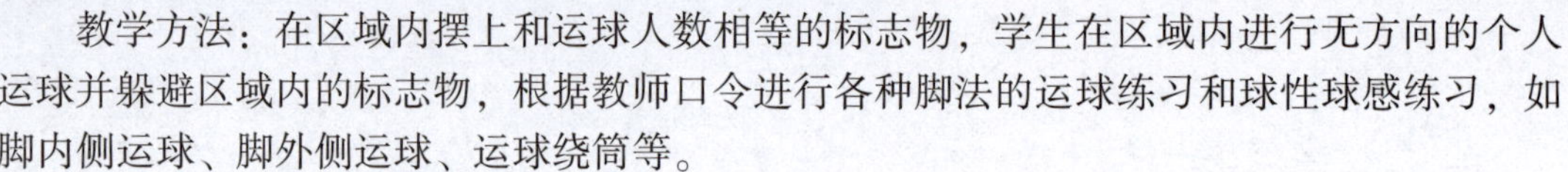

教学方法：在区域内摆上和运球人数相等的标志物，学生在区域内进行无方向的个人运球并躲避区域内的标志物，根据教师口令进行各种脚法的运球练习和球性球感练习，如脚内侧运球、脚外侧运球、运球绕筒等。

教学要求：运球时注意不要出规定区域。运球时抬头观察，不要撞到同伴和标志物。运球时控制好运球的力量和方向，避免失误。

### 2. 教学示例二

练习内容：6 人一组的传球跑动练习。

教学方法：6 人一组，组内分成 3 人小队，面对面相距 8 米进行传球，将球传给对面的同学后迅速跑到对面的队伍中等待下次传球，循环进行。跑动时可以加入一些步伐练习，增加传跑练习的质量和难度。

教学要求：脚内侧触球部位准确，控制传球的力量和方向，传完后启动跑反应要快，速度要快，不能慢跑。

### 3. 教学示例三

练习内容：足球九宫格游戏。

教学方法：学生 3 人一组进行 3V3 的游戏，听哨音开始，迅速带球至九宫格区域发现标志物后，然后折返，击掌后下一位队员运球出发。率先完成连线的队伍获胜。

教学要求：遵守游戏规则，每队每次只能有一位学生出发，带球时球不能离开自己的控制范围，横竖斜其中一条连成直线即为获胜。

# 第三节　课课练部分足球体能练习方法设计与示例

课课练部分是提高学生足球体能的重要时机与手段，在课课练部分，可以从速度训练、灵敏训练、耐力训练、力量训练、协调训练五个方面进行练习方法的设计。

## 一、速度训练示例

### 1. 教学示例一

训练内容：15 米冲刺跑（15 米冲刺运球）。

教学方法：将队伍分成 4 组，以纵队的形式站在起点，（无球）学生站在起点线听哨音进行 15 米全速冲刺，（有球）学生在 15 米内进行正脚背和脚外侧高速运球，过线后踩停，详见视频 15-3-1。

视频 15-3-1

教学要求：蹬地有力，起跑迅速，用正脚背或外脚背运球，带球时注意控制运球的力量，在能控制球的前提下尽可能提高自己的运球速度。

### 2. 教学示例二

训练内容：W 形连续冲刺跑（W 形高速运球）。

教学方法：若无球，树个标志物，每个标志物相距 4 米，学生从起点出发，依次快速跑过所有的点；若有球，运用脚内侧、脚外侧运球，快速通过所有标志物，然后慢跑返回，依次出发。

教学要求：注意过标志物时要侧身降重心，调整步伐，急停急起。运球时控制好运球的方向和力量，快速通过。

### 3. 教学示例三

训练内容：双色追逐赛（有球）。

教学方法：学生面对面站立，中间摆放一个足球，学生根据教师口令进行原地小步跑、高抬腿、开合跳等动作，当听到“足球”两个字后迅速抢球将球带过自己身后所在的白线即获胜。

教学要求：动作标准，积极练习，得球后转身迅速，快速运球过线。

## 二、灵敏训练示例

### 1. 教学示例一

训练内容：1V1 过线游戏（无球）。

教学方法：在区域内，进攻方在起点出发，防守方从白线出发，进攻方通过灵活变向跑动躲避防守方的追击，冲过白线即获胜。

教学要求：进攻方在进行突然变向时，要注意把握变向的时机和方向，提高过人的成功率，变向后要有二次加速。

### 2. 教学示例二

训练内容：你抛我接（有球）。

教学方法：两位学生一组，其中一位学生拿球，另一位学生背对拿球学生，当拿球学生把球抛过头顶后，背身学生迅速做出反应并将球控制好迅速带回。

教学要求：接球学生起跑反应迅速，并根据球的路线将球迅速带回，注意控制运球的速度和方向。

## 三、耐力训练示例

### 1. 教学示例一

训练内容：攻城拔寨（有球）。

教学方法：4 人一组，在区域内摆上 9 个足球，训练开始后每个人迅速跑进区域内每次运一个足球回来，当区域内没有球后，可以去其他学生的区域抢一个回来，在规定时间内球多者获胜。

教学要求：运球回来后，球必须放在自己的区域内，学生才能二次出发；每次只能运一个球；在抢球环节中多观察和多思考，才是获胜的关键。

### 2. 教学示例二

训练内容：25 米×8 折返跑（无球）。

教学方法：学生从起点出发进行 25 米的 4 个来回连续折返跑。

教学要求：不能慢跑，速度尽可能在 50%以上，突破自我，挑战极限。

## 四、力量训练示例

### 1. 教学示例一

训练内容：核心力量训练（有球）。

教学方法：8 个学生一组，每个学生用俯卧撑的姿势撑在地上，由第一位学生将球穿过所有人并传给最后一位学生，最后一位学生接球后马上跑到最前面的位置传给下一个，率先完成的队伍获胜，详见视频 15-3-2。

视频 15-3-2

教学要求：所有人姿势标准，膝盖不能着地，传球的过程中，中间的同学不能帮忙。

### 2. 教学示例二

训练内容：下肢力量训练（无球）。

教学方法：4~6 人一组，学生模仿教师动作分别进行双脚跳、单脚跳、跨步跳等多种跳跃，提升下肢力量。

教学要求：所有人动作标准，积极练习，动作协调到位。

## 五、协调训练示例

### 1. 教学示例一

训练内容：足球步伐训练（无球）。

教学方法：学生模仿教师动作进行各种足球专项步伐练习，如向前侧滑步、向后侧滑步、交叉步、小垫步等。

教学要求：认真学习教师动作，动作协调到位。

### 2. 教学示例二

训练内容：运球+步伐练习（有球）。

教学方法：3 人一组，一位队员运球至中间后将球向前继续滚动，队员迅速跑至步伐区域进行协调性练习，练习完后带球继续跑至标志筒折返运回交给下一位队员，下一位队员立刻出发。

教学要求：步伐练习清晰到位，运球时控制好球的方向和力量，动作流畅。

# 第四节　足球专项放松活动设计与示例

足球专项放松活动是指针对足球运动后进行的一系列放松活动，其目的是缓解肌肉疲劳，消除酸痛，预防运动损伤，促进身体恢复。在足球训练和比赛中，肌肉长时间处于紧张状态，容易引起肌肉疲劳和酸痛。及时进行足球专项放松活动可以帮助肌肉恢复正常状态，减少运动损伤的风险，提高训练效果和比赛表现，具体作用如图 15-2 所示。

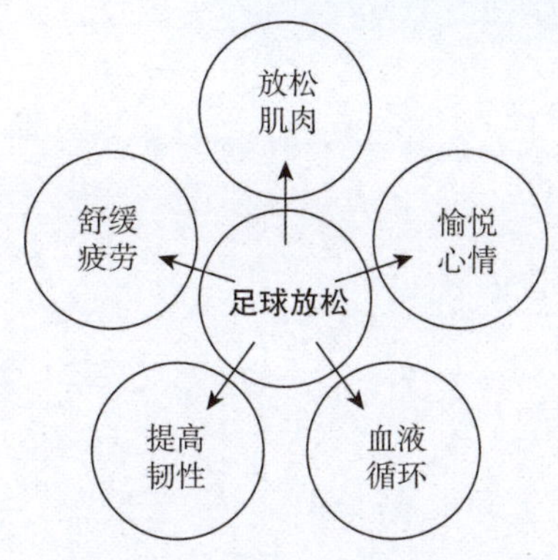


图 15-2　足球专项放松活动的作用

1. 教学示例一

放松内容：静态拉伸。

教学方法：每位学生模仿教师动作进行原地静态拉伸，缓解肌肉疲劳。

教学要求：认真练习，动作到位，避免出现因多做不到位的动作而带来的运动损伤。

2. 教学示例二

放松内容：你敲我敲。

教学方法：两人一组，一位学生趴在垫子上，另一位学生用手敲打他的小腿和大腿等部位，规定时间轮换。

教学要求：认真听取教师意见，注意控制敲打的力度和速度，避免运动损伤。

3. 教学示例三

放松内容：滚球放松游戏。

教学方法：6 人一组，3 个球，学生坐在地上将腿分开，脚对脚围成一个圈，用手将球不停地在围起来的区域内进行来回连续滚动，传球得一分，撞球扣一分。

教学要求：不能用抛或者丢的姿势将球抛出，只能通过地滚球得分，注意控制滚球的速度和方向。

4. 教学示例四

放松内容：一心二用放松游戏。

教学方法：学生面向老师站立，教师以口令为正确选项，说到身体的各个部位时，学生要用双手迅速碰到身体该部位。在此过程中，老师会出现口令和动作不一致的情况，学生要尽可能避开肢体的干扰项，触碰正确部位。

教学要求：注意力集中，认真练习，舒缓心情。

# 第四部分

# 极限飞盘

# 第十六章　概　述

## 第一节　飞盘运动发展简史

### 一、飞盘运动的起源与发展

飞盘的起源可以追溯到公元前 8 世纪的古希腊，当时古希腊的人们会通过投掷圆盘类的坚硬物体来打猎或者军事训练。但直到 20 世纪初，用于休闲娱乐的现代飞盘运动才产生。

英文中飞盘 Frisbee，本来拼作 Frisbie，意思为用金属锡做成的。19 世纪，美国面包师威廉·阿瑟·福瑞斯比（William Russell Frisbie）以自己的名字创办了一个名叫福瑞斯比派饼店（Frisbie Pie Company）的餐饮公司，制作的比萨深受周边大学生的欢迎。有些学生吃完以后，会将 Frisbie Pie 的碟状金属包装盒抛向空中，让它飞行和旋转。为了避免金属包装盒打伤人，抛的人会大叫一声"Frisbie"以提醒准备接的人。于是，这项新式运动就被称为"Frisbie"了。

1948 年，一名美国人瓦特·摩瑞森（Walter Morrison）制作出了世界上第一个塑料飞盘。他在加州开设了一家公司，从 1950 年开始大量制作飞盘，并给自己的产品取名为"Frisbee"。随后，这种塑料飞盘在欧美开始流行。目前，全美境内制造飞盘的公司约有三十家。每年卖出的 Frisbee 数量要比橄榄球、棒球及篮球数量的总和还多。

1985 年，国际性的飞盘运动组织——世界飞盘联合会（The World Flying Disc Federation，WFDF）成立，管理包含极限飞盘（草地和沙滩）、掷准飞盘、花式飞盘、飞盘勇气赛、飞盘全能赛等在内的飞盘运动项目。世界飞盘联合会是国际奥委会（IOC）及国际残奥委会（IPC）、国际大学生体育联合会（FISU）、国际体育联合会协会（ARISF）、国际单项体育联合会总会（GAISF）和国际世界运动会协会（IWGA）等的成员，还是世界反兴奋剂机构的签署组织之一。世界飞盘联合会（WFDF）现有来自 111 个国家和地区的会员单位，其中有 20 个国家/地区单位被当地奥委会承认，包括美国、法国、芬兰、英国、瑞典、瑞士、荷兰、挪威、波兰、日本等。

我国在近些年也陆续出台了多项规范飞盘运动发展的指导性文件，并于2022年举办了中国首届飞盘联赛。

## 二、极限飞盘运动在我国学校体育中的发展

飞盘运动在20世纪80年代初已传入中国，除香港与台湾的极限飞盘运动发展迅速以外，国内极限飞盘运动还仅限于北京、上海、深圳、天津、昆明等城市。国内最早的赛事是2000年由外国人举办的以世界俱乐部交流为主题的上海公开赛，随后，2007年由天津体育学院组织的天津队与北京队联合产生了中国第一届全国极限飞盘公开赛，到2009年第三届全国极限飞盘公开赛已有20多支中外参赛队伍。

飞盘运动在大学中的发展卓有成效，并且被纳入公共体育课程教学体系。例如，天津体育学院、宁波诺丁汉大学、清华大学、对外经贸大学等学校的飞盘运动队伍已初具规模。2013年，为了更好地发展与壮大极限飞盘运动，国内22所高校联合发起CUUA大学生极限飞盘联盟。CUUA大学生极限飞盘联盟于2014年正式成立，由全国部分高校极限飞盘协会组成，至今有全国60余所高校加盟。2014年年末，在各高校共同努力下，第一届中国大学生极限飞盘联赛成功举办，全国范围内共有三十余所高校参与竞技。2019年，中国极限运动协会成立飞盘项目委员会，设立大学生部对CUUA进行管理，正式进入官方规范化管理的时代。全国共分为六大赛区：东北区、华北区、华东区、华南区、华西区、华中区。不少高校根据自身实际发展情况，积极组建极限飞盘运动社团，鼓励广大学生积极参与，通过定期组织活动和训练，不断壮大飞盘队伍。这些社团不仅为学生提供了参与和体验飞盘运动的机会，还促进了校园体育文化的多元化。

此外，上海嘉定区是全国较早在中小学校开展飞盘运动的地区，2001年起就已经有区内的学校将飞盘运动作为兴趣课程进行教学。2014年起，嘉定区教育局每年都组织全市中小学体育教师参加飞盘运动的教学活动，邀请包括国家飞盘队教练在内的国内外优秀飞盘教练员对体育教师进行指导，并积极推动飞盘进校园活动。截至2019年，全区80%的中小学开设了飞盘兴趣课，一半以上的学校组建了飞盘队伍，飞盘运动的教育成果显著体现。

成都树德中学自2012年起开始开展飞盘教学，2014年正式将飞盘课程纳入体育模块教学。通过飞盘课堂，学生不仅得到了身体上的锻炼，更重要的是理解了团队精神、懂得了如何协作、学会了正确的自我表达方式，同时提升了自信，感受了体育运动的快乐，培养了终身运动的意识。目前树德中学飞盘校队有30人，飞盘社团有100多人，飞盘课程覆盖超过300名学生。毕业生赵宸曾代表国家飞盘队参加了2019年亚洲飞盘锦标赛，获得团队第四名。

飞盘运动正在经历着从高校向中小学扩展、从南方向北方辐射、从社团活动向课程教学深化、从业余爱好向专业培训提升、从单一运动向产业链构建的过程，显示出良好的发展态势和广阔前景。随着进一步的推广与普及，飞盘运动有望成为我国学校体育课程中的重要组成部分，对提升学生体质健康、培养团队精神、丰富校园生活等方面产生积极影响。

## 第二节　各种飞盘运动的简介

飞盘运动是一项很好的户外运动，非常有趣、简单易学，投资非常少，却极具挑战性，只需要一个飞盘和一块场地就可以去享受它的乐趣了。随着飞盘运动的发展，目前已衍生出十几种玩法，包括极限飞盘、掷准飞盘、躲避飞盘、团建飞盘、沙滩飞盘、飞盘狗等。目前全世界范围最受欢迎的项目是飞盘争夺赛（或称极限飞盘，Ultimate）、飞盘高尔夫（Disc Golf）、自由花式（Freestyle）及勇气赛（Guts）四大项。

### 一、极限飞盘

极限飞盘（Ultimate Frisbee，或者 Ultimate）起源于美国，最早出现在 1968 年。2001 年世运会已将极限飞盘运动列为正式比赛项目。极限飞盘是一项无身体接触的运动，男女队员可以同场竞技。它是通过自我裁判来开展的飞盘竞赛项目。由于综合了篮球、足球、橄榄球的特点，融合跳跃、转移、传盘、直到最后的长传或短传达阵，是一项运动量相当大的项目，因此选手除了要有攻、防的技术外，也必须具备良好的团队精神、非凡的体能、飞快的速度、持久的耐力、超级的智能、坚毅的意志力。官方比赛所用飞盘质量为 175 克，比赛在一块长 100 米、宽 37 米的草地上进行，每边各有一个宽 37 米、长 18 米的得分区。比赛由两支队伍进行对抗，每队有 7 名队员在场上，分为公开组（男女均可参加，无性别比例要求）、女子组和混合组（有男女比例要求），其中混合组场上必须有至少 3 名女队员在场。以飞盘传递为竞技内容，通过队友在场地上传递飞盘至得分区，队友在对方防守的得分区成功接住盘为得分。

极限飞盘运动的核心就是飞盘精神，类似于公平竞争及体育家精神。飞盘精神的概念，是为了让参赛人员更好地为这项运动和公平竞赛负责。作为一项自我裁判的运动，维护飞盘精神变得十分重要，所有参赛人员要自觉遵守并践行竞赛规则。参与极限飞盘运动必须熟知规则、保持公平公正、在场上清晰地表达自己的观点、给对手解释的机会，同时用礼貌的语言尽快解决场上争议。

### 二、掷准飞盘

掷准飞盘是近年发展最快的新兴运动之一。掷准飞盘是飞盘与高尔夫球规则结合的运动，规则、玩法与高尔夫球类似，但跟高尔夫用球杆将球打入球洞不同，掷准飞盘使用塑料飞盘投入金属目标筐中。掷准飞盘比赛中，用尽可能少的飞盘投掷次数完成场地上所有目标筐的投掷。无论男女老少，掷准飞盘都是一项非常容易上手、趣味性极高的运动。

掷准飞盘场地通常在具有各种不同地势的景区或公园中，树木和坡道对飞盘形成自然障碍。比赛场地通常包含 9~18 个目标筐，每一个筐为一个单独记分单元。在每一个筐的比赛中，从开盘区开始开盘，后续的每次投掷都从上次投掷的落停点开始，直至将飞盘投入目标筐中。当选手完成一个筐的比赛后，便去下一个筐的开盘区继续投掷，直到完成所有目标筐的投掷。掷准飞盘比赛形式分为个人赛和双人赛，其中双人赛中又分为好盘、坏盘、轮流投掷等不同的竞赛形式。

## 三、躲避飞盘

躲避飞盘比赛起源于日本，是一项安全优先的运动，结合了躲避球赛的部分规则及飞盘运动的投掷动作，具备多变的竞赛规则，无论是幼儿园的小朋友还是成年人，均可以一起享受掷盘乐趣。躲避飞盘运动使用以尼龙加泡棉材质制作的飞盘，安全性高。场地尺寸为 9 米×18 米，与排球场大小相同。整个比赛场地分为内外场，双方在一开始可以自由安排内外场人数，但外场至少有一人。一方将对方内场队员全部击打出局或比赛结束后内场存活人数较多的一方获胜。

## 四、团建飞盘

团建飞盘特指以娱乐为目的的集体飞盘活动，团建飞盘赛有十几人的小型娱乐比赛，也有几百人的大型飞盘主题运动会，主要参与人群是企事业单位的员工、家庭亲子、公益组织等。团建飞盘中一般不会涉及高强度的竞技对抗，主要以飞盘游戏、投掷竞赛、躲避飞盘、简化的极限飞盘比赛等强度低、娱乐性和互动性强的形式开展。团建飞盘可以拓宽飞盘运动的受众，为初次接触飞盘运动的人群带来快乐。

## 五、沙滩飞盘

沙滩飞盘是极限飞盘的一种竞赛形式，在沙滩上进行，场地尺寸较草地上的极限飞盘比赛有所缩减，为 75 米×25 米，每队的上场人数为 5 人，其他规则基本和极限飞盘一致。由于沙滩飞盘需要在安全、细腻、柔软的沙滩上进行，沙滩飞盘比赛多了游玩和欣赏美景的优点，受到众多玩家的热捧。在国内，大连金石滩沙滩飞盘赛、厦门观音山沙滩飞盘赛都是比较有名的沙滩飞盘赛事。

## 六、飞盘狗

飞盘狗是由人和狗通过飞盘来进行配合的竞技运动，包括掷远接盘比赛、自由花式飞盘狗等项目。这项运动能通过参赛的主人和宠物狗之间的配合来展现相互之间的羁绊。

## 七、其他飞盘玩法

除以上类型外，还有掷远飞盘，通常比赛选手必须在 2 分半内投掷 5 盘，取最远的算成绩。大部分选手采用反手投掷法，也可助跑加旋转将飞盘掷出。

回收飞盘赛，由选手判断风向，以一定的角度将飞盘用力掷向空中，之后预测飞盘的运动轨迹并在其落地之前单手将飞盘接住。该赛分为回收距离赛和回收时间赛两种类型。

飞盘越野赛，场地设定比赛距离 1 000~1 500 米，依飞盘飞行的特性设计盘道以考验选手的各种飞盘投掷技巧。越野赛飞盘须经一定的路线飞过，人则以最快速度捡盘再投掷，最后以谁的飞盘先飞过终点算名次。

花式飞盘，结合飞盘的各项技巧，再加上体操及舞蹈动作，搭配音乐节奏，创造出千变万化的招式。

# 第三节　极限飞盘运动在学校体育中的价值

## 一、学校体育发展对极限飞盘的需要

学校体育教学在推进素质教育、增强学生体质、培养运动技能和道德品质等方面发挥了重要作用，但同时也存在一些不容忽视的问题，主要包括以下几个方面：①课程设置与实施不均衡。部分学校对体育课程重视程度不够，课时安排不足，甚至存在体育课被文化课挤占的现象。此外，体育课程内容设置过于单一，偏重于传统的田径、球类等项目，缺乏对学生兴趣爱好和个体差异的充分考虑，以及对极限运动、户外探险、舞蹈、武术等多元化的体育项目涉及较少，随着学生年龄的增长，心里会逐渐产生抵触情绪，课程内容缺乏新颖性与娱乐性，调动不起学生的积极性。②师资力量不足，教师专业素质参差不齐。一方面，体育教师数量整体偏少，难以满足大班的教学需求；另一方面，部分体育教师的专业知识更新滞后，教学方法陈旧，缺乏科学训练和运动损伤防护的知识，难以适应现代体育教育的需求。③教学方式与评价体系过于应试化。当前，部分学校的体育教学仍以达标测试、体能考核为主，忽视了对学生体育兴趣的激发、运动习惯的培养及健康生活方式的引导。评价体系过于单一，不能全面反映学生的体育技能、参与度、合作精神、体育知识掌握情况等多维度能力。

为全面贯彻落实全国教育大会及《关于全面加强和改进新时代学校体育工作的意见》精神，2021 年 6 月教育部印发了《〈体育与健康〉教学改革指导纲要（试行）》。该纲要提出，进一步深化体育教学改革，指导全国中小学体育教师科学、规范、高质量地上好体育课，更好地帮助学生在体育锻炼中“享受乐趣、增强体质、健全人格、锤炼意志”，促进青少年学生身心健康，全面发展。

飞盘运动对于青少年体育运动的参与积极性、运动习惯的养成、个人品性的磨炼等方面都有帮助，受到了越来越多学校的认可。因为易上手、娱乐性强、需要团队合作，飞盘运动在一些学校开展后便受到了广大学生的喜爱。2022 年，教育部印发义务教育课程方案和体育与健康等 16 个课程标准，极限飞盘作为新兴体育项目被正式列入义务教育阶段课程，为这种新兴体育项目进入更多学校提供了政策支持，这标志着飞盘运动从一项民间新兴运动转变成了国家认可的教育资源，也意味着这项小众运动，正走向规范化发展道路，并走进更多学校。

## 二、极限飞盘运动在学校体育中的价值表现

现代化社会的生产和生活方式造成了人与人之间的疏离，而飞盘运动是一项增进交流、聚会交友、传递健康快乐情绪具有深度社交功能的运动。同时，飞盘运动场地多样、成本低廉、时尚环保等特点，也使其成了最具发展潜力的健身活动项目。传统体育课程更注重“更快更高更强”的奥林匹克精神，但学生们的精神需求和社交需求也很重要，飞盘运动则非常好地满足了这种精神需求，在学校体育活动中深受学生喜欢。

### （一）极限飞盘运动可充分体现学校体育核心素养

体育核心素养涵盖了身体健康、运动技能、体育品德、运动科学知识和终身体育意识等多个维度，旨在通过体育教育培养出全面发展的个体，使其在享受运动乐趣的同时，为个人的终身发展和社会的和谐进步作出贡献。极限飞盘运动精神指的是在比赛过程中没有裁判，遇到争议时全由运动员自己主张。没有裁判并不是说这项运动没有规则，而是要求运动员具备极高的体育素养。极限飞盘运动的精神其实和体育教学过程中提倡的体育学科核心素养本质上是一样的，通过飞盘运动使学生产生持续且稳定的态度，并能对该项运动项目产生兴趣，通过该项运动热爱体育，收获健康，使学生建立正向的体育品德和人格，如遵守规则、刻苦锻炼、相互激励、尊重对手等。

### （二）极限飞盘运动可全面提升学生综合素质

极限飞盘运动被称为“拥有飞盘的传递速度、足球的耐力和橄榄球的得分方式的运动”。它能使学生身体得到全面的发展，对手眼配合、空间感知力和肌肉协调性有极好的锻炼效果。如果学生能每周定期进行飞盘训练，其各项身体素质、心肺能力、判断力、心理素质及思维敏捷性必然有全面的提升。所以，极限飞盘运动是学生增强体质、提高心智的极佳手段。极限飞盘比赛没有专门的场内裁判，有争议时全凭双方运动员的相互协商，它使参与这项运动的人更具诚信意识、自律精神和处理问题的能力，其团体项目的特点，也能有效地培养参与者的团队协作精神。

### （三）极限飞盘在学校体育教学中有较强的可持续性

极限飞盘是一项新兴运动，有很强的娱乐性、竞技性和锻炼性，它符合学生崇尚自我、张扬个性的需求。无论是对参与者还是对观众，都有很强的吸引力，极大地提高了学生参与这项运动的热情。虽然极限飞盘运动是一项激烈的团体对抗项目，但不提倡直接身体接触，学生容易接受，在学校体育教学中也更容易开展。

### （四）极限飞盘运动有较好的经济性

极限飞盘运动对场地的要求相较于其他运动项目较低，且飞盘经济耐用。虽然极限飞盘运动的比赛标准场为 100 米×37 米的长方形场地，而对于飞盘运动的体育教学而言，只需要一块平整场地即可，开设极限飞盘这项运动课程的成本远远低于游泳、网球、皮划艇等运动项目。因此，无论是对学校还是对学生来说，极限飞盘运动都是最好的选择。

## 第四节　极限飞盘运动的整体教学

极限飞盘运动是一种新兴运动项目，在《义务教育体育与健康课程标准（2022 年版）》中属于新兴体育类的时尚运动类项目，但在文件中没有对极限飞盘运动项目课程标准做出明确的规定与说明，使得大、中、小学教师们在开展极限飞盘运动项目教学时会产生疑问。根据当下的教育发展需求，极限飞盘课程需要进行整体教学设计，一方面，加强极限飞盘运动技能之间的内在联系，建立结构化的内容体系；另一方面，注重大单元教学，深入考虑极限飞盘运动技战术之间的前后衔接问题，解决极限飞盘运动教学不系统的问题。

## 一、极限飞盘运动技能教学内容标准

不同阶段飞盘运动技能教学的内容标准如表 16-1 所示。

**表 16-1　不同阶段飞盘运动技能教学的内容标准**

<table>
<tr><th>阶段</th><th>学段</th><th colspan="2">飞盘课程应知应会的知识</th><th>建议整合的知识</th></tr>
<tr><td rowspan="3">高师院校体育专业</td><td rowspan="3">专业课</td><td>技术</td><td>【熟练掌握】正手传盘、反手传盘、过顶传盘、长传、短距离回盘、双手拍接、双手握接、单手握接、读盘</td><td rowspan="3">运动损伤防治知识；保健康复知识；体育品德</td></tr>
<tr><td>战术</td><td>【熟练掌握】竖排进攻、横排进攻、传盘手推进战术、逼向防守、补防、区域防守等</td></tr>
<tr><td>规则</td><td>【熟练掌握】比赛规则、赛事编排</td></tr>
<tr><td rowspan="3">高中</td><td rowspan="3">模块 1-3</td><td>技术</td><td>【掌握】反手传盘、正手传盘、双手接盘、单手接盘、长传</td><td rowspan="3">运动与饮食、环境与健康，安全运动、预防常见运动损伤和突发事故，消除运动疲劳、情绪调控，社会适应；体育品德</td></tr>
<tr><td>战术</td><td>【掌握】竖排战术、横排战术、逼向防守、杯子战术、斜插直传、回切直传、下底长传、横传转移、双人推进</td></tr>
<tr><td>规则</td><td>【掌握】WFDF 飞盘比赛规则和精神评分体系规则</td></tr>
<tr><td rowspan="3">初中</td><td rowspan="3">水平四</td><td>技术</td><td>【掌握】正手传盘、反手传盘、接盘、防盘人的站位、防盘人的移动</td><td rowspan="3">运动与肥胖、脉搏自我测评，运动与大脑健康、情绪调控的关系，运动损伤防治，运动与环境；体育品德</td></tr>
<tr><td>战术</td><td>【掌握】三人传跑接、逼向防守战术的基本应用</td></tr>
<tr><td>规则</td><td>【掌握】飞盘比赛的 10 项基本规则与自我判罚</td></tr>
<tr><td rowspan="6">小学</td><td rowspan="3">水平三</td><td>技术</td><td>【基本掌握】正手传盘、反手传盘、接盘</td><td rowspan="3">运动与营养、运动与体重，情绪调控，骨折与心肺复苏处理方法；体育品德</td></tr>
<tr><td>战术</td><td>【基本掌握】2V2，3V3，4V4 防守进攻战术</td></tr>
<tr><td>规则</td><td>【基本掌握】比赛基本规则及判罚动作</td></tr>
<tr><td rowspan="3">水平二</td><td>技术</td><td>【初步掌握】在游戏中学习和体验飞盘传、接盘动作</td><td rowspan="3">运动与健康饮食、运动与睡眠，情绪调控，运动损伤防治；体育品德</td></tr>
<tr><td>战术</td><td>【初步掌握】飞盘游戏、跑切配合、摆脱防守等</td></tr>
<tr><td>规则</td><td>【初步掌握】极限飞盘游戏基本规则</td></tr>
</table>

注：1. 以上技术包括单一技术与组合技术；2. 以上相关内容参考《义务教育体育与健康课程标准（2022 年版）》。

## 二、极限飞盘运动技能大单元教学

《义务教育体育与健康课程标准（2022 年版）》指出，要“设计专项运动技能的大单元教学，对某个运动项目或项目组合进行18课时及以上相对系统和完整的教学。……大单元教学既能使学生掌握所学项目的运动技能，又能加深学生对该项运动完整的体验和理解”。体育新课标中的大单元教学是专项运动技能项目系统性、整体性的有效教学全过程，遵循课程内容及“教会、勤练、常赛”教学实施要求，构建时间“大”至跨越整个学年、“小”至18课时及以上互相衔接和螺旋递进的体育教学单元。大单元教学设计需要教师有全面育人的大格局，既要在学科内进行课程资源的整合，又要跨学科进行课程资源整合，真正为学生的发展提供适切的课程。

“大单元教学”作为教学方式变革的重点受到了学者和教师们的广泛关注，也成为中小学体育与健康课程教学改革的重点。因此，大单元的组合依据是：运用系统论的“整体原理”编排教材，构建教材之间的联系，使每个单元不再是零散的“知识点”，而是一个“知识链”，从而有效提高学生的知识技能。从基础知识与基本技能、技战术运用、体能、展示与比赛、规则与裁判方法、观赏与评价六个方面，设计与极限飞盘运动相关的具体内容，最终达到体育与健康课程核心素养中的运动能力、健康行为、体育品德三个维度的学习评价标准。

在高校教学中，高师院校体育专业教学也应当借鉴基础教育的改革策略，完善培养方案与教学大纲，并思考如何反映“为什么教、教什么、如何教、教到何种程度，如何评价教的情况”等问题。教学进度必须详细地呈现一个学期的教学内容安排，体现教师对某一技术性课程内容体系中“先学什么、后学什么”前后关系的认识。“大单元教学设计不是传统意义上的从教材内容出发设计教学活动，安排学习时间，而是基于一定的目标与主题所构成的教材与学习经验的模块单位。……大单元教学设计是站在整体育人的角度，把一个学段作为整体通盘考虑，跨年级进行知识的有效迁移，重构符合教学实际的新知识系统，使课堂内容无重复，教学环节紧凑，课堂效率倍增的一种教学思路和授课方式，它是从单篇（单章）教学发展到单元教学，进而发展到单元主题教学。大单元教学设计要做到教书和育人的和谐统一，侧重于引导学生提出学科问题，形成学科大概念。”可见，大单元教学理念更加有利于解决高师院校术科课程教学长期以来只注重运动技能教学的问题，进而引导培养未来教师对术科课程完整教学价值的意识和能力。

基于以上思考，在不同极限飞盘技术的教学和不同战术的教学等章节撰写思路上，除注重学科知识与教学法知识的呈现外，还将以案例的形式引入一些水平段的大单元教学设计，供广大的大、中、小学教师参考。

# 第十七章　极限飞盘不同技术的教学

## 第一节　极限飞盘不同技术的学科知识

飞盘运动中最主要的技术动作就是传盘和接盘。能否体验飞盘运动的乐趣，或在飞盘比赛中胜出，传、接盘的准确性与稳定性是重要因素。传盘中最基础的技术就是正手传盘和反手传盘技术。接盘技术可以分为双手接盘和单手接盘技术。

### 一、学科价值

#### （一）不同飞盘技术及其价值总括

##### 1. 反手传盘技术

1）反手传盘技术要领（以右手反手传盘为例）

握盘姿势：反手传盘的握盘姿势有基础握法（如图 17-1、图 17-2 所示）和强力握法（如图 17-3 所示）。建议初学者使用两种基础握法，基础握法一稳定性较好，但相对缺乏力度。基础握法二由于没有中指的支撑，更多的手指紧握盘缘，使握盘和传盘更有力量，但比基础握法一的传盘稳定性略逊一些。使用强力握法需要有丰富的飞盘经验，这种握法可以发挥出较强的出盘力量，但也较难控制飞盘，适合飞盘玩家在有风的情况下，或者掷准飞盘中使用。

图 17-1　基础握法一

图 17-2　基础握法二

在初学时，学生应据年龄和传盘能力选择适宜的握盘姿势。通常初学时采用基础握法一，等有一定的传盘基础后，使用基础握法二，因此重点介绍基础握法二：飞盘正面向上，右手以握手的姿势去握住飞盘。拇指向前并按压在飞盘正面的凸起纹路上，食指末端第一关节微屈扣在飞盘的边缘，其他三个手指紧扣飞盘内部，飞盘紧贴虎口不留缝隙。握盘时手掌要贴住飞盘的边缘，掌心朝向侧面，切勿向上，握盘不要太紧。

图 17–3　强力握法

准备姿势：两脚与肩同宽，两腿微屈，重心保持在身体中轴线，放低重心，保持身体稳定，双手（掌心相对）握盘的两侧，手臂自然弯曲，要始终保持飞盘和前臂在一个水平面上，保持飞盘的高度基本与胸同高，视线看向传盘方向。

传盘：飞盘出手前，以左脚为轴心脚，右脚向左斜前方迈弓步，持盘手的肩膀对着传盘的目标，双手持盘向左转体，准备传盘出手。飞盘出手时，蹬腿、转腰、肩部带动手臂挥动摆出，盘出手瞬间加快手腕向外鞭打速度。根据对飞盘飞行的轨迹期望，在出手时调整飞盘的角度。

2）反手传盘技术的价值

反手传盘是飞盘运动最重要的基本技术，是参与所有飞盘运动的基础动作，因而也是在学习飞盘技术时最早需要掌握的技术。在极限飞盘比赛中，反手传盘也是最容易掌握、运用最广的技术动作之一。反手传盘还有容易发力、传盘距离远的特点。在极限飞盘比赛中，开盘和长距离传盘一般用反手传盘技术，也是防守方防范的重点，详见视频 17–1–1。

视频 17–1–1

## 2. 正手传盘技术

1）正手传盘技术要领（以右手正手传盘为例）

握盘姿势：握盘的舒适度会影响正手传盘的质量。正手传盘的握盘姿势有基础握法（如图 17–4 所示）和强力握法（如图 17–5 所示）。基础握法稳定性较好，但相对缺乏力度，在快速变换正反手握盘方法时很不便捷。建议初学者不要长期使用该方法，以免在后期产生技术瓶颈而影响传盘质量。强力握法能发挥出较强的出盘力量，不足是相对难控制飞盘。还有一种混合握法，不需要将食指和中指平行，食指弯曲，但这种方法使用的较少。

学习飞盘时，学生应根据自身年龄和传盘能力选择适宜的正手握盘姿势。通常初学时采用基础握法，等有一定的传盘基础后使用强力握法，因此重点介绍强力握法：握盘时，将飞盘放于虎口位置，用虎口和大拇指夹紧飞盘的外沿，拇指指向飞盘的中心，中指压在飞盘的内沿上，食指可以与中指并拢或分开，来控制飞盘的平衡，无名指和小指并拢紧贴在飞盘底部外侧夹紧飞盘。双手持盘来进行调整，找到最适合自己的握盘方式。手腕可以往后竖过来，给予飞盘更多的动力，使出盘更有力度。

图 17-4　基础握法

图 17-5　强力握法

准备姿势：可单手持盘，两脚与肩同宽，两腿微屈，重心保持在身体中轴线，放低重心，保持身体平衡，视线看向传盘方向。

传盘：正手传盘时，握盘手同侧的腿向身体侧面迈出，成侧弓步，同时保持身体平衡，将重心控制在身体中轴线上，降低身体重心。手臂既不要完全伸直也不要贴住身体，肘部靠近身体但不要碰到身体，肩膀略微下沉。运用手腕和小臂的甩动来发力，出手时飞盘外侧可以略微向下倾斜，来保持飞盘平稳飞行。在发力过程中，尽可能减少手臂动作，用身体的核心力量提升手腕甩动的力度，从而增强传盘的力度。正手传盘技术的动作结构和发力方法与日常运动习惯不符，因此相对于反手传盘技术更难掌握，详见视频 17-1-2。

视频 17-1-2

2）正手传盘技术的价值

正手传盘也是极限飞盘运动中极为重要的基本技术。正手传盘具有准确度高的特点，在中、短距离传盘和长传中应用较多。

### 3. 接盘技术

1）接盘技术要领

在飞盘运动中，接盘技术主要是双手夹盘式接盘（如图 17-6 所示）和单、双手蟹钳式接盘（如图 17-7 所示）。

图 17-6　双手夹盘式接盘

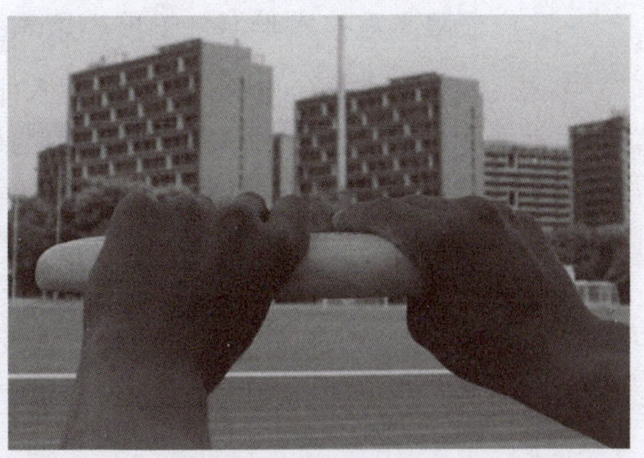
图 17-7　双手蟹钳式接盘

双手夹盘式接盘是最稳妥的接盘方式，也是初学者应该掌握的接盘方式，一般在飞盘飞向接盘人腰部以上、肩膀以下位置时采用。双手夹盘式接盘的技术要领是：眼神始终注视飞盘，注意力集中，保持胸部与飞盘垂直，双手平行，掌心相对，五指尽量张开，扩大接盘面积，接盘后将飞盘向怀里带，来进行缓冲及保护。一般传盘惯用手放在上面，方便在接盘后快速转换成传盘动作。

蟹钳式接盘是指用单手或者双手捏住圆盘的边缘以进行抓握的接盘方式。在比赛中，当防守人和接盘人距离比较近时，要采用蟹钳式接盘，以保证在防守人之前接到飞盘；此外，该技术一般在飞盘高于肩膀或者低于腰部时使用。技术要领：手臂尽可能地向外伸展，迎向飞来的飞盘，飞盘高于肩膀时，手掌向下，拇指在飞盘底部；飞盘低于腰部时，手掌向上，拇指在飞盘正面。注意力集中在飞盘上，先保证将飞盘接住，再考虑下一步冲刺迎向飞盘，用力抓。双手蟹钳式接盘（上手/下手）：上手适合胸部及胸部以上来盘，下手适合胸部以下位置。单手蟹钳式接盘（上手/下手）：当来盘离身体较远，且无法双手控制时，尽量在飞盘侧一点的位置接盘，否则冲击力过大，容易导致接盘失误。单手上手和下手蟹钳式接盘如图 17-8 所示。

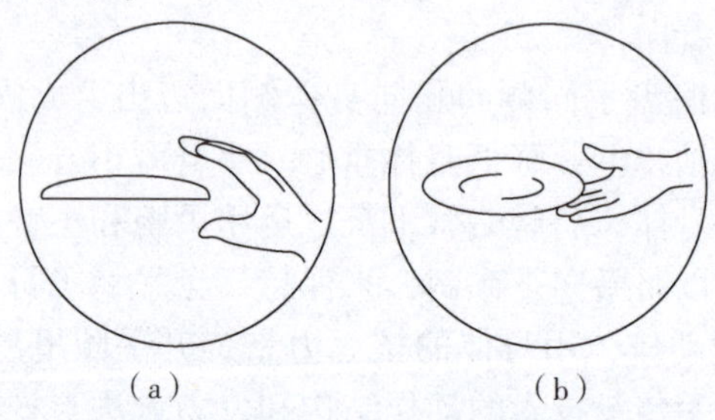

（a）　　　　（b）

图 17-8　单手上手和下手蟹钳式接盘

（a）单手上手蟹钳式接盘（高位接法）；（b）单手下手蟹钳式接盘（低位接法）

2）接盘技术的价值

极限飞盘精神就是“盘不落地，永不放弃”，因此光是能把盘传好是远远不够的，还需要稳稳地把盘接到手上，才能继续进攻。在接盘技术中，双手夹盘式接盘是最为稳妥的，是初学者最先掌握的接盘方式，一般当飞盘在腰部以上、肩膀以下位置时使用。如果防守人和接盘人的距离比较近，或者飞盘位置过高过低，接盘人要采用蟹钳式接盘，以保证在防守人之前接到飞盘。

### （二）极限飞盘技术学习之于核心素养的价值总括

极限飞盘比赛需要参与者有全面的技术能力，为了落实“教会、勤练、常赛”，帮助学生掌握所学的运动技能，《义务教育体育与健康课程标准（2022 年版）》提倡大单元教学。大单元教学既能使学生掌握所学项目的运动技能，又能加深学生对该项运动完整的体验和理解。学生通过较长时间的连续学练，掌握所学运动技能的同时，在各种比赛中适应不同角色，使运动能力、健康行为、体育品德等核心素养也得以发展。极限飞盘技术的学习是一个全面提升个人核心素养的过程，涉及社交能力、思维能力、身体素质、道德修养和领导能力等多个方面，对促进个人全面发展具有重要意义。

## 二、关键问题

虽然说飞盘运动是项易上手的运动，但想要玩得好，还要理解和掌握飞盘技术的核心要领。在极限飞盘运动不同的学习阶段，学生会遇到不同的学习重点和难点问题，进而会对学习进程和核心素养的提升造成影响。

### （一）传盘技术关键问题

#### 1. 反手传盘关键问题

反手传盘关键问题在不同阶段的表现与释义如表 17-1 所示。

表 17-1　反手传盘关键问题在不同阶段的表现与释义

| 阶段 | 初学阶段 | 提高阶段 | 应用阶段 |
|---|---|---|---|
| 重点 | 握盘方法要准确，建立轴心脚概念 | 传盘精准度 | 反手传盘的远度 |
| 重点释义 | 在初学阶段，握盘方法错误会引起传盘失误和质量差等问题。此外，学生经常随意变换轴心脚或重心，该错误动作会使飞盘飞不远，也会导致在比赛中因违规带盘走而失去盘权 | 学生在初学阶段往往很难控制飞盘的高度和运行轨迹，有时会因传盘过高而飞过接盘人，有时会因传盘过低而使飞盘早早落地，还有的时候会使飞盘严重偏离目标，造成接盘人很难接到飞盘。因此要注意在飞盘出手时控制好盘面，让盘面保持水平 | 极限飞盘的旋转速度越快，飞盘的飞行越稳定。因此要想传盘距离远，提高传盘的准确性，必须让整个传盘动作连贯，腿、核心、手臂协调发力，同时在整个传盘过程中保持视线在传盘目标上 |
| 难点 | 手腕发力 | 出手时机的把握 | 反手传盘的角度 |
| 难点释义 | 在传盘过程中，想要让飞盘飞得更远、更平稳、更直，需要在出手的瞬间用手腕发力，使飞盘旋转飞出，否则会严重影响飞盘的飞行距离和质量，影响极限飞盘运动的顺利进行 | 在传盘技术中，较难把握的就是飞盘出手的时机，出盘过早会使飞盘飞向接盘人的左边或者右边，因此在反手传盘过程中飞盘释放的时机要给出提前量，可在大约 11 点钟方向出盘，并做好出盘后的制动 | 反手传盘时，调整出手的时机及飞盘的角度，尝试不同角度的传盘来找到最正确的角度。飞盘与水平面形成一定的角度，飞盘就会形成弧形的飞行轨迹，因此要注意控制飞盘的角度，让飞盘飞出适宜的弧度而绕过障碍到达目标 |

#### 2. 正手传盘关键问题

正手传盘由于其握盘姿势和用力方向的原因，比反手传盘技术要更难掌握。正手传盘关键问题在不同阶段的表现与释义如表 17-2 所示。

表 17-2　正手传盘关键问题在不同阶段的表现与释义

| 阶段 | 初学阶段 | 提高阶段 | 应用阶段 |
|---|---|---|---|
| 重点 | 握盘和跨步方法要准确 | 传盘时注意肩关节旋前和屈腕 | 正手传盘的远度 |

续表

| 阶段 | 初学阶段 | 提高阶段 | 应用阶段 |
| --- | --- | --- | --- |
| 重点释义 | 在学生初学阶段，如果握盘方法不准确，会引起传盘失误、传盘质量差等问题。跨步能保证在比赛时获得良好的视野和传盘路线，因此，初学者在传盘时一定要养成良好的跨步习惯 | 手腕尽量最大限度背伸向后，在做屈腕出手动作时用力速度要快，才能保证飞盘在出手后快速地旋转，飞盘必须有足够地旋转才能获得平稳的飞行状态 | 要想正手传盘距离远，必须提高传盘的准确性，让整个传盘动作连贯，腿、核心、手臂、手腕要协调发力，同时，在整个传盘过程中要保持视线在传盘目标上 |
| 难点 | 持盘高度要适宜 | 传盘精准度 | 正手传盘的角度 |
| 难点释义 | 在初学正手传盘阶段，一般采用正手直线传盘来教学。握盘时将飞盘放在大腿外侧的高度，有利于新手保持出手时飞盘大致的水平，过高的持盘高度容易造成飞盘向内倾斜 | 飞盘的高度和运行轨迹往往很难控制，有时会因传盘过高而飞过接盘人，有时会因传盘过低而使飞盘早早落地，还有的时候会使飞盘严重偏离目标，造成接盘人很难接到飞盘。因此要注意在飞盘出手时控制好盘面 | 传盘出手时，会与水平面形成一定的角度，并形成弧形的飞行轨迹。尤其是在正手传盘时，可以传出各种高度、多种路线的传盘。传盘方向和飞盘出手时倾斜的角度是决定飞盘飞行路线的主要原因 |

## （二）接盘技术关键问题

接盘技术关键问题在不同阶段的表现与释义如表 17–3 所示。

**表 17–3　接盘技术关键问题在不同阶段的表现与释义**

| 阶段 | 初学阶段 | 提高阶段 | 应用阶段 |
| --- | --- | --- | --- |
| 重点 | 准确读盘及选位 | 移动中根据不同飞行速度和轨迹准确判断飞盘和选位 | 复杂环境下准确判断飞盘的速度与轨迹并正确跑位 |
| 重点释义 | 在初学阶段，学生更多的是对飞盘飞行方向和速度判断不准，跑动速度与飞盘速度不能匹配，导致选位不准，无法很好地完成接盘动作 | 在提高阶段，需要学生在移动中接停不同方向、不同速度的飞盘，此时，学生会因为球速、方向判断不准，出现接不到盘的情况 | 在应用阶段，学生需要将接盘技术应用到比赛中，在环境变得复杂、对抗强度明显增加的情况下，学生在场上需要一边观察飞盘的飞行轨迹和速度，一边观察防守队员的位置，如此才能避免失误 |
| 难点 | 接盘主动 | 移动中对不同飞行速度和轨迹飞盘的接盘 | 复杂环境下人与飞盘的协调配合 |
| 难点释义 | 初学时，学生往往会出现等盘的情况，或不敢接盘的现象，因此要克服恐惧心理，主动积极地伸手接盘 | 在提高阶段，学生需要在移动中接住不同飞行速度和轨迹的飞盘，因此需要在准确读盘的基础上，主动积地极跑位去接盘 | 在比赛中，由于对抗的存在，学生无法在身体、速度、飞盘之间建立起很好的联系，经常出现接不到盘或者跑不到位的问题 |

## 三、易犯错误与纠正方法

### （一）传盘技术的易犯错误与纠正方法

#### 1. 反手传盘技术的易犯错误与纠正方法

1）错误动作一

表现：握盘时，掌心容易向上。

产生原因：一是握盘方法没有掌握，二是由于低龄学生及女生手指和手掌力量较小，不能用正确方法握紧盘。

纠正方法：提示学生握盘时掌心向侧，保持握手的状态。

2）错误动作二

表现：飞盘不能旋转飞出。

产生原因：在飞盘出手时手腕的屈伸力度不够，没有明显的加速向外鞭打的动作，没有抖腕动作。

纠正方法：双手持盘调整，找到最适合自己的握盘方式，牢记传盘的四个步骤：一指、二迈、三转、四甩。甩的时候要注意手腕的抖动加力，动作要连贯顺畅。

3）错误动作三

表现：传盘者没有轴心脚概念。

产生原因：一是对规则理解不透彻，二是没有掌握正确的传盘技术，身体姿势不正确。

纠正方法：强调极限飞盘比赛的规则，强化规则意识；对腿部姿势的技术动作进行练习和巩固。

4）错误动作四

表现：飞盘在空中抖动。

产生原因：握盘较松，出手时手腕用力不够，出手动作不够流畅。

纠正方法：握盘更紧一点；手腕用力，让飞盘旋转得更快；出手动作更顺畅一点。

5）错误动作五

表现：飞盘飞行无力，飞不远。

产生原因：没有全身协调用力，腰部拧转不足，技术动作不流畅。

纠正方法：传盘时不要正对接盘人，和接盘人形成垂直的角度，便于发力；力量由腿部蹬地伸展开始，传递到腰部转动发力，然后由肩部的转动带动手臂的挥动，最后由手腕的屈伸将飞盘传出。

6）错误动作六

表现：不能准确地传到目标点。

产生原因：眼睛没有盯住目标进行传盘。在传盘时，飞盘在出手前未成平面，出现高低差。

纠正方法：传盘时注意用眼睛盯住目标，飞盘出手时保持水平面，进行直线传盘。注意出盘的角度，特别是进行长传时，出手应该根据飞行路线的需要倾斜盘面。

#### 2. 正手传盘技术易犯错误与纠正方法

1）错误动作一

表现：飞盘不能旋转飞出。

产生原因：握盘姿势错误，中指未抵住飞盘内缘，中指和食指入盘太浅，飞盘与虎口的间隙太大，正手握盘时飞盘与虎口之间存在一定的间隙，导致飞盘在出手时转速不够；在飞盘出手时手腕未有明显的加速向外鞭打的动作，没有抖腕动作。

纠正方法：找到最适合自己的握盘方式，中指抵住飞盘内缘；出盘的时候要注意手指加压和手腕的抖动加力，动作要连贯顺畅。

2）错误动作二

表现：飞盘飞出后会倾斜。

产生原因：飞盘出手时盘面没有水平。

纠正方法：练习时，注意将盘面摆平，可以先只用小臂发力的方式进行练习，等盘面平稳后再加上肩肘动作。

3）错误动作三

表现：飞盘在空中抖动。

产生原因：握盘较松，虎口与飞盘的间隙过大，使飞盘失去了虎口的支撑，从而变得不稳定；出手时手腕用力不够，出手动作不够流畅。

纠正方法：握盘更紧一点，缩小虎口与飞盘间的间隙；手腕用力，让飞盘旋转得更快，出手动作更流畅。

4）错误动作四

表现：飞盘飞行方向偏离。

产生原因：出手时机不对，出手过早或者过晚都会导致飞盘不能准确飞向接盘人。

纠正方法：在传盘时释放飞盘的时机要给出提前量；调整出手的时机及飞盘的角度，尝试不同角度的传盘来找到最正确的角度，出手后手指要指向目标。

5）错误动作五

表现：飞盘飞不远。

产生原因：没有全身协调用力，核心力量不足，技术动作不流畅。

纠正方法：肩关节旋前，肘关节固定动作，调节持盘高度，盘出手前肘关节的位置由向前顶变成拐向外侧，手腕尽量伸向后，在做屈腕出手动作时用力速度要快，才能保证飞盘在出手后产生强烈的旋转，飞盘必须有足够的旋转才能获得平稳的飞行状态。

6）错误动作六

表现：不能准确地传到目标点。

产生原因：眼睛没有盯住目标进行传盘；在进行直线传盘的练习时，飞盘在出手前未成平面，出现高低差。

纠正方法：传盘时要注意用眼睛盯住目标，飞盘出手时保持水平，进行直线传盘，出手时手指要指向目标。

### （二）接盘技术的易犯错误与纠正方法

#### 1. 错误动作一

表现：双手拍接漏盘。

产生原因：手臂打开太大，对速度快的盘来不及接。

纠正方法：接盘时要注意用眼睛盯住飞盘，主要通过手肘和手掌动作，手掌快速合拢接盘；当盘飞得特别快时，可以用胸部来缓冲，但是手必须先碰到盘，不然盘会被胸弹飞。

2. 错误动作二

表现：飞盘容易打到手指而被弹开。

产生原因：双掌过于平行，打开空间过小，飞盘容易打到手指上而被弹出。

纠正方法：两个手掌分别向上和向下张开 45 度，形成喇叭口，使接盘口变大，后方小，盘不容易漏出。

## 第二节　不同极限飞盘技术的教学法知识

### 一、教学内容结构化：教材“三个一”设计

教材“三个一”即一个单一技术、一个组合技术和一个游戏或比赛，看得出来，这是教学内容的组合方式，特别是对于极限飞盘这样的集体项目而言，比赛中单独使用一种技术的机会比较少，大量采用的是组合技术，因此，组合技术也是为了学生在习得相应的技术后，能够学以致用。一般来说，飞盘的传盘技术要和接盘技术结合起来使用。以下练习方法都是传、接盘技术的共同练习。

#### （一）单一技术练习方法设计与示例

1. 反手传盘单一练习方法

反手传盘单一练习方法示例如表 17-4 所示，详见视频 17-2-1。

视频 17-2-1

17-4　反手传盘单一练习方法示例

| 序号 | 练习方法名称 | 具体练习方法 | 注意事项 |
|---|---|---|---|
| 1 | 两人对传练习 | 两人一组，开始时两人相距 5~8 米，采用反手传盘技术进行练习，同伴采用双手夹盘技术接盘。教师务必巡回纠错，不断提示动作要领。练习一段时间后，可以要求学生将距离延长到 10~15 米进行传盘练习 | 练习要点：注意传接配合；注意反手传盘技术动作的正确性 |
| 2 | 三人传盘练习 | 在两人对传的基础上增加一人，进行三人传盘，提高对传盘方向的控制能力 | 注意对传盘的时机和准确性的把握 |
| 3 | 四人传盘练习 | 四人站成四边形，可以进行循环传盘练习，也可以进行对角传盘练习 | 注意传盘的方向，以及接盘的主动跑动 |

2. 正手传盘单一练习方法

正手传盘单一练习方法示例如表 17-5 所示，详见视频 17-2-2。

视频 17-2-2

表 17-5 正手传盘单一练习方法示例

| 序号 | 练习方法名称 | 具体练习方法 | 注意事项 |
| --- | --- | --- | --- |
| 1 | 两人对传练习 | 两人一组，开始时两人相距 5~8 米，采用正手传盘技术进行练习，同伴采用双手夹盘技术或者蟹钳式接盘。教师务必巡回纠错，不断提示动作要领。练习一段时间后，可以要求学生将距离延长到 10~15 米进行传盘练习 | 练习要点：注意传接配合；注意正手传盘技术的正确性 |
| 2 | 三人传盘练习 | 在两人对传的基础上增加一人，两两相距 5~10 米，进行三人传盘练习，提高对传盘方向的控制能力 | 注意对传盘的时机和准确性的把握 |
| 3 | 四人传盘练习 | 四人站成四边形，可以进行循环传盘练习，也可以进行对角传盘练习 | 注意传盘的方向，接盘的主动跑动 |

## （二）组合技术练习方法设计与示例

在极限飞盘运动技术的教学中，学生应当在熟练掌握单个技术动作后进行组合技术动作的学习。这不仅能使学生对每一个技术环节的学习任务都掌握得比较清楚，也有利于后续教学的实施与开展。传盘的组合练习方法示例如表 17-6 所示。

表 17-6 传盘的组合练习方法示例

| 序号 | 练习方法名称 | 具体练习方法 | 注意事项 |
| --- | --- | --- | --- |
| 1 | 两人双盘或三人三盘 | 两人每人手持一个飞盘，相距 10 米，进行双飞盘的传接盘，挑战最高不掉盘纪录 | 正反手传盘与接盘的技术组合 |
| 2 | 小组对传跑动练习 | 两队排成竖列，相距 8~10 米，某组排头学生将盘传给对面排头学生后，排到对面小组的队尾，接到盘的排头再传向对面第二位学生后跑向对面排尾，以此类推 | 正反手传盘与跑动接盘技术组合 |
| 3 | 行进间正、反手传盘练习 | 学生两人一组相对站立，间隔 6~8 米，开始时一人持盘，另一人向前行进，持盘人将飞盘传到移动人前方一步的位置，移动人根据飞盘落点移动取位，身体正对来盘接住飞盘 | 注意跑动的方向，以及传盘的准确性 |
| 4 | 正反手传盘菱形练习 | 学生相距 15 米站立，并排成两队，其中一队的第一位学生向右 45 度跑，另一队的第一位学生掷盘。然后掷盘者进行下轮跑位，同时，接盘者继续往前跑入对面队列的末尾。可以额外增加两个角标，用来指示跑位和掷盘方向，如下图所示。<br>×××▲　　▲××××<br>×<br>菱形练习 | 正确跑位，传接盘准确，配合默契 |

### （三）游戏或比赛方法设计与示例

#### 1. 单一技术游戏或比赛方法

1）飞盘掷准（掷远）比赛

比赛目的：提高学生传盘能力和传盘准确性，培养学生团结协作的精神。

比赛方法：将学生根据人数进行分组，在 10 米距离位置放置飞盘训练网或者呼啦圈，用反手或者正手传盘方式将飞盘掷向目标，准确掷入目标盘数多的为胜组。

比赛应用时机：建议在学习反手传盘和正手传盘技术时设计该比赛。同时，教师可以根据该堂课的授课内容增加难度，如拉长距离，或者使用飞盘九宫格进行分值计算。

比赛要求：掷盘时不能越线。

比赛规则：准确掷入目标盘数多的为胜组，或者总分高的小组为胜。

2）进退有据

比赛目的：提高学生传盘能力，对距离改变的把握能力。

比赛方法：两个人为一组，一个飞盘。两人面对面相距 3 米站立，其中一人在固定位，开始传接盘，每连续成功完成 5 次传接盘，移动位成员向后退一步；传接盘失败，移动位成员向前回一步。设定目标距离，所有组达到目标距离后停止。

比赛应用时机：建议在反手、正手传盘技术的初学阶段时采用这个比赛，在能够提高学生学习兴趣的同时，让学生对不同距离的传盘有所理解。

比赛要求：可以用任何方式传盘和接盘。

比赛规则：用时短的组别获胜。

#### 2. 组合技术游戏或比赛方法

1）围猎传接盘

比赛目的：提高学生的传盘速度与时机把握的能力，同时培养学生团结协作的精神。

比赛方法：每组最少 4 人，最多 10 人，围成一个圈，相互之间距离 3 米以上。选择 1~3 人在内圈对飞盘进行拦截，外围组员相互进行传接盘。传接盘未能完成（飞盘落地、被内圈组员拦截）即为失误，外围失误的组员与内圈组员进行交换。

比赛应用时机：建议在传接盘技术学习巩固阶段应用该游戏，从而让学生对怎样躲避防守人员出盘，以及把握出盘时机有更深的理解。

比赛要求：在拦截飞盘过程中注意飞盘的飞行情况，不要发生冲撞。外围传盘要注意安全，不能打向防守队员。

比赛规则：两人不能同时防守同一位传盘人，内圈组员与外围组员要有 1 米以上的距离。

2）简易规则的极限飞盘对抗赛

比赛目的：进一步提升传接盘技术，培养学生实战能力和团结协作、竞争的能力。

比赛方法：可设置 3V3、4V4、5V5 的形式进行比赛，目标为通过相互传接盘在得分区完成得分。比赛时间可以设为 5~10 分钟，目标得分可设为 3 分，进行分组轮换。

比赛应用时机：在较好地掌握传接盘技术后，为极限飞盘运动的战术学习做准备，提高学生的学习兴趣。

比赛要求：场地可按照人数相应变化，按照简易比赛规则进行比赛。

比赛规则：①所有人不可以进入持盘人的1米范围内；②不可以手持飞盘移动；③不可以有身体接触；④如有争议，场上学生自行解决。

## 二、教学方法的运用

### （一）方法一

遵循“示范、讲解、练习、纠错、评价”闭环式教学程序，按照“分解练习一、分解练习二、完整练习、简单条件下练习、真实情境下练习或运用”等教学步骤。反手（正手）传盘技术教学采用以下具体练习方法案例开展教学：握盘练习—抛盘练习—近距离反手（正手）传盘练习—远距离反手（正手）传盘练习—移动传盘练习。

### （二）方法二

遵循以学为主的教学思想，培养学生自主学习的能力，激发学生主动学习思考和团队合作学习的积极性，可采用探究教学法，按照“问题串设计问题驱动、练习探究、成果展评、学以致用”等程序和步骤教学。反手传盘和正手传盘教学均可以采用以下步骤。

第一步，问题串设计。问：采用哪种握盘手型最稳定？反手（正手）传盘的出盘时机是什么时候？如何传盘更稳定？你能否完成5米近距离反手（正手）传盘10次并做到8次以上传好盘？

第二步，问题驱动。小组团队看反手（正手）传盘技术视频，并模仿反手（正手）传盘，带着握盘技术问题和传盘技术动作的问题去完成学习任务。

第三步，练习探究。小组内一起学习、讨论，形成对反手（正手）传盘技术知识要领的新认知，并进行自主练习模仿，学习反手（正手）传盘动作技能。

第四步，成果展评。小组展示并回答相关问题，老师组织评价和再引导。老师抛出新问题——如何找到最合适的传盘高度和出手角度；下达新任务，近距离传盘10次，2人合作，一人观察、一人练习，相互讨论寻找答案。

第五步，学以致用。比一比，每人完成10次10米距离的传盘，看哪个小组的传盘稳和准确的次数多。

## 案例呈现

**水平三（五年级）《极限飞盘技战术及综合活动》大单元教学设计**

一、指导思想

以发展学生的核心素养为目标，以促进学生的身心健康为目的，落实“教会、勤练、常赛”课程理念，通过系统完整的大单元教学，提高课堂的运动负荷与强度，促进学生的身心健康。以极限飞盘知识、基本技能、战术运用学习、专项体能、裁判知识及裁判方法，提高学生在真实比赛情境下对技术动作的运用能力。通过课内的动态活动问题链、练习链及分组比赛等，学生不仅可以巩固每节课所学的技术内容，还可进一步提升学习兴趣与积极性，更愿意、乐意参与到极限飞盘的学习中来。在极限飞盘的学习中，相应的体能练习可进一步发展学生的各项身体素质；此外，多人配合的技战术学习，可培养学生的团队合作意识；“飞盘精神”也可培养学生尊重队友与对手及遵守规则的良好体育精神。

二、设计思路

水平三（五年级）《极限飞盘技战术及综合活动》大单元教学从内容上主要包括极限

飞盘的基础知识与基本技能、技战术运用、体能、展示与比赛、相关的裁判知识、观赏与评价等，内容上强调整个大单元的系统性与完整性，消除技术动作教学的简单叠加。采用以学、练、赛为一体的教学模式，整个大单元教学以多元的组合教学为主，通过由易到难、由简单到复杂的教学情境设置活动任务的趋向异同，构建结构化的知识、技能体系，促进每一名学生运动能力的提升，并通过教学比赛中的组织角色分工、规则阶段性的变通等，提升学生在极限飞盘比赛中合理运用相关知识、规则、技能等能力，同时掌握相关的规则与裁判方法，提升抗压能力及情绪调控能力。结合课后作业的布置、学校课外体育活动、体育竞赛活动等，促进学生参加体育活动习惯的培养与能力的提升。

《极限飞盘技战术及综合活动》大单元教学设计结构安排如表17-7所示。

表17-7　《极限飞盘技战术及综合活动》大单元教学设计结构安排

| 学习内容 | 学习任务 | 课时 |
| --- | --- | --- |
| 基础知识与基本技能 | 1. 基础知识：7V7极限飞盘比赛规则（飞盘、场地、得分、人员分配、比赛时间/比赛胜负、犯规、替换、暂停）<br>2. 基本技能<br>接盘：汉堡包式、虎钳式、单手式、飞扑<br>掷盘：正手、反手、颠倒盘 | 7 |
| 技战术运用 | 1. 技术：弧线盘、长传下底、向控盘人方向切盘<br>2. 技战术运用<br>进攻：竖排、横排防守<br>防守：人盯人（防有盘、防无盘）、区域防守（钳子、杯子） | 3 |
| 体能 | 1. 心肺耐力：长距离跑、50米×8往返跑等<br>2. 反应能力：不同信号追逐跑、变向跑、传接盘练习等<br>3. 位移速度：50米跑、追逐跑、接力跑等<br>4. 灵敏性：交叉步、跳跃接冲刺跑、往返跑等<br>5. 爆发力：纵跳摸高、蛙跳、抗阻跑等 | 2 |
| 展示或比赛 | 1. 个人技术比赛<br>回收盘比赛（记时长）<br>掷远盘比赛（记远度）<br>掷准盘比赛（记分数）<br>2. 组合技术比赛<br>原地正手传接盘比赛（间隔8米）<br>原地反手传接盘比赛（间隔8米）<br>行进间反手传接盘比赛（往返30米）<br>行进间正手传接盘比赛（往返30米）<br>3. 攻防对抗比赛<br>3V3比赛；5V5比赛；7V7比赛 | 5 |
| 礼仪与裁判方法 | 比赛场地/飞盘/人数/时间/胜负、犯规/违例、得分、攻防转换、替换、暂停 | 1 |
| 观赏与评价 | 实事求是完赛；文明观赛；观赏7V7极限飞盘比赛；诚信记分；判断比赛中的犯规与违例；观赛中给予评价；赛后评分与颁奖 | 课后作业 |

续表

| 年级 | 五年级 | 实施学期 | 2022 第 2 学期 | 设计者 | |
|---|---|---|---|---|---|
| 名称 | 极限飞盘技战术及综合活动 | | | 课时数 | 18 |
| 教材分析 | 教材来源：主要参考郑淳《飞盘运动》（北京体育大学出版社，2024 年 4 月出版）和《义务教育体育与健康课程标准（2022 年版）》 | | | | |
| 学情分析 | 飞盘运动总的来说要注意“传”“跑”“接”三个方面，学习这项运动不需要太多的运动基础，且五年级学生经过前四年体育课的学习，已初步掌握走、跑、跳、投等身体练习，肌肉力量、位移速度、心肺耐力和灵敏性、协调性等有了一定发展，所以对其进行极限飞盘教学难度不大，为极限飞盘大单元学习提供了有效的保证，同时五年级学生有了一定的认知水平，好胜心强，有一定的理解能力和独立完成动作的能力，为结构化的组合项目学习提供了可能。《义务教育体育与健康课程标准（2022 年版）》规定在大单元教学中，学生对单个技术动作或者战术配合，不仅要理解动作的技术结构与相关的动作原理，还要掌握练习的方法，在课内课外、校内校外勤加练习，并能在比赛中合理地运用。同时，五年级学生仍然以抽象思维为主，看待问题存有较大的片面性、表面性，缺乏承受压力、克服困难的能力和精神品质，通过不同情境的学、练、赛，逐步促进学生体育品德的养成 | | | | |
| 单元目标 | 1. 运动能力<br>能够清楚地表达出飞盘比赛的场地、飞盘及基本的比赛规则；能列举出接盘、传盘与跑位在比赛中的专业名称、动作技术要点与应用价值；能在 1 分钟内完成两人间隔 8 米原地反手传盘 20 个、正手传盘 15 个；基本掌握正反手长传的技巧，且在实战对抗中，传出好的长传盘的成功率在 30% 以上。掌握两人行进间传盘和三人绕 8 字行进间传盘配合技巧，在实战比赛中能灵活运用所学的技战术并得分。主要通过对学生的心肺耐力、位移速度、反应能力、灵敏性、协调性和爆发力的训练，使其达到《国家学生体质健康标准》的相应要求<br>2. 健康行为<br>除平时上课学习训练外，能在课后主动进行学练，不仅向亲友分享所学的新兴运动技能，并带动其加入，培养体育兴趣，养成体育锻炼习惯。在比赛中，要在确保自己和他人安全的情况下去拼得每一分；知道常见运动损伤后的处理方法，摔倒后知道滚翻卸力，不做危险的动作，养成良好的安全意识；面对比赛失误或落后于对方，能够在同伴及教师的开导下调节情绪，做到胜不骄、败不馁，理性看待比赛结果，保持良好的竞技心态<br>3. 体育品德<br>在平时的飞盘学习和训练中能够运用所学技能不断挑战自我、突破自我、发展自我；增强规则意识，在游戏和比赛中能自觉遵守规则，尊重队友与对手，客观公平地对待比赛中发生的犯规或违例情况；在团队比赛中，要相互协作，团结一致，出现失误与落后要做到不气馁、不放弃，敢于承担责任，积极主动鼓励队友，真正做到“盘不落地，永不放弃”，从而培养良好的体育精神 | | | | |
| 核心任务 | 能运用所学的技战术进行 5V5、7V7 的比赛 | | | | |

续表

| 课时 | 主题 | 学习目标 | 基本部分（学—练—赛） | | |
|---|---|---|---|---|---|
| | | | 学习活动 | 练习活动 | 比赛活动 |
| 教学过程 | | | | | |
| 1 | 基础知识 | 1. 了解飞盘的起源、发展、规则与基本手势<br>2. 能够说出飞盘运动的1~2个基本技能<br>3. 能通过看犯规视频与手势说对至少1个犯规动作名称 | 1. 学习飞盘运动的起源与发展等基本知识<br>2. 学习飞盘比赛场地、器材、人员、轮换、犯规等规则知识 | 1. 通过视频或PPT向学生讲授飞盘文化，并用精彩的比赛视频来激发学生对飞盘的兴趣<br>2. 通过PPT、视频或教师演示来向学生展示犯规的动作，并讲解相应的犯规口语与手势 | 1. 知识抢答：教师提问，学生抢答<br>2. 我说你答：教师说相关术语，学生回答<br>3. 我划你答：教师比划手势，学生回答 |
| 2 | 接盘+反手出盘 | 1. 了解3种常见接盘手型，学习汉堡包式接盘，且成功率达50%<br>2. 出盘不向天上乱飞，能面对接盘人稳定飞出3个以上好盘 | 1. 学习原地接盘（汉堡包式）并体验其他接盘方式<br>2. 学习反手出盘的握盘手型、脚步站位、发力顺序和出盘姿势 | 1. 原地自抛自接：轻轻往上抛，然后于胸前处接住<br>2. 分组轮流接盘：主要为传到胸部位置的盘，其次为低盘，最后可出少量的高空盘让学生体验单手接盘<br>3. 两两一组，间隔3~5米，原地互相传接盘 | 1. “接盘侠”：看谁接盘失误少<br>2. “传盘侠”：两两一组，看谁反手传盘准确稳定 |
| 3 | 反手进阶+行进间传接盘 | 1. 掌握反手出盘动作要领，并能给出6个以上稳定平直的盘<br>2. 间隔6~8米，两人行进间传接盘前进15米以上 | 1. 复习反手出盘，且基本能控制出盘的力度、角度与旋转<br>2. 学习行进间传接盘的跑动，判断出盘时机与出盘到接盘人的什么位置 | 1. 两两一组，间隔6~8米，原地互相传接盘<br>2. 两两一组，间隔4米左右，做行进间反手传接盘练习<br>3. 两两一组，间隔6~8米，做行进间反手传接盘练习 | 1. 飞盘保龄球：6米外摆6个标志桶，用反手飞盘击标志桶<br>2. 飞盘传接赛：两两一组，20米往返 |

续表

| 课时 | 主题 | 学习目标 | 基本部分（学—练—赛） | | |
|---|---|---|---|---|---|
| | | | 学习活动 | 练习活动 | 比赛活动 |
| 4 | 反手强化+防守+面对防守人出盘 | 1. 熟练掌握反手出盘动作要领，并能给出 10 个以上的高质量盘<br>2. 面对持盘人，知道如何防守<br>3. 面对防守人能成功传出 3 个以上的好盘 | 1. 进一步巩固反手出盘，且能较为精准地控制出盘的力度、角度与旋转<br>2. 学习原地防守持盘人的步伐和动作，以及原地虚晃防守人的动作与步伐<br>3. 尝试面对防守人出盘 | 1. 两两一组，间隔 8~10 米，原地互相传接反手盘<br>2. 教师带领学生原地练习防守动作，以及晃人的脚步与动作<br>3. 两两一组，一攻一防，练习原地防守<br>4. 3 人一组，一人出盘、一人防守、一人接盘，轮换进行 | 1. 三角传盘：每人相距 6~8 米传盘，连续 10 个不掉<br>2. 飞盘逗瓜：6~8 人一组，一人断盘，其余人围圈相互传盘 |
| 5 | 正手出盘+cutter（接盘人）跑位 | 1. 基本掌握正手握盘方式、出盘站位与手势，并能飞出 2 个以上好盘<br>2. 面对防守时，不乱跑，能成功完成 3 次以上的好跑位 | 1. 学习正手出盘的脚步站位、握盘手型、发力顺序等动作要领<br>2. 学习在面对防守人时，跑位摆脱对手然后快速跑去接盘 | 1. 跟着老师一起，原地学习正手出盘的准备姿势和完整动作<br>2. 两两一组，间隔 4 米，原地互相传接正手盘<br>3. 三人一组，一人出盘（正反手皆可），一人接盘，另一人防守接盘人，接盘人跑位摆脱防守人后接盘，轮换练习 | 1. “传盘侠”：两两一组，看谁正手传盘更准确稳定<br>2. 两人一组进行对抗练习 |
| 6 | 正手进阶+cutter（接盘人）读盘 | 1. 掌握正手出盘动作要领，并能够给出 5 个以上稳定平直的盘<br>2. 在接高空盘时，能成功跑到位，并接住 3 个以上 | 1. 复习正手出盘，且基本能控制出盘的手型、力度、角度与旋转<br>2. 学会在面对防守时接持盘人传来的高空盘（跑位+预判+接盘） | 1. 两两一组，间隔 6~7 米，原地互相传接盘（连续 8 个不落地）<br>2. 两两一组，一传（长传）一接，轮换练习<br>3. 三人一组，一人出盘，一人接盘，另一人防守接盘人，接盘人跑位摆脱防守人后接盘，轮换练习 | 1. 飞盘保龄球：6 米外摆 6 个标志桶，用正手飞盘击标志桶<br>2. 两人一组进行对抗练习 |

续表

| 课时 | 主题 | 学习目标 | 基本部分（学—练—赛） | | |
|---|---|---|---|---|---|
| | | | 学习活动 | 练习活动 | 比赛活动 |
| 7 | 正手强化+传切配合 | 1. 较为熟练地掌握正手出盘动作要领，并能给出8个以上高质量盘<br>2. 传切配合能够打得较为默契，并能在对抗练习中成功实践3次以上 | 1. 进一步巩固正手出盘，且能较为熟练地控制出盘的力度、角度与旋转<br>2. 在分配小组后，要学会对自己与队友进行角色划分<br>3. 学习多人之间的轮流传切跑位 | 1. 两两一组，间隔8米左右，原地互相传接正手盘<br>2. 正反手传接练习，反手15个不掉地，正手10个不掉地，否则清零重来<br>3. 三人一组，一人出长盘，一人接盘，另一人防守接盘人，接盘人跑位摆脱防守人后接盘，轮换练习 | 1. 看谁飞得远：正反手各两次，看谁飞的距离远<br>2. 3V3小型对抗赛 |
| 8 | dump盘+dump 2V1 | 1. 掌握传接dump盘的动作要领，并能行进间传接10米以上的盘<br>2. 能够在实战中与队友运用dump盘进行2过1 | 1. 观看老师示范的dump盘传盘，传完后的跑位，以及接到队友盘的脚步<br>2. 听老师讲解接dump盘后的脚步移动，进一步学习飞盘走步规则 | 1. 单人原地向上反手荡盘<br>2. 两人间隔2~3米原地荡盘<br>3. 两人间隔3米左右行进间进行传接荡盘 | dump传盘比赛：两人一组，行进间往返15米，看哪组用时最少 |
| 9 | 弧线盘 | 1. 学习正反手分别如何飞出弧线盘，并能说出传弧线盘的1~2个技术要点<br>2. 至少掌握反手传弧线盘，并能传出2个以上的弧线盘 | 1. 听老师讲解弧线盘正反手出盘的技术要点与原理<br>2. 观看老师示范的正反手弧线盘出盘<br>3. 尝试并学习掷弧线盘 | 1. 单人原地练习弧线盘正反手出盘技术动作<br>2. 两两一组，互相传盘，练习弧线传盘 | 1. 圆月飞刀：两两一组，间隔10米进行弧线盘传盘比赛<br>2. 3V3小型对抗赛：使用弧线盘，得分翻倍 |

续表

| 课时 | 主题 | 学习目标 | 基本部分（学—练—赛） | | |
|---|---|---|---|---|---|
| | | | 学习活动 | 练习活动 | 比赛活动 |
| 10 | 颠倒盘 | 1. 了解颠倒盘的飞行原理与适用场景，并能说出传颠倒盘的1～2个技术要点<br>2. 敢于尝试并学习传颠倒盘，并成功传出2个以上颠倒盘 | 1. 听老师讲解颠倒盘出盘的技术要点与原理<br>2. 认真观看老师示范的颠倒盘出盘动作<br>3. 尝试并学习出传颠倒盘 | 1. 单人原地练习颠倒盘出盘技术动作<br>2. 两两一组，间隔10米左右，互相传盘，练习颠倒盘传盘 | 1. 投掷小能手：两两一组，间隔10～12米进行颠倒盘传接比赛<br>2. 3V3小型对抗赛：使用颠倒盘，得分翻倍 |
| 11 | 横排进攻战术 | 1. 了解横排进攻战术的定义与其适用场景，并能说出其大致站位与跑位<br>2. 能打出较简单的横排进攻战术，并成功运用2次以上 | 1. 认真听老师讲解横排进攻战术的定义、阵型与跑位<br>2. 尝试并学习横排进攻战术 | 1. 五人一组，无防守横排进攻战术练习<br>2. 五人一组，练习3人防守的横排进攻战术 | 5V5小型对抗练习赛：使用横排战术推进的，得2分 |
| 12 | 竖排进攻战术 | 1. 了解竖排进攻战术的定义与其适用场景，并能说出其大致站位与跑位<br>2. 能打出较简单的竖排进攻战术，并成功运用2次以上 | 1. 认真听老师讲解竖排战术的定义、阵型与跑位<br>2. 尝试并学习竖排进攻战术 | 1. 五人一组，复习横排进攻战术<br>2. 五人一组，练习无防守竖排进攻战术<br>3. 五人一组，练习3人防守的竖排进攻战术 | 5V5小型对抗练习赛：使用横排进攻战术推进的，得1.5分；使用竖排进攻战术推进的，得2分 |
| 13 | 人盯人防守战术 | 了解人盯人防守战术的定义、站位与卡位，70%以上的学生能在比赛中做好盯人防守 | 1. 认真听老师讲解人盯人防守战术的定义，各自位置与任务等<br>2. 学习人盯人防守战术，并坚持不懈的练习 | 1. 耐力跑+折返跑+冲刺跑体能训练<br>2. 五人一组，复习横排与竖排进攻战术<br>3. 五人一组，练习人盯人防守战术 | 7V7对抗练习赛：使用人盯人防守战术并成功防守下一次进攻的，加0.2分 |

续表

| 课时 | 主题 | 学习目标 | 基本部分（学—练—赛） | | |
|---|---|---|---|---|---|
| | | | 学习活动 | 练习活动 | 比赛活动 |
| 14 | 区域防守战术 | 了解区域防守战术的定义、阵型及不同位置的防守任务，60%以上的学生能在比赛中做好区域防守 | 1. 认真听老师讲解区域防守战术的定义、阵型、站位与任务分工等<br>2. 学习区域防守战术，并坚持不懈的练习 | 1. 耐力跑+折返跑+冲刺跑体能训练<br>2. 五人一组，复习横排与竖排进攻战术<br>3. 五人一组，复习人盯人防守战术，练习区域防守战术 | 7V7 对抗练习赛：使用人盯人防守战术并成功防下一次进攻，加 0.2 分，使用区域防守战术则加 0.4 分 |
| 15 | 趣味飞盘 | 1. 了解回收盘、掷远盘、掷准盘的出盘技术动作原理与要点，并能分别说出其 1 个及以上的技术要点<br>2. 在确保自己与同学安全的情况下，认真学习并积极尝试 3 种出盘方式，分别能飞出 2 个以上高质量盘 | 1. 听老师讲解这三种盘的技术要点与原理<br>2. 认真观看老师示范回收盘、掷远盘和掷准盘出盘<br>3. 敢于尝试并学习，掷盘与接盘时要仔细观察周围，避免发生安全事故 | 1. 单人原地练习回收盘（间距至少 5 米以上）<br>2. 分组分批练习高远回收盘<br>3. 两两一组，练习掷准盘与掷远盘 | 1. “小小大力士”：学生一起掷飞盘比远<br>2. “飞盘保龄球”：在 10 米外，放置 10 个标志桶，飞盘掷准<br>3. “滞空我最行”：自投自接飞盘比久 |
| 16 | 飞盘嘉年华 | 1. 能够将所学技战术灵活地运用到比赛中去，并能打出 5 次以上精彩的传接或配合<br>2. 进一步学习 7V7 飞盘比赛的方法与规则，并能成功执裁或判罚至少 1 场比赛<br>3. 体验各个角色的分工与职责，提高学生交往与协调能力 | 1. 嘉年华开幕式<br>2. 个人飞盘趣味赛，回收盘、掷远盘、掷准盘<br>3. 团队飞盘对抗赛，将学生分为大致实力均等的 4 组进行单循环的 7V7 极限飞盘比赛<br>4. 飞盘裁判记分员<br>5. 教师赛事总结与评价<br>6. 颁奖仪式，冠军、亚军、季军，各队 MVP<br>7. 嘉年华闭幕式 | | |

续表

| | |
|---|---|
| 单元思考 | 1. 本单元主要通过不同形式的练习，让学生建立多种组块式练习的动作模式，通过真实的比赛情景，让学生更好地了解极限飞盘运动项目的特征与要求。在教学中，教师要注意根据不同学生的差异性来进行分层教学，同时培养学生的规则意识，特别强调传接盘和跑动的时机、节奏、速度的变化；能在课堂中创设不同难度的任务，让学生通过思考、探究，积极发现并解决实际问题<br>2. 在教学游戏中，注重技术、运动能力的有机结合，提升学生的极限飞盘素养、体能素养，促进学生情感品质的多维发展，运用多种方式激发学生的学习热情<br>3. 布置课后作业，如观看极限飞盘比赛后的分析与评价，提升学生对极限飞盘运动的整体认知水平 |
| 评价建议 | （1）评价重点<br>①运动能力：能运用所学知识制订和实施个人锻炼计划，体能达到本年级《国家学生体质健康标准（2014 年修订）》的合格以上水平；能运用所学极限飞盘的技战术、规则参加班级间的比赛，并能胜任比赛的裁判；观看不少于 8 次的极限飞盘比赛，并能对某场高水平极飞盘比赛进行分析与评价，运用所学知识与技能解决学习和比赛中遇到的问题<br>②健康行为：能积极主动地参与极限飞盘活动，并根据锻炼效果调整自己的锻炼方案；在活动中做到情绪稳定，表现出良好的自我调控能力；能将所学的极限飞盘知识与技能运用到生活中，养成坚持锻炼的习惯<br>③体育品德：在极限运动中具有迎难而上、挑战自我、顽强拼搏的精神和胜不骄、败不馁的意志品质；在展示或比赛中自觉遵守运动精神和比赛规则，自我裁判、尊重对手；在运动中表现出负责任、敢担当、善担当的良好品质<br>（2）评价注意事项<br>①评价方法要注意多样性，关注学生个体差异<br>②对于知识类、技能、体能等，一般采用定量评价<br>③对于健康行为、体育品德等，要以积极性评价为主<br>④注意评价标准的差异性，让不同水平的学生都能够获得成功的喜悦 |

资料来源与参考：杨维，张晓林．小学五年级上学期 7V7 极限飞盘大单元教学设计［J］. 体育教学，2023（10）：68-69.

# 第十八章　极限飞盘运动不同战术的教学

## 第一节　中小学常见的极限飞盘战术

极限飞盘战术是综合运用参赛队员的体能、技能，发挥队伍和队员的特点，并针对性地考虑对手的习惯、特征而制定的一系列比赛打法。极限飞盘战术除了要考虑技术、能力之外，也要考量队员的心理状态、天气、风向、实际表现等各种因素，采用最适合当时当地的打法。要更好地实现极限飞盘战术的运用，每位队员都需要有稳定的基本功、对场上空间的观察力、对时机把控的能力、相互配合的意识及强大的心理。在完成个人综合能力的训练之前，盲目地使用不适合的战术会适得其反。极限飞盘战术主要分为进攻战术和防守战术两大体系，具体分类如表 18-1 所示。

表 18-1　中小学常见极限飞盘战术分类

| | | |
|---|---|---|
| 进攻战术 | 跑传推进 | 直传斜插、横传转移、切入、直线推进、轮转推进等 |
| | 竖排进攻 | 排头发动、排尾发动、传盘手发动等 |
| | 横排进攻 | 弱侧发动、强侧发动等 |
| 防守战术 | 局部防守 | 换防、协防等 |
| | 逼向防守 | 逼迫正手、逼迫反手、逼迫中间、逼迫边线、防正面等 |
| | 区域防守 | 杯子防守、3-3-1 防守等 |

在极限飞盘进攻战术中，跑传推进较容易掌握，也是竖排进攻和横排进攻的基础，是指两人或三人在局部通过相互穿插传接盘向前推进的配合方法，基本配合有直传斜插、横传转移、切入、直线推进、轮转推进等，在中小学飞盘比赛中较为常用。竖排战术和横排战术是跑传推进的综合应用，可以更好地利用场地的空间，并形成进攻机会。

极限飞盘防守战术中，防盘人是防守战术的起点，防盘人的站位决定了整体防守战术的选择，逼向防守根据防盘人的站位可以分为逼迫正手、逼迫反手、逼迫中间、逼迫边线、防正面。因此，逼向防守的练习是中小学极限飞盘防守战术的基本。区域防守是在逼向防守的基础上，由人盯人防守转变为空间的防守，在中小学比赛中可以起到很好的效果。

综上所述，中小学的飞盘战术教学内容，在进攻上以跑传推进为核心，并要求学生掌握竖排进攻和横排进攻的基本战术逻辑。在防守上，以逼向防守为基本教学内容，进一步延伸至区域防守，要求学生理解并能应用最基本的杯子区域防守战术。

## 第二节　极限飞盘战术教学设计与示例

### 一、跑传推进战术教学

#### （一）跑传推进战术的概念

跑传推进战术是指两人或三人在局部通过相互穿插传接盘向前推进的配合方法。在推进过程中，持盘队员要把握传盘的时机，出手的飞盘要给出提前量，能引领跑动队员向前去接住飞盘；跑位队员要明确跑动的方向和时机，充分获得空间，并运用急停、变向、假动作等技术甩开防守人。

#### （二）跑传推进战术单元教学设计

1）单元教学设计示例

跑传推进战术单元教学设计示例如表 18-2 所示。

表 18-2　跑传推进战术单元教学设计示例

| 单元目标 | 1. 学生能说出 5 种以上跑传推进战术及运用价值<br>2. 在组合练习和教学比赛中，能与同伴配合，运用各种跑动和传盘技术获得进攻空间，保证盘权的同时向前推进，实现得分；体现学生对时机和空间的意识，跑动快速、反应敏捷、配合默契 | | | |
|---|---|---|---|---|
| 序号 | 教学内容 | 教学目标 | 教学重点与难点 | 教学策略 |
| 1 | 直传斜插战术练习 | 1. 能说出直传斜插战术的跑动路线，并理解该战术中时机和空间的需求<br>2. 在无防守的练习中能完成直传斜插的跑位和传接盘，并抓住传跑接的时机<br>3. 增进交流，培养默契 | 重点：跑动路线；传盘时机<br>难点：跑传的时机和空间的把握 | 1. 正手位直传斜插<br>2. 反手位直传斜插<br>3. 2V2 练习 |
| 2 | 横传转移战术练习 | 1. 能说出横传转移战术的跑动路线，并理解拉开横向空间的概念<br>2. 在无防守的练习中能完成横传转移的跑位和传接盘<br>3. 培养空间意识 | 重点：跑动路线和空间；传盘空间<br>难点：横向跑动的时机选择和空间位置；传盘的空间位置 | 1. 反手位横传转移<br>2. 正手位横传转移<br>3. 2V2 练习 |

续表

| 序号 | 教学内容 | 教学目标 | 教学重点与难点 | 教学策略 |
| --- | --- | --- | --- | --- |
| 3 | 切入战术练习 | 1. 能说出切入战术的注意事项，理解切入战术的跑动路线意义和目的<br>2. 能掌握切入的基本技术，能正确做出切入的连贯动作，并选择正确的时机和空间<br>3. 培养交流意识 | 重点：切入技术；跑动路线<br>难点：切入的时机；传盘的空间 | 1. 直线切入练习<br>2. V 字切入练习<br>3. 反应盒子 1V1 跑切 |
| 4 | 回传战术练习 | 1. 能说出回传战术的目的和意义，掌握回传战术的时机<br>2. 能在无防守下做出不同的回传跑位，给出稳定的回传<br>3. 培养稳定的心理 | 重点：回传的时机<br>难点：跑位和传盘时机的配合 | 1. 平行回传跑位<br>2. 后撤回传跑位<br>3. 2V1 回传 |
| 5 | 冲底战术练习 | 1. 能说出冲底战术的目的和意义，学会如何判断飞盘的落点<br>2. 能在无人防守的情况下判断出飞盘的落点；能做出落点比较稳定的长传<br>3. 培养果断地选择和决策能力 | 重点：长传技术；读盘能力<br>难点：预测并判断飞盘的落点 | 1. 直线冲底<br>2. 回切后转冲底<br>3. 假动作后冲底<br>4. 正反手位长传冲底<br>5. 1V1 冲底抢盘 |
| 6 | 横传-斜插组合战术练习 | 1. 能说出横传-斜插配合的目的、意义及注意事项<br>2. 能在无人防守练习中连贯地完成横传-斜插跑位，并保证传盘的精准度<br>3. 培养团队合作意识 | 重点：启动时机和空间<br>难点：传盘的时机和精准度 | 1. 正手位横传-斜插<br>2. 反手位横传-斜插 |
| 7 | 横传-切入组合战术练习 | 1. 能说出横传-切入配合的目的、意义及注意事项<br>2. 能在无人防守练习中连贯地完成横传-切入跑位，并保证传盘的精准度<br>3. 培养团队合作意识 | 重点：启动时机和空间<br>难点：传盘的时机和精准度；切入的空间位置 | 1. 正手位横传-切入<br>2. 反手位横传-切入 |
| 8 | 横传-冲底组合战术练习 | 1. 能说出横传-冲底配合的目的、意义及注意事项<br>2. 能在无人防守练习中连贯地完成横传-冲底跑位，并保证传盘的精准度<br>3. 培养团队合作意识 | 重点：启动时机和空间<br>难点：传盘的精准度；读盘 | 1. 正手位横传-冲底<br>2. 反手位横传-冲底<br>3. 冲底 1V1 对位 |
| 9 | 斜插-冲底组合战术练习 | 1. 能说出斜插-冲底配合的目的、意义及注意事项<br>2. 能在无人防守练习中连贯地完成斜插-冲底跑位，并保证传盘的精准度和跑位的空间与方向<br>3. 培养团队合作意识 | 重点：启动时机和跑动空间位置<br>难点：传盘的精准度；空间位置的选择；启动时机的选择 | 1. 正手位斜插-冲底<br>2. 反手位斜插-冲底<br>3. 冲底 1V1 对位 |

续表

| 序号 | 教学内容 | 教学目标 | 教学重点与难点 | 教学策略 |
|---|---|---|---|---|
| 10 | 斜插-切入组合战术练习 | 1. 能说出斜插-切入配合的目的、意义及注意事项<br>2. 能在无人防守练习中连贯地完成斜插-切入跑位，并保证传盘的精准度和切入的空间方向<br>3. 培养团队合作意识 | 重点：切入的时机和空间位置<br>难点：传盘的时机和空间；切入的速度和角度 | 1. 正手位斜插-切入<br>2. 反手位斜插-切入<br>3. 1V1 对位 |
| 11 | 切入-冲底组合战术练习 | 1. 能说出切入-冲底配合的目的、意义及注意事项<br>2. 能在无人防守练习中连贯地完成切入-冲底跑位，并保证传盘的精准度，以及切入和冲底的时机与空间<br>3. 培养团队合作意识 | 重点：切入和冲底的时机与空间选择<br>难点：传盘的时机和精准度；切入和冲底的空间位置 | 1. 正手位切入-冲底<br>2. 反手位切入-冲底<br>3. 1V1 对位 |
| 12 | 切入-回传组合战术练习 | 1. 能说出切入-回传配合的目的、意义及注意事项<br>2. 能在无人防守练习中连贯地完成切入-回传跑位，并保证传盘的精准度和切入的空间<br>3. 培养团队合作意识 | 重点：切入后回传的时机和位置；<br>难点：传盘的精准度；回传的空间位置 | 1. 正手位切入-回传<br>2. 反手位切入-回传 |
| 13 | 回传-斜插组合战术练习 | 1. 能说出回传-斜插配合的目的、意义及注意事项<br>2. 能在无人防守练习中连贯地完成回传-斜插跑位，并保证传盘的精准度和斜插的空间<br>3. 培养团队合作意识 | 重点：斜插的空间<br>难点：传盘的精准度；回传的空间位置 | 1. 正手位回传-斜插<br>2. 反手位回传-斜插 |
| 14 | 回传-斜插-冲底组合战术练习 | 1. 能说出回传-斜插-冲底配合的目的、意义及注意事项<br>2. 能在无人防守练习中连贯地完成回传-斜插-冲底跑位，并保证传盘的精准度和跑位的空间与时机<br>3. 培养团队合作意识 | 重点：时机和空间位置的把握<br>难点：传盘的精准度；跑位之间的连贯性 | 1. 正手位回传-斜插-冲底<br>2. 反手位回传-斜插-冲底 |
| 15 | 横传-斜插-冲底组合战术练习 | 1. 能说出横传-斜插-冲底配合的目的、意义及注意事项<br>2. 能在无人防守练习中连贯地完成横传-斜插-冲底跑位，并保证传盘的精准度和跑位的空间与时机<br>3. 培养团队合作意识 | 重点：时机和空间位置的把握<br>难点：传盘的精准度；跑位之间的连贯性 | 1. 正手位横传-斜插-冲底<br>2. 反手位横传-斜插-冲底 |

续表

| 序号 | 教学内容 | 教学目标 | 教学重点与难点 | 教学策略 |
|---|---|---|---|---|
| 16 | 横传-切入-冲底组合战术练习 | 1. 能说出横传-切入-冲底配合的目的、意义及注意事项<br>2. 能在无人防守练习中连贯地完成横传-切入-冲底跑位，并保证传盘的精准度和跑位的空间与时机<br>3. 培养团队合作意识 | 重点：时机和空间位置的把握<br>难点：传盘的精准度；跑位之间的连贯性 | 1. 正手位横传-切入-冲底<br>2. 反手位横传-切入-冲底 |
| 17 | 切入-回传-冲底组合战术练习 | 1. 能说出切入-回传-冲底配合的目的、意义及注意事项<br>2. 能在无人防守练习中连贯地完成切入-回传-冲底跑位，并保证传盘的精准度和跑位的空间与时机<br>3. 培养团队合作意识 | 重点：时机和空间位置的把握<br>难点：传盘的精准度；跑位之间的连贯性 | 1. 正手位切入-回传-冲底<br>2. 反手位切入-回传-冲底 |
| 18 | 直线推进战术练习 | 1. 能说出直线推进配合的目的、意义及注意事项<br>2. 能在无人防守练习中连贯地完成直线推进，并保证传盘的精准度和跑位的空间与时机<br>3. 培养团队合作意识 | 重点：时机和空间位置的把握<br>难点：传盘的精准度；跑位之间的连贯性 | 1. 即传即走直线推进<br>2. 斜插-横传直线推进<br>3. 2V2 攻防推进 |
| 19 | 轮转推进战术练习 | 1. 能说出三人轮转推进的目的、意义及注意事项<br>2. 能在无人防守练习中连贯地完成三人轮转推进，并保证传盘的精准度和跑位的空间时机<br>3. 培养团队合作意识 | 重点：时机和空间位置的把握<br>难点：传盘的精准度；跑位之间的连贯性；跑位轮转的顺序 | 1. 三人轮转推进<br>2. 3V3 教学比赛 |
| 教学建议：<br>1. 课时 1~5 的教学内容是后续组合战术练习的基础，需要学生熟练掌握，并不断练习。1~5 的单个教学内容比较单一，可以结合敏捷性训练如跑绳梯等，增强趣味性，也可以选择多个内容在一个课时中进行练习；在组合战术练习前，也要进行相应的 1~5 的基础练习<br>2. 在教学过程中，要随时提醒学生注意时机和空间的把握，传盘不可过早也不可过晚，启动后的跑动要坚决，并随时做好接盘准备；跑动学生和传盘学生要有眼神或者声音的交流，来寻找最合适的跑传接衔接点<br>3. 如果有学生无法完成传盘技术练习，可以安排该类学生先进行跑位相关练习，在传盘课时中加强学生的传盘技术后再参与跑传推进战术中的传盘环节，以保证练习效率 | | | | |

2）设计意图

根据教材和学情的分析，本单元着重通过不同的传跑接结合的练习方法，提高学生的技术衔接能力、传接技术，以及对空间和时机的把握能力，让学生初步掌握最基础的飞盘战术。本单元共 19 个课时，分为四部分，第一部分共 5 个课时，让学生牢记和熟练掌握 5 个最基本的跑位战术，为后续其他战术配合打好基础；第二部分共 8 个课时，通过 5 个基本跑位的排列组合，进一步培养学生传跑接的结合能力，培养时机和空间意识；第三部分共 4 个课时，增加基本跑位的组合，让学生更好地理解基本跑位在不同场景下的配合方式，增强学生传跑接的推进意识，为后续更高阶的进攻战术打基础；第四部分共 2 个课时，将基本跑位接入进攻推进，让学生学会根据不同场景随机应用基本跑位技术，提高学生的实战能力。

3）教学方法示例

（1）直传斜插（如图 18-1 所示）。

教学方法，详见视频 18-2-1：

视频 18-2-1

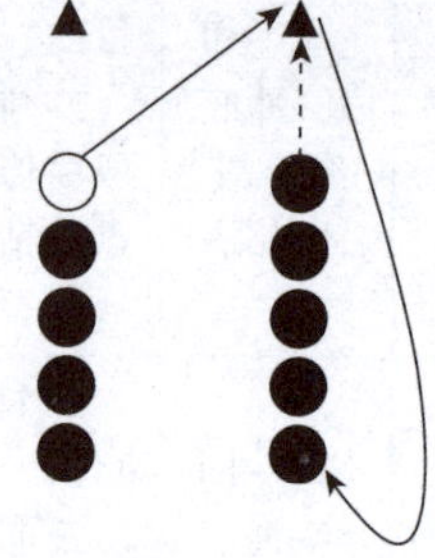

图 18-1　直传斜插

• 学生排成平行的 2 列，每列不超过 7 个人，相隔 5 米，其中一列的排头不持盘，其他学生持盘，在每个队列前放置一个标志桶；

• 练习开始后，无盘学生向另一侧的标志桶跑动，持盘人择机向标志桶传盘，使跑动学生可以在标志桶附近接住飞盘；

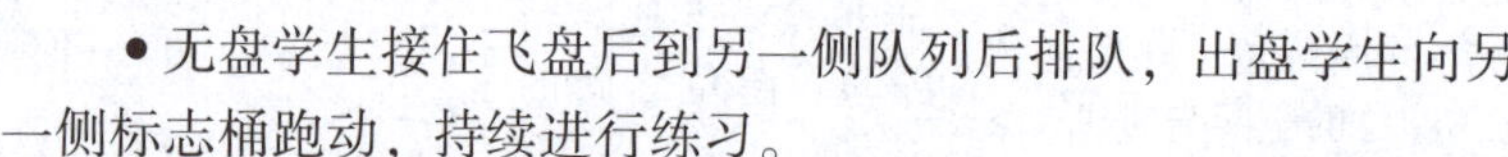

• 无盘学生接住飞盘后到另一侧队列后排队，出盘学生向另一侧标志桶跑动，持续进行练习。

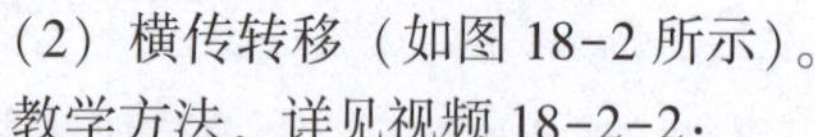

（2）横传转移（如图 18-2 所示）。

教学方法，详见视频 18-2-2：

视频 18-2-2

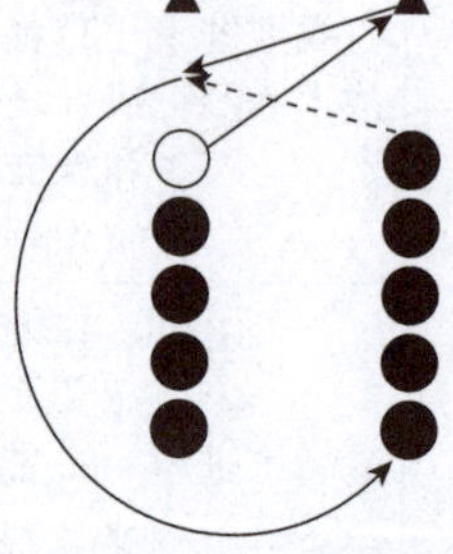

图 18-2　横传转移

• 学生排成平行的 2 列，每列不超过 7 个人，相隔 10 米，其中一列的排头不持盘，其他学生持盘，在每个队列前放置一个标志桶；

• 练习开始后，无盘学生跑向另一侧标志桶，传盘学生在无盘学生靠近标志桶时做一次传盘假动作，无盘学生看到假动作后折返斜向横跑；

• 传盘学生将飞盘传向横向空间，让无盘学生加速去追逐飞盘并接住；

• 无盘学生接住飞盘后到另一侧队列排尾等待，出盘学生启动，持续进行练习。

（3）切入（如图 18-3 所示）。

教学方法，详见视频 18-2-3：

视频 18-2-3

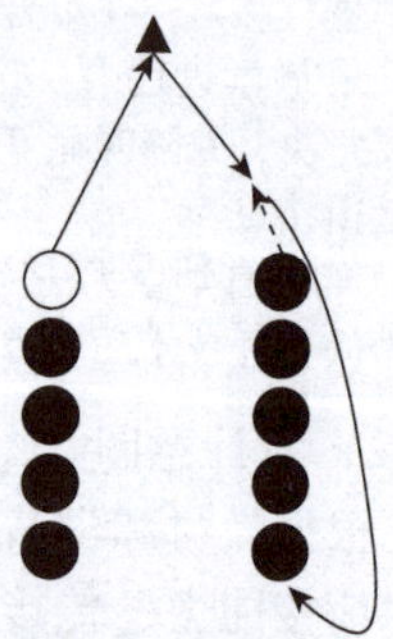

图 18-3　切入

• 学生排成平行的 2 列，每列不超过 7 个人，相隔 5 米，其中一列的排头不持盘，其他学生持盘；

• 在两个队列中间正前方 10 米处放置一个标志桶作为折返点；

• 练习开始后，非持盘学生加速跑向折返点，到达折返点后折返跑向另一队；

• 在跑动学生折返后，另一队学生择机将飞盘传出；

• 跑动学生接盘后到另一队列排尾等待，传盘学生出发跑动。

（4）冲底（横传-斜插-冲底，如图 18-4 所示）。

教学方法，详见视频 18-2-4：

视频 18-2-4

• 学生排成平行的 3 列，每列之间间隔 10

米，中间列学生持盘，另两列学生不持盘；

• 练习开始后，中间队列学生将飞盘传给其中一列排头学生，之后立即启动进行斜插，同时，另一队列排头学生先启动直线跑下底；

• 接住飞盘的学生给出直传，让斜插的学生接盘；

• 斜插学生接住飞盘后，下底学生立即进行斜跑，斜插学生观察下底学生的速度和方向，给出长传，下底学生通过读盘接住长传；

• 两侧队列的学生都要进行练习。

图 18-4　冲底

（5）直线推进（如图 18-5 所示）。

教学方法，详见视频 18-2-5：

视频 18-2-5

• 学生排成平行的 2 列，相距 8 米，1 号列持盘，2 号列不持盘；

• 练习开始后，2 号列排头学生直线向前跑动，1 号列排头学生将飞盘传向 2 号列排头学生的跑动空间，出盘后立即直线向前跑动；

• 2 号学生接住飞盘后，迅速缓冲停下来做好传盘准备，当 1 号跑过 2 号学生接盘位置，2 号学生将飞盘传向 1 号学生的跑动空间，出盘后立即启动向前；

• 1 号学生接住飞盘后继续传盘推进。

（6）轮转推进（如图 18-6 所示）。

教学方法，详见视频 18-2-6：

视频 18-2-6

• 学生排成平行的 2 列，相距 8 米，1 号列持盘，2 号列不持盘；

• 练习开始后，2 号学生斜插跑向 1 号学生前方，1 号学生进行直传，出盘后跑向 2 号斜插后平行的位置；

• 2 号学生接住飞盘后，尽快缓冲停止做好传盘动作，横传给跑过来的 1 号学生，出盘后立即进行斜插；

• 1 号学生接住飞盘后迅速给 2 号学生直传，继续推进。

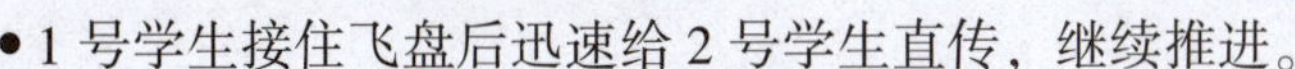

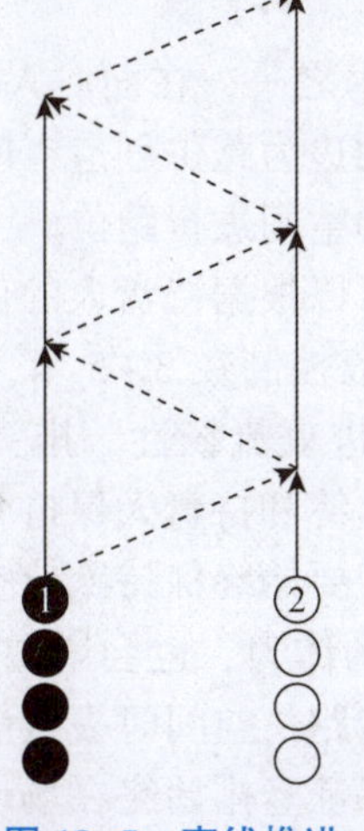


图 18-5　直线推进

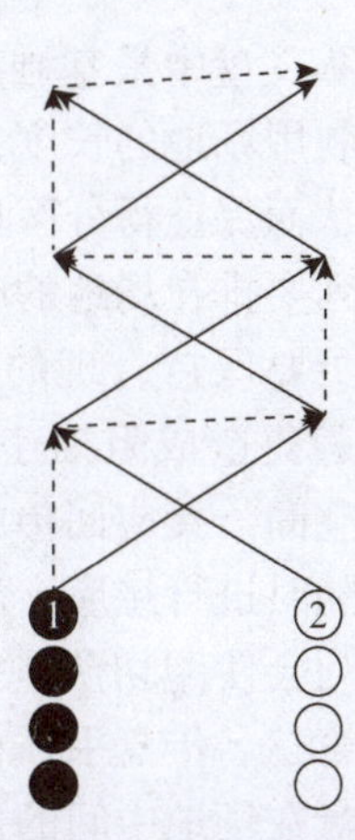


图 18-6　轮转推进

(7) 三人轮转推进（如图 18-7 所示）。

教学方法，详见视频 18-2-7：

视频 18-2-7

• 3 人一组，站位时 3 个人横向平行站位，相互之间间隔 10 米，3 号持盘；

• 练习开始后，2 号启动做斜插；

• 3 号做向前的假动作后，2 号横向跑向另一侧空间，同时 1 号横向 3 号跑动接应，3 号轴转后将飞盘传给 1 号；

• 1 号接住飞盘后，传给横向转移的 2 号完成横传，同时 3 号向前转移至与 2 号平行的位置；

• 1 号出盘后，立即向 2 号前方做斜插，重复前面的流程。

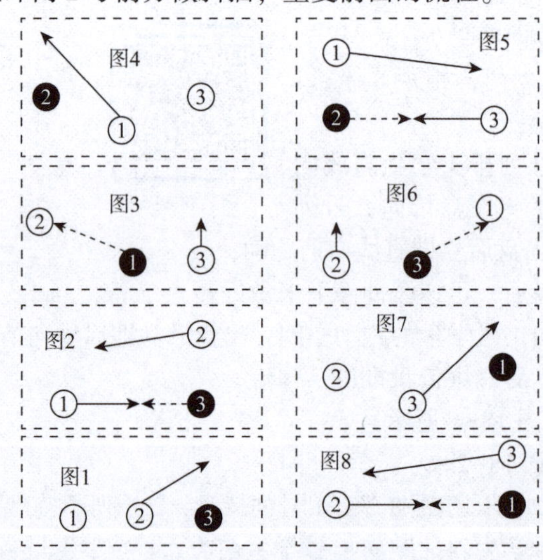


图 18-7　三人轮转推进

## 二、竖排进攻战术教学

### （一）竖排进攻战术的概念

竖排进攻战术是团队飞盘中最基础的进攻战术之一，在面对人盯人防守时经常采用。竖排进攻战术能很好地利用场地的长度，在场地两边为跑位创造空间。在靠近得分区时也会使用竖排进攻战术，从而保证得分区里有足够的空间进行跑位。

在落位时，一般队列要排在场地的中间，也可以根据持盘人的位置进行调节，比如斜向排列。在队列中的队员要保持合理的间距，一般控制在 3~5 米，这样既可以保证有足够的跑动空间，也可以避免造成阻挡违例而影响进攻流畅性。排头位置一般距离持盘人 10~15 米，为传盘保留空间。接应回传的传盘手始终和持盘人保持合理的距离，在竖排队友没有创造接盘机会时随时进行接应，确保盘权。要始终保持跑位空间上没有人阻挡，队列不要过长，过长的队列会使跑切队员消耗更多的体力，也会增加防守队员的反应时间。队列的排头可以安排为第三名传盘手，在无法创造跑位空间时去接应持盘人，增加竖排进攻的变化。尽量保持飞盘在场地中间的位置，以保证竖排始终在场地中间运行，避免被压迫到边线导致进攻空间被压缩。

### （二）竖排进攻战术的应用

根据竖排进攻战术的站位，有三个位置适合作为进攻的发起点，分别是排头、排尾及非持盘人的传盘手。

1）排头发动

排头发动进攻的配合常用于竖排比较靠近得分区时，或者是在排头的进攻队员灵活性比较强，对于他对位的防守人有比较明显的速度优势的情形，这样能在最短的时间里找到跑位突破的空间，使传导更迅速。排头发起在弱侧（破防侧）效果好于强侧（开放侧）。

2）排尾发动

排尾发动可以充分利用竖排站位创造的两侧纵向空间，获得比较充分的推进距离。排尾发动对于排尾的队员有比较高的要求，需要该名队员相对于防守人既有速度和灵活性上的优势，又有很敏锐的场上空间感与时机感，能够确保跑出身位，否则对于整个队伍的进攻流畅性会有一定的影响。

3）传盘手发动

传盘手发动的战术常用于排头排尾没有获得好的进攻机会时，或是两名传盘手之间有良好默契的情形，这样能够通过观察防守迅速找到合适的进攻空间，快速推进。

### （三）竖排进攻战术单元教学设计

1）单元教学设计示例

竖排进攻战术单元教学设计示例如表 18-3 所示。

**表 18-3　竖排进攻战术单元教学设计示例**

| 单元目标 | 1. 学生能说出竖排进攻战术的概念、练习方法和应用方法<br>2. 在练习或者教学比赛中，能与同伴配合，实现排头发动、排尾发动及传盘手发动的竖排进攻战术策略，并在配合过程中逐渐培养时机和空间意识，逐步建立进攻连贯性的概念，同时提升传盘能力；培养学生敏捷、速度等素质及团队合作能力<br>3. 在学练中表现出遵守规则、团队协作和积极向上的飞盘精神 | | | |
|---|---|---|---|---|
| 序号 | 教学内容 | 教学目标 | 教学重点与难点 | 教学策略 |
| 1 | 纵向连续推进 | 1. 能说出纵向连续推进的目、意义和注意事项<br>2. 培养学生的进攻连续性意识；培养学生的跑切时机；培养学生的竖排战术意识<br>3. 培养学生的团队合作意识 | 重点：连贯性和空间时机把握<br>难点：切入时机要把握好，过早会推进距离不够，过晚会导致延误传盘时机 | 竖排站位推进练习 |
| 2 | 竖排排头发动 1 | 1. 能说出竖排排头强侧发动的目的、意义和注意事项<br>2. 在练习中能完成连续的传接盘推进，跑位可以保证连贯性，把握合适的传盘空间和时机<br>3. 培养学生的团队合作意识 | 重点：时机的把握和空间位置的判断<br>难点：启动的时机，后续跟进的空间和时机，传接盘的衔接 | 1. 竖排排头强侧发动站位练习<br>2. 得分区实战演练 |

续表

| 序号 | 教学内容 | 教学目标 | 教学重点与难点 | 教学策略 |
|---|---|---|---|---|
| 3 | 竖排排头发动2 | 1. 能说出竖排排头弱侧发动的目的、意义和注意事项<br>2. 在练习中能完成连续的传接盘推进，跑位可以保证连贯性，把握合适的传盘空间和时机<br>3. 培养学生的团队合作意识 | 重点：时机的把握和空间位置的判断<br>难点：启动的时机，后续跟进的空间和时机，传接盘的衔接 | 1. 竖排排头弱侧发动站位练习<br>2. 得分区实战演练 |
| 4 | 竖排排尾发动1 | 1. 能说出竖排排尾强侧发动的目的、意义和注意事项<br>2. 在练习中能完成连续的传接盘推进，跑位可以保证连贯性，把握合适的传盘空间和时机<br>3. 培养学生的团队合作意识 | 重点：时机的把握和空间位置的判断<br>难点：启动的时机，后续跟进的空间和时机，传接盘的衔接 | 1. 竖排排尾强侧发动站位练习<br>2. 实战演练 |
| 5 | 竖排排尾发动2 | 1. 能说出竖排排尾强侧发动转弱侧的目的、意义和注意事项<br>2. 在练习中能完成连续的传接盘推进，跑位可以保证连贯性，把握合适的传盘空间和时机<br>3. 培养学生的团队合作意识 | 重点：时机的把握和空间位置的判断<br>难点：启动的时机，后续跟进的空间和时机，传接盘的衔接，转移到弱侧的时机 | 1. 竖排排尾强侧发动转弱侧站位练习<br>2. 实战演练 |
| 6 | 竖排传盘手发动 | 1. 能说出竖排传盘手发动的目的、意义和注意事项<br>2. 在练习中能完成连续的传接盘推进，跑位可以保证连贯性，把握合适的传盘空间和时机<br>3. 培养学生的团队合作意识 | 重点：时机的把握和空间位置的判断<br>难点：启动的时机，后续跟进的空间和时机，传接盘的衔接，传盘手的跑位技巧 | 1. 竖排传盘手发动练习<br>2. 实战演练 |
| 教学建议：<br>1. 竖排战术练习的前提是参与的学生已经熟练掌握基本的跑位，对飞盘场上的进攻时机和空间有了一定的意识，中距离的传盘可以准确传到相应的位置，如果学生还没有达到这些要求，仍然应该强化基本跑位战术和推进战术组合的练习<br>2. 在练习过程中，针对每次跑位和传盘的时机，教师要不断提醒，及时总结和指出学生练习中需要改进的环节；让每位学生都在不同的位置进行尝试，增进对整个竖排队列的理解；除了跑动和传盘的学生，其他位置的学生要学会观察，始终保持竖排的基本站位并随着飞盘的位置进行移动<br>3. 在实战演练环节，可以先不对传盘人设置防守，保证进攻可以顺利启动 | | | | |

2）设计意图

根据教材与学情分析，本单元着重通过不同竖排发动方式来演练竖排进攻战术，增强学生的空间和时机意识，以此提高比赛中的进攻效率。本单元共 6 个课时，每个课时都重点讲解一种竖排战术跑位逻辑，让学生形成逻辑记忆和意识反应，同时提升团队配合默契、交流沟通意识，培养学生观察环境、看准时机、及时变通的能力，提升综合素质。

3）教学方法示例

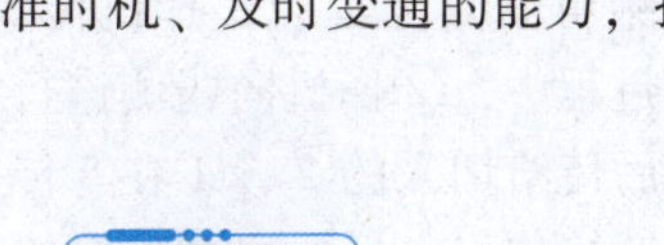

（1）竖排站位推进（如图 18-8 所示）。

教学方法，详见视频 18-2-8：

视频 18-2-8

- 学生排成平行的 3 个横排，每排 3～5 名学生，相隔 3 米，持盘人站在离第一横排 10 米的远端；
- 练习开始后，第一横排学生向持盘人前方切入；

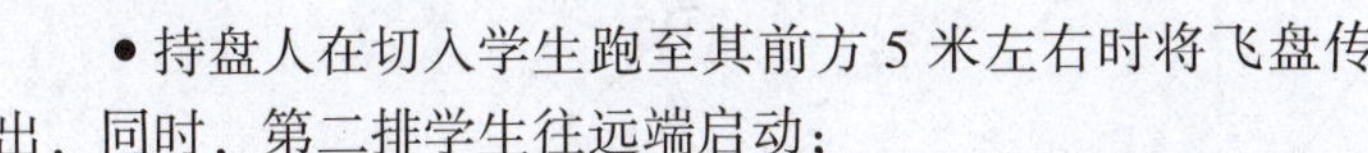

- 持盘人在切入学生跑至其前方 5 米左右时将飞盘传出，同时，第二排学生往远端启动；

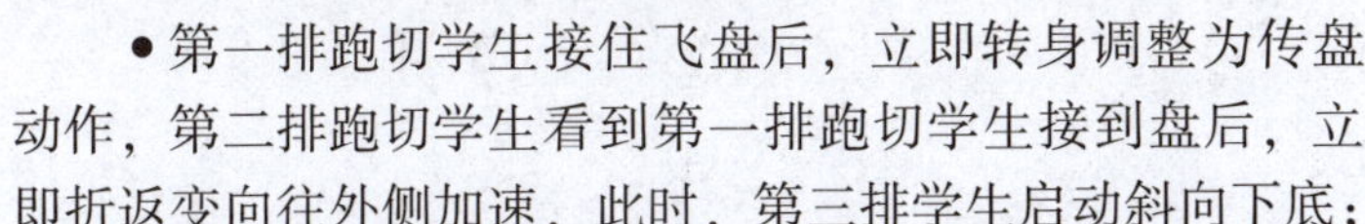

- 第一排跑切学生接住飞盘后，立即转身调整为传盘动作，第二排跑切学生看到第一排跑切学生接到盘后，立即折返变向往外侧加速，此时，第三排学生启动斜向下底；
- 第一排跑切学生将飞盘传给第二排跑切学生，第二排跑切学生接住飞盘后，转身立即给出长传，或示意第三排下底学生回切接盘（根据传盘能力和距离确定）；
- 正反手位置都要练习。

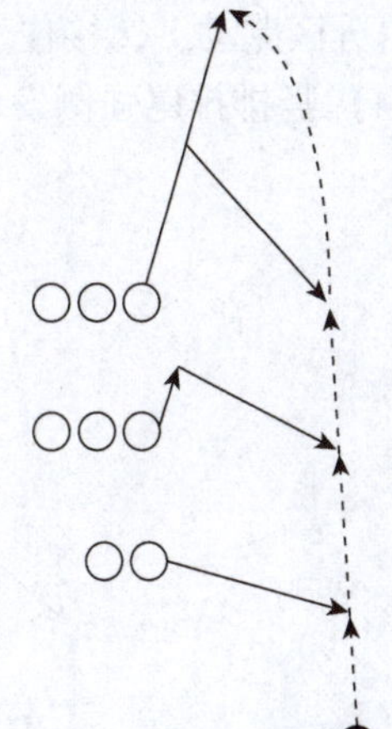

图 18-8　竖排站位推进

（2）竖排排头强侧发动（如图 18-9 所示）。

教学方法，详见视频 18-2-9：

视频 18-2-9

- 黑色圆圈为持盘人，⑥为接应传盘手，⑤为队伍里另一名传盘手，站在排头，防盘人采用的是逼向防守战术，逼迫方向为进攻方向的右侧（此时为强侧）；
- ⑤直接向强侧进行加速跑；
- 在⑤启动的同时，①向得分区方向做一次斜角度的折返后向强侧远端加速跑；
- 持盘人在⑤跑至强侧远端后，传盘给⑤，在强侧形成进攻机会。⑤在接住飞盘后，将飞盘传给切入的①。在⑤传盘给①的过程中，②择机向得分区加速，在①接到飞盘后，向强侧得分区跑动，接①的传盘完成得分。

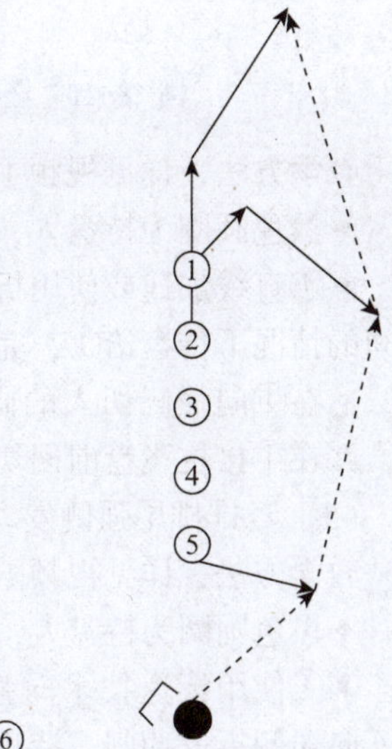


图 18-9　竖排排头强侧发动

（3）竖排排头弱侧发动（如图 18-10 所示）。

视频 18-2-10

教学方法，详见视频 18-2-10：

- 黑色圆圈为持盘人，⑥为接应传盘手，⑤为队伍里另一名传盘手，站在排头，防盘人采用的是逼向防守战术，逼迫方向为进攻方向的右侧（此时为强侧）；

• ⑤向强侧做一个小角度跑动假动作或进行 3~5 步的假跑，随后立即折返向弱侧加速跑。同时，①向强侧做一个直接加速的切入；

• 持盘人在⑤跑至弱侧范围后，择机传盘给⑤，在弱侧形成破防进攻。在持盘人出手、⑤接住飞盘的过程中，②择机向弱侧进行切入，同时①折返，往得分区方向跑动；

• ⑤接到飞盘后传给切入的②，①在⑤传盘出手至②接到飞盘之间，择机转向弱侧所在的得分区跑动，②接住飞盘后，立即传盘给①完成得分。

（4）竖排排尾强侧发动（如图 18-11 所示）。

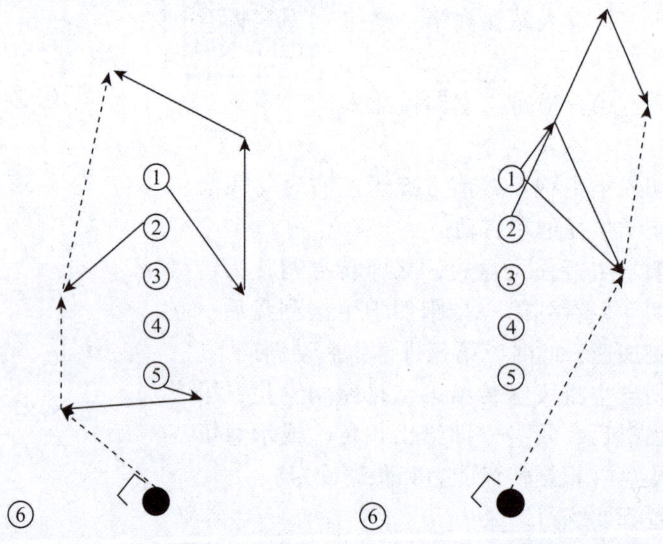


图 18-10　竖排排头弱侧发动　　图 18-11　竖排排尾强侧发动

教学方法，详见视频 18-2-11：

视频 18-2-11

• 黑色圆圈为持盘人，⑥为接应传盘手；

• ①直线加速或使用折返技术向强侧空间切入，持盘人在①获得一定空间的情况下传盘给①，完成推进；

• 在①向强侧切入的同时，②在不影响①切入的路线上向得分区冲刺，并在①接住飞盘前回切，接住 1 的传盘完成推进。

（5）竖排排尾强侧发动转弱侧（如图 18-12 所示）。

教学方法，详见视频 18-2-12：

视频 18-2-12

• 黑色圆圈为持盘人，⑥为接应传盘手；

• ①使用折返技术向强侧空间切入，在强侧没有传接盘机会的情况下，向弱侧折返冲刺，持盘人在弱侧将飞盘传给①；

• 在①向弱侧切入并接到持盘人传盘时，②向弱侧切入，①接到飞盘后立即传盘给切入的②完成推进。

（6）竖排传盘手发动（如图 18-13 所示）。

教学方法，详见视频 18-2-13：

视频 18-2-13

• 黑色圆圈为持盘人，⑥为接应传盘手；

• ⑥进行一次斜插跑位，跑向强侧空间，持盘人在⑥跑至强侧并有较好空间时传盘给⑥。在持盘人传盘给⑥的过程中，①向强侧空间进行大角度的切入，⑥在接到飞盘后迅速将飞盘传给①，完成第一次推进；

• 在①进行切入时，②斜向跑入得分区底角，①在接住⑥传来的飞盘后将飞盘传给②，完成得分。

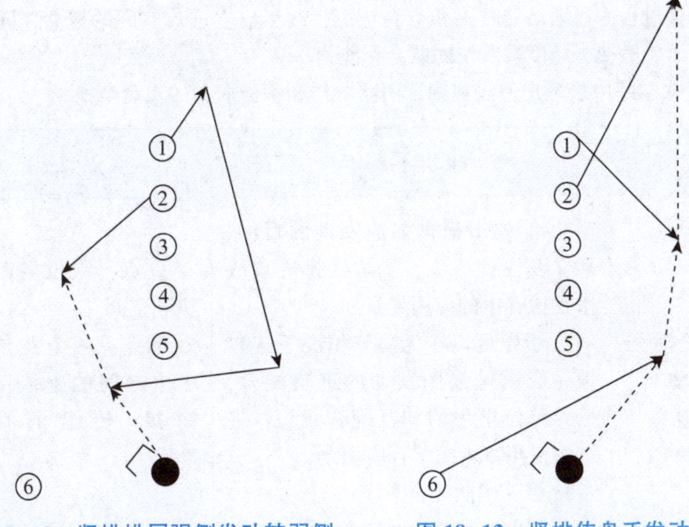


图 18-12　竖排排尾强侧发动转弱侧　　图 18-13　竖排传盘手发动

## 三、横排进攻战术教学

### （一）横排进攻战术的概念

横排站位利用的是队列前后的空间，可以为下底拉开空间，更好地进行长传得分，此外，在面对人盯人防守时可以产生更多变化，获得更多的进攻选择。

落位时，中间的跑位队员和传盘手保持 10~15 米距离，不要太远也不要太近，太远会使防守人有更多反应时间，太近会挤压空间。尽量保持飞盘在场地中间的位置，避免被压迫到边线。4 名跑位队员两两相互配合进行跑位；处在中间的 2 名跑位队员要积极跑动。当靠近得分区时，需要转变成竖排进攻战术。

### （二）横排进攻战术应用

根据横排进攻战术的站位，可以分为弱侧发动和强侧发动两种形式。

1）弱侧发动

在弱侧发动的进攻，一旦成功，可以创造更多的防守空当，形成比较直接的得分或者获得推进机会。

2）强侧发动

强侧是进攻方的优势侧，在强侧发动进攻的目的就是要迅速获取推进或者得分的机会，这对时机和空间的把握要求更高，而一旦进攻形成，推进效率会比较高。

### （三）横排进攻战术单元教学设计

1）单元教学设计示例

横排进攻战术单元教学设计示例如表 18-4 所示。

表 18-4　横排进攻战术单元教学设计示例

| 单元目标 | 1. 学生能说出横排进攻战术的概念、练习方法和应用方法<br>2. 在练习或者教学比赛中，能与同伴配合，实现强、弱侧发动的横排进攻战术策略，并在配合过程中逐渐培养时机和空间意识，逐步建立进攻空间的概念，同时提升传盘能力；培养学生敏捷、速度素质及团队合作能力<br>3. 在学练中表现出遵守规则、团队协作和积极向上的飞盘精神 | | | |
|---|---|---|---|---|
| 序号 | 教学内容 | 教学目标 | 教学重点与难点 | 教学策略 |
| 1 | 横排强侧发动 1 | 1. 能说出横排强侧发动的目的、意义及注意事项，了解横排进攻战术在比赛中的应用场景<br>2. 学生可以在无防守情况下连贯地完成横排强侧发动的进攻配合，培养跑位学生的相互配合意识；进行跑传接技术的综合应用<br>3. 培养团队配合意识 | 重点：跑位的时机和空间<br>难点：两个跑位学生之间的跑传接衔接；传盘的精准度 | 1. 横排强侧发动练习<br>2. 3V2 攻防演练 |
| 2 | 横排强侧发动 2 | 1. 能说出横排强侧发动的目的、意义及注意事项，了解横排进攻战术在比赛中的应用场景<br>2. 学生可以在无防守情况下连贯地完成横排强侧发动的进攻配合，培养跑位学生的相互配合意识；进行跑传接技术的综合应用<br>3. 培养团队配合意识 | 重点：跑位的时机和空间<br>难点：两个跑位学生之间的跑传接衔接；传盘的精准度 | 1. 横排强侧发动练习<br>2. 3V2 攻防演练 |
| 3 | 横排菱形跑位 1 | 1. 能说出横排菱形跑位的目的、意义及注意事项，了解横排进攻战术在比赛中的应用场景<br>2. 学生在无防守情况下可以做出流畅的菱形跑位；培养跑位学生的相互配合意识；进行跑传接技术的综合应用<br>3. 培养团队配合意识 | 重点：跑位学生的时机和空间<br>难点：菱形跑位的空间和时机；传盘的精准度 | 1. 横排菱形跑位练习<br>2. 3V2 攻防演练 |
| 4 | 横排菱形跑位 2 | 1. 了解横排进攻战术在比赛中的应用场景，理解菱形跑位<br>2. 学生在无防守情况下可以做出流畅的菱形跑位；培养跑位学生的相互配合意识；进行跑传接技术的综合应用<br>3. 培养团队配合意识 | 重点：跑位学生的时机和空间<br>难点：菱形跑位的空间和时机；传盘的精准度 | 1. 横排菱形跑位练习<br>2. 3V2 攻防演练 |

续表

| 序号 | 教学内容 | 教学目标 | 教学重点与难点 | 教学策略 |
|---|---|---|---|---|
| 5 | 横排弱侧发动 1 | 1. 能说出横排弱侧发动的目的、意义及注意事项，了解横排战术在比赛中的应用场景<br>2. 学生可以在无防守情况下连贯地完成横排弱侧发动的进攻配合，培养跑位学生的相互配合意识；进行跑传接技术的综合应用<br>3. 培养团队配合意识 | 重点：跑位学生的时机和空间<br>难点：两个跑位学生之间的跑传接衔接；传盘的精准度 | 1. 横排弱侧发动跑位练习<br>2. 3V2 攻防演练 |
| 6 | 横排弱侧发动 2 | 1. 能说出横排弱侧发动的目的、意义及注意事项，了解横排战术在比赛中的应用场景<br>2. 学生可以在无防守情况下连贯地完成横排弱侧发动的进攻配合，培养跑位学生的相互配合意识；进行跑传接技术的综合应用<br>3. 培养团队配合意识 | 重点：跑位学生的时机和空间<br>难点：两个跑位学生之间的跑传接衔接；传盘的精准度 | 1. 横排弱侧发动跑位练习<br>2. 3V2 攻防演练 |
| 教学建议：<br>1. 横排战术练习的前提是参与的学生已经熟练掌握基本的跑位，对飞盘场上的进攻时机和空间有了一定的意识，中距离的传盘可以准确传到相应的位置；如果学生还没有达到这些要求，仍然应该强化跑传推进战术的练习<br>2. 在练习过程中，针对每次跑位和传盘的时机，教师要不断提醒，及时总结和指出学生练习中需要改进的环节；让每位学生都在不同的位置进行尝试，增进对横排队列的理解；除了跑动和传盘的学生，其他位置的学生要学会观察，始终保持横排的基本站位并随着飞盘的位置进行移动<br>3. 在实战演练环节，先不对传盘人设置防守，保证进攻可以顺利启动；所有跑位模式都练习过后，可以安排自由战术练习，学生自己根据防守人位置来决定采用何种战术 | | | | |

2）设计意图

根据教材与学情分析，本单元着重通过不同横排发动方式来演练横排战术，增强学生的空间和时机意识，提高实战比赛中的进攻效率。本单元共 6 个课时，每个课时都重点讲解一种横排战术跑位逻辑，让学生形成逻辑记忆和意识反应，同时提升团队配合默契度、交流沟通意识，提升综合能力。

3）教学方法示例

（1）横排强侧发动 1（如图 18-14 所示）。

教学方法，详见视频 18-2-14：

视频 18-2-14

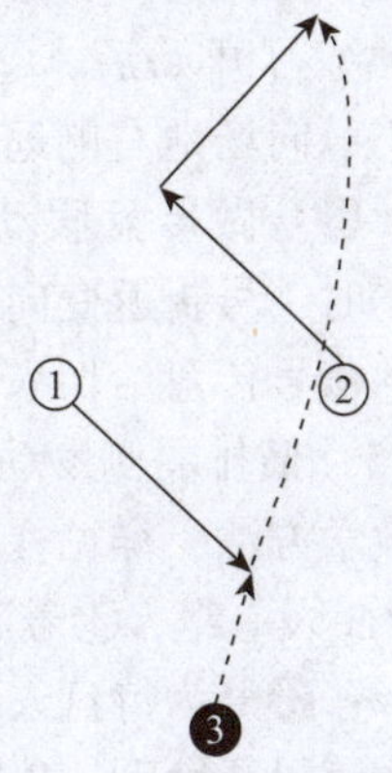


图 18-14 横排强侧发动 1

• 3 人一组，①号和②号平行横向站位，为横排战术的中间两人，相距 8 米；❸号为持盘人，距离①号和②号各 15 米；

• 练习开始后，①号向❸号右侧切入，❸号将飞盘传出，①号切入的同时，②号向场地左侧底端跑动；

•①号接住飞盘的同时，②号折返变向跑向场地右侧底端，①号接住飞盘迅速调整出盘，长传给下底的②号。

（2）横排强侧发动 2（如图 18-15 所示）。

教学方法，详见视频 18-2-15：

视频 18-2-15

•3 人一组，①号和②号平行横向站位，为横排战术的中间两人，相距 8 米；❸号为持盘人，距离①号和②号各 15 米。

•练习开始后，①号向❸号右侧切入，❸号将飞盘传出，在①号切入的同时，②号向场地左侧底端跑动。

•①号接住飞盘的同时，②号折返变向往①号方向切入，①号接住飞盘迅速调整出盘，传给切入的②号。

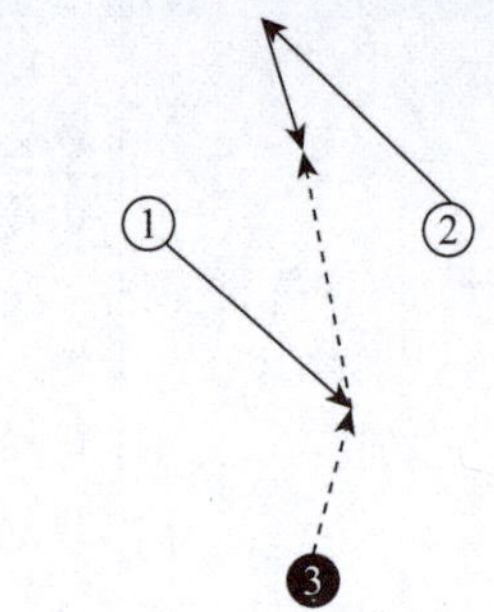


图 18-15　横排强侧发动 2

（3）横排菱形跑位 1（如图 18-16 所示）。

教学方法，详见视频 18-2-16：

视频 18-2-16

•3 人一组，①号和②号平行横向站位，为横排战术的中间两人，相距 8 米；❸号为持盘人，距离①号和②号各 15 米；

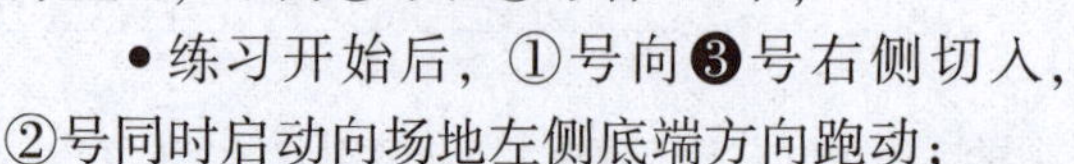

•练习开始后，①号向❸号右侧切入，②号同时启动向场地左侧底端方向跑动；

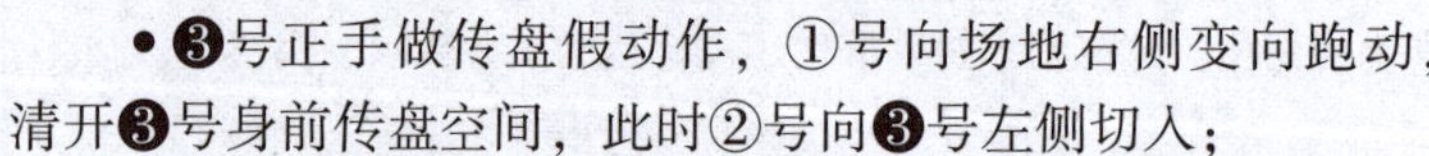

•❸号正手做传盘假动作，①号向场地右侧变向跑动，清开❸号身前传盘空间，此时②号向❸号左侧切入；

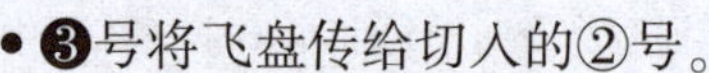

•❸号将飞盘传给切入的②号。

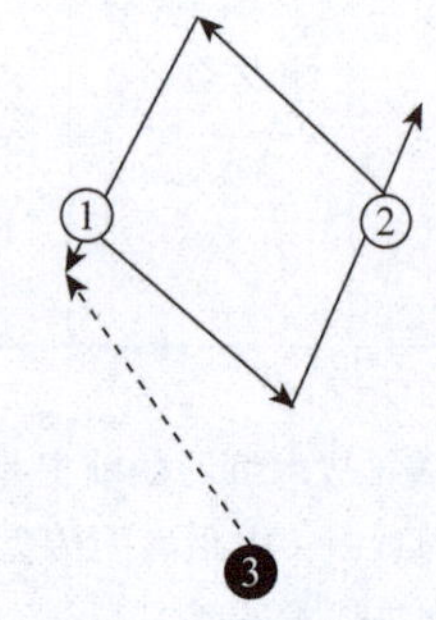


图 18-16　横排菱形跑位 1

（4）横排菱形跑位 2（如图 18-17 所示）。

教学方法，详见视频 18-2-17：

视频 18-2-17

•3 人一组，①号和②号平行横向站位，为横排战术的中间两人，相距 8 米；❸号为持盘人，距离①号和②号各 15 米；

•练习开始后，②号向❸号左侧切入，同时①号向场地右侧远端跑动；

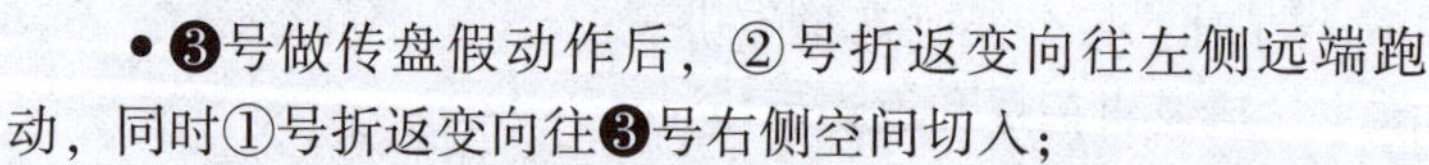

•❸号做传盘假动作后，②号折返变向往左侧远端跑动，同时①号折返变向往❸号右侧空间切入；

•❸号传盘给切入的①号。

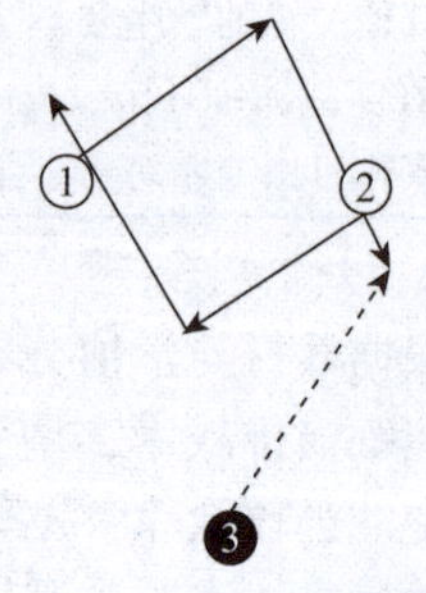


图 18-17　横排菱形跑位 2

（5）横排弱侧发动跑位 1（如图 18-18 所示）。

教学方法，详见视频 18-2-18：

视频 18-2-18

•3 人一组，①号和②号平行横向站位，为横排战术的中间两人，相距 8 米；❸号为持盘人，距离①号和②号各 15 米；

•练习开始后，②号向❸号左侧切入，同时①号向场地右侧远端跑动；

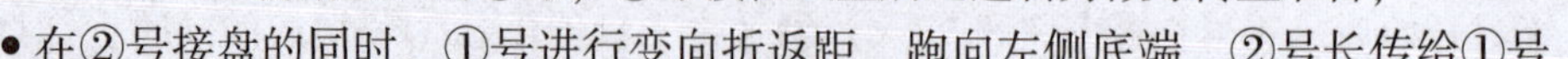

•❸号将飞盘传给切入的②号，②号接住飞盘后迅速转身做好传盘准备；

•在②号接盘的同时，①号进行变向折返距，跑向左侧底端，②号长传给①号。

(6) 横排弱侧发动跑位 2（如图 18-19 所示）。

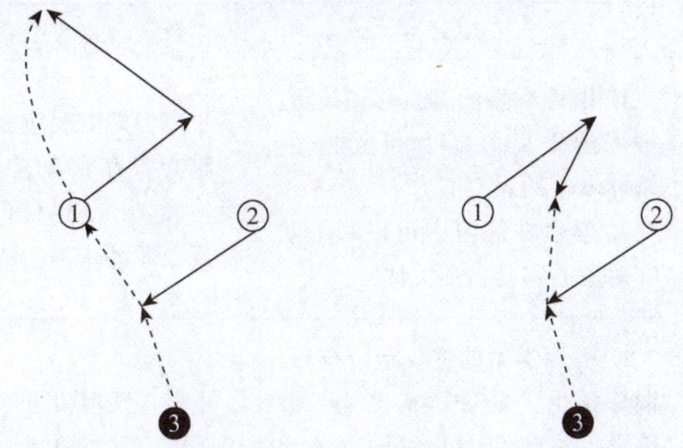

图 18-18　横排弱侧发动跑位 1　　图 18-19　横排弱侧发动跑位 2

教学方法，详见视频 18-2-19：

视频 18-2-19

• 3 人一组，①号和②号平行横向站位，为横排战术的中间两人，相距 8 米；❸号为持盘人，距离①号和②号各 15 米。

• 练习开始，②号向❸号左侧切入，同时①号向场地右侧远端跑动。

• ②号接住❸号的传盘，同时①号回切。

• ②号转身将飞盘传给切入的①号。

## 四、逼向防守战术教学

### （一）逼向防守战术的概念

逼向防守是团队飞盘比赛中最常用的一项防守战术，也是很多防守战术的基础。它通过限制进攻方的传盘方向和空间，逼迫进攻方只能向场地的一个方向或一个区域传盘，从而达成既定的防守策略。逼向防守通常来讲分为逼迫正手、逼迫反手、逼迫中间、逼迫边线、防正面等多种形式。

### （二）逼向防守战术的应用

防盘人要站在持盘人的一侧，切断持盘人从这侧传盘的机会，并注意观察持盘人的肩膀，来应对持盘人的假动作和出盘，逼迫传盘人往另一侧传盘。防守无盘传盘手的防守队员，要始终在该传盘手和持盘人的传盘路线中间，靠近该传盘手，确保持盘人想进行回传时需要经过防守人，来创造拦截机会。防守队员与跑动队员保持 2 米左右的距离，不要太远也不要靠太近，站位在防盘人逼迫持盘人传出方向的那一侧。

### （三）逼向防守战术单元教学设计

1）单元教学设计示例

逼向防守战术单元教学设计示例如表 18-5 所示。

表 18-5　逼向防守战术单元教学设计示例

| | |
|---|---|
| 单元目标 | 1. 学生能说出逼向防守的目的和意义，了解防盘人和无盘人防守的注意事项<br>2. 掌握防盘人和无盘人防守的技术动作，并能在逼向防守战术中通过防盘人位置的变化来调整无盘人的防守位置，能根据进攻人的位置移动来调整防守站位；培养学生敏捷、反应、耐力和速度素质<br>3. 在教学中培养学生坚持不懈、勇于拼搏、不放弃的精神品质 |

续表

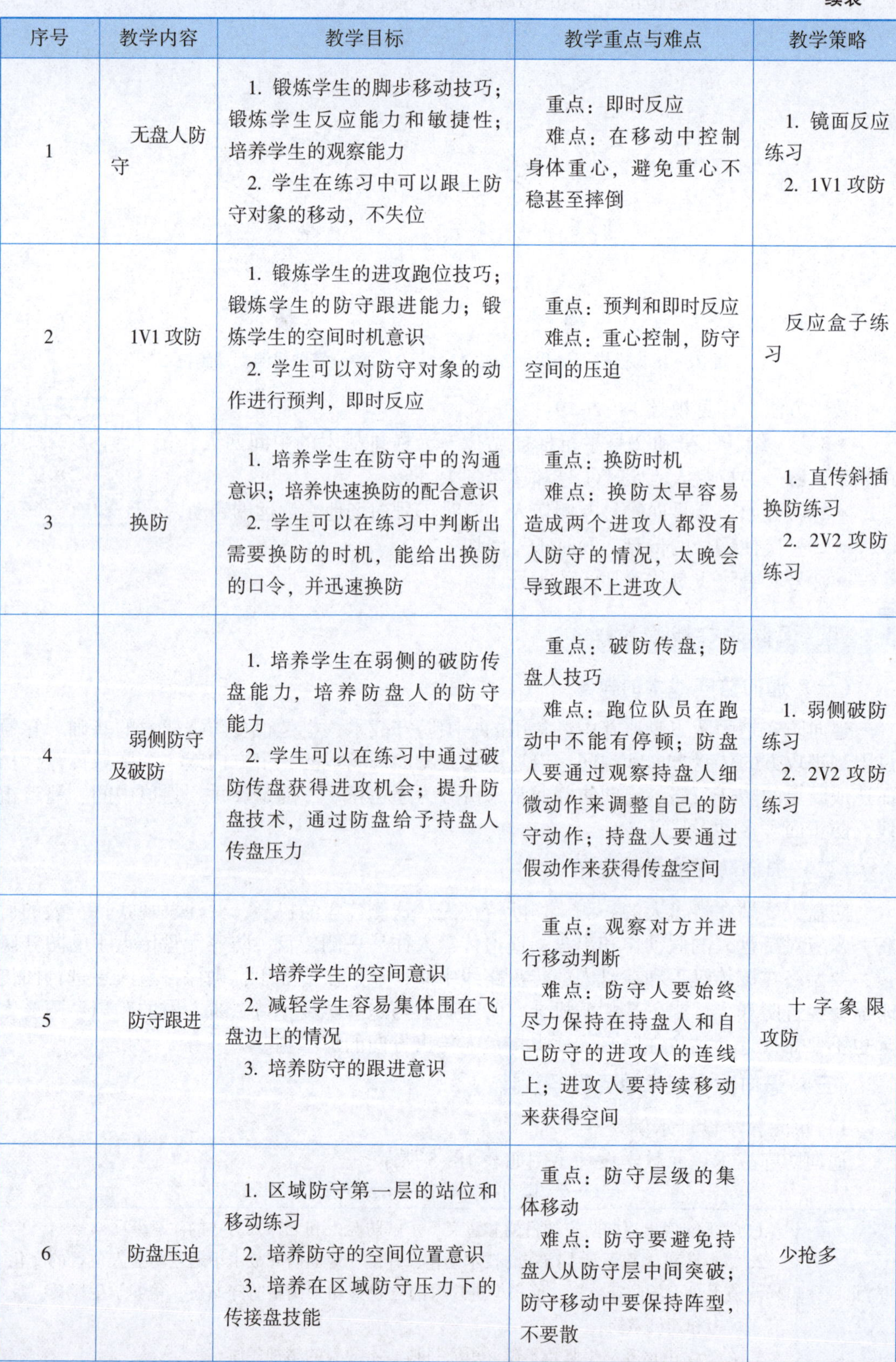

| 序号 | 教学内容 | 教学目标 | 教学重点与难点 | 教学策略 |
| --- | --- | --- | --- | --- |
| 1 | 无盘人防守 | 1. 锻炼学生的脚步移动技巧；锻炼学生反应能力和敏捷性；培养学生的观察能力<br>2. 学生在练习中可以跟上防守对象的移动，不失位 | 重点：即时反应<br>难点：在移动中控制身体重心，避免重心不稳甚至摔倒 | 1. 镜面反应练习<br>2. 1V1 攻防 |
| 2 | 1V1 攻防 | 1. 锻炼学生的进攻跑位技巧；锻炼学生的防守跟进能力；锻炼学生的空间时机意识<br>2. 学生可以对防守对象的动作进行预判，即时反应 | 重点：预判和即时反应<br>难点：重心控制，防守空间的压迫 | 反应盒子练习 |
| 3 | 换防 | 1. 培养学生在防守中的沟通意识；培养快速换防的配合意识<br>2. 学生可以在练习中判断出需要换防的时机，能给出换防的口令，并迅速换防 | 重点：换防时机<br>难点：换防太早容易造成两个进攻人都没有人防守的情况，太晚会导致跟不上进攻人 | 1. 直传斜插换防练习<br>2. 2V2 攻防练习 |
| 4 | 弱侧防守及破防 | 1. 培养学生在弱侧的破防传盘能力，培养防盘人的防守能力<br>2. 学生可以在练习中通过破防传盘获得进攻机会；提升防盘技术，通过防盘给予持盘人传盘压力 | 重点：破防传盘；防盘人技巧<br>难点：跑位队员在跑动中不能有停顿；防盘人要通过观察持盘人细微动作来调整自己的防守动作；持盘人要通过假动作来获得传盘空间 | 1. 弱侧破防练习<br>2. 2V2 攻防练习 |
| 5 | 防守跟进 | 1. 培养学生的空间意识<br>2. 减轻学生容易集体围在飞盘边上的情况<br>3. 培养防守的跟进意识 | 重点：观察对方并进行移动判断<br>难点：防守人要始终尽力保持在持盘人和自己防守的进攻人的连线上；进攻人要持续移动来获得空间 | 十字象限攻防 |
| 6 | 防盘压迫 | 1. 区域防守第一层的站位和移动练习<br>2. 培养防守的空间位置意识<br>3. 培养在区域防守压力下的传接盘技能 | 重点：防守层级的集体移动<br>难点：防守要避免持盘人从防守层中间突破；防守移动中要保持阵型，不要散 | 少抢多 |

续表

| 教学建议：<br>（1）相比技巧，精神力、专注度在防守中也会起到比较重要的作用，在教学过程中教师要不断鼓励学生，努力跟进防守对象<br>（2）飞盘规则要求不能有任何形式的身体接触，教师在教学中要反复强调该规则，培养学生主动避免身体接触的意识，并在发生身体接触后帮助学生分析发生身体接触的原因，进行相应的调整<br>（3）防守练习相对比较枯燥，要更多采用游戏法和激励法来调动学生的积极性 |
|---|

2）设计意图

根据教材与学情分析，本单元通过不同课时的练习来提升学生的防守技巧、防守意识，建立团队防守配合的基础理念，增强学生单兵防守能力的同时，为区域防守的练习打好基础。本单元的课程共有 6 个课时，分为两部分：课时 1、2、5 注重个体防守能力的提升，让学生掌握防盘人的防守技巧及对无盘人防守的技术动作；课时 3、4、6 围绕团队防守的基础，让学生逐渐培养起换防和整体防守移动的意识。同时，该单元的练习，可以培养学生坚韧不拔的意志和永不放弃的精神。

3）教学方法示例

（1）镜面反应（如图 18-20 所示）。

教学方法，详见视频 18-2-20：

视频 18-2-20

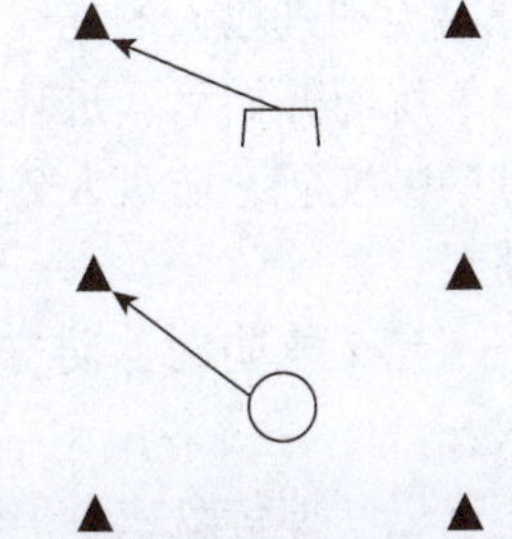
图 18-20　镜面反应

• 用角标在地面布置相连的两个正方形区域，分别为 4 米×4 米；

• 进攻方和防守方分别站在其中一个正方形区域的中心，保持面对面的姿势；

• 进攻方启动去触摸其中一个角标，防守方需要跟进去触摸相对应位置的角标；

• 进攻方触摸完成后，不用等防守方，迅速回到中心位置后去触摸另一个角标，位置随机，防守方需要迅速跟进去触摸相应的角标；

• 进攻方连续触摸 5 次后，攻防转换。

（2）反应盒子（如图 18-21 所示）。

教学方法，详见视频 18-2-21：

视频 18-2-21

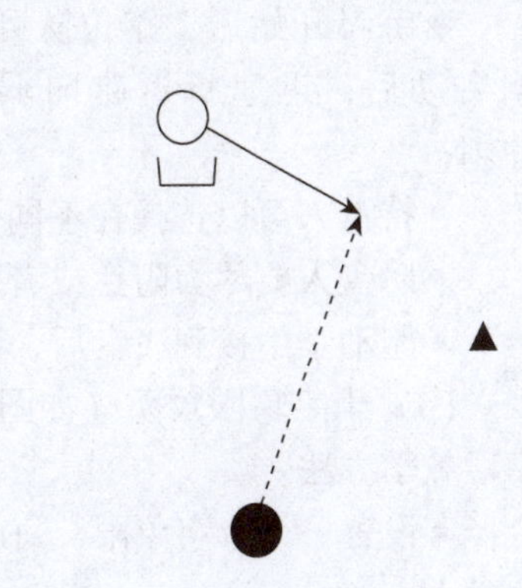
图 18-21　反应盒子

• 设置一个 10 米×10 米的正方形限制区域，两名学生一人进攻一人防守，在区域中心准备，持盘人在区域外 5 米左右持盘准备；

• 持盘人示意开始后，进攻队员启动，运用各种跑位技巧来甩开防守人；

• 防守人需要在不发生身体接触的情况下，始终保持在持盘人和进攻人的连接线上，阻止进攻人接盘；

• 如果进攻人跑出了限制区域，就不可以做任何变向，只能进行直线跑动；

• 持盘人择机将飞盘传给进攻人，如果被防守人拦截或传盘没有成功，防守人记加一分；

• 练习结束后，可以根据得分给予奖励；

• 持盘人要在 7 秒内出盘，7 秒之后则无法出盘，视为防守成功。

（3）直传斜插换防（如图 18-22 所示）。

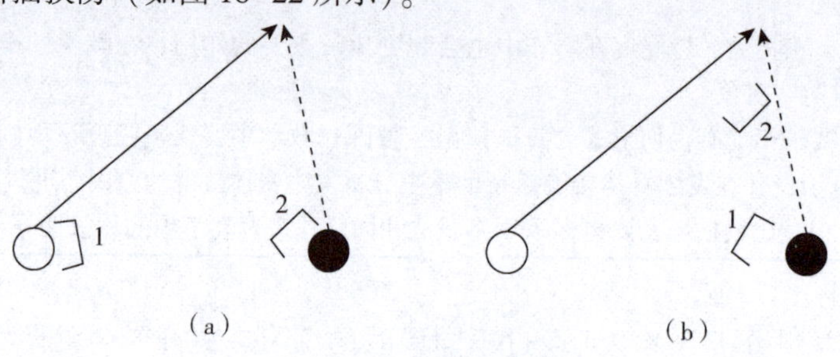


图 18-22　直传斜插换防

（a）2 为防盘人；（b）换 1 为防盘人

教学方法，详见视频 18-2-22：

视频 18-2-22

• 持盘人和进攻队友站在横向水平线上，相距 10 米左右；

• 防盘人 2 逼向正手，防守人 1 站在持盘人和进攻人的连线上；

• 练习开始后，进攻人进行斜插，防守人 1 在移动跟进中喊换防，防盘人 2 听到后，直接去防守斜插的传盘路线；

• 当 2 换防时，防守人 1 变为防盘人，去防守持盘人；

• 以断掉传盘或者迫使持盘人无法传盘为成功。

（4）弱侧破防（如图 18-23 所示）。

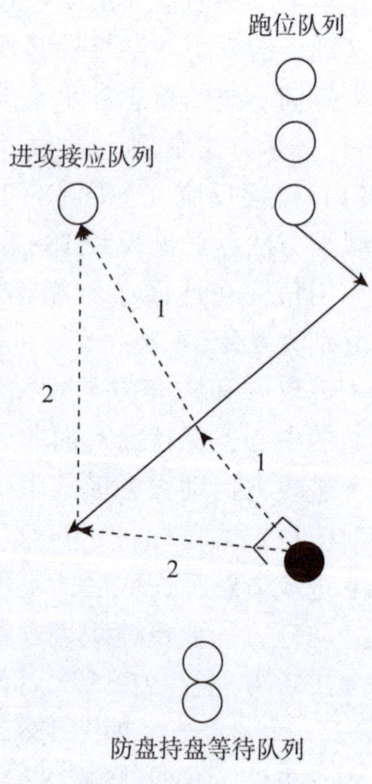


图 18-23　弱侧破防

教学方法，详见视频 18-2-23：

视频 18-2-23

• 在持盘人纵向 15 米左右列队，其他站位如图 18-23 所示；

• 练习开始后，跑位队列学生向强侧启动后，迅速折返跑向弱侧，加速冲刺；

• 持盘人可以选择在不同位置（如线路 1 和线路 2）尝试传盘给跑动的学生；

• 防盘人要尽力阻拦或者延误持盘人传盘，尽量让持盘人选择线路 2；

• 跑动学生接到飞盘后，要迅速转换成传盘动作，将飞盘传给接应队列学生。

（5）十字象限攻防（如图 18-24 所示）。

教学方法：

• 设置一个十字象限，每个象限里有一名进攻学生、一名防守学生，其中进攻学生为持盘人；

• 所有学生只能在自己所在象限移动，象限的大小可自由设定，但不能小于 4 米×4 米；

• 练习开始后，进攻人通过移动给持盘人创造传盘机会，防守人要尽力阻止传盘成功；

• 越过象限的人，视为失误，换为其他人；

• 进攻方成功完成 10 次传接或防守方成功完成 5 次拦截，一轮练习结束，换人进行练习。

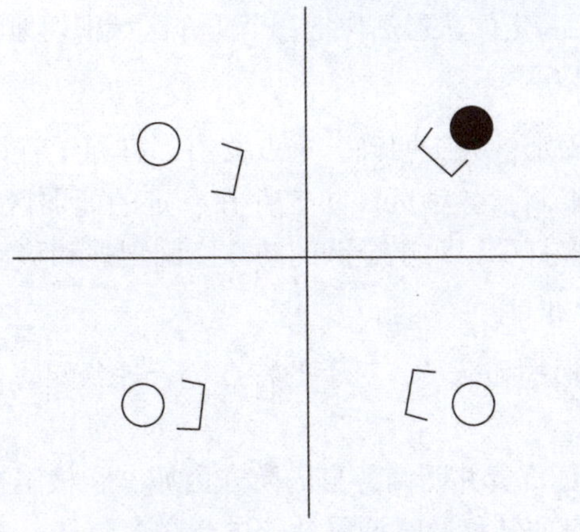

图 18-24　十字象限攻防

（6）少抢多（如图 18-25 所示）。

教学方法，详见视频 18-2-24：

视频 18-2-24

• 8~10 名学生围成一个圈，相互之间距离 3 米左右，3 名学生组成区域防守的第一层；

• 防守学生按照杯子防守第一层站位，逼向可以随时更换；

• 练习开始后，防盘人进行读秒，进攻学生通过相互传盘来避免读秒到时；

• 进攻一方不可以使用过顶传盘，只能采用正反手直线和弧线传盘来破防；

• 进攻一方可以在尝试接飞行的飞盘时移动，但不可以在持盘人持盘状态下做任何移动。

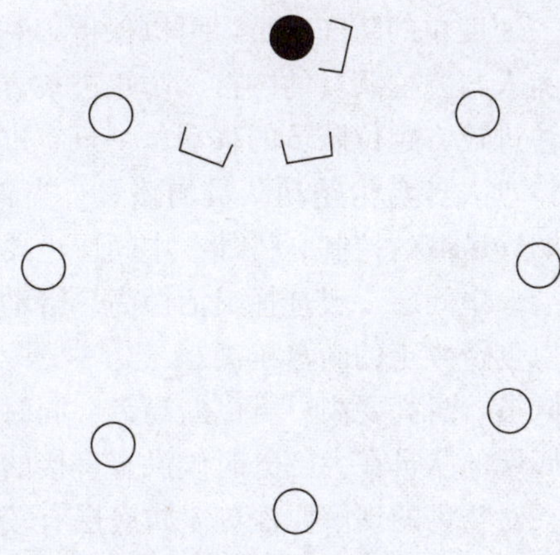

图 18-25　少抢多

## 五、区域防守战术教学

### （一）区域防守战术概述

#### 1. 区域防守的概念

区域防守是在每个队员防守一定区域的基础上，随着盘的转移和进攻队员的穿插移动而不断调整防守的站位和队形，严密防守进入该区域的盘和进攻队员，并与队友协同防守，以

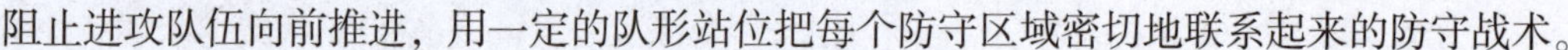

阻止进攻队伍向前推进，用一定的队形站位把每个防守区域密切地联系起来的防守战术。

2. 区域防守的特点

这种防守战术的位置固定，分工明确，重点突出，有利于有针对性地给进攻方施加防守压力。但受区域分工的限制，各种区域防守存在一定的薄弱区域，如果配合出现问题，容易被对方在局部区域以多打少，对于全队的防守空间把握和移动时机要求很高。

3. 区域防守的基本要求

（1）根据区域防守的形式和队员、对手的特点等合理分配防守区域，最大限度地发挥队员在各自防区的作用。

（2）每个队员必须认真负责并明确各自的防守区域，积极阻挠或干扰进入该防守区域进攻队员的行动，并根据盘的转移及时调整站位进行联合防守。

（3）对持盘的队员给予防守压力，其余防守队员应积极移动，随时调整队形进行协防或补防，做到人盘兼顾。

（4）对无盘队员的穿插移动，要观察距离盘的远近及持盘队员的动态，积极进行抢位和拦截，并及时和队友联系，不让对手向有威胁的区域移动或接盘。视野最好的队员应起指挥的作用。

### （二）区域防守战术的应用

不管是何种形式的区域防守，防守层次一般分为第一层、中间层及防底层。从执行层面来讲，第一层的防守目标是逼迫对方向防守方希望的传盘空间进行传盘，类似逼向防守的作用，所以第一层防守队员的执行方式与逼向防守的防盘人的策略类似，只不过逼向防守是依靠防盘人对持盘人的防守压力实现的，而区域防守第一层是通过整体移动来实现的。第一层一般选择体力好、速度快的防守队员，可以保持第一层防守的压迫力。

中间层的作用是切断持盘人与跑位队员的链接，防止进攻方形成向前的直接推进。中间层的防守队员需要时刻关注进攻方跑位队员的移动，一旦有进攻队员进入自己的防守区域内，就要及时跟进，切断持盘人传盘给跑动队员的路线。当跑动队员离开防守区域时，不要跟进太多，以免失去对防守区域的控制。另外，中间层也要对进攻方的传盘路线进行预判，寻找拦截或抢断的机会。中间层一般选择灵活性高、行动敏捷、判断能力强的防守队员，在不失位的前提下可以创造一定的断盘机会。

防底层一般只安排一名队员。身高要高，可以断高盘，同时要有一定的速度，可以追上进攻方的长传。另外，防底层的队员在大部分时候没有直接的防守压力，需要给前面两层的队友提供口头上的提醒，对赛场的理解要深刻。防底层有较好的视野，要求防底层队员会观察全场的情况。

除了场上的队员，场边的教练或者其他队员在队伍采用区域防守时也要参与进来，为场上队员提供第三视角的提醒。常用的提醒方式包括进攻方队员移动位置的提醒、防守站位的提醒等。提醒时要注意，仅由一名场下队员对一名防守队员来进行针对性的提醒，而不能多人给一个人进行提醒，避免出现误听的情况。

区域防守一般在以下情况下应用较多。

（1）对方传盘成功率不高，并且我方底线防守有优势时。

（2）对方个别队员能力强，而其他队员实力与这些队员有明显差距时。

（3）有大风和雨水的天气，特别影响传接盘时。

（4）对方比分落后，急于得分时。

## （三）区域防守战术单元教学设计

1）单元教学设计示例

区域防守战术单元教学设计示例如表 18-6 所示。

表 18-6 区域防守战术单元教学设计示例

| 单元目标 | 1. 学生能知晓区域防守的基本站位及各个站位的作用，并能说出各防守层的基本移动方式及防守区域的分配<br>2. 学生能知晓区域防守各位置所需要的基本能力，并在日后的练习中掌握该位置所需能力的基本练习方法 | | | |
|---|---|---|---|---|
| 序号 | 教学内容 | 教学目标 | 教学重点与难点 | 教学策略 |
| 1 | 区域防守第一层站位及移动 | 学生能理解区域防守第一层的站位、各个角色的作用及移动方式，并能简述不同情况下第一层的移动方式 | 重点：第一层的站位<br>难点：跟随飞盘的移动，以及保持阵型的稳定 | 1. 理论讲解<br>2. 视频分析 |
| 2 | 区域防守中间层和防底层站位和移动 | 学生能理解区域防守中间层、防底层的站位，各个角色的作用及移动方式，并能简述不同情况下中间层、防底层队员的移动方式 | 重点：中间的防守区域；防底层的作用<br>难点：如何通过合理移动保持对防守区域的压力 | 1. 理论讲解<br>2. 视频分析 |
| 3 | 区域防守实战演练 | 学生能根据场上进攻方飞盘的转移和队员的移动来适时调整阵型，保持防守压力 | 重点：阵型的维持<br>难点：如何在面对进攻中飞盘移动的同时保持各个防守层阵型不乱 | 1. 理论讲解<br>2. 视频分析<br>3. 实战演练 |
| 教学建议：<br>1. 区域防守的执行对于场上区域和各防守队员对位置理解的要求很高，建议老师在教学中结合多种教学方式，比如视频分析、口头讲解、战术板演练等，让学生首先掌握基本原理<br>2. 在练习中，可以将几个防守层的练习进行拆分，先从第一防守层的攻防移动开始，逐步增加至中间层侧翼、中间层中心位、防底层，逐渐让学生形成对不同层次不同位置防守人的作用概念<br>3. 多进行视频分析，让学生对区域防守在实战中的应用有一定的理解后再进行实战演练 | | | | |

2）设计意图

本单元通过理论讲解和实战演练相结合的方式，让学生建立区域防守的概念。课时 1、2 通过理论讲解和视频分析，让学生建立区域防守的基本概念，明确位置空间及各个角色的作用。课时 3 通过实战演练，将理论转化为实践，让学生实际理解区域防守的作用及应用场景。

3）区域防守理论讲解

区域防守示意如图 18-26 所示，1、2、3 号是第一层。1 号防守队员是防盘人，负责读秒以及决定区域防守的逼迫方向。2 号防守队员是第一层正面防守人，负责防守持盘人正面的区域，切断持盘人向中间的传盘路线。3 号防守队员是第一层侧翼，负责切断持盘人向逼迫方向的传盘路线。根据规则要求，在持盘人的 3 米范围内仅能有一名防守人，所以 2 号和 3 号队员要控制与持盘人之间的距离，不要造成多人防守违例。

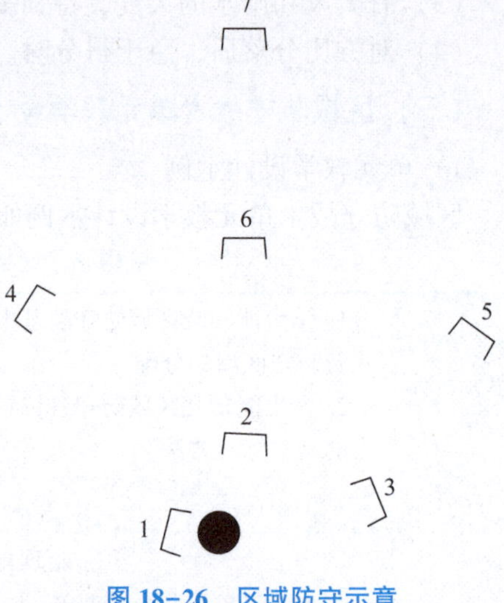

图 18-26　区域防守示意

2 号和 3 号队员之间的空当不宜过大，避免持盘人从两人结合部进行突破传盘；也不宜过小，过小会给持盘人创造向强侧轻松转移的机会，容易打破防守阵型，形成局部的进攻优势。如果 1 号队员的逼迫方向调整为防正面，那么 2 号队员的站位会与 3 号队员对应，成为另一侧的第一层侧翼。

4、5、6 号是中间层。4 号和 5 号是侧翼防守队员，目的是拦截或者抢断传向侧翼的飞盘，以及切断持盘人突破一层防守后侧翼进攻队员与持盘人之间的推进连接。4 号防守队员是弱侧侧翼防守人（根据 1 号防盘人逼迫方向确定强弱侧），要多关注持盘人扔出的高远盘，对飞盘的落点进行准确判断，来干扰接盘。在有进攻队员进入该侧翼时要跟进形成人盯人防守，在进攻队员离开该区域时不要被进攻队员带跑，继续留在区域内。如果第一层防守被突破到弱侧侧翼，4 号防守队员需要注意进攻方的连续推进，适当拦截新的持盘人的传盘路线，直到第一层的队员回到防守位置。

5 号防守队员是强侧侧翼防守人，要多关注持盘人扔出的弧线盘。当强侧有进攻队员切入时，需要跟住进攻队员，进攻队员离开强侧区域时，5 号继续留在强侧，不要被进攻队员带跑。如果进攻方突破第一层防守，5 号与 4 号的不同之处在于，5 号防守位要更多地去关注切入队员来防止连续推进，而不是去尝试延误新的持盘人的传盘。

6 号防守队员是中心位防守，也可以看作近底防守，他的目标是防止进攻方从中间区域完成进攻突破。在移动中，6 号需要关注持盘人正面，尤其是持盘人的眼睛，来判断持盘人是否会传盘。同时，要关注中间区域切入的进攻队员的位置，在进入中间区域时进行跟进，切断和持盘人的联系。由于中间区域可能会有两名进攻队员进行穿插，所以中心位防守队员除跟进之外，还需要指挥就近的侧翼防守人来补防，避免出现漏洞。另外，在持盘人被逼迫至靠近边线时，该防守人要指挥第二层进行变式，形成进一步的压迫。

7 号队员是防底层。防底层是整个区域防守最后的屏障，一般与最后一名进攻队员保持平行。很多进攻队伍在面对区域防守时会安排一名队员站在得分区，来牵制防底层，这就要求防底层的防守队员既要有速度身高上的优势，又必须随时判断拉后的进攻队员位置是否造成威胁，来调整自己的站位，避免与前面防守脱节。

因为防底层可以看到全场所有人的位置，而大部分时间不需要大范围的移动，所以防底层的队员还需要对中间层进行提醒，来指挥中间层的站位和移动。在没有防底压力的时候，防底层的防守队员可以尝试向前压迫，减轻中心位防守队员的压力，使其可以向前进一步压缩持盘人和其他进攻队员的空间。

# 第十九章　极限飞盘教学与德育渗透策略

## 第一节　极限飞盘教学中的德育元素

### 一、极限飞盘教学中的德育渗透的必要性

1. 课程标准中极限飞盘课程内容的增加

极限飞盘在《义务教育体育与健康课程标准（2022 年版）》中为新兴类体育运动。中共中央办公厅、国务院办公厅印发的《关于全面加强和改进新时代学校体育工作的意见》提出，帮助学生在体育锻炼中享受乐趣、增强体质、健全人格、锤炼意志。

2. 新时代中国特色社会主义指导思想的支撑

以习近平新时代中国特色社会主义思想为指导，全面贯彻党的教育方针，遵循教育教学规律，落实立德树人根本任务，发展素质教育。以人民为中心，扎根中国大地办教育。坚持德育为先，提升智育水平，落实劳动教育。将德育渗透到极限飞盘课程中，更有利于落实好立德树人的根本任务。

3. 极限飞盘课程是德育渗透的良好载体

极限飞盘运动在无裁判、自我判罚中进行，突出公平意识、平等待人，突出团队意识，塑造良好团队氛围，突出规则意识、自控情绪与避免冲突，突出协商能力、尊重他人并提高表达沟通能力。极限飞盘规则提倡公平公正、开放、诚信、团队合作、遵守规则等精神。参与极限飞盘运动，在运动中潜移默化地理解和学习这些优良品德，有助于青少年塑造良好品德及树立公民道德意识。同时，树立在飞盘对抗比赛中“盘不落地，永不放弃”的飞盘精神，有助于培养青少年的毅力及抗挫折能力。通过以上内容可以看出极限飞盘课程是德育渗透良好的载体。

## 二、极限飞盘课程德育元素梳理

### （一）团队协作

稳定控制飞盘后确定轴心脚随后将盘传出的飞盘规则决定了极限飞盘需要团队协作才能完成，任何得分必须依靠队友助攻，单个运动员无法完成战术取得胜利。飞盘场上没有个人英雄主义，飞盘运动比其他运动更加需要团队协作才能取得比赛胜利。飞盘运动员需要有极强的团队意识和凝聚力，以及对其他运动员的包容和理解能力，在比赛中各司其职、相互配合，才能发挥飞盘战术能力。学校学生多为独生子女，其自身的团结协作能力与集体主义观念严重缺失。而极限飞盘运动具有极强的群体效应，极易引起参与者和观众的广泛认同，飞盘竞赛容易让参与者产生强烈的协作认同感，也会让参与者获得集体主义的共鸣。教师需要在极限飞盘课程教学过程中，让学生渐渐明白团队的重要性，团体比赛胜利属于整个团队而不是个人。经过长时间的练习，学生会形成团队意识，以及为了团队集体利益而自我奉献的精神，共同享受成功的喜悦，共同承担失败的责任，养成良好的团队精神和团队意识。

### （二）情绪控制力

新时代要求学生拥有更加强大的情绪稳定性和控制力，这不仅是在极限飞盘比赛中的要求，也是学习生活中的要求。极限飞盘规则在赋予场上队员自我裁判权力的同时，也要求队员具有良好的情绪控制力执行裁判和交流。

### （三）交流协商

比赛中出现犯规和争议时，双方当事队员应以飞盘规则为准则进行交流协商，保证己方合法进攻优势或利益不被侵犯。队员既要熟知极限飞盘规则，又要有良好的沟通能力和逻辑能力，通过既定事实解决犯规和争议。

### （四）文明礼貌

飞盘比赛时禁止一切身体接触，场上发生好的传盘断盘得分时，积极地喊出表扬鼓励队友的话，在己方进攻失败时进行鼓励，禁止在场上嘲讽、诋毁对手。

### （五）正确的胜负观

当飞盘场上发生犯规和争议时，要以客观事实为依据，以飞盘规则为准则进行自我判罚，不能为了胜利曲解既定事实，逃避规则争取非法进攻利益。队员要有正确的胜负观，要能输得起，也能赢得漂亮。

### （六）永不放弃、顽强拼搏的精神

“盘不落地，永不放弃”作为飞盘精神，在飞盘场上时时刻刻体现了飞盘运动中永不言弃、顽强拼搏的精神。拼搏精神让飞盘比赛有了更高的竞技水平。

### （七）规则意识

自我裁判的飞盘规则需要场上各位队员熟知各项规则并具备极强的规则意识，执行规则和维护规则，要求队员的任何行为都在规则范围内进行。

### （八）男女平等

混合制的飞盘比赛要求男女生按比例上场同场竞技，男女队员各司其职，明确职责，布置战术共同完成。培养男女队员相处交流技巧，男女队员相互尊重。义务教育阶段飞盘教学德育元素如表 19-1 所示。

表 19-1　义务教育阶段飞盘教学德育元素

| 德育元素 | 运动能力 | 相互帮助、相互合作的团队协作意识 |
| --- | --- | --- |
| | 情绪调控 | 良好的情绪控制力<br>交流协商意识 |
| | 体育品格 | 文明礼貌、正确的胜负观、团队意识 |
| | 体育精神 | 永不放弃、顽强拼搏的体育精神 |
| | 体育道德 | 规则意识（自我裁判）、公平竞争 |

# 第二节　极限飞盘课程德育渗透与案例

## 一、极限飞盘课程德育渗透及目标

### （一）极限飞盘课程德育渗透

根据体育与健康课程核心素养的内涵和飞盘项目的规则特点，在不同维度进行德育渗透，如表 19-2 所示。

表 19-2　义务教育阶段教学课程德育渗透

| 核心素养内涵 | 核心素养维度 | 教学内容 | 德育体现 |
| --- | --- | --- | --- |
| 运动能力 | 运动认知与技战术运用 | 在各类技术与战术等的学习中，教师启发、合作学习 | 相互合作、互帮互助、团队协作意识 |
| | 体育展示与比赛 | 分析力对于飞盘运动轨迹的影响、飞盘的飞行原理 | 辩证唯物主义、逻辑性 |
| 健康行为 | 情绪调控 | 讲解飞盘发生犯规和有争议时的自主协商原则，通过比赛进行讨论与评价 | 沟通协商能力、情绪调控 |
| 体育品德 | 体育精神 | 飞盘精神的讲解与运用。课堂教学比赛后，各小组之间进行飞盘精神评价 | “盘不落地、永不放弃”的飞盘精神，团队精神 |
| | 体育道德 | 讲解飞盘发生犯规和有争议时的自主裁判原则，通过比赛进行讨论与评价 | 自我裁判、规则意识、尊重对手 |
| | 体育品格 | 进行男女混合飞盘比赛，强调正确的胜负观，对场上的行为偏差进行引导和评价 | 文明礼貌、责任意识、正确的胜负观、男女同场竞技、相互尊重 |

### （二）极限飞盘德育渗透课程目标

依据《义务教育体育与健康课程标准（2022 年版）》的要求，极限飞盘教学课程目标主要从运动能力、健康行为、体育品德三个方面及具体维度对客观的、表现性的学习行为与结果进行描述，具体如表 19–3 所示。

表 19–3 义务教育阶段极限飞盘课程德育元素及目标

| 德育元素 | 达成目标 |
| --- | --- |
| 运动能力 | 学生能够相互帮助完成学练任务，相互合作完成比赛任务 |
| 情绪调控 | 在面对犯规和争议时能够积极主动地与当事人按规则进行协商，交流不畅时积极调控情绪，保持良好的心态 |
| 环境适应 | 学生能够快速适应不同赛制、不同飞盘游戏、不同队员的比赛环境 |
| 文明礼貌 | 能够用鼓励性的语言鼓励队友和对手，营造良好的比赛氛围 |
| 正确的胜负观 | 在面对没有进攻优势的犯规或争议时能够尊重规则，尊重对手，做出正确的判罚 |
| 团队责任意识 | 积极完成队长分配的任务，自信地参与比赛，与同伴友好相处，互相帮助，力争做到胜不骄、败不馁，出现失误时不推诿责任 |
| 体育精神 | 培养不断挑战自我、积极面对失败、团结协作的体育精神，以及勇敢顽强、永不放弃的意志品质 |
| 规则意识（自我裁判） | 培养学生自我裁判的规则意识，面对犯规和争议时能够根据事实主动进行自我判罚，遵守规则，公平竞争 |

## 二、教学方法

开展教学时应结合不同水平学生的实际特点，有针对性地开展极限飞盘运动的教学。选择合理的教学内容，采用多样化的教学方法，指导学生在真实情境中分析和解决问题，形成核心素养。极限飞盘教学方法如表 19–4 所示。

表 19–4 极限飞盘教学方法

| 水平 | 教学方法及德育渗透 |
| --- | --- |
| 水平二 | 1. 采用灵活多变、简便易行的教学方式，如上抛飞盘拍掌练习、两人传接盘不掉次数挑战赛、掷准挑战赛等，激发学生学习兴趣和参与热情<br>2. 根据飞盘特点有侧重地培养学生的体育品德，培养学生“盘不落地，永不放弃”的飞盘精神；培养学生克服恐惧、挑战自我的勇气 |
| 水平三 | 1. 注重基本动作技术和双人或三人局部战术的学练，如正反手跨步传盘动作技术和各种传切配合。强化动作之间的衔接与连贯，逐步提高学生动作技术的熟练程度和合作能力<br>2. 组织不同形式、不同人数的飞盘游戏或比赛，如矩形内 2V2 传盘、3V3 或 4V4 单性别练习，飞盘灵敏性游戏，6V6 小组循环赛等，激发学生飞盘兴趣，培养学生敢于挑战、勇于展示、团队合作和公平竞争的意识<br>3. 指导学生在飞盘比赛中担任运动员、精神队长、教练员、观察员、宣传员、解说、记分员等不同角色，加深学生对飞盘运动的完整体验和理解，提升学生的团队责任意识 |

续表

| 水平 | 教学方法及德育渗透 |
| --- | --- |
| 水平四 | 1. 注意强调各个动作之间的联系，避免只进行单一动作技术的教学，引导学生采用结构化知识与技能学练，以完整的练习活动为主，并进行反复练习和强化巩固；提高学练难度和要求，并在赛中检验学练效果，促进学生对飞盘运动的完整体验和深入理解，促进学生之间的相互交流与合作<br>2. 每节课要落实“学、练、赛、评”一体化教学，所学内容要解决实际比赛问题。如学习跨步传盘的目的是面对防守人能够突破防守等，加深学生对飞盘运动的理解<br>3. 注重飞盘运动与其他项目的联系，如得分手急停起跳争盘动作可以用在跳高助跑起跳环节；飞盘运动中两人的传切配合可以用在篮球战术当中，培养学生运动迁移的能力<br>4. 建立跨学科主题学习，引导学生在飞盘运动中运用科学知识，如思考飞盘飞行的原理、力度和飞盘角度对飞行轨迹的影响，探索跨学科学习成果，培养学生独立思考的习惯和团队精神<br>5. 给学生自主裁判的空间，这既是飞盘运动的特点，也是飞盘运动的德育渗透点，有利于提高学生比赛能力、组织能力、协调能力、裁判能力，加强学生角色意识和责任意识 |

## 三、德育渗透策略与案例

### （一）通过对突破防守下的传盘实践与飞盘规则的学习，培养学生的情绪控制力和交流协商能力

以飞盘比赛为载体学习飞盘精神、飞盘规则，其教学目标、教学方法与教学评价具体案例如下。

#### 1. 教学目标撰写案例

（1）运动认知：学生能够说出飞盘比赛基本规则，了解飞盘精神具体内涵，掌握跨步传盘基本技术要领。

（2）运动技能：学练任务时能够熟练做出正手跨步传盘、反手跨步传盘的动作，并能够在比赛环节中运用跨步传盘突破防守。在比赛中遇到犯规和争议时，能够正确利用比赛规则与当事人沟通交流，并保持情绪稳定。

（3）情感目标：通过飞盘规则的教学引导，使学生了解飞盘文化和飞盘精神，认识到规则的重要性，在自我判罚和商讨争议时提升自身交流协商能力和情绪自控力。

#### 2. 教学方法案例

（1）讲解示范法：教师对跨步传盘（正手传盘的进阶行为）的方法进行讲解和示范，学练任务中以行政小组为单位进行两人一组的跨步传盘技术动作练习，进行三人一组的具备防守人的跨步传盘练习；分组讨论跨步传盘的动作关键点是什么。培养学生的独立思考能力和场景应用能力。

（2）讲解飞盘规则中自我裁判原则，在飞盘比赛中遇到任何犯规和具有争议的问题时，需要双方当事人根据飞盘规则和既定事实进行自主协商交流，并控制情绪，使比赛顺利进行，培养学生规则意识和自主协商能力及情绪控制力。

（3）比赛实践法：将学生按行政小组进行比赛，组间6V6进行比赛，比赛进攻时必须有明显的跨步传盘动作，遇到犯规争议时必须有理有据地主动协商，不能在协商时独断

或者不语。通过比赛让学生理解飞盘文化和飞盘精神下的飞盘规则，锻炼语言表达能力和逻辑能力。

### 3. 教学评价案例

在比赛时运用评价表格针对运动能力、健康行为和运动品德三个方面的不同维度，以及学习目标和教学内容，有侧重地列出相应的评价内容及其具体表现。教学评价表如表19-5所示。

表19-5　教学评价表

<table>
<tr><th colspan="2">评价内容</th><th>具体表现</th><th>等级</th></tr>
<tr><td rowspan="4">运动能力</td><td rowspan="4">运动认知与技战术运用</td><td>在进攻时能利用跨步，明显地拉开身位摆脱防守出盘</td><td>优秀</td></tr>
<tr><td>在进攻时能够做出跨步，将盘传出</td><td>良好</td></tr>
<tr><td>进攻时跨步幅度偏小，传盘后没有向前推进</td><td>合格</td></tr>
<tr><td>没有跨步动作，面对防守时无法突破，甚至丢失盘权</td><td>不及格</td></tr>
<tr><td rowspan="4">健康行为</td><td rowspan="4">情绪调控</td><td>在面对犯规和争议时，能够很好地控制情绪解决问题</td><td>优秀</td></tr>
<tr><td>能控制自己的情绪，行为受情绪影响稍有偏差</td><td>良好</td></tr>
<tr><td>情绪较为激动，比较理性地解决争议和犯规</td><td>合格</td></tr>
<tr><td>无法控制情绪，无法解决问题，抱怨辱骂队员或者对手</td><td>不及格</td></tr>
<tr><td rowspan="8">体育道德</td><td rowspan="4">自我裁判</td><td>在比赛不利于我方进攻的情况下，能够作出公正的自我裁判</td><td>优秀</td></tr>
<tr><td>在比赛中发生犯规时，基本能够客观完成裁判</td><td>良好</td></tr>
<tr><td>在比赛中发生犯规时，有时能够配合对手完成裁判</td><td>合格</td></tr>
<tr><td>曲解比赛规则，利用规则争取我方进攻优势的判罚；或者无法做出判罚</td><td>不及格</td></tr>
<tr><td rowspan="4">共同协商</td><td>面对具有争议的犯规时，主动利用规则进行协商，且沟通效率高</td><td>优秀</td></tr>
<tr><td>面对具有争议的犯规时，大部分争议能够结合规则进行协商解决</td><td>良好</td></tr>
<tr><td>面对具有争议的犯规时不够冷静，不能快速地利用语言解决问题，效率低</td><td>合格</td></tr>
<tr><td>使用粗鲁或攻击性的语言；不能解决具有争议的犯规，导致比赛暂停</td><td>不及格</td></tr>
</table>

## （二）构建飞盘比赛仪式，培养学生正确的胜负观

构建飞盘比赛仪式，培养学生的飞盘兴趣。教学目标、教学方法与教学评价具体案例如下。

### 1. 教学目标撰写案例

（1）运动认知：学生能够说出飞盘文化、飞盘精神、飞盘比赛仪式。

（2）运动技能：在飞盘比赛前队员能相互鼓励打气；比赛时场上场下队员能相互提醒

跑位防守，相互加油，文明用语，不因获得比赛胜利而主动撞击对手；比赛后能够与对手列队击掌。

（3）情感目标：利用飞盘比赛仪式，强调每位队员的重要性，培养学生飞盘兴趣；在比赛中培养学生文明礼貌，以及正确的胜负观。

### 2. 教学方法案例

讲解法：讲解飞盘比赛各项流程及其意义，激发学生对飞盘的兴趣。讲解比赛中不能进行身体接触的规则意义，培养学生正确的胜负观。

比赛实践法：将学生按小组进行比赛，组间 6V6 进行比赛，比赛前队内相互鼓励，赛间场下队员提醒场上队员防守站位和战术执行，发生身体接触时主动礼让相互加油，赛后列队击掌，培养学生主人翁意识，提升学生对飞盘的兴趣。

### 3. 教学评价案例

从教师评价、队内评价、组间评价三个维度进行教学评价，相应的评价内容及评价等级如表 19-6 所示。

表 19-6　教学评价表

| 评价方式 | 具体表现 | 评价等级 | | | |
|---|---|---|---|---|---|
| | | 优秀 | 良好 | 及格 | 不及格 |
| 教师评价 | 赛前队内互动和氛围 | | | | |
| | 赛间友好行为的发生 | | | | |
| | 赛间场上场下队员互动 | | | | |
| | 发生冲撞的临场表现 | | | | |
| | 场下和对手的友好行为 | | | | |
| | 赛后列队击掌并小结 | | | | |
| 队内自评 | 能自主进行赛前加油 | | | | |
| | 能够友好地与对手沟通并给予鼓励 | | | | |
| | 能给场上队友给予指导或鼓励 | | | | |
| | 场下能够鼓励对手 | | | | |
| | 队内有赛后总结 | | | | |
| 组间评价 | 有良好的比赛氛围和互动 | | | | |
| | 发生犯规和有争议时，积极主动协商 | | | | |
| | 队员各司其职，相互鼓励 | | | | |
| | 收到来自对手的鼓励 | | | | |
| | 与对手进行赛后列队击掌 | | | | |

## （三）以战术教学为切入点，培养学生的团队精神

以飞盘战术教学为载体，培养学生的团队精神。教学目标、教学方法与教学评价具体案例如下。

### 1. 教学目标撰写案例

（1）运动认知：学生能够说出竖排进攻战术的基本站位，以及各位置的跑位及作用。

（2）运动技能：在战术模拟中体会 1 到 7 号位的站位及跑位，在比赛中能够运用竖排进攻战术，发展学生跑位意识和运动能力，以及读盘能力。

（3）情感目标：在竖排进攻战术练习中，培养学生团队精神；在比赛中培养学生不断挑战自我、勇敢拼搏、永不放弃的意志品质。

### 2. 教学方法案例

视频讲解法：通过视频沙盘展示竖排进攻战术的基本站位和跑位，讲解竖排各位置的作用及启动时机。

比赛实践法：将学生按小组进行比赛，组间 6V6 进行比赛，比赛前队内进行战术安排，依据队员特点分配站位并执行跑位。在比赛中加深对竖排进攻战术的理解，提升跑位意识，培养战术的整体性和学生的团队精神。

### 3. 教学评价案例

从教师评价、队内评价、组间评价三个维度进行教学评价，相应的评价内容及评价等级如表 19-7 所示。

**表 19-7　教学评价表**

| 评价方式 | 评价内容 | 评价维度 | 具体表现 | 评价等级 | | | |
|---|---|---|---|---|---|---|---|
| | | | | 优秀 | 良好 | 合格 | 不及格 |
| 教师评价 | 运动能力 | 运动认知与技战术运用 | 战术模拟时，队员间明确各自站位并跑出身位 | | | | |
| | | | 比赛中进行战术配合，能发动有效进攻 | | | | |
| | 体育品德 | 体育精神 | 在比赛中积极进取、顽强拼搏、永不放弃 | | | | |
| | | 体育品格 | 队员各司其职，相互配合，执行力强 | | | | |
| 队内自评 | 运动能力 | 运动认知与技战术运用 | 战术模拟时，能够熟练掌握竖排战术，并能做出相应跑位 | | | | |
| | | | 比赛中，队友能够相互配合，发动竖排有效进攻 | | | | |
| | 体育品德 | 体育精神 | 在比赛中相互鼓励、积极进取、顽强拼搏，不放过任何一次机会 | | | | |
| | | 体育品格 | 队友能够明确自己的战术职责和场下的队内责任 | | | | |

续表

| 评价方式 | 评价内容 | 评价维度 | 具体表现 | 评价等级 | | | |
|---|---|---|---|---|---|---|---|
| | | | | 优秀 | 良好 | 合格 | 不及格 |
| 组间评价 | 运动能力 | 运动认知与技战术运用 | 对手能够利用竖排优势发动有效进攻，突破防守 | | | | |
| | 体育品德 | 体育精神 | 具有很强的拼搏意识和不服输的精神 | | | | |
| | | 体育品格 | 具有强烈的责任意识，在场上能够各司其职，场下能够指出场上的进攻漏洞，并加油鼓励 | | | | |

## 四、评价方法

教学评价方法多种多样。《义务教育体育与健康课程标准（2022 年版）》指出：“依据评价目的、评价内容、评价主体、评价情境等实际情况，注重过程性评价与终结性评价、定性评价与定量评价、相对评价与绝对评价、教师评价与学生评价相结合，积极探索增值评价，健全综合评价。”评价方法如表 19-8 所示。

**表 19-8　评价方法**

| 评价目标 | 评价内容 | 评价方法 | | | | | | |
|---|---|---|---|---|---|---|---|---|
| | | 清单式评价 | 观察评价 | 等级评价 | 比赛法 | 书面测评 | 口头测验 | 成长档案 |
| 运动能力 | 体能状况 | √ | | √ | √ | | | √ |
| | 运动认知与技战术运用 | √ | | √ | √ | √ | | |
| | 体育展示与比赛 | √ | √ | | √ | | | |
| 健康行为 | 体育锻炼意识与习惯 | √ | | | | √ | √ | √ |
| | 健康知识与技能的掌握及运用 | | | | √ | √ | | |
| | 情绪控制 | | √ | √ | √ | √ | | |
| | 环境适应 | | √ | √ | √ | | | |
| 体育品德 | 体育精神 | | √ | | √ | | | |
| | 体育道德 | | √ | | √ | | | |
| | 体育品格 | | √ | | √ | | | |

# 第二十章 极限飞盘专项体能与练习方法

## 第一节 极限飞盘专项体能概述

极限飞盘的专项体能是指运动员在飞盘比赛中运动能力的表现，是飞盘运动员竞技能力的重要构成部分。力量、耐力、速度、灵敏、柔韧、协调等素质共同决定了飞盘运动员运动素质。进行极限飞盘专项体能训练时，应该根据该运动的需求，采用与飞盘密切联系的专门性的身体练习，发展和改善与飞盘专项运动成绩直接相关的专项运动素质和专项所需要的身体形态、机能。

## 第二节 极限飞盘专项准备活动设计与示例

极限飞盘专项准备活动的目的是使运动员在心理和生理两个方面为运动训练做好准备。准备活动是运动员训练或者比赛的重要部分。飞盘运动是跑、跳、投等运动行为的结合。飞盘运动中运用大量的折返、冲刺等跑的动力模式，原地起跳、急停起跳等跳的动力模式，以及手臂水平面鞭打、手臂垂直面鞭打的投、掷动作。因此，训练前对髋、膝、踝关节的激活非常重要。积极有效的热身活动通过肌肉间的相互摩擦预热肌肉，降低肌肉的黏滞性，增加肌肉的伸展性，增大关节活动度，从而降低运动风险，提高运动表现。

飞盘专项准备活动一般分为两个部分，一是基础热身，二是专项热身。

### 一、飞盘基础热身内容与方法

飞盘基础热身是必要环节。基础热身主要是为了提高髋、膝、踝等各关节的关节活动度，激活全身大肌群及小肌群，预热肌肉，降低黏滞性，提高灵敏性并激活神经系统。基础热身是专项热身和体能训练的前提。

教学示例如下。

练习内容：各种跑的练习+各种步伐练习+关节热身。

练习方法：在30米的区域内，进行行进间高抬腿、小步跑、后踢腿、侧身跑、加速跑、加-减速跑等各种跑的练习，以及交叉步、滑步、并步等各种步伐的练习。跑的练习结束后注重各关节的拉伸和激活，如垫脚走、弓步提踵、双脚交替踏跳、转髋跳等。

教学要求：根据飞盘专项练习内容，选择符合内容特点的热身动作，热身时要专注并按各项热身要求严格进行，动作到位，达到各项热身练习的目的。

### 二、飞盘专项热身内容与方法

飞盘专项热身是飞盘训练和飞盘比赛前必不可少的环节。飞盘专项热身可以提高学生盘感并快速进入训练和比赛状态，缓解因过分紧张或过分松弛带来的影响，提高赛场运动表现。

教学示例如下。

练习内容：定点传接盘+各种行进间传接盘练习+战术运用。

（1）定点传接盘。

教学方法：两人一组进行不同方式的正反手传接盘，三人一组进行具备防守的正反手传接盘。

教学要求：区别不同的传盘方式，将传盘落点精确在胸口位置；具备防守人的传盘时兼顾进攻时间，假动作效果明显。

（2）各种行进间传接盘练习。

练习方法：可采用前面章节所介绍的各种行进间传盘方式进行练习。

教学要求：在练习行进间传接盘的同时提高运动速率，培养学生跑位意识，发展学生体能；明确各种行进间传接盘的攻防意义。

（3）战术运用。

练习方法：局部战术。

练习要求：明确各位置跑位要求及提前量，跑动节奏明显。

## 第三节　课课练极限飞盘体能练习方法设计与示例

根据体能练习分为力量、耐力、速度、灵敏、柔韧等五部分练习内容，而与极限飞盘相关的主要是力量、耐力、速度和灵敏练习。发展力量采用硬拉、深蹲、卧推、负重弓箭步和快速伸缩负荷力量模式的跳深练习等。发展耐力采用间歇跑、300米跑、变速跑等。速度结合语音和信号进行短距离重复跑，如15米加速跑等。灵敏采用各种方式的绳梯练习发展折返能力。

### 一、力量训练

飞盘比赛中需要面对防守人进行水平或横向移动，在争盘时进行快速的垂直起跳，进攻时快速地完成方向的改变以摆脱防守人，这都需要在非常短的时间内让肌肉产生最大的肌肉力量。进行快速的伸缩复合练习和抗阻训练能提高运动表现。

练习内容一：快速伸缩复合练习。

练习方法如表 20-1 所示。

**表 20-1 练习方法**

| 名称 | 强度 | 跳跃方向 | 每组次数 | 间歇 | 频率 |
|---|---|---|---|---|---|
| 双脚伸踝跳 | 低 | 垂直方向 | 30 次 | 组间休息 2 分钟 | 每周进行 2~3 次 |
| 深蹲跳 | 低 | 垂直方向 | 30 次 | 组间休息 2 分钟 | 每周进行 2~3 次 |
| 连续纵跳摸高 | 低 | 垂直方向 | 20 次 | 组间休息 2 分钟 | 每周进行 2~3 次 |
| 直膝屈体跳 | 中 | 垂直方向 | 15 次 | 组间休息 2 分钟 | 每周进行 2~3 次 |
| 保加利亚单脚跳 | 中 | 垂直方向 | 15 次 | 组间休息 2 分钟 | 每周进行 2~3 次 |
| 交替横向蹬跳 | 中 | 垂直方向 | 15 次 | 组间休息 2 分钟 | 每周进行 2~3 次 |
| 跳深 | 中 | 垂直反向 | 15 次 | 组间休息 2 分钟 | 每周进行 2~3 次 |
| 横向跳上跳箱 | 中 | 垂直+横向 | 15 次 | 组间休息 2 分钟 | 每周进行 2~3 次 |
| 单脚纵跳 | 高 | 垂直方向 | 15 次 | 组间休息 2 分钟 | 每周进行 2~3 次 |
| 单腿跳深 | 高 | 垂直方向 | 15 次 | 组间休息 2 分钟 | 每周进行 2~3 次 |
| 单脚跳 | 高 | 水平+垂直 | 15 次 | 组间休息 2 分钟 | 每周进行 2~3 次 |
| 跳深+横向冲刺 | 高 | 垂直方向 | 5 次 | 组间休息 2 分钟 | 每周进行 2~3 次 |
| 跳深+立定跳远 | 高 | 水平+垂直 | 10 次 | 组间休息 2 分钟 | 每周进行 2~3 次 |
| 双腿之字跳 | 高 | 水平+横向 | 10 次 | 组间休息 2 分钟 | 每周进行 2~3 次 |

练习内容二：抗阻练习。

练习方法：高翻；杠铃深蹲。

## 二、耐力练习

### 1. 无氧耐力练习

练习内容一：15 米×8 折返跑（3~4 组）。

练习方法：在折返点接到队友传盘后快速回盘，完成 8 次。心率恢复至 120 次/分钟时进行下一组，详见视频 20-3-1。

视频 20-3-1

练习要求：高速完成折返，跑动与传盘不停顿。

练习内容二：四人六盘游戏。

练习方法：四人从 10 米×10 米的矩形顶点出发向中心跑动抢盘或向对手位置拿盘后送回顶点，每次携带一个盘，直到某一队员的起始位置有三个盘后结束，详见视频 20-3-2。

视频 20-3-2

练习要求：跑动重心低，身体重心前倾。

练习内容三：400 米跑（3~4 次）。

练习方法：以 80%~90%的训练强度完成 400 米跑，心率恢复至 120 次/分钟时进行下一组。

### 2. 有氧耐力练习

练习内容：莱格尔跑。

练习方法：根据音乐节奏由慢到快进行 20 米折返跑。

练习要求：听见“嘀”声之后出发，不能提早出发。尽可能地完成更多次数的折返。

### 3. 混氧练习

练习内容：3V3 比赛/2V2 传盘。

练习方法：在 12 米/10 米的矩形内进行传盘练习，双方各有一次进攻机会，传盘数最多的一方胜利，详见视频 20-3-3。

练习要求：进攻时间缩短为 5 秒，交换 5 次盘权后练习结束。

视频 20-3-3

## 三、速度练习

一次飞盘得分往往需要运动员进行 5~10 次甚至更多次的高速冲刺，这些冲刺往往决定了比赛的走向。速度对于队员在场上的最优表现起着重要作用。我们需要针对快速启动、加速度、最大速度进行训练。

### 1. 快速启动练习示例

练习内容：听觉/视觉反应加速 15 米后接盘。

练习方法：听到出发指令或者看到标志牌竖起时，加速跑 15 米到达最大速度后接盘。

练习要求：准备时重心下压，身体前倾，支撑腿用力蹬地；第一步移动时对侧手臂摆动速度快，启动后提高步频达到最大速度。

### 2. 侧向启动练习示例

练习内容：转髋后加速 15 米后接盘。

练习方法：侧对启动方向，听到出发指令或者看到标志牌竖起时面向启动方向加速跑 15 米到达最大速度后接盘。

练习要求：启动时向着移动方向抬脚转身，打开髋部，同时身体中心移过中轴脚，一条腿用力蹬地，身体带动另一条腿移向移动的方向。移动过程中核心收紧。

### 3. 最大速度练习示例

练习内容：30 米冲刺跑后接盘。

练习要求：双脚开立，重心前倾，冲刺跑 30 米后背身接长传，重复 6~10 次，间歇 1~2 分钟。

### 4. 速度耐力练习示例

练习内容：60 米冲刺跑。

练习要求：双脚开立，重心前倾，加速跑 60 米，重复 4~8 次，间歇 3~4 分钟。

## 四、灵敏练习

飞盘比赛中拥有快速加速的能力仍远远不够，还必须具备快速变向能力和减速能力，以及快速做出假动作的能力，这就需要高频率的脚步移动，快速的动作和反应速度，以及极佳的移动时机和节奏。

1. 减速-加速练习示例

练习内容：间隔摆放 4 个标志桶，启动加速到第一个标志桶后快速减速到第二个标志桶，循环练习。

练习要求：启动加速时重心下压，身体前倾，支撑腿和异侧手臂快速摆动；减速过程中 4~6 步完成减速。

2. 步伐练习

练习内容：滑步、交叉步、并步等各种步伐练习。

练习方法：快速完成行进间滑步、交叉步、并步等 15 米练习。

练习要求：练习时保持核心收紧，躯干处于中立位，步伐移动时身体重心降低。

3. 之字形折返+冲刺

练习内容：首先进行向标志点跑动完成之字形折返，然后完成不同方向的冲刺跑。

练习要求：跑动时要求重心低，进行折返时，髋关节与外侧支撑脚前掌快速向行进方向转动，主导运动方向。

4. 绳梯练习

练习内容：完成不同形式的双脚跳跃和单脚踏跳的绳梯练习。

练习要求：积极摆臂，提高步频，核心稳定。

## 第四节　极限飞盘专项放松活动设计与示例

放松活动是极限飞盘专项训练后不可或缺的一部分。极限飞盘专项放松活动以该运动中常用的髋、膝、踝关节，以及肩部和躯干为放松目标，可以促进身体恢复，提高运动效果，缓解心理压力，预防运动损伤。表 20-2 是各部位对应的放松方法。

表 20-2　各部位对应的放松方法

| 肩部 | 上背部 | 髋部 | 大腿前部和屈髋肌群 | 腹股沟 |
|---|---|---|---|---|
| 直臂后伸 | 胸前横臂 | 坐姿转髋 | 侧卧股四头肌拉伸 | 坐位分腿 |
| 坐姿后倾 | 直臂过头 | 仰卧屈膝 | 背屈 | 碟式 |
| 上臂后部 | 下背部 | 躯干 | 大腿后侧 | 小腿后部 |
| 颈后拉伸 | 脊柱旋转 | 屈臂侧屈 | 坐位体前屈 | 对墙拉伸 |
|  | 屈腿分叉 | 脊柱伸展 | 单腿屈膝分叉 | 台阶拉伸 |

# 参考文献


[1] 篮球运动教程编写组. 篮球运动教程［M］. 北京：北京体育大学出版社，2013.
[2] 王家宏. 球类运动：篮球［M］. 3 版. 北京：高等教育出版社，2015.
[3] 练碧贞. 校园篮球教学指导［M］. 北京：北京体育大学出版社，2022.
[4] 宋晓云，王靖妃. 篮球初级教学与实践［M］. 北京：九州出版社，2023.
[5] 王卫星. GSCA 中国篮球体能训练指南［M］. 新加坡：维泽科技出版社，2020.
[6] 黄汉升. 球类运动：排球［M］. 3 版. 北京：高等教育出版社，2015.
[7] 排球运动教程编写组. 排球运动教程［M］. 北京：北京体育大学出版社，2018.
[8] 浙江省教育厅教研室. 浙江省中小学体育与健康课程指导纲要［M］. 浙江：浙江教育出版社，2019.
[9] 刁伟波，李云辉. 课堂深度变革，新时代教学技术［M］. 北京：中国海洋大学出版，2022.
[10] 中华人民共和国教育部. 义务教育课程方案（2022 年版）［M］. 北京：北京师范大学出版社，2022.
[11] 郑淳. 飞盘运动［M］. 北京：北京体育大学出版社，2024.
[12] 王家宏，陈新，于振峰，等. 新中国学校篮球运动的发展历程［J］. 体育学刊，2004，11（1）：113-116.
[13] 辛涛，姜宇，王烨辉. 基于学生核心素养的课程体系建构［J］. 北京师范大学学报（社会科学版），2014（1）：5-11.
[14] 贺华. 核心素养视域下我国基础教育课程体系的重构［J］. 教学与管理，2017（5）：8-10.
[15] 许瑞芳. 一体化视角下高校课程思政建设的四个维度［J］. 中国高等教育，2020（8）：6-8.
[16] 石书臣. 正确把握“课程思政”与思政课程的关系［J］. 思想理论教育，2018（11）：57-61.
[17] 董翠香，樊三明，高艳丽. 体育教育专业课程思政元素确立的理论依据与结构体系建构［J］. 体育学刊，2021，28（1）：9-10.
[18] 樊三明，董翠香，毛薇，等. 体育专业技术类课程思政教学的理论审视与实践路径［J］. 西安体育学院学报，2022，39（5）：625-632.
[19] 李仁华 . 澄清课时教学目标的认识误区［J］. 思想政治课教学，2016（11）：31-33.
[20] 张明，袁芳，梁志军. 体教融合背景下高校排球课程思政理论与实践研究：女排精

神融入排球普修课程的设计［J］. 北京体育大学学报，2021，44（9）：157-158.
［21］董众鸣，龚波，颜中杰. 开展校园足球活动若干问题的探讨［J］. 上海体育学院学报，2011，35（2）：91-94.
［22］任远一，周序. 单元整体教学：基础教育课堂教学的深化之路［J］. 湖南第一师范学院学报，2023，23（6）：22-28.
［23］全国青少年校园足球工作报告［EB/OL］.（2015—2019）［2019-7-23］. http://m.jyb.cn/rmtzcg/xwy/wzxw/201907/t20190723_249940_wap.html.
［24］教育部等七部门关于印发《全国青少年校园足球八大体系建设行动计划》的通知［EB/OL］.（2020-8-28）［2024-10-11］. https://www.gov.cn/zhengce/zhengceku/2020-09/27/content_5547544.htm.
［25］第八次全国学生体质与健康调研结果发布 新时代的中华少年强［EB/OL］.（2021-09-20）［2024-10-11］. https://baijiahao.baidu.com/s?id=1711389444026542576&wfr=spider&for=pc.